# ...ei in Baden-Württemberg

```
                    ┌─── Polizeivollzugsdienst ───┐
     │          │               │                │
  ...lizei   Landes-      Bereitschafts-    Wasserschutz-
           kriminalamt        polizei          polizei
                                │                │
                          Bereitschafts-    Wasserschutz-
                          polizeidirektion  polizeidirektion
                                │                │
                            Abteilungen        Abschnitte
                                │                │
                           Hundertschaften     Reviere
                                                 │
                                              Stationen
```

```
   ┌ LPD
   ┊ S II
...en   6 SPI   8 KPI   1 VPI
                  │
               Kriminal-
               außenstellen
```

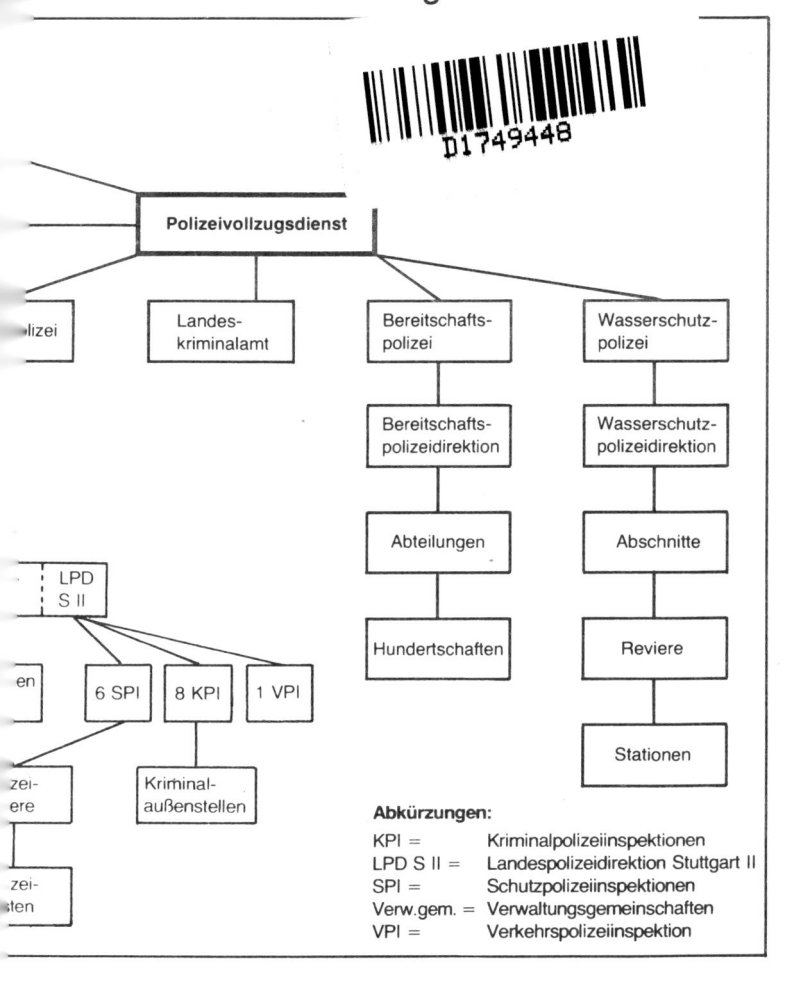

**Abkürzungen:**

KPI = Kriminalpolizeiinspektionen
LPD S II = Landespolizeidirektion Stuttgart II
SPI = Schutzpolizeiinspektionen
Verw.gem. = Verwaltungsgemeinschaften
VPI = Verkehrspolizeiinspektion

WÖHRLE/BELZ: Polizeigesetz für Baden-Württemberg

BOORBERG
TASCHEN-
KOMMENTAR

# Polizeigesetz für Baden-Württemberg

mit Erläuterungen
und ergänzenden Vorschriften

begründet von
Präsident Günter Wöhrle

fortgeführt von Dr. Reiner Belz,
Ministerialrat
unter Mitarbeit von
Wolfgang Lang, Ltd. Polizeidirektor

4. Auflage, 1985

Richard Boorberg Verlag Stuttgart · München · Hannover

CIP-Kurztitelaufnahme der Deutschen Bibliothek

**Wöhrle, Günter:**
Polizeigesetz für Baden-Württemberg, mit Erl. u. erg. Vorschr. / begr. von Günter Wöhrle.
Fortgef. von Reiner Belz unter Mitarb. von Wolfgang Lang. – 4. Aufl. – Stuttgart, München, Hannover: Boorberg, 1985.
(Boorberg-Taschenkommentare)
ISBN 3-415-01100-3

NE: Belz, Reiner [Bearb.]

Satz und Druck: Central-Druck, Böblingen
Einband: Riethmüller, Stuttgart
© Richard Boorberg Verlag GmbH & Co., Stuttgart · München · Hannover 1975

## Vorwort zur vierten Auflage

Seit der Vorauflage wurden das Polizeigesetz, das Landesverwaltungsvollstreckungsgesetz und die 1. DVO zum Polizeigesetz geändert. Neu aufgenommen wurde die Vollstreckungskostenordnung, die seit ihrer Änderung im Jahre 1982 auch für die polizeiliche Praxis erhebliche Bedeutung hat.

Charakter und Zielsetzung des Buches haben sich gegenüber den früheren Auflagen nicht geändert. Es soll auch weiterhin in erster Linie ein Ratgeber und Wegweiser für die polizeiliche Ausbildung und Praxis in Baden-Württemberg sein, ohne den Anspruch auf eine wissenschaftliche Vertiefung zu erheben. Die Hinweise auf Literatur und Rechtsprechung beziehen sich vor allem auf Besonderheiten des baden-württembergischen Polizeirechts.

Der Verfasser hofft, daß das Buch auch in der Neuauflage die gesteckten Ziele erreicht, und bittet um Anregungen und Kritik, vor allem aus der polizeilichen Praxis.

Stuttgart, im Herbst 1984                          Dr. Reiner Belz

# *Inhalt*

|  | *Seite* |
|---|---|
| Vorwort | 5 |
| Abkürzungen | 11 |
| Literaturhinweise | 15 |

## ERSTER TEIL: **Das Recht der Polizei**

### 1. Abschnitt: **Aufgaben der Polizei**

| § 1 Allgemeines | 17 |
|---|---|
| § 2 Tätigwerden für andere Stellen | 35 |

### 2. Abschnitt: **Maßnahmen der Polizei**

#### *Erster Unterabschnitt: Allgemeines*

| § 3 Polizeiliche Maßnahmen | 44 |
|---|---|
| § 4 Einschränkung von Grundrechten | 51 |
| § 5 Art der Maßnahmen | 57 |
| § 6 Maßnahmen gegenüber dem Verursacher | 60 |
| § 7 Maßnahmen gegenüber dem Inhaber der tatsächlichen Gewalt | 69 |
| § 8 Unmittelbare Ausführung einer Maßnahme | 75 |
| § 9 Maßnahmen gegenüber unbeteiligten Personen | 80 |

#### *Zweiter Unterabschnitt: Polizeiverordnungen*

| § 10 Ermächtigung zum Erlaß von Polizeiverordnungen | 86 |
|---|---|
| § 11 Inhalt | 92 |
| § 12 Formerfordernisse | 94 |
| § 13 Zuständigkeit | 96 |
| § 14 Eintritt der zur Fachaufsicht zuständigen Behörde | 97 |
| § 15 Zustimmungsvorbehalte | 99 |
| § 16 Prüfung durch die zur Fachaufsicht zuständige Behörde | 100 |
| *§ 17 (aufgehoben)* |  |
| *§ 18 Außerkrafttreten* | *104* |
| *§ 18 a Ordnungswidrigkeiten* | *105* |

#### *Dritter Unterabschnitt: Einzelmaßnahmen*

| *§ 19 (aufgehoben)* |  |
|---|---|
| § 20 Personenfeststellung | 115 |
| § 21 Ladung | 125 |
| § 22 Gewahrsam | 129 |
| § 23 Durchsuchung von Personen | 141 |
| § 24 Durchsuchung von Sachen | 144 |
| § 25 Betreten und Durchsuchung von Wohnungen | 149 |
| § 26 Sicherstellung | 158 |

# Inhalt

§ 27 Beschlagnahme . . . . . . . . . . . . . . . . . . . . . . . . . . . 162
§ 28 Einziehung . . . . . . . . . . . . . . . . . . . . . . . . . . . . . . 169
§ 29 Vernehmung . . . . . . . . . . . . . . . . . . . . . . . . . . . . . 172
§ 30 Erkennungsdienstliche Maßnahmen . . . . . . . . . . . . . . . . 175
§ 31 (aufgehoben)

## Vierter Unterabschnitt: Polizeizwang

§ 32 Allgemeines . . . . . . . . . . . . . . . . . . . . . . . . . . . . . 181
§ 33 Begriff und Mittel des unmittelbaren Zwangs . . . . . . . . . . 193
§ 34 Zuständigkeit für die Anwendung unmittelbaren Zwangs . . . . 194
§ 35 Voraussetzungen und Durchführung des
   unmittelbaren Zwangs . . . . . . . . . . . . . . . . . . . . . . . . 195
§§ 36–38 (aufgehoben)
§ 39 Voraussetzungen des Schußwaffengebrauchs . . . . . . . . . . 203
§ 40 Schußwaffengebrauch gegenüber Personen . . . . . . . . . . . 208

## 3. Abschnitt: Entschädigung

§ 41 Voraussetzungen . . . . . . . . . . . . . . . . . . . . . . . . . . . 222
§ 42 Entschädigungspflichtiger . . . . . . . . . . . . . . . . . . . . . 224
§ 43 Ersatz . . . . . . . . . . . . . . . . . . . . . . . . . . . . . . . . . 225
§ 44 Rechtsweg . . . . . . . . . . . . . . . . . . . . . . . . . . . . . . 226

## ZWEITER TEIL: Die Organisation der Polizei

### Erstes Kapitel: Organisation der Polizei im allgemeinen

#### 1. Abschnitt: Gliederung und Aufgabenverteilung

§ 45 Allgemeines . . . . . . . . . . . . . . . . . . . . . . . . . . . . . 228
§ 46 Wahrnehmung der polizeilichen Aufgaben . . . . . . . . . . . . 233

#### 2. Abschnitt: Die Polizeibehörden

##### Erster Unterabschnitt: Aufbau

§ 47 Arten der Polizeibehörden . . . . . . . . . . . . . . . . . . . . . 238
§ 48 Allgemeine Polizeibehörden . . . . . . . . . . . . . . . . . . . . 241
§ 49 Dienstaufsicht . . . . . . . . . . . . . . . . . . . . . . . . . . . . 245
§ 50 Fachaufsicht . . . . . . . . . . . . . . . . . . . . . . . . . . . . . 248
§ 51 Weisungsrecht und Unterrichtungspflicht . . . . . . . . . . . . 249

##### Zweiter Unterabschnitt: Zuständigkeit

§ 52 Allgemeine sachliche Zuständigkeit . . . . . . . . . . . . . . . 252
§ 53 Besondere sachliche Zuständigkeit . . . . . . . . . . . . . . . . 256
§ 54 Örtliche Zuständigkeit . . . . . . . . . . . . . . . . . . . . . . . 258

# Inhalt

§ 55 Regelung der örtlichen Zuständigkeit für überörtliche polizeiliche Aufgaben .............................. 261

**3. Abschnitt: Der Polizeivollzugsdienst**
*Erster Unterabschnitt: Aufbau*
§ 56 Polizeidienststellen als Landeseinrichtung ............ 263
§ 57 Aufgaben und Gliederung der Polizeidienststellen ....... 271
§ 58 Dienstaufsicht über die Wasserschutzpolizei und Landespolizei 272
§ 59 Fachaufsicht über die Wasserschutzpolizei und Landespolizei . 274
§ 60 Aufsicht über Landeskriminalamt und Bereitschaftspolizei ... 278
§ 61 Weisungsrecht und Unterrichtungspflicht ............ 279
§ 62 Weisungsrecht der Ortspolizeibehörden und Unterrichtungspflicht der Polizeidienststellen .................. 283

*Zweiter Unterabschnitt: Zuständigkeit*
§ 63 Örtliche Zuständigkeit ...................... 284
§ 64 Dienstbezirke ........................... 288
§ 65 Amtshandlungen von Polizeidienststellen anderer Bundesländer und des Bundes im Landesgebiet .................. 290
§ 66 Befugnisse der in § 65 bezeichneten Polizeidienststellen ..... 293

**Zweites Kapitel: Organisation der Polizei in den Großstädten**
*1. Abschnitt: Staatlicher Polizeivollzugsdienst*
*§ 67 (aufgehoben)*
*§ 68 (aufgehoben)*

*2. Abschnitt: Städtischer Polizeivollzugsdienst*
*Erster Unterabschnitt: Allgemeines*
*§ 69 Zusammenfassung von Polizeibehörde u. Polizeivollzugsdienst* 295
*§ 70 Örtliche Zuständigkeit der Polizeibeamten* ............ 295
*§ 71 Aufsicht* .............................. 295
*§ 72 Gemeinsamer Einsatz staatlicher und städtischer Polizei* ..... 296
*§ 73 Notstand* ............................. 296

*Zweiter Unterabschnitt: Besondere Vorschriften für die städtischen Polizeidienststellen*
*§ 74 Polizeivollzugsdienst* ...................... 298
*§ 75 Bestellung der leitenden Beamten* ............... 298

**Drittes Kapitel: Besondere Vollzugsbeamte**
§ 76 Gemeindliche Vollzugsbeamte .................. 299
§ 77 Hilfsbeamte der Staatsanwaltschaft ............... 302

Inhalt

## DRITTER TEIL: Die Kosten der Polizei

§ 78 Begriff der Kosten .............................. 304
§ 79 Kosten für die allgemeinen Polizeibehörden ........... 305
§ 80 Kosten für die staatlichen Polizeidienststellen .......... 307
§ 81 Ersatz ..................................... 307
§ 82 Einnahmen .................................. 311

## VIERTER TEIL: Übergangs- und Schlußbestimmungen

§ 83 Aufhebung der bisherigen Polizeidirektionen in Freiburg i. Br. und in Baden-Baden ............................ 312
§ 84 Übertritt und Übernahme von Bediensteten ............ 312
§ 85 Versorgung ehemaliger Bediensteter der Polizei ......... 313
§ 86 Vorschriften für Beamte, die nicht in den Dienst des Landes oder einer Gemeinde übertreten ...................... 314
§ 87 Vermögensrechtliche Verhältnisse ................... 314
§ 88 ......................................... 315
§ 89 ......................................... 315
*§ 90 (aufgehoben)*
§ 91 Durchführungsvorschriften ....................... 316
§ 92 Aufhebung von Rechtsvorschriften .................. 317
§ 93 Außerkrafttreten von Polizeiverordnungen ............ 319
*§ 94 Beschlagnahme von Räumen* ...................... 319
§ 95 Inkrafttreten ................................. 320

## ANHANG

**Anhang 1:** 1. Verordnung des Innenministeriums zur Durchführung des Polizeigesetzes (**1. DVO PolG**) ............. 322
**Anhang 2:** 2. Verordnung des Innenministeriums zur Durchführung des Polizeigesetzes (**2. DVO PolG**) ............. 328
**Anhang 3:** Landesverwaltungsvollstreckungsgesetz (**LVwVG**) ... 341
**Anhang 4:** Erlaß des Innenministeriums über erkennungsdienstliche Maßnahmen und über die Anwendung unmittelbaren Zwangs (**UZwErl.**) ........................ 356
**Anhang 5:** Bekanntmachung des Innenministeriums über die Anwendung unmittelbaren Zwanges durch Polizeibeamte auf Anordnung des Staatsanwalts ......... 359
**Anhang 6:** Auszug aus dem Gebührenverzeichnis (**GebVerz.**) betr. Amtshandlungen des Polizeivollzugdienstes ....... 363
**Anhang 7:** Erlaß des Innenministeriums zur Durchführung des § 81 Abs 2 des Polizeigesetzes ....................... 366
**Anhang 8:** Vollstreckungskostenordnung (**LVwVGKO**) ....... 369
**Sachregister** ...................................... 375

## *Abkürzungen*

| | |
|---|---|
| a. A. | anderer Ansicht |
| a. F. | alte Fassung |
| AGBGB | Ausführungsgesetz zum Bürgerlichen Gesetzbuch |
| AGVwGO | Ausführungsgesetz zur Verwaltungsgerichtsordnung |
| AsylVfG | Gesetz über das Asylverfahren (Asylverfahrensgesetz) |
| AuslG | Ausländergesetz |
| | |
| BayVBl. | Bayerische Verwaltungsblätter |
| BGB | Bürgerliches Gesetzbuch |
| BGBl. | Bundesgesetzblatt |
| BGSG | Bundesgrenzschutzgesetz |
| BImSchG | Bundes-Immissionsschutzgesetz |
| BJG | Bundesjagdgesetz |
| BKA | Bundeskriminalamt |
| BKAG | Gesetz über das Bundeskriminalamt |
| BSeuchG | Bundes-Seuchengesetz |
| BVerfG | Bundesverfassungsgericht |
| BVerwG | Bundesverwaltungsgericht |
| BVSG | Gesetz über die Zusammenarbeit des Bundes und der Länder in Angelegenheiten des Verfassungsschutzes |
| BW | Baden-Württemberg |
| BWVBl. | Baden-Württembergisches Verwaltungsblatt |
| BWVPr. | Baden-Württembergische Verwaltungspraxis |
| BZRG | Bundeszentralregistergesetz |
| | |
| DErl. | Durchführungserlaß |
| DO | Dienstordnung für die Landesbehörden in Baden-Württemberg |
| DÖV | Die öffentliche Verwaltung |
| DPolBl. | Deutsches Polizeiblatt |
| DVBl. | Deutsches Verwaltungsblatt |
| DVO | Durchführungsverordnung |
| DVO PolG | Durchführungsverordnung zum Polizeigesetz |
| | |
| EBO | Eisenbahn-Bau- und Betriebsordnung |
| EGGVG | Einführungsgesetz zum Gerichtsverfassungsgesetz |
| Erl. | Erlaß |
| ESVGH | Entscheidungssammlung des Hessischen VGH und des VGH Baden-Württemberg |

## Abkürzungen

| | |
|---|---|
| FGG | Gesetz über die Angelegenheiten der freiwilligen Gerichtsbarkeit |
| FischG | Fischereigesetz |
| FPolDG | Gesetz über den Freiwilligen Polizeidienst |
| FwG | Feuerwehrgesetz |
| | |
| GABl. | Gemeinsames Amtsblatt des Landes BW |
| GastG | Gaststättengesetz |
| GBl. | Gesetzblatt für BW |
| GebVerz. | Gebührenverzeichnis |
| GemO | Gemeindeordnung |
| GeschlKrG | Gesetz zur Bekämpfung der Geschlechtskrankheiten |
| GewO | Gewerbeordnung |
| GG | Grundgesetz |
| GMBl. | Gemeinsames Ministerialblatt des Bundes |
| | |
| IM | Innenministerium BW |
| | |
| JGG | Jugendgerichtsgesetz |
| JSchÖG | Gesetz zum Schutze der Jugend in der Öffentlichkeit |
| | |
| LBG | Landesbeamtengesetz |
| LBO | Landesbauordnung |
| LDSG | Landesdatenschutzgesetz |
| LGebG | Landesgebührengesetz |
| LJG | Landesjagdgesetz |
| LJWG | Landesjugendwohlfahrtsgesetz |
| LKA | Landeskriminalamt |
| LKatSG | Landeskatastrophenschutzgesetz |
| LKrO | Landkreisordnung |
| LMBG | Lebensmittel- und Bedarfsgegenständegesetz |
| LOWiG | Landesordnungswidrigkeitengesetz |
| LPP | Landespolizeipräsidium (Abteilung III des IM) |
| LPrG | Landespressegesetz |
| LuftVG | Luftverkehrsgesetz |
| LV | Verfassung des Landes Baden-Württemberg |
| LVOPol. | Landeslaufbahnverordnung für die Polizeibeamten |
| LVSG | Landesverfassungsschutzgesetz |
| LVwG | Landesverwaltungsgesetz |
| LVwVfG | Landesverwaltungsverfahrensgesetz |

| | |
|---|---|
| LVwVG | Landesverwaltungsvollstreckungsgesetz |
| LVwVGKO | Verordnung des Innenministeriums über die Erhebung von Kosten der Vollstreckung nach dem LVwVG (Vollstreckungskostenordnung) |
| LWaldG | Landeswaldgesetz |
| MEPolG | Musterentwurf eines einheitlichen Polizeigesetzes des Bundes und der Länder |
| MG | Meldegesetz |
| MRK | Menschenrechtskonvention |
| NVwZ | Neue Zeitschrift für Verwaltungsrecht |
| OWiG | Gesetz über Ordnungswidrigkeiten |
| PaßG | Paßgesetz |
| PolBlBW | Das Polizeiblatt für das Land Baden-Württemberg |
| PolG | Polizeigesetz |
| PolOrgErl. | Polizeiorganisationserlaß |
| PolVO | Polizeiverordnung |
| PrPVG | Preußisches Polizeiverwaltungsgesetz |
| RP | Regierungspräsidium |
| RVO | Reichsversicherungsordnung |
| SchulG | Schulgesetz |
| SprengG | Gesetz über explosionsgefährliche Stoffe (Sprengstoffgesetz) |
| StGB | Strafgesetzbuch |
| StPO | Strafprozeßordnung |
| StrG | Straßengesetz |
| StVG | Straßenverkehrsgesetz |
| StVO | Straßenverkehrs-Ordnung |
| StVollzG | Strafvollzugsgesetz |
| StVZO | Straßenverkehrs-Zulassungs-Ordnung |
| TierSG | Tierseuchengesetz |
| UBG | Gesetz über die Unterbringung psychisch Kranker (Unterbringungsgesetz) |

## Abkürzungen

| | |
|---|---|
| UZwErl. | Erlaß des IM über erkennungsdienstliche Maßnahmen und über die Anwendung unmittelbaren Zwangs (Anhang 4) |
| UZwG | Gesetz über den unmittelbaren Zwang bei Ausübung öffentlicher Gewalt durch Vollzugsbeamte des Bundes |
| UZwGBw. | Gesetz über die Anwendung unmittelbaren Zwanges und die Ausübung besonderer Befugnisse durch Soldaten der Bundeswehr und zivile Wachpersonen |
| VBlBW | Verwaltungsblätter für Baden-Württemberg |
| VerkG | Gesetz über die Verkündung von Rechtsverordnungen (Verkündungsgesetz) |
| VersG | Versammlungsgesetz |
| VGH | Verwaltungsgerichtshof |
| VO | Verordnung |
| VwGO | Verwaltungsgerichtsordnung |
| VwV | Verwaltungsvorschrift |
| VwZG | Verwaltungszustellungsgesetz |
| WaffG | Waffengesetz |
| WG | Wassergesetz |
| WKD | Wirtschaftskontrolldienst |
| WM | Ministerium für Wirtschaft, Mittelstand und Technologie |
| WPflG | Wehrpflichtgesetz |
| ZPO | Zivilprozeßordnung |
| ZRP | Zeitschrift für Rechtspolitik |
| ZSEG | Gesetz über die Entschädigung von Zeugen und Sachverständigen |

## *Literaturhinweise*
### I. Allgemeine polizeirechtliche Literatur
1. *Drews/Wacke/Vogel/Martens*, Gefahrenabwehr, Allgemeines Polizeirecht (Ordnungsrecht) des Bundes und der Länder, 8. Auflage, Band 1 1975, Band 2 1977.
2. *Friauf*, Polizei- und Ordnungsrecht in v. Münch, Besonderes Verwaltungsrecht, 6. Auflage 1982.
3. *Götz*, Allgemeines Polizei- und Ordnungsrecht, 7. Auflage 1982.
4. *Riegel*, Polizei- und Ordnungsrecht in der Bundesrepublik Deutschland, 1981.
5. *Schipper*, Gefahrenabwehr und Zwangsmittel der Polizei, Grundriß des allgemeinen Verwaltungs- und Polizeirechts, 1981.
6. *Scholler/Broß*, Grundzüge des Polizei- und Ordnungsrechts in der Bundesrepublik Deutschland, 3. Auflage 1982.
7. *Ule/Rasch*, Allgemeines Polizei- und Ordnungsrecht (Brauchitsch, Verwaltungsgesetze des Bundes und der Länder, Band III, 1. Halbband), 2. Auflage 1982.
8. *Wolff/Bachof*, Verwaltungsrecht III (Ordnungs-, Leistungs- und Verwaltungsverfahrensrecht), 4. Auflage 1978.

### II. Literatur zum Polizeirecht von Baden-Württemberg
1. *Gerecke*, Polizeirecht, Textausgabe mit Einführung in das allgemeine Polizeirecht, 2. Auflage 1969.
2. *Lohse/Heinrich*, Polizeirecht in Baden-Württemberg – Ein Schulungsbuch für Studium und Polizeipraxis, 1971.
3. *Mußmann*, Allgemeines Polizeirecht in Baden-Württemberg – Systematische Darstellung –, 1984.
4. *Polizei-Handbuch für Baden-Württemberg*, herausgegeben von der Landes-Polizeischule Baden-Württemberg in Freiburg, 9. Auflage 1980.
5. *Reichert/Röber*, Polizeirecht (Besonderes Verwaltungsrecht für Baden-Württemberg), 2. Auflage 1983.
6. *Reiff/Wöhrle/Wolf*, Kommentar zum Polizeigesetz für Baden-Württemberg, 3. Auflage 1984.
7. *Rheinwald/Kloesel*, Polizeigesetz für das Land Baden-Württemberg und Landesverwaltungsvollstreckungsgesetz, 5. Auflage 1975.

### III. Fachzeitschriften
1. Baden-Württembergische Verwaltungspraxis, Fachzeitschrift für die Ausbildung und Fortbildung in der öffentlichen Verwaltung.

## Literaturhinweise

2. Das Polizeiblatt für das Land Baden-Württemberg, Fachzeitschrift für die Beamten bei den Polizeibehörden und im Polizeivollzugsdienst (bis 1981).
3. Deutsches Polizeiblatt (DPolBl), Fachzeitschrift für die Polizei in Bund und Ländern.
4. Deutsches Verwaltungsblatt (DVBl.) mit Verwaltungsarchiv.
5. Die neue Polizei, Fachzeitschrift für die gesamte Polizei.
6. Die Öffentliche Verwaltung (DÖV), Zeitschrift für Verwaltungsrecht und Verwaltungspolitik.
7. Die Polizei, Zentralorgan für das Sicherheits- und Ordnungswesen.
8. Kriminalistik, Zeitschrift für die gesamte kriminalistische Wissenschaft und Praxis.
9. Verwaltungsblätter für Baden-Württemberg (VBlBW), Zeitschrift für öffentliches Recht und öffentliche Verwaltung.

### IV. Entscheidungssammlung

Neues Polizeiarchiv (NPA), Loseblatt-Sammlung mit höchstrichterlichen Entscheidungen (bearbeitet für die Polizei), herausgegeben von *Mauch* und *Wetterich*.

# Polizeigesetz für Baden-Württemberg

in der Fassung der Bekanntmachung vom 16. Januar 1968 (GBl. S. 61, ber. S. 322), geändert durch Gesetze vom 6. April 1970 (GBl. S. 111), 7. April 1970 (GBl. S. 124), 26. Juli 1971 (GBl. S. 314), 14. März 1972 (GBl. S. 92), 19. Dezember 1972 (GBl. S. 624), 12. März 1974 (GBl. S. 93), 2. Juli 1974 (GBl. S. 210), 26. November 1974 (GBl. S. 508), 3. März 1976 (GBl. S. 228, ber. S. 454), 7. Juni 1977 (GBl. S. 171), 21. Juni 1977 (GBl. S. 227), 11. Dezember 1979 (GBl. S. 545), 11. April 1983 (GBl. S. 131) und 18. Juli 1983 (GBl. S. 369).

ERSTER TEIL

## Das Recht der Polizei

1. ABSCHNITT

**Aufgaben der Polizei**

*(Siehe hierzu die Übersicht im hinteren Einband)*

§ 1

**Allgemeines**

(1) Die Polizei hat die Aufgabe, von dem einzelnen und dem Gemeinwesen Gefahren abzuwehren, durch die die öffentliche Sicherheit oder Ordnung bedroht wird, und Störungen der öffentlichen Sicherheit oder Ordnung zu beseitigen, soweit es im öffentlichen Interesse geboten ist. Sie hat insbesondere die verfassungsmäßige Ordnung zu schützen und die ungehinderte Ausübung der staatsbürgerlichen Rechte zu gewährleisten.

(2) Außerdem hat die Polizei die ihr durch andere Rechtsvorschriften übertragenen Aufgaben wahrzunehmen.

## § 1 Allgemeines

**Literatur: Belz,** Wichtige Änderungen im Polizeirecht von Baden-Württemberg, DÖV 1974, 766; **ders.,** Zur Ablösung des Polizeistrafrechts in Baden-Württemberg, BWVPr. 1975, 101, 126; **Dahlinger,** Der materielle Polizeibegriff im Polizeigesetz für Baden-Württemberg, BWVBl. 1956, 113; **Erbel,** Der Streit um die „öffentliche Ordnung" als polizeiliches Schutzgut, DVBl. 1972, 475 = PolBlBW 1973, 2; **Klein,** Zur Auslegung des Rechtsbegriffs der „öffentlichen Sicherheit und Ordnung", DVBl. 1971, 233 = PolBlBW 1971, 181; **Klich,** Die wesentlichsten Bestimmungen des Gesetzes zur Ablösung des Polizeistrafrechts, PolBlBW 1975, 25; **Leiber,** Die Aufgaben der Polizei nach dem neuen Polizeigesetz, PolBlBW 1956, 19; **Mayer,** Der Rechtswert des Begriffs „öffentliche Sicherheit und Ordnung", DVBl. 1959, 449; **Reiff,** Das Polizeigesetz, PolBlBW 1956, 6, 40; **Schlez,** Der Polizeibegriff in der Rechtsprechung des badischen und des bad.-württ. Verwaltungsgerichtshofs, BWVBl. 1964, 145, 164, 181; **Schneider,** Grundsätzliche Überlegungen zur polizeilichen Gefahr, DVBl. 1980, 406; **Staats,** Zur Aufgabenzuweisung in den Polizeigesetzen, DÖV 1979, 155; **Ule,** Bemerkungen zum bad.-württ. Polizeigesetz, BWVBl, 1956, 65, 83.

### Allgemeines

1   § 1 Abs. 1 enthält die allgemeine Umschreibung der polizeilichen Aufgaben auf dem Gebiet der **Gefahrenabwehr** (einschließlich der Störungsbeseitigung). Diese Aufgabenumschreibung ist jetzt in allen Bundesländern einheitlich. Bis 1974 hatte das bad.-württ. PolG bei der Umschreibung der polizeilichen Aufgaben das Begriffspaar **„Recht und Ordnung"** verwendet. Dieses wurde im Gesetz zur Ablösung des Polizeistrafrechts vom 2. Juli 1974 (GBl. S. 210) durch das Begriffspaar **„öffentliche Sicherheit und Ordnung"** ersetzt.

Die Aufgabenumschreibung in § 1 Abs. 1 gilt **einheitlich** für die Polizei im Sinne des PolG, also für die (allgemeinen und besonderen) Polizeibehörden und den Polizeivollzugsdienst (vgl. § 45).

Allgemeines **§ 1**

Die Polizei darf **nur innerhalb ihres gesetzlich festgelegten Aufgabenkreises** tätig werden. Dies gilt auch dann, wenn die Polizei keine Eingriffsakte vornimmt, sondern schlichthoheitlich tätig wird. Dabei kann es sich um **Gefahrenabwehr** i. S. von § 1 Abs. 1 oder um sonstige der Polizei durch Gesetz zugewiesene Aufgaben (vgl. § 1 Abs. 2) handeln. Eine **konkrete Gefahr** (vgl. Randnr. 10) ist Voraussetzung für polizeiliche Eingriffsakte, während für sonstiges polizeiliches Handeln eine **abstrakte Gefahr** genügt, soweit nicht spezialgesetzliche Aufgabenzuweisungen überhaupt auf das Vorliegen einer polizeilichen Gefahr verzichten.

Die Aufgabenumschreibung des § 1 Abs. 1 **muß zusammen mit der Befugnisnorm des § 3 gesehen werden.** Nach dieser Vorschrift hat die Polizei innerhalb der durch das Recht gesetzten Schranken zur Wahrnehmung ihrer Aufgaben diejenigen Maßnahmen zu treffen, die ihr nach pflichtmäßigem Ermessen erforderlich erscheinen. **§ 1 Abs. 1 und § 3** bilden zusammen die **polizeiliche Generalermächtigung zur Gefahrenabwehr** im herkömmlichen Sinne des deutschen Polizeirechts. Die Generalermächtigung ist für die Polizei unentbehrlich, weil bei der Vielgestaltigkeit der Lebensverhältnisse und wegen ihres ständigen Wandels eine spezialgesetzliche Regelung für jede nur denkbare Gefahrenabwehr nicht möglich ist. Ihre Hauptfunktion besteht darin, die Lücken zu schließen, die in dem vielfältig gegliederten System von Spezialgesetzen auf dem Gebiet der Gefahrenabwehr bestehen, die jeweils **Spezialermächtigungen** zur Bekämpfung bestimmter polizeilicher Gefahren enthalten (z. B. §§ 10 und 10a BSeuchG für die Abwehr bestimmter Gefahren für die menschliche Gesundheit). Derartige Spezialermächtigungen verdrängen innerhalb ihres Anwendungsbereiches die **subsidiäre** Generalermächtigung des allgemeinen Polizeirechts. 2

Die in § 1 Abs. 1 und § 3 enthaltene allgemeine Ermächtigung ermöglicht es der Polizei, drohende **Gefahren** („präventiv") 3 abzuwehren und bereits eingetretene **Störungen** („repressiv") **zu beseitigen.** Die Polizei kann **Einzelmaßnahmen** (vgl. Randnr. 10 zu § 3) selbständig auf diese Ermächtigung stützen, soweit nicht spezialgesetzliche Ermächtigungen eingreifen.

> B e i s p i e l e : Aus einer Kiesgrube fahren regelmäßig Fahrzeuge mit tropfender Ladung auf eine Bundesstraße. Die Ortspolizeibehörde ordnet gemäß § 1 Abs. 1 und § 3 an, daß die Fahrzeuge vor der Ausfahrt auf die Straße so lange zu stehen haben, bis das Wasser abgetropft ist. Durch diese Einzelmaßnahme wird eine Gefährdung des Straßenverkehrs durch Nässe oder Glatteisbildung verhindert.
>
> Von einem Lkw fällt Baumaterial auf die Fahrbahn. Ein Polizeibeamter hält das Fahrzeug an und veranlaßt den Fahrer, das herabgefallene Gut wieder auf den Wagen zu laden, um die davon ausgehende Gefahr für den Straßenverkehr zu beseitigen.
>
> Ein Hund hat wiederholt Passanten gebissen und zeigt auch sonst häufig ein aggressives Verhalten. Die Ortspolizeibehörde ordnet das Tragen eines Maulkorbs an, solange der Hund sich auf öffentlichen Straßen aufhält.

Neben der polizeilichen Generalermächtigung für Einzelmaßnahmen in § 1 Abs. 1 i. V. mit § 3 enthält das PolG in § 10 Abs. 1 eine auf die allgemeinen Polizeibehörden beschränkte Generalermächtigung zum Erlaß von **Polizeiverordnungen.**

Besonders zu beachtende, meist engere Voraussetzungen gelten für die in den **§§ 20 bis 30** geregelten **polizeilichen Einzelmaßnahmen** (Identitätsfeststellung, Sistierung, Ladung, Gewahrsam, Durchsuchung von Personen und Sachen, Betreten und Durchsuchung von Wohnungen, Sicherstellung, Beschlagnahme, Einziehung und erkennungsdienstliche Behandlung). Diese Maßnahmen, die meist als polizeiliche **Standardmaßnahmen** bezeichnet werden, können nur auf die einschlägige **Spezialvorschrift,** nicht auf die Generalermächtigung (§ 1 Abs. 1 i. V. mit § 3) gestützt werden.

Allgemeines § 1

Das Polizeigesetz enthält **zwingendes Recht.** Vereinbarungen 4
über eine Einschränkung oder Erweiterung polizeilicher Aufgaben oder Befugnisse sind nicht zulässig. Polizeiliche Befugnisse
können nur durch Gesetz oder auf Grund einer gesetzlichen
Ermächtigung auf Privatpersonen übertragen werden (so z. B.
auf Polizeifreiwillige nach dem FPolDG oder auf bestätigte
Jagdaufseher nach § 25 Abs. 2 BJG i. V. mit § 24 LJG). Die
**Bestellung von Hilfspolizeibeamten,** wie sie die Polizeigesetze
anderer Bundesländer und § 47 BGSG vorsehen (vgl. dazu
Ungerbieler, Der Hilfspolizeibeamte im Deutschen Polizeirecht,
DVBl. 1980, 409), ist nach dem PolG **nicht zulässig.**

**Zu Absatz 1**

**Die Polizei** umfaßt als Institution **die Polizeibehörden und** 5
**den Polizeivollzugsdienst** (vgl. § 45). Beide Zweige der Polizei
werden von dem Gesetz den gleichen Rechtsnormen unterstellt,
um eine einheitliche und wirksame Wahrnehmung der polizeilichen Aufgaben sicherzustellen. Zu beachten ist, daß das Bundesrecht (wie auch das Recht einiger Bundesländer) den materiellen und formellen **Polizeibegriff häufig nicht deckungsgleich** verwendet, wie es das baden-württembergische Polizeigesetz tut. Deshalb kann man aus der Bezeichnung der Behörden in den Bundesgesetzen meist nicht ableiten, ob ihre Tätigkeit dem polizeilichen Funktionsbereich zuzurechnen ist.
Erkennungsmerkmal ist, ob die von ihnen wahrgenommenen
Aufgaben die Voraussetzungen des materiellen Polizeibegriffs
erfüllen. So ist etwa das Straßenverkehrsrecht spezielles Polizeirecht, das aus dem allgemeinen Polizeirecht hervorgegangen
ist und der Abwehr von Gefahren dient, die dem Straßenverkehr drohen oder vom Straßenverkehr ausgehen und die
Umwelt beeinträchtigen (vgl. BVerwGE 59, 221). Deshalb üben
die Straßenverkehrsbehörden eine polizeiliche Tätigkeit im
Sinne des § 1 aus und sind Polizeibehörden im Sinne des PolG
(vgl. Randnr. 3 zu § 47), obwohl ihre Aufgaben nach § 44 Abs. 1
StVO den unteren Verwaltungsbehörden zugewiesen sind.

6  **Einzelne** sind natürliche Personen, und als rechtsfähig anerkannte Personenvereinigungen des Privatrechts, mithin der gesamte private Bereich.

Das **Gemeinwesen** ist die rechtlich geordnete Zusammenfassung der in einem bestimmten Gebiet lebenden Menschen. Dazu gehören der Staat, die Gemeinden und alle anderen juristischen Personen des öffentlichen Rechts, mithin der gesamte öffentliche Bereich.

7  Eine **Gefahr** ist ein Zustand, der nach verständiger Beurteilung in näherer Zeit den Eintritt eines Schadens erwarten läßt. Ein **Schaden** ist die unmittelbare Minderung von Lebensgütern oder Lebenswerten durch regelwidrige Einflüsse.

8  Die Gefahr muß die öffentliche Sicherheit oder Ordnung (vgl. Randnrn. 15 und 18) **bedrohen**, doch braucht sie für Maßnahmen auf Grund der Generalermächtigung **nicht unmittelbar bevorzustehen**. Ihr **Eintritt** muß nicht gewiß sein (vgl. BVerwG DVBl. 1973, 857, 859). Es muß aber hinreichend **wahrscheinlich** sein, daß ohne polizeiliches Eingreifen ein Schaden eintreten könnte. Eine ganz entfernte Möglichkeit eines Schadenseintritts reicht nicht aus.

> Beispiel: Entlang einer öffentlichen Straße stehende altersschwache Bäume können beim nächsten Sturm auf die Fahrbahn stürzen. Die Ortspolizeibehörde verpflichtet den Grundstückseigentümer durch eine Einzelanordnung, die Bäume fällen zu lassen, um dadurch zwar nicht unmittelbar bevorstehende, aber wahrscheinliche Gefahren für die Teilnehmer am Straßenverkehr zu beseitigen.

Nur bei **unmittelbar bevorstehender Gefahr** zulässig ist die polizeiliche Inanspruchnahme von unbeteiligten Dritten (§ 9 Abs. 1), der polizeiliche Gewahrsam von Personen aus bestimmten Gründen (§ 22 Abs. 1 Nr. 1) und die polizeiliche Beschlagnahme (§ 27 Abs. 1 Nr. 1). Hierin liegt eine Verschärfung des Gefahrenmoments gegenüber der Generalermächtigung.

# Allgemeines § 1

Das Polizeigesetz verwendet **unterschiedliche Gefahrenbegriffe**. Es spricht von gemeiner Gefahr (§ 25 Abs. 1), von dringender Gefahr (§ 25 Abs. 1), von Lebensgefahr (§ 22 Abs. 1 Nr. 2 und § 25 Abs. 1) sowie von Gefahr im Verzug (§ 2 Abs. 1, § 25 Abs. 5, § 46 Abs. 2 Nr. 2, § 53 Abs. 1, § 54 Abs. 2).

**Gemeine Gefahr** ist gegeben, wenn eine Gefährdung in ihrer Ausdehnung unbestimmt ist. Das gilt insbesondere, wenn ihre Auswirkungen dem Willen des Verursachers nicht oder nicht mehr unterworfen sind, so etwa bei Feuers- oder Wassersnot sowie bei Explosionen (vgl. auch Randnr. 8 zu § 25). Der Begriff der gemeinen Gefahr wird auch im Strafrecht verwendet (vgl. §§ 312 ff. StGB).

**Dringende Gefahr** liegt vor, wenn der baldige Eintritt eines ernsthaften Schadens an einem wichtigen Rechtsgut zu erwarten ist, falls nicht alsbald eingeschritten wird (vgl. auch Randnr. 7 zu § 25). Die dringende Gefahr enthält sowohl eine zeitliche als auch eine qualitative Steigerung gegenüber der gewöhnlichen polizeilichen Gefahr.

**Lebensgefahr** ist anzunehmen, wenn ein Menschenleben durch Vernichtung oder erhebliche Gesundheitsschädigung bedroht wird (vgl. Randnr. 6 zu § 22 und Randnr. 9 zu § 25).

**Gefahr im Verzug** besteht, wenn der Erfolg einer polizeilichen Maßnahme ohne sofortiges Eingreifen beeinträchtigt oder vereitelt wird.

Die polizeiliche Gefahr kann **konkret** im Einzelfall bestehen.

> B e i s p i e l : Nach einer Gasexplosion im obersten Stock eines vierstöckigen Wohngebäudes erscheint das ganze Haus einsturzgefährdet. Zur Abwehr der daraus unmittelbar drohenden Gefahren ordnet die Polizei die sofortige Räumung aller Wohnungen an und verbietet das Betreten des Hauses.

Eine **konkrete Gefahr** ist Voraussetzung für polizeiliche Einzelmaßnahmen nach § 1 Abs. 1 i. V. mit § 3. Spezialvorschriften können jedoch für polizeiliche Einzelmaßnahmen auf das Vorliegen einer konkreten Gefahr verzichten (vgl. z. B. § 20 Abs. 1 Nr. 3 und 4 und Abs. 3).

Eine nur **abstrakte Gefahr** besteht, wenn aus Geschehnissen, Handlungen oder Zuständen nach Erfahrungen des täglichen Lebens mit überwiegender Wahrscheinlichkeit konkrete Gefahren im Einzelfall zu entstehen pflegen. Abstrakte Gefahren genügen für den Erlaß von Polizeiverordnungen (vgl. Randnr. 6 zu § 10) und für sonstiges polizeiliches Tätigwerden, das nicht mit Eingriffen in die Rechtssphäre Dritter verbunden ist (vgl. Randnr. 1).

> B e i s p i e l : Durch Veranstaltungen mit Kraftfahrzeugen auf privaten Grundstücken können nach allgemeiner Erfahrung Gefahren für Leben und Gesundheit der Zuschauer und Teilnehmer entstehen. Diese abstrakte Gefahr rechtfertigt den Erlaß von Gebots- und Verbotsvorschriften für derartige Veranstaltungen durch PolVO (vgl. die auf § 10 Abs. 1 PolG gestützte PolVO des Innenministeriums über Veranstaltungen mit Kraftfahrzeugen außerhalb öffentlicher Straßen vom 2. Dezember 1976, GBl. S. 630).

**11** Zur Unterscheidung zwischen konkreter und abstrakter Gefahr vgl. aus der Rechtsprechung BVerwG DÖV 1970, 714, 715, und VGH Bad.-Württ., ESVGH 21, 216, Leits. 3 und 218 ff.

Ist der Eintritt einer Gefahr nur dann zu erwarten, wenn andere Umstände hinzutreten, also bei der sogenannten **latenten** (schlummernden) **Gefahr,** sind vorbeugende polizeiliche Einzelmaßnahmen nicht zulässig.

# Allgemeines § 1

> Beispiel: Geruch und Lärm, die von einer Schweinemästerei ausgehen, sind, solange der Betrieb außerhalb des Bebauungsgebietes liegt, keine Gefahren, die ein vorbeugendes polizeiliches Eingreifen zum Schutz der öffentlichen Sicherheit oder Ordnung rechtfertigen. Dieses kann im Hinblick auf gesundheitliche Gefährdungen der Anwohner aber dann erforderlich und zulässig werden, wenn die Bebauung an den Betrieb heranrückt und dadurch eine polizeiliche Gefahr entsteht.

Polizeiliche Maßnahmen sind nur dann zulässig, wenn eine polizeiliche Gefahr **tatsächlich vorliegt.** Eine von der Polizei irrtümlich angenommene Gefahr (**Putativgefahr**) reicht nicht aus. Erweckt jedoch ein Sachverhalt bei pflichtgemäßer Prüfung der näheren Umstände den Anschein einer polizeilichen Gefahr (**Anscheinsgefahr**), dann ist die Polizei berechtigt, das in Gang befindliche Geschehen vorläufig zu unterbrechen, um festzustellen, ob tatsächlich eine Gefahr vorliegt („Gefahrerforschungseingriff", vgl. Götz, aaO, S. 62). Die zu diesem Zweck getroffenen Maßnahmen bleiben rechtmäßig, auch wenn sich später herausstellt, daß keine Gefahr vorlag. Der Betroffene kann jedoch in der Regel als Nichtstörer gemäß § 41 eine Entschädigung für den ihm entstandenen Schaden beanspruchen. 12

> Beispiel: In einer Bank geht telefonisch eine anonyme Bombendrohung ein. Wenig später entdeckt ein Bankangestellter in der Schalterhalle einen Koffer, dessen Besitzer sich zunächst nicht feststellen läßt. Die herbeigerufene Polizei räumt das Bankgebäude und läßt durch Sprengstoffsachverständige den Koffer öffnen, der dabei beschädigt wird. Diese finden darin Wertpapiere. Später stellt sich heraus, daß ein Bankkunde den Koffer stehen ließ. Die polizeilichen Maßnahmen waren auf Grund der Umstände gerechtfertigt, obwohl von dem Koffer keine Gefahr ausging.

Lediglich als **Belästigungen** zu wertende Handlungen oder Zustände **sind keine Gefahren.** Die zunehmende Bevölkerungsdichte in einem Staat der Industriegesellschaft engt den Indivi- 13 dualbereich des einzelnen und damit seinen Anspruch auf Schonung gegenüber von ihm subjektiv als empfindliche Störung seines Wohlbefindens empfundenen Beeinträchtigungen immer stärker ein. Deshalb muß von einem Kinderspielplatz ausgehender Lärm von den Anwohnern grundsätzlich ebenso hingenommen werden wie etwa die von einem Jahrmarkt oder einem Rummelplatz ausgehenden Geräusche. Gleiches gilt für die Luftverschmutzung in einem Industriegebiet oder für den Stall- und Dunggeruch in einem Dorf. Doch kann eine Massierung solcher Einwirkungen das – allerdings oft schwer abzuschätzende – **zumutbare Maß** überschreiten und zur Gefahr werden, die ein polizeiliches Eingreifen rechtfertigt.

**14** Die Gefahr muß die **öffentliche Sicherheit** (vgl. Randnr. 15) oder **die öffentliche Ordnung** (vgl. Randnr. 18) bedrohen oder stören. Den Begriff der öffentlichen Sicherheit, der nach dem Vorbild des preußischen Rechts auch im Polizeirecht des Bundes und aller anderen Bundesländer verwendet wird, hat das Polizeigesetz erst bei der Ablösung des Polizeistrafrechts (vgl. Randnr. 1) übernommen. Zuvor oblag der Polizei in Baden-Württemberg der Schutz von „Recht und Ordnung". Die Rechtsbegriffe „öffentliche Sicherheit" und „öffentliche Ordnung" werden in der Regel gemeinsam gebraucht; ihr Inhalt ist jedoch von unterschiedlicher Bedeutung. Die Aufrechterhaltung der **öffentlichen Sicherheit** gilt dem Schutz der elementaren Lebensgüter der im Staate lebenden Menschen und dem Staate selbst, letztlich dem Schutz der gesamten Rechtsordnung vor rechtswidrigen Angriffen (vgl. Randnrn. 15–17). Der Schutz der **öffentlichen Ordnung** dient der Durchsetzung der über das geschriebene Gesetz hinaus geltenden grundlegenden sozialen Verhaltensregeln.

**15** Als **Aufrechterhaltung der öffentlichen Sicherheit** gilt nach der herkömmlichen Definition (amtliche Begründung zu § 14 prPVG) der **Schutz vor Schäden, die entweder den Bestand des Staates oder seiner Einrichtungen oder das Leben, die**

# Allgemeines § 1

**Gesundheit, Freiheit, Ehre oder das Vermögen des einzelnen bedrohen.**

Gefahren für diese Rechtsgüter können auch von Naturereignissen oder Zuständen in der unbelebten oder belebten Natur ausgehen.

> B e i s p i e l e : Ein Erdrutsch bedroht ein Haus; Hochwasser überflutet eine Straße; ein Sturm entwurzelt Bäume; Kühe geraten von der Weide auf die Autobahn; ein Hund wird tollwütig; eine Epidemie bricht aus.

Indessen rühren die meisten Bedrohungen der öffentlichen Sicherheit aus menschlichem Verhalten, und jede Verletzung einer Rechtsnorm kann zugleich eine Verletzung der öffentlichen Sicherheit sein. Allgemein gehört die Verhütung und Unterbindung von **Handlungen, die mit Strafe oder Geldbuße bedroht sind,** zu den wichtigsten präventivpolizeilichen Aufgaben. Davon abzugrenzen ist die auf der StPO und dem OWiG beruhende Tätigkeit der Polizei als Organ der Strafverfolgung und der Verfolgung von Ordnungswidrigkeiten (vgl. Randnr. 24).

Häufig wird die Polizei **zugleich gefahrenabwehrend und strafverfolgend** tätig, z. B. bei einer Geiselnahme, solange sich die Geisel in der Gewalt der Täter befindet. Hier hat, soweit es um Gefahren für besonders wichtige Rechtsgüter (Leben, Gesundheit) geht, die Gefahrenabwehr den Vorrang vor der Strafverfolgung (vgl. die Richtlinien über die Anwendung unmittelbaren Zwanges durch Polizeibeamte auf Weisung des Staatsanwalts [Anhang 5]).

Ein **Dienstvergehen** eines Beamten oder Soldaten stellt keine Verletzung der öffentlichen Sicherheit dar und rechtfertigt deshalb kein polizeiliches Einschreiten, sondern nur Maßnahmen des Dienstvorgesetzten.

**Nicht ausdrücklich verbotenes Tun** kann ebenfalls die öffentliche Sicherheit bedrohen und auf die Generalklausel des § 1 Abs. 1 i. V. mit § 3 gestütztes polizeiliches Eingreifen rechtfertigen.

> B e i s p i e l : Ein Gartenbesitzer macht sich daran, einen hohen Baum zu fällen. Eine vorbeikommende Polizeistreife ordnet die Unterlassung seines Vorhabens an, weil die Gefahr besteht, daß der stürzende Baum eine elektrische Leitung zerstört.

**16** Im Rahmen der öffentlichen Sicherheit ist die **verfassungsmäßige Ordnung** (die nicht mit der öffentlichen Ordnung verwechselt werden darf) ein besonderes, in Abs. 1 Satz 2 ausdrücklich erwähntes polizeiliches Schutzgut. Um es zu wahren, muß die Polizei nicht nur **die freiheitliche demokratische Grundordnung des Staates,** sondern **auch dessen Einrichtungen** und damit nicht zuletzt sich selbst und ihre Funktionsfähigkeit schützen. Die Polizei kann deshalb alles, was ihre hoheitliche Tätigkeit **rechtswidrig** beeinträchtigen könnte, auf Grund des Polizeigesetzes unterbinden.

> B e i s p i e l : Ein Verkehrsteilnehmer warnt andere Kraftfahrer durch ein Hinweisschild vor einer Polizeikontrolle. Die Polizei kann ihn auf Grund von § 1 Abs. 1 und § 3 PolG veranlassen, sich mit seinem Schild zu entfernen.

Bei ihrem Tätigwerden zum Schutz der verfassungsmäßigen Ordnung hat die Polizei immer auf die **Grundrechte** zu achten. Sie hat stets die **Würde des Menschen** (Art. 1 Abs. 1 Satz 1 GG) zu respektieren und muß auch eingreifen (vgl. Art. 1 Abs. 1 Satz 2 GG), wenn das Verhalten Dritter diese verletzt.

> B e i s p i e l : In einem Bierzelt wird ein Farbiger wegen seiner Hautfarbe beschimpft und belästigt. Die Polizei unterbindet dies auf Grund von § 1 Abs. 1 Satz 2 und § 3 PolG.

Wegen der **Einschränkung von Grundrechten** durch Maßnahmen auf Grund des Polizeigesetzes vgl. § 4.

Allgemeines § 1

**17** Die Gewährleistung der **ungehinderten Ausübung der staatsbürgerlichen Rechte** gehört gleichfalls zu dem in Abs. 1 Satz 2 ausdrücklich genannten polizeilichen Aufgabenbereich.

> B e i s p i e l : Bei Wahlen oder Abstimmungen sorgt die Polizei für störungsfreien Verlauf.

**18** Die **öffentliche Ordnung** bedeutet die Gesamtheit der **ungeschriebenen Regeln** für das Verhalten des einzelnen in der Öffentlichkeit, deren Befolgung über die Grenzen des geschriebenen Rechts hinaus nach den jeweils herrschenden sozialen und ethischen Anschauungen als **unentbehrliche Voraussetzung für ein geordnetes staatsbürgerliches und menschliches Zusammenleben** angesehen wird.

Der Begriff der öffentlichen Ordnung ist ein **Blankettbegriff,** der der Ausfüllung durch Wertvorstellungen bedarf. Dabei sind insbesondere die Grundrechte und die Wertentscheidungen des Grundgesetzes zu berücksichtigen. Dazu gehört auch der Grundsatz der Toleranz gegenüber abweichenden Auffassungen. Es ist nicht zulässig, einer Minderheit die Wertvorstellungen und Verhaltensregeln der Mehrheit mit Hilfe des Begriffes der öffentlichen Ordnung aufzuzwingen. Ein Verstoß gegen die öffentliche Ordnung kann daher nur dort angenommen werden, wo es sich um **unentbehrliche** Regeln für ein geordnetes Zusammenleben in der Gemeinschaft handelt, deren Verletzung zu **erheblichen** Nachteilen führen würde. Schutz der öffentlichen Ordnung bedeutet deshalb Schutz der **wesentlichen Grundregeln** menschlichen Zusammenlebens in einem freiheitlich demokratischen Staatswesen, nicht Schutz nebensächlicher Detailregeln.

Das polizeiliche Eingriffsrecht hat im Bereich der öffentlichen Ordnung gegenüber früher erheblich an Bedeutung verloren, weil die Gesellschaft gegenüber dem Verhalten des einzelnen heutzutage größere Toleranz übt. Frühere, strengere Anschauungen über die Art der Lebensführung des einzelnen oder der zwischenmenschlichen Beziehungen sind teilweise überholt.

Deshalb muß die Polizei die Frage, ob das Verhalten eines einzelnen etwa als Verletzung der Sittlichkeit oder des Anstandes und damit auch als Störung der öffentlichen Ordnung zu werten ist, heutzutage besonders sorgfältig prüfen.

Für das polizeiliche Einschreiten hat das Schutzgut der öffentlichen Ordnung nur **geringe praktische Bedeutung.** Es kommt selten vor, daß allein wegen Gefährdung der öffentlichen Ordnung eingeschritten wird, ohne daß zugleich eine Gefahr für die öffentliche Sicherheit vorliegt. Auf die öffentliche Ordnung als polizeiliches Schutzgut kann aber entgegen der Auffassung von Götz, aaO, S. 44 ff, nicht völlig verzichtet werden (ebenso Erbel, aaO). Ein solcher Verzicht würde dazu zwingen, zahlreiche selbstverständliche und unentbehrliche, aber bisher ungeschriebene Verhaltensregeln zu kodifizieren und damit die vielbeklagte „Normenflut" weiter zu vermehren.

**19** **Bedrohungen oder Störungen der öffentlichen Ordnung,** die polizeiliche Maßnahmen im öffentlichen Interesse (vgl. Randnr. 20) erforderlich machen, sind u. a. denkbar (soweit nicht eine Straftat oder Ordnungswidrigkeit und damit eine Verletzung der öffentlichen Sicherheit vorliegt):

a) **im Bereich des religiösen und sittlichen Empfindens**

> B e i s p i e l e : Betrunkene stören eine religiöse Feier durch Lärm und Tumult. Die Polizei entfernt die Störer;
>
> Jugendliche äffen ein Beerdigungszeremoniell nach. Die Polizei stellt den Unfug ab;
>
> ein Voyeur („Spanner") schleicht sich an ein Schlafzimmerfenster heran. Eine Polizeistreife holt ihn dort weg und stellt seine Personalien fest (§ 20 PolG).

b) **im Bereich des äußeren Anstandes**

> B e i s p i e l e : Ein Ehepaar prügelt sich in der Öffentlichkeit. Die herbeigerufene Polizeistreife macht dem ein Ende;
>
> Jugendliche und Erwachsene baden nackt an einem dafür nicht vorgesehenen Badestrand;

# Allgemeines § 1

am Tage eines schweren Unglücks, das Todesopfer in mehreren Familien eines Dorfes gefordert hat, will ein Gastwirt in diesem Dorf eine öffentliche Tanzbelustigung abhalten. Die Ortspolizeibehörde untersagt dies, weil sie darin einen Verstoß gegen den äußeren Anstand und damit gegen die öffentliche Ordnung sieht;

### c) im Bereich des geordneten sozialen Zusammenlebens

B e i s p i e l e : Eine Familie wird durch einen Brand obdachlos. Sie muß von der Polizei untergebracht werden, denn die gute Ordnung des Gemeinwesens verlangt allgemein, daß der einzelne ein Unterkommen hat;

ein Gastwirt hält die Eingangstür zu seiner Gaststätte, die als Treffpunkt von Straftätern bekannt ist, ständig verschlossen. Er stört dadurch die öffentliche Ordnung, weil zu vermuten ist, daß er damit die Vorbereitung von Straftaten unterstützen will. Die Polizei sorgt dafür, daß das Lokal während der Bewirtungszeiten geöffnet bleibt;

Neugierige behindern nach einem Eisenbahnunglück die Hilfs- und Ermittlungsmaßnahmen. Die Polizei drängt sie in angemessenen Abstand zurück.

Die Polizei hat die öffentliche Sicherheit oder Ordnung **nur** zu schützen, soweit dies **im öffentlichen Interesse** geboten ist. Dies setzt voraus, daß die Betätigung des einzelnen in die Öffentlichkeit ausstrahlt. Der Schutz der Menschenwürde liegt stets im öffentlichen Interesse. Ebenso kann der Allgemeinheit nicht gleichgültig sein, wenn die Gesundheit eines ihrer Mitglieder erheblich gefährdet ist. 20

B e i s p i e l e : Ein Elternpaar läßt seine beiden Kinder völlig verwahrlosen. Die Bedrohung der Gesundheit der Kinder, die Verletzung ihrer Menschenwürde, auch die Möglichkeit einer Straftat (§ 170 d StGB) müssen im öffentlichen Interesse unterbunden werden.
Bewohner eines einsturzgefährdeten Hauses weigern sich, dieses zu verlassen. Es liegt im öffentlichen Interesse, daß die Polizei – notfalls mit Zwang – die Widerspenstigen zum Schutz ihres Lebens aus dem Haus entfernt.

| § 1 | Allgemeines |
|---|---|

**21** **Nicht im öffentlichen Interesse geboten** ist ein Einschreiten, wenn die polizeiliche Maßnahme lediglich dem Schutz von Privatinteressen dienen soll; der Schutz privater Rechte obliegt der Polizei nur im Rahmen des § 2 Abs. 2.

> B e i s p i e l : Eine Frau kommt aufgebracht auf die Polizeiwache, weil ihr Untermieter zur Nachtzeit Damenbesuch empfängt. Da weder ein Straftatbestand, noch ein Verstoß gegen die öffentliche Ordnung gegeben ist, dürfen die Polizeibeamten nicht einschreiten.

Der Schutz des einzelnen vor sich selbst, wenn etwa ein Arzt einen gewagten medizinischen Selbstversuch oder ein Bergsteiger eine gefährliche Gipfeltour unternimmt, ist grundsätzlich keine Polizeiaufgabe, da der einzelne ein **Recht zur Selbstgefährdung** besitzt, soweit er nicht zugleich andere gefährdet. **Selbstmord** ist jedoch polizeilich zu verhindern, weil nach der geltenden Grundanschauung niemand über sein eigenes Leben verfügen darf (vgl. Randnr. 9 zu § 22). Zur rechtlichen Problematik der Selbstmordverhinderung vgl. Wagner, Selbstmord und Selbstmordverhinderung, 1975.

**22** Ob die **Tatbestandsmerkmale** des § 1 vorliegen, ist eine **Rechtsfrage,** die in vollem Umfang verwaltungsgerichtlich nachprüfbar ist. Wegen der richterlichen Nachprüfbarkeit polizeilicher Ermessensausübung vgl. Randnr. 2 zu § 3.

**Zu Absatz 2**

**23** Abs. 2 enthält einen Hinweis auf die **sonstigen gesetzlichen Aufgaben der Polizei.** Die Vorschrift trägt dem Umstand Rechnung, daß der Polizei durch Rechtsvorschriften über die Gefahrenabwehr i. S. des Absatzes 1 hinaus weitere Aufgaben übertragen sind, und sieht zugleich die Möglichkeit vor, der Polizei weitere Aufgaben **durch Rechtsvorschrift** (nicht durch Verwaltungsvorschrift) zu übertragen. Bei der Wahrnehmung der durch andere Rechtsvorschriften übertragenen Aufgaben hat

# Allgemeines § 1

die Polizei die in den betreffenden Vorschriften vorgesehenen Befugnisse. Soweit diese die Befugnisse der Polizei nicht oder nicht abschließend regeln, kommt die ergänzende Anwendung des Polizeigesetzes in der Regel nicht in Betracht, weil es sich nicht um materiell polizeiliche Aufgaben handelt.

**Im wesentlichen** handelt es sich um:

a) die Mitwirkung der Polizei bei der **Erforschung und Verfolgung von Straftaten und Ordnungswidrigkeiten,** bei der die Vorschriften der **StPO** und des **OWiG** anzuwenden sind. Im Rahmen der strafverfolgenden Tätigkeit sind genau bezeichnete Beamtengruppen des Polizeivollzugsdienstes **Hilfsbeamte der Staatsanwaltschaft.** In dieser Eigenschaft sind sie nach § 152 GVG in Verb. mit § 1 Abschnitt V. der VO der Landesregierung über die Hilfsbeamten der Staatsanwaltschaft vom 1. Juni 1976 (GBl. S. 458) verpflichtet, den Anordnungen der Staatsanwaltschaft Folge zu leisten. Wegen der Anwendung unmittelbaren Zwangs bei der strafverfolgenden Tätigkeit der Polizei vgl. Randnr. 29 zu § 32; 24

b) **einzelne Tätigkeiten auf dem Gebiet der Verwaltung,** etwa die Niederlegung eines Schriftstücks bei einer Polizeidienststelle nach § 11 Abs. 2 VwZG als Möglichkeit der Ersatzzustellung oder die Entgegennahme einer Meldung für die Meldebehörde durch die Wasserschutzpolizei gemäß § 27 Abs. 1 Satz 2 MG. 25

Zu den sonstigen Aufgaben der Polizei gehört auch ihre Verpflichtung, allgemein (Art. 35 Abs. 1 GG, §§ 4 ff. LVwVfG) oder auf Grund besonderer Rechtsvorschriften (z. B. § 5 LVSG und § 7 Satz 2 LVwVG) **Amtshilfe** zu leisten. **Polizeiliche Amtshilfe** ist jede Mitwirkung der Polizei an der Ausführung hoheitlicher Aufgaben einer anderen Behörde oder Dienststelle. Dazu gehört auch die Unterstützung der Vollstreckungsbeamten der Justiz (siehe Erl. des IM vom 5. 12. 1978, GABl. 1979, S. 27) und der 26

Vollstreckungsbeamten der Vollstreckungsbehörden (vgl. § 7 LVwVG). Die Amtshilfe kann in rein zwischenbehördlichen Handlungen (Erteilung von Auskünften, Überlassung von Akten zur Einsichtnahme) oder in polizeilichen Maßnahmen gegenüber Dritten bestehen.

> Beispiele: Eine Polizeidienststelle überläßt einem Straßenbauamt, das eine Straßenführung verbessern will, ihre Unfalldiagramme zur Einsicht.
>
> Auf Ersuchen eines Kreiswehrersatzamtes führt die zuständige Polizeidienststelle einen unentschuldigt ferngebliebenen Wehrpflichtigen zur Musterung vor (§ 44 Abs. 2 WPflG).

Für die polizeiliche Amtshilfe gelten (ausgenommen die Strafverfolgung und die Verfolgung von Ordnungswidrigkeiten) die **§§ 4 ff. LVwVfG.** Wichtig ist insbesondere § 5 LVwVfG, der die Voraussetzungen und Grenzen der Amtshilfe regelt. Bei der Übermittlung von personenbezogenen Daten aus Dateien sind die Vorschriften des **LDSG** zu beachten.

Die auf Grund eines Amtshilfeersuchens vorgenommenen Maßnahmen gelten als Maßnahmen der ersuchenden Behörde, die für deren Rechtmäßigkeit und Zweckmäßigkeit verantwortlich ist. Die ersuchte Polizei ist nur für die Art und Weise der Durchführung der Maßnahme verantwortlich (vgl. § 7 LVwVfG). Über die allgemeine Amtshilfe hinaus geht die **Vollzugshilfe** i. S. des § 46 Abs. 2 Nr. 1 für Polizeibehörden und andere Verwaltungsbehörden.

**27** Die Polizei ist zur Leistung von Amtshilfe und Vollzugshilfe **nur verpflichtet,** soweit die Maßnahme, um deren Durchführung sie ersucht wird, **in ihre Zuständigkeit fällt.** Vom Polizeivollzugsdienst kann deshalb grundsätzlich nur die Vornahme von Vollzugshandlungen i. S. des § 46 Abs. 2 Nr. 1, **nicht** aber **die Erledigung vollzugsfremder Aufgaben** oder reiner Hilfstätigkeiten verlangt werden. Nicht verlangt werden können z. B.

Tätigwerden für andere Stellen § 2

Vorführ- und Ordnungsdienste bei den Gerichten, Gefangenentransporte für die Justiz, Nachprüfung baurechtlicher Auflagen, Mitwirkung bei der Beitreibung von Gerichts- und Verwaltungskosten, Erhebungen für andere Behörden, Transporte von Fürsorgezöglingen und Geisteskranken, Zustellung amtlicher Schreiben, Erstellung von Statistiken, Verkehrszählungen und sonstige schlichte Tatsachenfeststellungen ohne Vollzugscharakter. Wegen der Mitwirkung des Polizeivollzugsdienstes bei der Absonderung von Tbc-Kranken vgl. den Erlaß vom 6. 10. 1976 (GABl. S. 1354).

Die **Polizeidienststellen** sind im Verhältnis zueinander nicht nur zur Amtshilfe nach den allgemeinen Vorschriften, sondern nach § 1 Abs. 1 der 2. DVO PolG (Anhang 2) zu **weitergehender Zusammenarbeit** und gegenseitiger Unterstützung und Information verpflichtet. Darin kommt die Einheit des Polizeivollzugsdienstes zum Ausdruck. 28

§ 2

Tätigwerden für andere Stellen

**(1) Ist zur Wahrnehmung einer polizeilichen Aufgabe im Sinne des § 1 Abs. 1 nach gesetzlicher Vorschrift eine andere Stelle zuständig und erscheint deren rechtzeitiges Tätigwerden bei Gefahr im Verzug nicht erreichbar, so hat die Polizei die notwendigen vorläufigen Maßnahmen zu treffen. Die zuständige Stelle ist unverzüglich zu unterrichten.**

**(2) Der Schutz privater Rechte obliegt der Polizei nach diesem Gesetz nur auf Antrag des Berechtigten und nur dann, wenn gerichtlicher Schutz nicht rechtzeitig zu erlangen ist und wenn ohne polizeiliche Hilfe die Gefahr besteht, daß die Verwirklichung des Rechts vereitelt oder wesentlich erschwert wird.**

## § 2 Tätigwerden für andere Stellen

**Literatur: Ehmke,** Das polizeiliche Einschreiten bei zivilrechtlichen Auseinandersetzungen, PolBlBW 1977, 163; **Krüger,** Privatrechtsschutz als Polizeiaufgabe, 1976 (Band 21 der Schriftenreihe „polizei aktuell"); **Stephan,** Zur Organisation der Polizeibehörden in Baden-Württemberg, VBlBW 1984, 47.

### Allgemeines

1 Während § 1 Abs. 2 den **erweiterten Aufgabenkreis der Polizei** betrifft (vgl. Randnrn. 23 bis 28 zu § 1), ist dieser andererseits **dadurch eingeschränkt,** daß einzelne Aufgaben der polizeilichen Gefahrenabwehr im materiellen Sinne durch besondere Rechtsvorschriften anderen, **nichtpolizeilichen Stellen** zugewiesen sind. Hier wird die Polizei nur **subsidiär** tätig, d. h., sie trifft aushilfsweise dann die nötigen vorläufigen Maßnahmen, wenn bei Gefahr im Verzug die zuständige Stelle nicht erreichbar ist. Auch in diesen Fällen ist das öffentliche Interesse (vgl. Randnrn. 20 und 21 zu § 1) Voraussetzung für das polizeiliche Handeln.

2 Das **Eingreifen der Polizei zum Schutz privater Rechte** ist nur ausnahmsweise zulässig. Die Sicherung privatrechtlicher Ansprüche ist grundsätzlich Sache der ordentlichen Gerichte (§ 13 GVG). Gelegentlich tritt jedoch der Fall ein, daß ein Tätigwerden dieser Gerichte, sei es auch nur im Weg einer einstweiligen Verfügung, nicht rechtzeitig erreichbar ist oder daß die Voraussetzungen für ein Tätigwerden des Gerichts erst geschaffen werden müssen.

### Zu Absatz 1

3 Abs. 1 regelt nur das **subsidiäre Tätigwerden der Polizei** (Polizeibehörden und Polizeivollzugsdienst) **für andere, nichtpolizeiliche Stellen.** Das Tätigwerden des Polizeivollzugsdienstes an Stelle der an sich zuständigen Polizeibehörde bestimmt sich nach § 46 Abs. 2 Nr. 2, das subsidiäre Tätigwerden der Polizeibehörden füreinander nach § 51 Abs. 2, § 53 und § 54 Abs. 2.

## Tätigwerden für andere Stellen § 2

**Andere Stellen** im Sinne des Abs. 1 Satz 1 sind Stellen, die entweder nur in geringem Umfang polizeiliche Aufgaben wahrnehmen und deshalb nicht zu den Polizeibehörden gehören (vgl. Randnr. 2 zu § 45), oder zwar in erheblichem Umfang oder gar ausschließlich materiell polizeiliche Aufgaben wahrnehmen, aber dennoch kraft positiv-rechtlicher Regelung nicht zur Polizei im Sinne des PolG gehören, wie z. B. die Feuerwehr im Hinblick auf § 1 Abs. 1 Satz 2 FeuerwehrG (vgl. dazu auch Gerne/Surwald, Feuerwehrgesetz für Bad.-Württ., 4. Aufl. 1980, Randnr. 7 zu § 1). Eine **andere Stelle** als die Polizei ist zum Schutz der öffentlichen Sicherheit oder Ordnung z. B. in folgenden Fällen **zuständig:**

a) Der **Landtagspräsident** übt nach Art. 32 Abs. 1 LV die **Polizeigewalt im Sitzungsgebäude des Landtags** aus (vgl. Randnr. 5 zu § 47). Damit entfällt die originäre Zuständigkeit der Polizei (Polizeibehörden und Polizeivollzugsdienst) in diesem Bereich. Ein subsidiäres Tätigwerden der Polizei ermöglicht § 2 Abs. 1.

b) Den **Jugendwohlfahrtsbehörden** obliegt nach den Bestimmungen des Jugendwohlfahrtsgesetzes und des Jugendschutzgesetzes u. a. der Schutz der Jugendlichen gegen Verwahrlosung. Die Polizei wird nach § 1 JSchÖG nur vorläufig tätig.

c) Der **Feuerwehr** obliegt der Schutz vor Gefahren, die bei Bränden und öffentlichen Notständen (Naturereignisse, Einstürze, Ölgefahren, Unglücksfälle und dergl.) entstehen (vgl. § 2 Abs. 1 FeuerwehrG). Dabei handelt es sich um besonders schwerwiegende Gefahren für die öffentliche Sicherheit im Sinne von § 1 Abs. 1 PolG (so auch Gerne/Surwald, aaO, Einführung S. 24 und Randnr. 3 zu § 1).

d) Die **Bundeswehr** hat im Verteidigungsfalle und im Spannungsfalle die Befugnis, zivile Objekte zu schützen und Auf-

**§ 2**                                             Tätigwerden für andere Stellen

gaben der Verkehrsregelung wahrzunehmen, soweit dies zur Erfüllung ihres Verteidigungsauftrages erforderlich ist. Außerdem kann den Streitkräften im Verteidigungsfalle und im Spannungsfalle der Schutz ziviler Objekte auch zur Unterstützung polizeilicher Maßnahmen übertragen werden. Die Streitkräfte wirken dabei mit den zuständigen Behörden zusammen (Art. 87a Abs. 3 GG). In diesen Fällen kann die Bundeswehr – anders als im Falle des Art. 87a Abs. 4 GG, wonach sie nur zur Unterstützung der Polizei eingesetzt werden darf – eigenständig handeln.

e) Auch **Behörden und Dienststellen des Bundes,** denen durch Spezialgesetz Aufgaben der Gefahrenabwehr übertragen sind (z. B. Bundesgrenzschutz, Bahnpolizei, Luftfahrt-Bundesamt, Bundesgesundheitsamt), sind andere Stellen i. S. von § 2 Abs. 1. Die Polizei des Landes kann bei Gefahr im Verzug nach § 2 Abs. 1 an ihrer Stelle tätig werden.

**4**    Nicht zu den anderen Stellen i. S. des § 2 Abs. 1 gehören **die allgemeinen Verwaltungsbehörden,** soweit sie auf Grund besonderer gesetzlicher Regelungen zum Zwecke der Gefahrenabwehr tätig werden, z. B. als Luftfahrtbehörden (§ 29 LuftVG), Straßenverkehrsbehörden, Baurechtsbehörden (vgl. dazu VGH Bad.-Württ., BWVBl. 1970, 57 = ESVGH 20, 227), Wasserbehörden (vgl. dazu VGH Bad.-Württ., BWVBl. 1966, 28 und 1968, 57) oder Katastrophenschutzbehörden (§ 4 LKatSG). Sie sind insoweit (allgemeine) Polizeibehörden und damit Polizei im Sinne des PolG.

**5**    Ein **rechtzeitiges Tätigwerden** der zuständigen Stelle ist in folgenden Fällen **nicht erreichbar:**

a) Die Dringlichkeit der Lage oder technische Gründe lassen eine Unterrichtung der zuständigen Stelle zunächst nicht zu;

b) die zuständige Stelle ist unterrichtet, kann aber nicht eingreifen;

c) es läßt sich nicht klären, ob die zuständige Stelle entschieden hat.

## Tätigwerden für andere Stellen §2

Ist die zuständige Stelle informiert, **entscheidet** sie sich aber bei voller Kenntnis der Sachlage dafür, **nicht einzuschreiten,** so muß die Polizei diese Entscheidung **respektieren.** Es ist nicht Aufgabe der Polizei, für eine Behörde zu handeln, die untätig bleiben will. Hält die Polizei ein Einschreiten dennoch für geboten, so kann sie sich an die Aufsichtsbehörde der zuständigen, aber nicht zum Einschreiten bereiten Stelle wenden.

Es kommt nicht darauf an, ob ein rechtzeitiges Tätigwerden objektiv unerreichbar ist, sondern ob es unerreichbar **erscheint,** ob also die Polizei bei pflichtgemäßer Prüfung der Umstände des konkreten Falles davon ausgehen kann, daß ein rechtzeitiges Tätigwerden der zuständigen Stelle nicht möglich ist. Hierfür wird es in der Regel erforderlich sein, daß die Polizei versucht, die zuständige Stelle zu erreichen.  6

**Gefahr im Verzug** besteht, wenn ohne sofortiges Eingreifen der Polizei mit Wahrscheinlichkeit ein Schaden eintreten und damit der Erfolg der erforderlichen Maßnahme der zuständigen Stelle beeinträchtigt oder vereitelt würde.  7

Die Polizei hat nur die **notwendigen vorläufigen Maßnahmen** zu treffen. **Notwendig** sind diejenigen Maßnahmen, die erforderlich sind, um den drohenden Schaden abzuwenden. **Vorläufige** Maßnahmen sind in der Regel solche, die von der zuständigen Behörde wieder rückgängig gemacht werden können, also nicht endgültig sind. Die Polizei kann aber auch irreversible Maßnahmen treffen, wenn der Schaden auf andere Weise nicht verhindert werden kann.  8

Die zuständige Stelle (etwa Jugendamt, Feuerwehr) ist **unverzüglich,** d. h. ohne schuldhaftes Zögern (vgl. § 121 Abs. 1 BGB) über die Angelegenheit und die von der Polizei getroffenen Maßnahmen **zu unterrichten.** Sie entscheidet über den Fortbestand der von der Polizei getroffenen vorläufigen Maßnahmen.

Sie kann die Maßnahmen ersatzlos aufheben oder durch eigene ersetzen. Die vorläufigen Maßnahmen sind **nicht kraft Gesetzes befristet.**

> B e i s p i e l e : Eine Polizeistreife trifft in einer Nachtbar auf zwei 14jährige Schülerinnen. Das öffentliche Interesse gebietet es, die beiden Mädchen sofort aus der Bar zu entfernen, um das in § 4 Abs. 1 JSchÖG festgesetzte Anwesenheitsverbot durchzusetzen. Da weder das Jugendamt noch die Eltern erreichbar sind, bringen die Beamten die Mädchen vorläufig in einem Heim unter. Das Jugendamt wird von der Polizei unterrichtet.
>
> Eine Polizeistreife kommt zu einem gerade ausbrechenden Brand. Sie ruft die Feuerwehr und versucht bis zu deren Eintreffen den Brand mit eigener Kraft zu löschen.

Welche Stelle innerhalb der Polizei für das subsidiäre Tätigwerden nach § 2 Abs. 1 zuständig ist, ergibt sich aus den allgemeinen Zuständigkeitsvorschriften. Nach § 52 Abs. 2 sind grundsätzlich die **Ortspolizeibehörden** zuständig. Da diese aber in den Fällen des § 2 Abs. 1 häufig ebenfalls nicht erreichbar sein werden, wird in der Regel der **Polizeivollzugsdienst** gemäß § 46 Abs. 2 Nr. 2 die vorläufigen Maßnahmen nach § 2 Abs. 1 zu treffen haben.

**9** Bei drohenden oder bereits eingetretenen Verletzungen der öffentlichen Sicherheit oder Ordnung im **Bereich anderer Hoheitsträger** (z. B. Bahn, Post, Bundeswehr, Universitäten, Schulen, Justizvollzugsanstalten) wird die Polizei gemäß § 2 Abs. 1 ebenfalls nur subsidiär tätig. Diese Hoheitsträger sind grundsätzlich selbst verpflichtet, in ihrem Bereich für Sicherheit und Ordnung zu sorgen. Die Polizei darf, von besonderen gesetzlichen Regelungen abgesehen (etwa bei einer Strafverfolgung oder bei verkehrslenkenden Maßnahmen), **nicht** mit hoheitlichen Anordnungen **in den Aufgabenbereich anderer Hoheitsträger eingreifen.** Sie darf jedoch bei Gefahr im Verzug nach § 2 Abs. 1 für den anderen Hoheitsträger aushilfsweise tätig werden.

# Tätigwerden für andere Stellen § 2

## Zu Absatz 2

**Private Rechte** sind alle bürgerlich-rechtlichen Ansprüche, insbesondere Ansprüche kraft Gesetzes, wie gesetzliche Pfandrechte (vgl. §§ 559, 581 Abs. 2, 704 BGB) oder Ansprüche aus unerlaubter Handlung (vgl. §§ 823 ff. BGB). Für ihren Schutz sind grundsätzlich die Zivilgerichte zuständig. **10**

Abs. 2 regelt nur den Schutz privater Rechte **nach diesem Gesetz,** d. h. nach dem PolG. Soweit die Polizei nach anderen Gesetzen private Rechte zu schützen hat, bleiben diese unberührt. **11**

> B e i s p i e l : Ein Polizeibeamter trifft mitten in einem Wald auf einen Mann, der zum Herstellen von Schlingen geeigneten Draht und eine Zange mit sich führt. Der Mann gibt an, den Draht zum Zusammenbinden von Leseholz benutzen zu wollen; er kann aber keinen Leseholzschein vorzeigen. Daraufhin beschlagnahmt der Beamte Draht und Zange. Der Polizeibeamte ist in seiner gesetzlich besonders bestimmten Eigenschaft als Jagdschutzberechtigter (§ 24 LJG) zum Schutz des Jagdrechts des Jagdausübungsberechtigten tätig geworden. Die allgemeine Bestimmung des § 2 Abs. 2 PolG findet deshalb keine Anwendung.

Die Polizei hat **nur auf Antrag des Berechtigten,** nicht von Amts wegen einzugreifen. Durch das Antragserfordernis soll es dem Berechtigten ermöglicht werden, selbst darüber zu entscheiden, ob er polizeiliche Hilfe in Anspruch nehmen will. Sie darf ihm nicht gegen seinen Willen aufgedrängt werden. Eine Form ist für den Antrag nicht vorgeschrieben; dieser kann also auch mündlich oder fernmündlich gestellt werden. Auf den Antrag kann auch dann nicht verzichtet werden, wenn der Berechtigte nicht erreichbar ist. Dies mag in manchen Fällen unbefriedigend sein, jedoch ist ein Verzicht auf den Antrag im Hinblick auf den eindeutigen Wortlaut des Abs. 2 nicht möglich. Zu einer **Sicherstellung nach § 26,** der eine Sondervorschrift zu § 2 Abs. 2 enthält (vgl. Randnr. 2 zu § 26), ist ein Antrag des Berechtigten nicht erforderlich. **12**

## § 2 Tätigwerden für andere Stellen

**13** Die Polizei darf nur eingreifen, wenn **gerichtlicher Schutz nicht rechtzeitig zu erlangen ist.** Zu beachten ist:

a) Gerichtlicher Schutz muß **zulässig sein.** Soweit dies nicht der Fall ist, etwa bei nicht einklagbaren Verbindlichkeiten (Spiel- und Wettschulden), darf die Polizei nicht eingreifen.

> Beispiel: Eine Dirne bittet einen Polizeibeamten um Feststellung der Personalien eines Mannes, der ihr den Dirnenlohn verweigert. Der Beamte kann diesem Antrag nicht entsprechen, weil aus einem sittenwidrigen Geschäft (§ 138 BGB) keine Rechtsansprüche abgeleitet werden können.

b) Die Lage muß so **dringlich** sein, daß ein Urteil oder eine einstweilige Verfügung nicht rechtzeitig erreicht werden kann.

> Beispiele: In einem Museum zerbricht ein Besucher versehentlich eine wertvolle Vase. Er versucht daraufhin zu entkommen, wird jedoch vom Aufsichtspersonal festgehalten und der herbeigerufenen Polizeistreife übergeben. Diese sistiert den Mann, weil er seine Angaben zur Person nicht belegen kann. Diese polizeiliche Maßnahme ist auf Grund des § 2 Abs. 2 i. V. mit § 20 PolG rechtmäßig, weil gerichtlicher Schutz für die private Schadensersatzforderung ohne polizeiliches Einschreiten nicht erreichbar ist.
>
> Ein Kaufmann bittet auf einer Polizeidienststelle die Beamten, ein Fernsehgerät bei einem seiner Kunden abzuholen, weil dieser mit Raten im Rückstand und deshalb durch den Kaufvertrag zur Rückgabe verpflichtet sei. Die Polizeibeamten dürfen diesem Verlangen nicht entsprechen, weil die in § 2 Abs. 2 PolG genannte Gefahr der Vereitelung oder Erschwerung der Rechtsverwirklichung des Eigentumsvorbehaltes nicht besteht.

**14** Es muß die **Gefahr bestehen,** daß die **Verwirklichung des Rechts vereitelt oder wesentlich erschwert wird,** wenn die Polizei nicht Hilfe leistet. Die Polizei darf **nur vorläufige Maßnahmen** zur Sicherung des privaten Rechts treffen, aber keine

Tätigwerden für andere Stellen § 2

vollendeten Tatsachen schaffen oder Entscheidungen über das Bestehen oder Nichtbestehen des Rechts treffen. Die Maßnahmen sind nur so lange zulässig, bis der Antragsteller gerichtlichen Rechtsschutz beantragen und erhalten kann.

Die Polizei hat in beschränktem Umfang auch die Aufgabe, die **Feststellungen zu treffen,** die den Inhaber eines Rechts in die Lage versetzen, dieses geltend zu machen. 15

> B e i s p i e l : Im Anschluß an eine Unfallaufnahme bittet ein geschädigter Verkehrsteilnehmer die Polizeibeamten, ihm für die Geltendmachung seiner Schadensersatzforderungen die Personalien des anderen Unfallbeteiligten, seiner Versicherungsgesellschaft und der Zeugen zu benennen. Die Polizei muß diesem Verlangen entsprechen, weil sie dadurch die Voraussetzungen für die Geltendmachung der Schadensersatzforderungen schafft.

Die Subsidiarität polizeilichen Einschreitens nach Abs. 2 gilt nur dann, wenn es ausschließlich um den Schutz privater Rechte geht. Erfüllt die Verletzung oder Gefährdung eines privaten Rechts zugleich einen **Straf- oder Bußgeldtatbestand** oder einen sonstigen öffentlich-rechtlichen Verbotstatbestand und liegt deshalb zugleich eine Gefährdung der öffentlichen Sicherheit vor, so ist das polizeiliche Einschreiten nicht von den Voraussetzungen des Abs. 2 abhängig (anders Krüger, aaO, S. 60 ff). Besonderheiten ergeben sich bei Privatrechtsverstößen, die zugleich den Tatbestand einer **nur auf Antrag** zu verfolgenden Straftat (z. B. Hausfriedensbruch gem. § 123 StGB) erfüllen. Hier ist ein polizeiliches Einschreiten nur zulässig, wenn der Berechtigte entweder einen Antrag nach § 2 Abs. 2 oder einen Strafantrag stellt. Im ersteren Falle erfolgt das Einschreiten zum Schutz privater Rechte, im letzteren zur Beendigung eines strafbaren Verhaltens, also zum Schutz der öffentlichen Sicherheit. Ein Einschreiten von Amts wegen würde dem Betroffenen das auch in dem Strafantragserfordernis zum Ausdruck kommende Recht nehmen, über die etwaige Duldung des rechtswidrigen Verhaltens frei zu entscheiden. 16

## 2. ABSCHNITT

## Maßnahmen der Polizei

1. Unterabschnitt

Allgemeines

### § 3

### Polizeiliche Maßnahmen

**Die Polizei hat innerhalb der durch das Recht gesetzten Schranken zur Wahrnehmung ihrer Aufgaben diejenigen Maßnahmen zu treffen, die ihr nach pflichtmäßigem Ermessen erforderlich erscheinen.**

**Literatur: Buschlinger,** Der Anspruch auf polizeiliches Einschreiten aus verfassungsrechtlicher Sicht, DÖV 1965, 374; **Henke,** Das subjektive öffentliche Recht auf Eingreifen der Polizei, DVBl. 1964, 649; **Schmatz,** Die Grenzen des Opportunitätsprinzips im heutigen deutschen Polizeirecht, 1966.

### Allgemeines

1 Das Gesetz kann wegen der vielfältigen Gefahren, die ein polizeiliches Eingreifen erforderlich machen können, die zu treffenden Maßnahmen nicht im einzelnen festlegen. Es überläßt daher der Polizei bei der Erfüllung ihrer Aufgaben eine gewisse **durch das Recht begrenzte Bewegungsfreiheit** bei der Abwägung der Frage, **ob** sie eingreifen und **welche** Maßnahmen sie treffen will. Dieses polizeiliche Ermessen bildet zusammen mit der polizeilichen Aufgabenzuweisung die polizeiliche Generalklausel (vgl. Randnr. 2 zu § 1). Das dadurch für die polizeiliche Gefahrenabwehr festgelegte **Opportunitätsprinzip** wird durch

## Polizeiliche Maßnahmen § 3

das in § 5 Abs. 1 festgelegte **Prinzip des geringstmöglichen Eingriffs** und den in § 5 Abs. 2 enthaltenen **Grundsatz der Verhältnismäßigkeit** beschränkt (vgl. Randnr. 1 zu § 5). Das Opportunitätsprinzip gilt auch für die Verfolgung von Ordnungswidrigkeiten (§ 47 Abs. 1 und § 53 OWiG). Dagegen ist die Polizei im Bereich der Strafverfolgung gemäß § 163 Abs. 1 StPO dem **Legalitätsprinzip,** d. h. dem Verfolgungszwang unterworfen.

Das Opportunitätsprinzip läßt der Polizei **dann keinen Spielraum,** wenn eine **schwerwiegende,** mit anderen Mitteln nicht abwendbare **Gefahr** für Leben, Gesundheit oder andere wesentliche Rechtsgüter **unmittelbar bevorsteht.** In solchen Situationen hat der Bürger einen **Rechtsanspruch auf Polizeischutz** (vgl. dazu aus der Rechtsprechung BVerwGE 11, 95 und VGH Bad.-Württ., ESVGH 23, 196, 199). Verletzt die Polizei diese Amtspflicht, so steht dem durch die Folgen der polizeilichen Untätigkeit Betroffenen ein Amtshaftungsanspruch nach Art. 34 GG i. V. mit § 839 BGB zu.

> B e i s p i e l e : Eine Ortspolizeibehörde erfährt, daß in einem Gartenhaus noch Sprengkörper und Munition aus dem letzten Krieg lagern. Hier kann sie nicht überlegen, ob sie tätig werden oder untätig bleiben soll, sondern muß sofort geeignete Schritte zur Beseitigung der Gefahr unternehmen.
>
> Auf einer Bundesautobahn hinterläßt ein Fahrzeug eine kilometerlange Ölspur. Die Autobahnpolizei muß sofort die erforderlichen Maßnahmen ergreifen, um eine Gefährdung der nachfolgenden Verkehrsteilnehmer auszuschließen.

Während das Vorliegen der Voraussetzungen der §§ 1 und 2 in vollem Umfang der **gerichtlichen Nachprüfung** unterliegt (vgl. Randnr. 22 zu § 1), ist das Gericht bei der Würdigung der von der Polizei nach § 3 getroffenen Entscheidungen auf die Nachprüfung beschränkt, ob die Polizei ihr Ermessen überschritten oder mißbraucht hat (§ 114 VwGO). Das Gericht hat dagegen nicht zu prüfen, ob von mehreren möglichen, rechtlich gleichermaßen

2

zulässigen Entscheidungen die eine oder die andere zweckmäßiger gewesen wäre.

**Einzelerläuterungen**

3   Die Polizei hat ihre Maßnahmen (vgl. Randnr. 10) **innerhalb der durch das Recht gesetzten Schranken** zu treffen.

**Rechtliche Schranken** bilden insbesondere

4   a) **die Grundrechte,** die von der Polizei als Bestandteile der verfassungsmäßigen Ordnung zu achten und zu schützen sind (vgl. Randnr. 16 zu § 1). In die durch die Grundrechtsbestimmungen gewährleistete Freiheitssphäre des einzelnen darf die Polizei nur eingreifen, soweit dies im Grundgesetz vorgesehen ist (vgl. Erläuterungen zu § 4);

> Beispiel: Das Recht, Arbeitskämpfe zu führen, ist durch Art. 9 Abs. 3 GG gewährleistet. Die Polizei darf deshalb gegen einen Arbeitskampf (Streik, Aussperrung) als solchen auch dann nicht einschreiten, wenn dieser (z. B. wegen Verletzung der tarifvertraglichen Friedenspflicht) rechtswidrig ist oder erhebliche Schäden verursacht. Die Polizei ist jedoch befugt und bei schwerwiegenden Gefahren auch verpflichtet, gegen Verletzungen der öffentlichen Sicherheit und Ordnung bei Arbeitskämpfen einzuschreiten, z. B. bei Körperverletzungen, Nötigungen und Sachbeschädigungen.

5   b) Rechtsvorschriften, in denen die **Zuständigkeit anderer Stellen,** z. B. der Gerichte oder der Staatsanwaltschaften, begründet ist. Die Polizei darf insoweit nur hilfsweise und vorläufig tätig werden (vgl. Randnrn. 3 ff. zu § 2);

> Beispiel: Ein Vater verlangt von der Polizei, sie solle sich seines rauschgiftsüchtigen minderjährigen Sohnes annehmen und ihn notfalls „einsperren". Die Polizei darf hierauf nichts unmittelbar unternehmen, wird aber das Jugendamt unterrichten, dem nach den Bestimmungen des Jugendwohlfahrtsgesetzes der Schutz eines Jugendlichen gegen Verwahrlosung obliegt.

## Polizeiliche Maßnahmen § 3

c) die **Vorschriften des Polizeigesetzes** selbst, in denen die Art und Weise des Einschreitens (§ 5) oder die Richtung polizeilicher Maßnahmen festgelegt (§§ 6 bis 9) oder bestimmte polizeiliche **Standardmaßnahmen** an besondere, gegenüber § 1 meist engere Voraussetzungen geknüpft werden, etwa § 22 Abs. 1 Nr. 1 („unmittelbar bevorstehende oder bereits eingetretene erhebliche Störung") und § 25 Abs. 1 („dringende Gefahren für die öffentliche Sicherheit oder Ordnung"). 6

> Beispiel: Eine Frau ruft nachmittags bei einem Polizeirevier an, weil in der Wohnung ihres Nachbarn, der ausgegangen sei, seit Stunden der Hund belle und heule. Sie verlangt, daß die Polizeibeamten die Wohnung öffnen und das Tier beruhigen. Diesem Wunsch kann die Polizei nicht entsprechen, weil die in § 25 Abs. 1 PolG geforderte dringende Gefahr nicht gegeben ist.

d) **sonstige Rechtsvorschriften,** insbesondere Gesetze, welche die in einem bestimmten Sachbereich zulässigen polizeilichen Maßnahmen **abschließend regeln.** So kann die Polizei bei ihrer strafverfolgenden Tätigkeit keine über die **StPO** hinausgehenden Beschränkungen der Freiheit der Person oder der Unverletzlichkeit der Wohnung vornehmen. Versammlungsverbote aus versammlungspolizeilichen Gründen sind nur im Rahmen des **Versammlungsgesetzes** zulässig. 7

> Beispiel: Während einer Wahlveranstaltung in einer Landgemeinde kritisiert der Redner die angebliche Wahlbeeinflussung durch den Ortspfarrer mit beleidigenden Worten. Der im Saal anwesende Bürgermeister löst daraufhin in seiner Eigenschaft als Ortspolizeibehörde die Versammlung „wegen der ungehörigen Ausführungen des Redners" auf. Die Auflösungsverfügung ist rechtswidrig, weil keiner der Gründe vorliegt, die nach § 13 VersG die Auflösung der Versammlung durch die Polizei rechtfertigen. Außerdem ist nicht die Ortspolizeibehörde, sondern die Kreispolizeibehörde sachlich zuständig.

Die polizeilichen Maßnahmen zur Bekämpfung von Gefahren, die durch Tierseuchen entstehen, regelt das **Tierseuchengesetz** abschließend. Beginn und Fortsetzung eines Gewerbebetriebs können nur untersagt oder von einer Erlaubnis abhängig gemacht werden, soweit dies in der **GewO** oder im **BImSchG** zugelassen ist;

**8** e) der **Anspruch auf rechtliches Gehör.** Diesen Anspruch, der über Art. 103 Abs. 1 GG hinaus durch das Rechtsstaatsprinzip auch für das Verwaltungsverfahren verfassungsrechtlich gewährleistet ist, muß die Polizei beachten, soweit sie in die Rechtsstellung eines Bürgers eingreift. Dem Anspruch auf rechtliches Gehör ist Genüge geleistet, wenn der Betroffene so rechtzeitig vor der Maßnahme Gelegenheit zur **Anhörung** bekommt, daß noch eine Einflußnahme auf die geplante Entscheidung möglich ist. Von der vorherigen Anhörung kann nach Maßgabe des § 28 Abs. 2 LVwVfG **abgesehen** werden, insbesondere wenn eine sofortige Entscheidung wegen Gefahr im Verzug oder im öffentlichen Interesse notwendig erscheint (§ 28 Abs. 2 Nr. 1 LVwVfG);

**9** f) der **Anspruch auf wirksamen Rechtsschutz,** der aus Art. 19 Abs. 4 GG abzuleiten ist. Die Polizei muß grundsätzlich darauf achten, daß dem Betroffenen ausreichend Zeit zur Erlangung des ihm gesetzlich zustehenden Rechtsschutzes gegen eine von ihr angeordnete Maßnahme bleibt. Eine Ausnahme ist dann gerechtfertigt, wenn sonst mit Wahrscheinlichkeit der Erfolg der beabsichtigten Maßnahme beeinträchtigt würde. Wegen der Rechtsbehelfe gegen polizeiliche Einzelanordnungen vgl. vor § 20, Randnrn. 6 bis 14.

**10** **Maßnahmen der Polizei** im Sinne des § 3 sind **alle nach außen in Erscheinung tretenden Tätigkeiten,** mit denen die Polizei ihre Aufgaben wahrnimmt. Dazu gehören Polizeiverordnungen (§§ 10 bis 18 a), Einzelmaßnahmen (§§ 20 bis 30) und Handlungen tatsächlicher Art, wie z. B. Streifenfahrten und -gänge und Warnungen der Bevölkerung vor bestimmten Gefahren.

Polizeiliche Maßnahmen § 3

**Erforderlich** erscheint eine Maßnahme, wenn sie, soweit 11
übersehbar, zur Erreichung des polizeilichen Zwecks beiträgt.
Die Grundsätze des Mindesteingriffs (§ 5 Abs. 1) und der Verhältnismäßigkeit (§ 5 Abs. 2) sind zu beachten. Die Maßnahme darf den Betroffenen **nicht übermäßig** in Anspruch nehmen, und sie darf **nicht ungeeignet** sein. Eine Maßnahme ist nicht mehr erforderlich, wenn der polizeiliche Zweck erreicht ist oder wenn sich zeigt, daß er durch die Maßnahme nicht erreicht werden kann (so ausdrücklich § 35 Abs. 3 für den unmittelbaren Zwang). Durch die Verwendung des Wortes „**erscheinen**" wird zum Ausdruck gebracht, daß es nicht auf die objektive Erforderlichkeit ankommt, sondern darauf, ob der einschreitende Beamte die Maßnahme bei pflichtgemäßer Prüfung der für das Einschreiten maßgebenden tatsächlichen Umstände **für erforderlich halten durfte.**

Die Polizei hat diejenigen Maßnahmen zu treffen, die ihr nach 12
**pflichtmäßigem Ermessen** (vgl. Randnr. 1) erforderlich erscheinen. Der Betroffene hat also nur einen Anspruch auf **fehlerfreie Ermessensausübung** hinsichtlich der Frage des Ob und des Wie des polizeilichen Einschreitens, aber keinen Anspruch auf eine bestimmte polizeiliche Maßnahme oder auf eine bestimmte Art und Weise der Durchführung (zum Rechtsanspruch auf polizeiliches Einschreiten in Ausnahmefällen s. Randnr. 1).

> Beispiele: Anwohner eines Kinderspielplatzes verlangen von
> der Ortspolizeibehörde die Einstellung des von den spielenden
> Kindern ausgehenden Lärms, notfalls durch Schließung des
> Spielplatzes. Bei der Prüfung des Antrags kommt die Ortspolizeibehörde zu der Auffassung, daß dem kindlichen Erholungsbedürfnis und Spieltrieb der Vorrang vor dem Ruhebedürfnis der
> Erwachsenen zukommt und verzichtet deshalb auf jegliche Maßnahme.
>
> Eine Ortspolizeibehörde hat für einen Baggersee aus gesundheitspolizeilichen Gründen ein Badeverbot erlassen. An einem Sonntag stellt eine Polizeistreife fest, daß am Ufer und im Wasser Badebetrieb herrscht. Zwar liegen Sicherheits- und Ordnungsstörungen vor, die im öffentlichen Interesse beseitigt werden sollten.

## § 3 Polizeiliche Maßnahmen

Doch wäre ein Einschreiten der beiden Polizeibeamten unzweckmäßig, weil sie sich höchstwahrscheinlich nicht mit den dem Anlaß angemessenen Maßnahmen durchsetzen könnten. Ihre Dienststelle wird jedoch gemeinsam mit der Ortspolizeibehörde prüfen müssen, ob und mit welchen polizeilichen Mitteln dem Badeverbot Achtung verschafft werden kann.

Studenten besetzen an einem Nachmittag widerrechtlich das Rektorat einer Universität. Der Rektor fordert von der Polizei die sofortige Räumung. Unter Abwägung aller Gesichtspunkte entschließt sich die Polizei, die Räumung erst in den frühen Morgenstunden durchzuführen, denn sie allein entscheidet über die Art und Weise ihres Einschreitens.

**13**   Das polizeiliche Ermessen muß **pflichtmäßig**, d. h. nach sachlichen Gesichtspunkten unter Beachtung des **Gleichheitsgrundsatzes** (Art. 3 Abs. 1 GG) ausgeübt werden. Hieran fehlt es, wenn die Polizei in gleichgelagerten Fällen gegen einen Polizeipflichtigen einschreitet, einen anderen dagegen unbehelligt läßt.

B e i s p i e l : Bei einer Beleuchtungskontrolle von Kraftfahrzeugen winkt der kontrollierende Polizeibeamte ein Fahrzeug ohne Prüfung weiter, weil er am Steuer einen Bekannten erkennt.

Keine pflichtwidrige Ermessensausübung liegt vor, wenn die Polizei gegen einen polizeiwidrigen Zustand einschreitet, obwohl sie ihn längere Zeit geduldet hat. Wenn die Polizei bisher nicht tätig geworden ist, so ist sie nicht daran gehindert, künftig nach dem Gesetz zu verfahren.

B e i s p i e l : Eine Ortspolizeibehörde verfügt die Schließung eines Bordells, das sie längere Zeit stillschweigend geduldet hat.

**14**   Die Ausübung des polizeilichen Ermessens kann im Rahmen des § 114 VwGO verwaltungsgerichtlich nachgeprüft werden. Hierbei prüft das Gericht nur, ob ein Ermessensfehler (Ermessensüberschreitung, Ermessensfehlgebrauch) vorliegt. Es darf nicht sein Ermessen an die Stelle des polizeilichen Ermessens setzen.

## § 4
### Einschränkung von Grundrechten

Durch polizeiliche Maßnahmen auf Grund dieses Gesetzes können im Rahmen des Grundgesetzes für die Bundesrepublik Deutschland eingeschränkt werden

1. das Recht auf körperliche Unversehrtheit (Art. 2 Abs. 2 Satz 1 des Grundgesetzes),
2. die Freiheit der Person (Art. 2 Abs. 2 Satz 2 des Grundgesetzes),
3. die Freizügigkeit (Art. 11 des Grundgesetzes),
4. die Unverletzlichkeit der Wohnung (Art. 13 des Grundgesetzes),
5. das Eigentum (Art. 14 des Grundgesetzes).

**Allgemeines**

Die Vorschrift befaßt sich mit **Grundrechtseinschränkungen auf Grund des Polizeigesetzes.** § 4 enthält **keine selbständige Ermächtigung** zu Rechtseingriffen, sondern führt nur diejenigen Grundrechte auf, in die durch Maßnahmen auf Grund des Polizeigesetzes eingegriffen werden kann. Der Gesetzgeber trägt damit Art. 19 Abs. 1 Satz 2 GG Rechnung, wonach jedes Gesetz, das ein Grundrecht einschränkt, dieses unter Angabe des betroffenen Artikels nennen muß ("Zitiergebot"). Die Ermächtigung zum polizeilichen Eingriff in die in § 4 bezeichneten Grundrechte enthalten die Generalermächtigung der §§ 1 und 3, die Ermächtigung des § 10 zum Erlaß von Polizeiverordnungen und die Spezialermächtigungen der §§ 20 ff.

§ 4 ermächtigt zur Einschränkung der aufgeführten Grundrechte auch insoweit, als diese nach Art. 2 Abs. 1 LV zugleich Bestandteil der Landesverfassung sind.

**§ 4**  Einschränkung von Grundrechten

2   Von der Beschränkung der Grundrechtsausübung durch das PolG zu unterscheiden ist die Frage, ob und in welchem Umfang die Polizei berechtigt ist, im Schutzbereich der **gesetzlich nicht beschränkbaren oder nicht beschränkten Grundrechte** einzuschreiten, weil bei ihrer Betätigung die polizeilich zu schützende Ordnung verletzt wird. Die Rechtslage ist eindeutig hinsichtlich der Grundrechte der freien Entfaltung der Persönlichkeit (Art. 2 Abs. 1 GG), der freien Meinungsäußerung, der Informationsfreiheit und der Pressefreiheit (Art. 5 Abs. 1 GG). Für sie sind in den einschlägigen Grundrechtsartikeln durch „die verfassungsmäßige Ordnung" und „die allgemeinen Gesetze" Schranken gesetzt, die auch die polizeilich zu schützende Rechtsordnung umfassen. Für die übrigen Grundrechte ist grundsätzlich davon auszugehen, daß sie als höherrangiges Recht der übrigen Rechtsordnung einschließlich dem Polizeigesetz vorgehen.

3   Die **Konvention des Europarats zum Schutze der Menschenrechte und Grundfreiheiten** (MRK) enthält in den Art. 1 bis 18 Grundrechtsbestimmungen, die – im wesentlichen inhaltsgleich mit der von der Generalversammlung der UNO am 10. 12. 1948 beschlossenen Deklaration der Menschenrechte – durch Gesetz vom 7. 8. 1952 (BGBl. II S. 685) Bundesrecht geworden sind.

**Einzelerläuterungen**

1. Durch Maßnahmen auf Grund des Polizeigesetzes **können** folgende in § 4 aufgeführten Grundrechte **eingeschränkt werden:**

4   a) **Das Grundrecht auf körperliche Unversehrtheit** (Art. 2 Abs. 2 Satz 1 GG), nicht dagegen das Grundrecht auf Leben (vgl. Randnr. 2 zu § 40)

In Betracht kommt vor allem die Anwendung unmittelbaren Zwangs (vgl. §§ 33 ff.), insbesondere der Waffengebrauch.

Einschränkung von Grundrechten § 4

b) **Das Grundrecht der Freiheit der Person** (Art. 2 Abs. 2 Satz 2 und Art. 104 GG; Art. 5 MRK)   5

Die durch diese Bestimmungen gewährleistete Freiheit ist nur im Sinne der **körperlichen Bewegungsfreiheit** zu verstehen, nicht in dem weiteren Sinn des Freiseins von staatlichem Zwang überhaupt. Art. 2 Abs. 2 Satz 2 und 3 GG spricht von einem Eingriff in die Freiheit der Person, Art. 104 Abs. 1 GG von der Beschränkung der Freiheit der Person, Art. 104 Abs. 2 GG von der Freiheitsentziehung. Die Unterscheidung zwischen der Freiheitsentziehung und der bloßen Freiheitsbeschränkung ist vor allem im Hinblick auf Art. 104 Abs. 2 GG bedeutsam, der nur für die erstere eine (grundsätzlich vorher einzuholende) richterliche Entscheidung verlangt.

Eine **Freiheitsentziehung** liegt dann vor, wenn jemand gegen   6
oder ohne seinen Willen durch die öffentliche Gewalt nicht nur vorübergehend an einem bestimmten, **eng umgrenzten Ort festgehalten** wird (siehe auch in Legaldefinition in § 2 des Bundesgesetzes über das gerichtliche Verfahren bei Freiheitsentziehungen). Die polizeiliche Freiheitsentziehung zum Zwecke der Gefahrenabwehr ist in § 22 geregelt. Außerdem gibt es eine Reihe von Spezialvorschriften, die eine Freiheitsentziehung aus präventivpolizeilichen Gründen zulassen (s. Randnr. 2 zu § 22).

Eine **Freiheitsbeschränkung** erfolgt dann, wenn jemand zur   7
Vornahme einer ihrer Natur nach zeitlich beschränkten polizeilichen Amtshandlung **kurzfristig festgehalten** oder sonst in seiner körperlichen Bewegungsfreiheit beschränkt wird. Maßnahmen dieser Art können sein: Das Verbringen zur Wache zur Identitätsfeststellung gemäß § 20 Abs. 2 Satz 3, die Durchführung von erkennungsdienstlichen Maßnahmen gemäß § 30 sowie andere polizeiliche Maßnahmen, die im Gesetz nicht ausdrücklich genannt sind, wie das Verbringen eines Betrunkenen von der Straße in seine Wohnung.

Spezialvorschriften, die eine **Freiheitsbeschränkung** zu präventivpolizeilichen Zwecken zulassen, sind z. B. § 18 Abs. 1 GeschlKrG (Vorführung Geschlechtskranker oder Krankheitsverdächtiger zur Untersuchung) und § 44 Abs. 2 und 3 WPflG (Vorführung bzw. Zuführung Wehrpflichtiger).

8   Freiheitsentziehungen und Freiheitsbeschränkungen zum Zwecke der **Strafverfolgung** sind in der StPO abschließend geregelt. Sie können nicht auf das PolG gestützt werden. Hierzu zählen insbesondere die Verhaftung (§§ 112 bis 126 StPO), die einstweilige Unterbringung (§ 126a StPO), die vorläufige Festnahme (§§ 127 bis 129 StPO), die zwangsweise Vorführung eines Zeugen (§ 51 Abs. 1 Satz 3 StPO), eines Beschuldigten (§§ 133 bis 135 StPO) oder eines Angeklagten (§ 230 Abs. 2, § 236, § 329 Abs. 4, § 330 Abs. 1 und § 387 Abs. 3 StPO), die Freiheitsentziehung zur Feststellung der Identität eines Verdächtigen oder einer anderen Person (§ 163c StPO) und die Festnahme von Personen wegen Störung von Amtshandlungen an Ort und Stelle (§ 164 StPO).

9   c) **Das Grundrecht der Freizügigkeit** (Art. 11 GG)

Die Freizügigkeit ist durch polizeiliche Maßnahmen **nicht einschränkbar,** obwohl sie unter § 4 Nr. 3 ausdrücklich aufgeführt ist. Der Landesgesetzgeber hat nicht beachtet, daß nach Art. 73 Nr. 3 GG die Regelung der Freizügigkeit der ausschließlichen Gesetzgebung des Bundes unterliegt. Eine ausschließlich auf die §§ 1 und 3 i. V. mit § 4 Nr. 3 verfügte polizeiliche Einschränkung der Freizügigkeit (z. B. das polizeiliche Verbot, in einer bestimmten Gemeinde zu wohnen) wäre somit nicht rechtmäßig. Bundesrechtliche Freizügigkeitsbeschränkungen enthalten z. B. § 34 BSeuchG und § 12 des Gesetzes über die Erweiterung des Katastrophenschutzes.

# Einschränkung von Grundrechten § 4

**d) Das Grundrecht der Unverletzlichkeit der Wohnung** 10
(Art. 13 GG, Art. 8 MRK)

Nach Art. 13 Abs. 2 GG dürfen Durchsuchungen von Wohnungen grundsätzlich nur durch den Richter, bei Gefahr im Verzuge auch durch in Gesetzen vorgesehene andere Organe, z. B. die Polizei angeordnet werden.

Sonstige Eingriffe in die Unverletzlichkeit der Wohnung sind nach Art. 13 Abs. 3 GG nur zulässig zur Abwehr einer gemeinen Gefahr oder einer Lebensgefahr für einzelne Personen, darüber hinaus auf Grund eines Gesetzes zur Verhütung dringender Gefahren für die öffentliche Sicherheit und Ordnung. Betreten und Durchsuchung von Wohnungen durch die Polizei sind in § 25 geregelt.

**e) Das Grundrecht des Eigentums** (Art. 14 GG) 11

Das Eigentum wird z. B. durch Maßnahmen gegenüber Unbeteiligten (§ 9), nicht dagegen bei Maßnahmen gegenüber dem Störer (§§ 6 und 7) eingeschränkt, da das PolG insoweit lediglich die dem Eigentum kraft seiner Sozialgebundenheit innewohnenden Schranken (Art. 14 Abs. 1 Satz 2 GG) bestimmt. Dies gilt auch für die Einziehung (vgl. Randnr. 9 zu § 28).

2. Durch Maßnahmen auf Grund des Polizeigesetzes können 12
folgende Grundrechte **eingeschränkt werden, obwohl sie in § 4
nicht aufgeführt sind:**

a) die freie Entfaltung der Persönlichkeit (Art. 2 Abs. 1 Satz 1 GG);
b) die freie Meinungsäußerung (Art. 5 Abs. 1 Satz 1 GG);
c) die Informationsfreiheit (Art. 5 Abs. 1 Satz 1 GG).

Das Polizeigesetz gehört zu den für diese Rechte ausdrücklich in den Art. 2 Abs. 1 Halbsatz 2 und Art. 5 Abs. 2 GG beschriebenen immanenten Schranken der verfassungsmäßigen Ordnung und der allgemeinen Gesetze. Daraus folgt: Im Rahmen polizeilicher Maßnahmen kann die Ausübung dieser Grundrechte Beschränkungen unterworfen werden. Ferner ist die Verpflichtung jedes einzelnen aus dem Polizeigesetz, keine Gefahren für die öffentliche Sicherheit oder Ordnung zu verursachen oder vorhandene zu beseitigen, Schranke für die Ausübung dieser Grundrechte. Wer sie überschreitet, bewegt sich nicht mehr im grundrechtlich geschützten Bereich.

Beschränkungen der **Pressefreiheit** (Art. 5 Abs. 1 Satz 2 GG) sind nur nach Maßgabe des Landespressegesetzes zulässig, da dieses eine die Anwendung des allgemeinen Polizeirechts ausschließende Sonderregelung enthält (vgl. § 1 Abs. 2 LPrG).

13   3. Durch Maßnahmen auf Grund des Polizeigesetzes können **grundsätzlich nicht eingeschränkt werden:**

a) die Würde des Menschen (Art. 1 Abs. 1 GG);
b) das Grundrecht auf Leben (Art. 2 Abs. 2 Satz 1 GG);
c) die Gleichheit vor dem Gesetz (Art. 3 GG);
d) die Glaubens- und Bekenntnisfreiheit (Art. 4 GG);
e) die Freiheit von Kunst und Wissenschaft, Forschung und Lehre (Art. 5 Abs. 3 GG);
f) die Vereinigungsfreiheit (Art. 9 GG);
g) das Brief-, Post- und Fernmeldegeheimnis (Art. 10 GG);
h) das Grundrecht der freien Berufswahl (Art. 12 GG).

Diese Grundrechte sind „polizeifest". Jedoch ist auch in ihrem Bereich die Betätigung nicht schrankenlos, wenn sie in die Grundrechtsbereiche der Mitmenschen eingreift. So kann die Verletzung der Würde des Menschen (Art. 1 Abs. 1 GG) oder seiner körperlichen Integrität (Art. 2 Abs. 2 Satz 1 GG) weder mit der freien Religionsausübung noch mit der freien künstlerischen Betätigung gerechtfertigt werden.

14   Beschränkungen der **Versammlungsfreiheit** (Art. 8 GG) sind, soweit sie sich nicht bereits aus dem Grundrecht selbst („friedlich und ohne Waffen") ergeben, nur nach Maßgabe des Versammlungsgesetzes zulässig, da dieses eine die Anwendung des allgemeinen Polizeirechts ausschließende Sonderregelung enthält.

## § 5
## Art der Maßnahmen

**(1) Kommen für die Wahrnehmung einer polizeilichen Aufgabe mehrere Maßnahmen in Betracht, so hat die Polizei die Maßnahme zu treffen, die den einzelnen und die Allgemeinheit voraussichtlich am wenigsten beeinträchtigt.**

**(2) Durch eine polizeiliche Maßnahme darf kein Nachteil herbeigeführt werden, der erkennbar außer Verhältnis zu dem beabsichtigten Erfolg steht.**

**Literatur: Riegel,** Die Bedeutung des Grundsatzes der Verhältnismäßigkeit und der Grundrechte für das Polizeirecht, BayVBl. 1980, 577.

## Allgemeines

§ 5 legt den **Verhältnismäßigkeitsgrundsatz** als einen der wichtigsten Grundsätze des polizeilichen Handelns fest. Der Verhältnismäßigkeitsgrundsatz hat **Verfassungsrang.** Er folgt nach der Rechtsprechung des Bundesverfassungsgerichts aus dem Rechtsstaatsprinzip des Grundgesetzes (vgl. BVerfGE 19, 342.

§ 5 begrenzt das der Polizei nach § 3 zustehende Ermessen (vgl. Randnr. 1 zu § 3) in doppelter Hinsicht. Abs. 1 enthält das **Prinzip des geringstmöglichen Eingriffs,** Abs. 2 den **Grundsatz der Verhältnismäßigkeit** im engeren Sinne. Während Abs. 1 eine Vorschrift für die Auswahl zwischen mehreren objektiv gleich tauglichen Maßnahmen enthält, verlangt Abs. 2 eine bestimmte Beziehung zwischen dem beabsichtigten Erfolg und der tatsächlichen Wirkung der polizeilichen Maßnahmen („Übermaßverbot").

1

## § 5        Art der Maßnahmen

**Zu Absatz 1**

2    In Betracht kommen alle Maßnahmen, die **objektiv dazu geeignet** sind, den erstrebten polizeilichen Zweck zu fördern. Dazu gehören auch die verschiedenen Zwangsmittel zur Durchsetzung einer polizeilichen Maßnahme.

> Beispiel: Um die Fahrt eines betrunkenen Kraftfahrers zu verhindern, stehen einem Polizeibeamten nach seinem pflichtgemäßen Ermessen in der Regel folgende Möglichkeiten zur Verfügung: Die mündliche Anordnung an den Fahrer, nicht zu fahren; die polizeiliche Beschlagnahme des Fahrzeugschlüssels, der Fahrzeugpapiere und des Führerscheins; die polizeiliche Beschlagnahme des Kraftfahrzeugs; die Ingewahrsamnahme des Betrunkenen.

3    Die Polizei hat unter mehreren in Betracht kommenden Maßnahmen diejenige zu treffen, die den einzelnen und die Allgemeinheit **voraussichtlich am wenigsten beeinträchtigt**. Dies gilt

a) für die **Art der Maßnahmen.** Eine Belehrung beeinträchtigt den einzelnen weniger als eine polizeiliche Anordnung; eine Einzelanordnung beeinträchtigt die Allgemeinheit weniger als eine Polizeiverordnung. Zwangsmittel dürfen nur unter Berücksichtigung der gesetzlich bestimmten Abstufungen angewandt werden.

> Beispiel: Bei der Auflösung eines Straßentumultes darf unmittelbarer Zwang erst angewandt werden, wenn Aufforderungen zum Auseinandergehen nichts nutzen. Kommt es dabei zu Widerstand, können ihn die Polizeibeamten durch einfache körperliche Gewalt, Hilfsmittel der körperlichen Gewalt oder durch Waffengebrauch brechen.

b) für den **Inhalt der Maßnahmen,** also für die Wirkung des anzuwendenden Mittels.

> Beispiel: Eine Straßenverkehrsbehörde läßt wegen geringfügiger Frostaufbrüche einen ganzen Straßenabschnitt sperren, statt eine Geschwindigkeitsbeschränkung anzuordnen.

## Art der Maßnahmen § 5

**Weitergehende Maßnahmen** dürfen nur getroffen werden, wenn weniger eingreifende nicht zum Ziel geführt haben oder offensichtlich nicht führen werden.

> B e i s p i e l : Eine polizeiliche Jugendschutzstreife nimmt bei einer Barkontrolle um Mitternacht ein 16jähriges Mädchen bis zum nächsten Morgen in polizeilichen Gewahrsam. Die Maßnahme ist nur zulässig, wenn die weniger eingreifenden, in § 1 JSchÖG vorgesehenen Maßnahmen (Meldung an das Jugendamt oder Zuführung zu den Eltern), nicht möglich sind oder zum Erreichen des polizeilichen Zwecks nicht ausreichen.

c) für die **Richtung der Maßnahmen,** also für die Auswahl unter verschiedenen polizeipflichtigen Personen. Kommen als Adressaten einer polizeilichen Maßnahme mehrere Störer (vgl. §§ 6 und 7) oder mehrere Unbeteiligte (vgl. § 9) in Betracht, so hat sich die Polizei an denjenigen zu halten, der durch den polizeilichen Eingriff am wenigsten beeinträchtigt wird, wenn durch dessen Heranziehung die Gefahr ebenso rasch und zuverlässig abgewehrt werden kann (vgl. auch Randnr. 6 zu § 6).

> B e i s p i e l : Für den Transport eines bei einem Verkehrsunfall Schwerverletzten in das Krankenhaus steht ein Krankenwagen in absehbarer Zeit nicht zur Verfügung. Ein Polizeibeamter verpflichtet unzulässigerweise einen auswärtigen Kraftfahrer, der in entgegengesetzter Richtung fährt, gemäß § 9 PolG zum Verletztentransport, obwohl zahlreiche ansässige Kraftfahrer aus Neugier am Unfallort angehalten haben und herangezogen werden können.

Hat die Polizei eine bestimmte Maßnahme angeordnet, so bleibt es dem Betroffenen unbenommen, **auf andere, gleich wirksame Art und Weise Abhilfe zu schaffen** (sog. Austauschmittel). Eine vorherige Gestattung durch die Polizei (so § 3 Abs. 2 Satz 2 MEPolG) ist hierfür nicht erforderlich. Allerdings trägt der Betroffene dann das Risiko, daß sein Austauschmittel nicht als gleichwertig anerkannt wird. **4**

## § 6  Maßnahmen gegenüber dem Verursacher

> B e i s p i e l : Der Halter eines bösartig gewordenen Hundes erhält von der Ortspolizeibehörde die Anordnung, dem Hund außerhalb des Hauses einen Maulkorb anzulegen. Daraufhin läßt der Hundehalter das Tier töten, wodurch er die Gefahr auf andere wirksame Weise beseitigt.

### Zu Absatz 2

5 Die voraussichtlich eintretenden nachteiligen Wirkungen einer polizeilichen Maßnahme müssen **in angemessenem Verhältnis zu dem beabsichtigten Erfolg** stehen. Das Gebot der Verhältnismäßigkeit ist besonders bei der Anwendung polizeilicher Zwangsmittel (vgl. Randnr. 11 zu § 32 und Randnr. 1 zu § 35) zu beachten.

> B e i s p i e l : Ein Mann stiehlt aus einem Schuhgeschäft ein Paar Schuhe. Einem Verkäufer, der ihn festhalten will, versetzt er einen Faustschlag und flieht. Ein ihn verfolgender Polizeibeamter schießt auf den Flüchtenden, als er ihn nicht einholen kann. Der Schußwaffengebrauch wäre zwar nach § 40 Abs. 1 Nr. 2 a PolG wegen des räuberischen Diebstahls (§ 252 StGB) zulässig, ist aber nach § 5 Abs. 2 PolG unverhältnismäßig.

6 Aus der polizeilichen Maßnahme dürfen sich auch **keine** (unbeabsichtigten) **Nebenwirkungen** ergeben, die so schädlich sind, daß die Endlage im ganzen polizeiwidriger ist als die Ausgangslage.

7 Wiegen die **Nachteile**, die sich aus einer polizeilichen Maßnahme für Dritte zwangsläufig ergeben, **schwerer** als die zu beseitigende Gefahr, so hat die Polizei u. U. auf jegliche Maßnahmen zu **verzichten.**

### § 6
#### Maßnahmen gegenüber dem Verursacher

**(1) Wird die öffentliche Sicherheit oder Ordnung durch das Verhalten von Personen bedroht oder gestört, so hat die Poli-**

zei ihre Maßnahmen gegenüber demjenigen zu treffen, der die Bedrohung oder die Störung verursacht hat.

(2) Ist die Bedrohung oder die Störung durch eine Person verursacht worden, die das 16. Lebensjahr noch nicht vollendet hat, oder die wegen Geisteskrankheit oder Geistesschwäche entmündigt oder unter vorläufige Vormundschaft gestellt ist, so kann die Polizei ihre Maßnahmen auch gegenüber demjenigen treffen, dem die Sorge für diese Person obliegt.

(3) Ist die Bedrohung oder die Störung durch eine Person verursacht worden, die von einem anderen zu einer Verrichtung bestellt worden ist, so kann die Polizei ihre Maßnahmen auch gegenüber dem anderen treffen.

**Literatur: Fleischer,** Die Polizeipflicht des passiven Störers, Die Polizei 1975, 377; **Hurst,** Probleme der Zustandshaftung nach dem Polizei- und Ordnungsrecht im Falle der Rechtsnachfolge, DVBl. 1963, 804; **Knütel,** Die Polizeipflicht bei Kraftfahrzeugen, DÖV 1970, 375; **Konrad,** Zur Reichweite sicherheitsrechtlicher Störerhaftung, BayVBl. 1980, 581; **Wacke,** Der Begriff der Verursachung im Polizeirecht, DÖV 1960, 93.

**Allgemeines**

§ 6 regelt die **Verursachungshaftung** (auch als Verhaltens- oder Handlungshaftung bezeichnet). Der Vorschrift liegt der Gedanke zugrunde, daß der einzelne für sein eigenes **polizeimäßiges Verhalten** und in gewissen Fällen auch für das Verhalten der seiner Einwirkung unterstehenden Personen verantwortlich, d. h. **polizeipflichtig** ist. Es besteht eine allgemeine Rechtspflicht zu polizeigemäßem Verhalten, die nicht erst durch den Erlaß einer polizeilichen Anordnung begründet werden muß. **Auf die Schuld** des Verursachers im straf- oder zivilrechtlichen Sinne **kommt es dabei nicht an.** Entscheidend ist nur, daß aus einem Tun oder einem pflichtwidrigen Unterlassen **objektiv** eine polizeiliche Gefahr entsteht.

## § 6     Maßnahmen gegenüber dem Verursacher

Zum Zusammentreffen von Verursachungshaftung mit Zustandshaftung vgl. Randnr. 11 zu § 7.

### Zu Absatz 1

2    Das **Verhalten** von Personen kann in einem Tun oder in einem Unterlassen bestehen. Das **Unterlassen** ist nur polizeiwidrig, wenn eine Rechtspflicht zum Handeln auf Grund einer Rechtsnorm oder auf Grund eigenen vorangegangenen Tuns besteht. Handlungen, die strafrechtlich als bloße Vorbereitungshandlungen unerheblich sind, können ein **polizeirechtlich beachtliches Verhalten** darstellen.

> B e i s p i e l e : Ein Mann tritt in offensichtlich selbstmörderischer Absicht auf den Fenstersims seiner hochgelegenen Wohnung. Sein Tun ist nicht strafbar, doch verursacht er damit eine Störung der öffentlichen Ordnung, die ein polizeiliches Eingreifen gegen ihn erforderlich macht.
>
> Der Wirt einer Gaststätte versäumt es, die Sperrzeit anzukündigen und die Gäste zum Verlassen des Lokals aufzufordern. Durch sein Unterlassen wird er, gleichgültig ob damit eine Absicht verbunden war oder nicht, zum Verursacher einer Störung der öffentlichen Sicherheit und Ordnung.
>
> Junge Männer fertigen in einem Keller Plakate an, mit denen sie zu bestimmten Straftaten auffordern. Ein strafrechtlicher Tatbestand der öffentlichen Aufforderung zu einer Straftat (§ 111 StGB) ist erst mit dem Anschlag der Plakate gegeben. Das Malen ist eine straffreie Vorbereitungshandlung, doch ist es polizeirechtlich beachtlich, weil dadurch eine Störung der öffentlichen Sicherheit (Begehung einer Straftat) droht.

3    **Personen** sind natürliche oder juristische Personen. Polizeipflichtig sind somit nicht nur alle Menschen, sondern auch rechtsfähige Vereinigungen (etwa ein Industrieunternehmen in der Rechtsform einer AG oder GmbH).

> B e i s p i e l : Durch Kühltürme eines Industrieunternehmens bildet sich auf den vorbeiführenden Verkehrsstraßen häufig Glatteis. Die Polizei kann die Firma als Verhaltensstörer zum Streuen verpflichten.

## Maßnahmen gegenüber dem Verursacher § 6

**Verursacht** im Sinne des Abs. 1 wird eine Bedrohung oder Störung der öffentlichen Sicherheit oder Ordnung dann, wenn der Störer hierfür allein oder im Zusammenwirken mit anderen Personen eine **Bedingung** setzt und dadurch die Polizeiwidrigkeit **unmittelbar** herbeiführt. Wer eine Störung lediglich mittelbar verursacht, ist als sog. **Veranlasser** grundsätzlich nicht polizeipflichtig. Ausnahmsweise ist der Veranlasser dann polizeipflichtig, wenn er als sog. **Zweckveranlasser** das Verhalten desjenigen, der die Störung unmittelbar verursacht, objektiv bezweckt.

4

> Beispiele: Der Inhaber eines an einer Hauptverkehrsstraße mit schmalem Bürgersteig gelegenen Geschäftes stellt in seinem Schaufenster kurz vor Beginn der Übertragung eines besonders interessanten Fußballspiels ein Fernsehgerät auf. Er schafft damit eine Bedingung für eine drohende Verkehrsbehinderung durch Schaulustige, weshalb ihm die Polizei als sog. Zweckveranlasser das Einschalten des Gerätes während der Übertragung verbieten kann.
>
> Eine Frau überrascht ihren Mann zu Hause bei einem Ehebruch und verläßt darauf mit ihren Kindern die Wohnung, ohne eine andere Unterkunft zu finden. Weder der Ehemann noch die fremde Frau sind polizeipflichtige Verursacher dieser Obdachlosigkeit; die Obdachlosigkeit hat vielmehr die Frau selbst durch ihren Weggang unmittelbar verursacht.

Eine Störung wird auch durch solche Handlungen unmittelbar verursacht, die ein polizeiwidriges Verhalten anderer unumgänglich nach sich ziehen.

> Beispiel: Die sanitären Einrichtungen eines Zeltplatzes reichen nur für eine beschränkte Besucherzahl. Trotzdem läßt der Platzinhaber immer weitere Besucher zu, wodurch zwangsläufig gesundheitliche Gefahren entstehen. Störer ist der Platzinhaber, weshalb sich gegen ihn und nicht gegen die Besucher die erforderliche polizeiliche Maßnahme (Verbot der Überbelegung) richten muß.

## § 6            Maßnahmen gegenüber dem Verursacher

Unerheblich ist, ob die unmittelbare Ursache zeitlich nahe bei dem Eintreten des polizeiwidrigen Zustandes liegt oder nicht.

5     Personen, die ein ihnen **von der Rechtsordnung eingeräumtes Recht** wahrnehmen, können als Störer nach § 6 auch dann nicht in Anspruch genommen werden, wenn sie die drohende oder bereits eingetretene Störung dadurch unmittelbar verursachen.

> B e i s p i e l : Ein Hauseigentümer läßt auf Grund eines vollstreckbaren Titels durch den Gerichtsvollzieher eine Wohnung räumen, wodurch der Mieter obdachlos wird. Obwohl die Zwangsräumung die Bedingung für die Störung der öffentlichen Ordnung (die Obdachlosigkeit) setzt, ist der Vermieter nicht Verursacher im Sinne des § 6, weil er ein ihm zustehendes Recht in Anspruch nimmt. Möglich ist allerdings eine vorübergehende polizeiliche Wiedereinweisung des Mieters auf Grund der §§ 9 und 27 zur Verhütung drohender Obdachlosigkeit.

6     Verursachen **mehrere Personen** die polizeiliche Gefahr, so kann die Polizei ihre **Maßnahmen gegen jeden der Störer** richten. Für die Entscheidung ist ausschlaggebend, wie am schnellsten und zuverlässigsten Abhilfe geschaffen werden kann und welcher Polizeipflichtige durch die polizeiliche Maßnahme am wenigsten beeinträchtigt wird (vgl. Randnr. 3 Buchst. c zu § 5).

> B e i s p i e l : An einem Neubau arbeiten der Bauherr und ein ihm befreundeter Maurer bis tief in die Nacht. Die dabei laufende Betonmaschine stört die Anwohner empfindlich in ihrer Nachtruhe. Die Polizei kann ihre Anordnungen gegenüber beiden Störern oder nur gegenüber demjenigen von ihnen treffen, von dem sie am schnellsten eine Abstellung des Baulärms erwarten kann.

7     Von dem Störer darf **nichts rechtlich oder tatsächlich Unmögliches** verlangt werden. So darf z. B. dem Störer nicht die Vornahme einer Handlung geboten werden, zu der er privatrechtlich nicht befugt ist oder durch die er den Tatbestand einer

## Maßnahmen gegenüber dem Verursacher　§ 6

Ordnungswidrigkeit erfüllen würde. Verfügt der Störer nicht über die zur Beseitigung der Gefahr oder der Störung erforderlichen Mittel, so kann die Polizei nach der Bestimmung des § 8 unmittelbar vorgehen.

### Zu Absatz 2

Die Vorschrift enthält eine Erweiterung des Abs. 1, weil **neben dem Verursacher** bestimmte weitere Personen für polizeipflichtig erklärt werden, die kraft Gesetzes zur **Personensorge** für den Störer verpflichtet sind (sog. Zusatzhaftung). 8

> Beispiel: Ein Vierzehnjähriger schießt im elterlichen Garten mit einer Steinschleuder auf leere Flaschen und gefährdet dadurch Vorübergehende. Die Polizei kann entscheiden, ob sie ihre Maßnahmen gegenüber dem Jungen (vertreten durch seine Eltern) oder gegenüber den Eltern selbst treffen will.

Wegen **Geisteskrankheit oder Geistesschwäche** kann **entmündigt** werden, wer deshalb seine Angelegenheiten nicht zu besorgen vermag (§ 6 Abs. 1 BGB). Ein Volljähriger, dessen Entmündigung beantragt ist, kann **unter vorläufige Vormundschaft gestellt** werden, wenn das Vormundschaftsgericht dies zur Abwendung einer erheblichen Gefährdung der Person oder des Vermögens für erforderlich erachtet (§ 1906 BGB). 9

**Die Sorge für die Person** obliegt 10

a) für Personen unter 18 Jahren: den Eltern (§ 1626 Abs. 1 BGB), der Mutter eines nichtehelichen Kindes (§ 1705 BGB), dem Vormund (§ 1773 i. V. mit §§ 1793 und 1800 BGB) oder dem Pfleger (§§ 1909, 1915 BGB),
b) für Entmündigte: dem Vormund (§§ 1896, 1901 BGB),
c) für Personen unter vorläufiger Vormundschaft: dem vorläufigen Vormund (§ 1906 BGB).

Die Polizeipflicht der Eltern für ihre Kinder endet nach Abs. 2 bereits mit Vollendung des 16. Lebensjahres, nicht erst mit Eintritt der Volljährigkeit.

### § 6 Maßnahmen gegenüber dem Verursacher

**Zu Absatz 3**

**11** Durch **Abs. 3** wird Abs. 1 insofern **erweitert,** als neben dem unmittelbaren Verursacher ggf. auch dessen **Auftraggeber (Dienstherr)** für polizeipflichtig erklärt wird. Abs. 3 ist in den Fällen ohne Bedeutung, in denen der Auftraggeber den Auftrag zu einem polizeiwidrigen Vorgehen erteilt. Hier ist der Auftraggeber selbst als **unmittelbarer** Verursacher nach Abs. 1 polizeipflichtig. Ist jedoch der Auftrag nicht zu beanstanden, sondern nur die Art und Weise der Ausführung, so ist der Auftraggeber allenfalls **mittelbarer** Verursacher und deshalb nach Abs. 1 nicht polizeipflichtig (vgl. Randnr. 4).

Im Gegensatz zu § 831 BGB kann sich der Dienstherr nicht mit dem Beweis entlasten, daß er bei der Auswahl der zu einer Verrichtung bestellten Personen die erforderliche Sorgfalt beobachtet habe oder daß der polizeiwidrige Tatbestand auch bei Anwendung dieser Sorgfalt eingetreten wäre. Das Polizeirecht dient der objektiven Schadensverhütung, so daß es auch auf ein Verschulden nicht ankommt (vgl. Randnr. 1). Die Polizei hat nach pflichtmäßigem Ermessen zu entscheiden, ob sie sich an den Dienstherrn, an den Verrichtungsgehilfen oder an beide halten will.

> Beispiele: Wahlhelfer einer politischen Partei kleben entgegen dem ihnen erteilten Auftrag Wahlplakate an Gebäude, Bäume und Zäune. Für die Beseitigung dieser Störung der öffentlichen Sicherheit und Ordnung haften nebeneinander die zuständigen Parteiorgane nach Abs. 3 und die Wahlhelfer nach Abs. 1. Dabei ist es unerheblich, ob die Parteiorgane von dem rechtswidrigen Verhalten ihrer Wahlhelfer Kenntnis hatten oder nicht.
>
> Ein Unternehmer beauftragt einen Arbeiter, Altöl in einen nahegelegenen Fluß zu schütten. Hier ist der Unternehmer als unmittelbarer Verursacher selbst nach Abs. 1 neben dem Arbeiter polizeipflichtig.

**12** Ob jemand von einem anderen zu einer Verrichtung bestellt worden ist, ist nach denselben Gesichtspunkten zu beurteilen

## Maßnahmen gegenüber dem Verursacher § 6

wie bei § 831 BGB. **Verrichtungsgehilfe** ist hiernach jeder, dem von einem anderen, von dessen Weisungen er abhängig ist, eine Tätigkeit übertragen wurde. Dabei ist unerheblich, ob diese Tätigkeit entgeltlich oder unentgeltlich, dauernd oder vorübergehend, höherer oder niederer Art ist. Es kommt auch nicht darauf an, ob die Übertragung auf Vertrag beruht. Wesentlich ist dagegen, daß der Verrichtungsgehilfe bei der Ausführung seiner Verrichtung vom Willen des Auftraggebers (Dienstherrn) **abhängig** ist und daß dieser eine **Einwirkungsmöglichkeit** hat.

> B e i s p i e l : Ein Bauherr vergibt die gesamten Bauarbeiten an ein Bauunternehmen, dieses die zunächst erforderlichen Abbrucharbeiten an einen Abbruchunternehmer. Dessen Arbeiter verursachen beim Abbruch eine derartige Staubentwicklung, daß die Anwohner empfindlich belästigt werden und der Straßenverkehr beeinträchtigt wird. Ein Polizeibeamter ordnet an, daß durch eine Besprühung der Baustelle die Staubentwicklung verhindert wird. Der Beamte kann seine Anordnung nur gegenüber dem Inhaber der Abbruchfirma und seinen Arbeitern treffen, dagegen nicht gegenüber dem Bauherrn oder dem Bauunternehmer, denn der Abbruchunternehmer ist nicht deren Verrichtungsgehilfe, sondern handelt selbständig.

Die Haftung tritt nur ein, soweit der Verrichtungsgehilfe **in** 13
**Ausführung der Verrichtung** handelt, dagegen nicht, wenn er nur gelegentlich der Ausführung tätig wird. Seine Tätigkeit muß in den Kreis derjenigen Maßnahmen fallen, durch welche die Verrichtung ausgeführt wird, mag dies auch unsachgemäß oder unter Abweichung von den ihm erteilten Weisungen erfolgen.

> B e i s p i e l : Eine Spedition beauftragt den Fahrer eines ihrer Lastzüge, eine Möbelladung über die Autobahn zum Zielort zu transportieren. Um private Angelegenheiten zu erledigen, befährt der Fahrer eine Landesstraße und verschmutzt dabei in den Kurven die Fahrbahn mit aus dem Kraftstofftank auslaufendem Die-

**§ 6**   Maßnahmen gegenüber dem Verursacher

selöl. Die Spedition weigert sich unter Hinweis auf die Eigenmächtigkeit des Fahrers, für die Beseitigung dieser Störung der öffentlichen Sicherheit und Ordnung zu sorgen bzw. für deren Kosten (§ 8 Abs. 2) aufzukommen. Trotz der Abweichung des Fahrers von seinem Auftrag bleibt die Spedition gemäß § 6 Abs. 3 polizeipflichtig und damit gemäß § 8 Abs. 2 kostenersatzpflichtig, weil die Störung im unmittelbaren Zusammenhang mit der Ausführung des Auftrags steht.

### Anhang zu § 6

**14**   Zur Einschränkung polizeirechtlicher Maßnahmen gegenüber **Abgeordneten** vgl. die VwV des IM über die Zulässigkeit von Maßnahmen der Polizei und der Bußgeldbehörden gegen Parlamentsmitglieder vom 22. 7. 1981 (GABl. S. 1008), insbes. Nrn. 1.3.2.6 und 1.3.2.7.

**15**   Zur **Polizeipflicht von Diplomaten** und anderen bevorrechtigten Personen vgl. die Anordnung der Landesregierung über das Verhalten gegenüber Diplomaten und anderen bevorrechtigten Personen vom 11. 11. 1975 (GABl. 1976, S. 1). Die Mitglieder der drei sowjetischen Militärmissionen im Bundesgebiet (u. a. in Baden-Baden) und deren Angehörige genießen ebenfalls besondere Vorrechte, die im wesentlichen denjenigen der Diplomaten entsprechen.

**16**   Die Mitglieder der **Stationierungsstreitkräfte** können grundsätzlich als Störer in Anspruch genommen werden; siehe hierzu den Erl. des IM über die Rechtsstellung der Mitglieder der Stationierungsstreitkräfte, ihres Gefolges und ihrer Angehörigen vom 17. 2. 1964 (GABl. S. 193, insbesondere Abschnitt B X).

**Literatur** zu Randnrn. 14 bis 16: **Richarz/Jenke,** Polizei und bevorrechtigte Personen, 1981 (Band 33 der Schriftenreihe „polizei aktuell").

## § 7
## Maßnahmen gegenüber dem Inhaber der tatsächlichen Gewalt

**Wird die öffentliche Sicherheit oder Ordnung durch den Zustand einer Sache bedroht oder gestört, so hat die Polizei ihre Maßnahmen gegenüber dem Eigentümer oder gegenüber demjenigen zu treffen, der die tatsächliche Gewalt über die Sache ausübt.**

**Literatur:** *Riegel*, Aktuelle eigentumsrechtliche Probleme im Polizeirecht – Zur positiven und negativen Polizeipflichtigkeit des Eigentums –, BayVBl. 1981, 289.

### Allgemeines

§ 7 regelt die polizeirechtliche Verantwortung für den Zustand von Sachen **(Zustandshaftung).** Ihre verfassungsmäßige Grundlage ist Art. 14 Abs. 1 Satz 2 und Abs. 2 GG, wonach das Eigentum zugleich dem Wohl der Allgemeinheit dienen soll. Die Polizeipflicht des Eigentümers nach dem PolG entfällt lediglich bezüglich solcher Verhältnisse, für welche die öffentlich-rechtlichen Pflichten durch besondere Rechtsnormen anderweitig abschließend geregelt sind, so im Wasser- und Wegerecht (vgl. Randnr. 8). Das Gesetz gibt der Polizei die Möglichkeit, die erforderlichen Maßnahmen auch gegenüber dem zu treffen, der die tatsächliche Gewalt über die Sache ausübt, weil die Heranziehung des Eigentümers häufig eine Verzögerung der nötigen Maßnahmen zur Folge hätte.

1

> Beispiel: Ein Mann nimmt den Hund von Bekannten während deren Urlaub in Pflege. Das Tier jault jede Nacht erbärmlich. Auf die Beschwerde der Nachbarn hin verlangt die Polizei von dem Pfleger als dem Inhaber der tatsächlichen Gewalt die Abstellung des ruhestörenden Lärms.

**2**  **Sachen** sind körperliche Gegenstände (§ 90 BGB), d. h. begrenzte Teile der den Menschen umgebenden Natur. Hierzu gehören Grundstücke und ihre Bestandteile, insbesondere Gebäude (§ 94 BGB), und bewegliche Sachen, z. B. Fahrzeuge und Tiere.

### Einzelerläuterungen

**3**  Unter dem **Zustand** einer Sache ist sowohl die **Beschaffenheit** der Sache selbst (z. B. technische Mängel eines Fahrzeugs), als auch deren **Lage** im Raum (z. B. verkehrsbehinderndes Parken eines Fahrzeugs) zu verstehen. Unerheblich ist, ob es sich um einen dauernden oder vorübergehenden Zustand handelt, ob der Eigentümer oder der Inhaber der tatsächlichen Gewalt den Zustand selbst herbeigeführt hat oder ob der Zustand von einem Dritten, durch Zufall oder durch höhere Gewalt herbeigeführt worden ist. Auf ein Verschulden kommt es auch hier nicht an.

> Beispiele: Unbekannte zertrümmern nachts die Schaufenster eines Ladengeschäfts. Die Scherben, die zum Teil auf dem Gehweg und auf der Straße liegen, gefährden Verkehrsteilnehmer. Da die Verursacher nicht ausfindig zu machen sind, muß der Geschäftsinhaber nach § 7 für die Beseitigung des polizeiwidrigen Zustandes sorgen.
>
> Der Eigentümer eines Grundstückes, von dem ein Felsblock auf ein darunter liegendes Haus zu stürzen droht, ist für die Beseitigung der Gefahr nach § 7 verantwortlich.

**4**  Wer **Eigentümer** ist, richtet sich nach bürgerlichem Recht. Steht eine Sache im Eigentum mehrerer Personen, so ist jeder Miteigentümer uneingeschränkt polizeipflichtig. Der Eigentümer ist auch dann polizeipflichtig, wenn ein anderer die tatsächliche Gewalt über die Sache ausübt. Dies gilt auch, wenn der andere die tatsächliche Gewalt **gegen den Willen des Eigentümers** (z. B. nach einem Diebstahl) ausübt (anders § 5 Abs. 2 Satz 2 MEPolG). Die Polizeipflicht endet jedoch, wenn dem Eigentü-

## Maßnahmen gegenüber dem Zustandsstörer § 7

mer die **rechtliche Verfügungsgewalt entzogen** wird (z. B. durch Beschlagnahme oder Pfändung). Durch **Eigentumsaufgabe** (Dereliktion) kann sich der Eigentümer **nur für die Zukunft,** nicht aber für die im Zeitpunkt der Dereliktion bereits bestehenden Gefahren oder Störungen von seiner Polizeipflicht befreien (anders § 5 Abs. 3 MEPolG, wonach auch für die Zukunft eine Befreiung nicht möglich ist).

Ob eine Person **die tatsächliche Gewalt über eine Sache ausübt,** ist nach der Verkehrsanschauung zu beurteilen. Hierbei ist entscheidend, ob die zwischen Person und Sache bestehende Beziehung die erforderliche **Sachherrschaft** gewährleistet. Die Innehabung der tatsächlichen Gewalt setzt eine gewisse Dauer und Festigkeit dieser Beziehung voraus. Insbesondere muß der Gewalthaber zu der Sache Zugang haben und auf sie einwirken können. Nicht erforderlich ist, daß der Gewalthaber zur Ausübung der Gewalt berechtigt ist. 5

> Beispiel: Mehrere Personen besetzen gegen den Willen des Hauseigentümers ein leerstehendes Wohnhaus und wohnen darin über längere Zeit, ohne daß der Eigentümer etwas dagegen unternimmt. Inzwischen treten an dem Hausdach Schäden auf; lose Ziegel gefährden Vorübergehende. Polizeipflichtig ist in diesem Fall neben dem Hauseigentümer jedes Mitglied der Gruppe, obwohl diese das Haus widerrechtlich bewohnt.

Die Zustandshaftung tritt nur ein, wenn die polizeiliche Gefahr **unmittelbar** vom Zustand der Sache ausgeht. Verursacht eine Person mit Hilfe einer Sache eine Gefahr, so kann der Eigentümer der Sache nicht nach § 7 herangezogen werden. Es ist unerheblich, ob der gefährdende Zustand von Anfang an besteht oder sich erst infolge einer Veränderung der Umwelt entwickelt (vgl. Randnr. 11 zu § 1). 6

> Beispiel: Um eine anfänglich in unbewohntem Gebiet gelegene Schweinemästerei entsteht nach und nach ein Wohnviertel. Für die Beseitigung der den Bewohnern aus dem Betrieb drohenden gesundheitlichen Gefahren durch Geruch, Lärm und Ungeziefer ist dessen Inhaber verantwortlich.

**§ 7**     Maßnahmen gegenüber dem Zustandsstörer

7   Dem Eigentümer dürfen nur solche Maßnahmen auferlegt werden, zu denen er (ggf. unter Heranziehung Dritter) **rechtlich und tatsächlich imstande** ist (vgl. auch Randnr. 7 zu § 6). An der rechtlichen Einwirkungsmöglichkeit fehlt es, soweit der Eigentümer privatrechtlich gebunden ist.

> Beispiel: Eine Wohnung muß aus gesundheitspolizeilichen Gründen von dem Mieter geräumt werden. Die Polizei kann von dem Eigentümer nicht verlangen, daß er den Mieter zur sofortigen Räumung der Wohnung veranlaßt, sondern nur, daß er diesem zum nächstmöglichen Termin kündigt. Die Polizei kann allerdings auch gegen den Mieter unmittelbar vorgehen, da dieser Inhaber der tatsächlichen Gewalt ist.

Ist es dem Eigentümer aus tatsächlichen Gründen unmöglich, die zur Gefahrenabwehr oder -beseitigung erforderlichen Maßnahmen zu treffen, so kann die Polizei gem § 8 Abs. 1 im Wege der unmittelbaren Ausführung die erforderlichen Maßnahmen treffen und dem Eigentümer gem. § 8 Abs. 2 die Kosten auferlegen.

8   Der Eigentümer ist nicht polizeipflichtig, soweit die Verantwortlichkeit für den Zustand einer Sache nach **besonderen gesetzlichen Vorschriften** einem anderen obliegt. Vorschriften dieser Art bestehen z. B. im Wege- und Wasserrecht. Während für den Zustand von Privatwegen der Eigentümer verantwortlich ist, trägt für einen öffentlichen Weg ohne Rücksicht auf das Eigentum der Wegeunterhaltspflichtige, für ein öffentliches Gewässer der Träger der Unterhaltslast die Verantwortung (vgl. §§ 10 und 14 StrG und §§ 4 Abs. 1 Satz 2, 47 und 49 Abs. 1 und 2 WG).

> Beispiel: In einem Neubaugebiet werden während der Dunkelheit Frauen belästigt. Die Ortspolizeibehörde erteilt daraufhin den Grundstückseigentümern eine Anordnung, die sie zur Beleuchtung ihrer Anwesen verpflichtet. Die Anordnung ist rechtswidrig, weil die Beleuchtung des öffentlichen Verkehrsraums nach § 43 Abs. 1 StrG der Gemeinde obliegt. Die Gemeinde

# Maßnahmen gegenüber dem Zustandsstörer § 7

kann ihre Verpflichtung zur Beleuchtung der Gehwege auch nicht in der Form auf die Anlieger abwälzen, daß sie diese zur Beleuchtung ihrer Grundstücke verpflichtet, um dadurch mittelbar eine Beleuchtung der Gehwege zu erreichen.

Durch besondere gesetzliche Vorschriften kann die **Polizeipflicht über die Grenzen des Eigentums hinaus** erstreckt werden, z. B. hinsichtlich der Reinigungs-, Räum- und Streupflicht der Straßenanlieger für Gehwege nach § 43 Abs. 2 StrG in Verbindung mit den hierauf gestützten Polizeiverordnungen in den Gemeinden.

Die Haftung nach § 7 ist **unabdingbar.** Sie kann nicht durch Vertrag mit befreiender Wirkung auf einen Dritten übertragen werden. **9**

B e i s p i e l : Ein Hauseigentümer überträgt die ihm durch Polizeiverordnung auferlegte Reinigungs-, Räum- und Streupflicht (§ 43 Abs. 2 StrG) auf ein Reinigungsunternehmen. Dessen Hilfskräfte versäumen es, bei Glatteis auf dem Gehweg vor dem Anwesen zu streuen. Polizeipflichtig ist trotzdem der Hauseigentümer.

Der Eigentümer kann sich der Haftung auch nicht dadurch entziehen, daß er **das Eigentum aufgibt,** nachdem bereits eine polizeiliche Gefahr entstanden ist (vgl. Randnr. 4).

B e i s p i e l : Bei einer Verkehrskontrolle auf dem Parkplatz einer Autobahn beanstandet die Polizei ein Kraftfahrzeug, das eine Reihe schwerwiegender technischer Mängel aufweist. Dem Fahrer wird aufgegeben, das Fahrzeug abschleppen und instandsetzen zu lassen, bevor er damit wieder fahren dürfe. Daraufhin erklärt der Fahrer, er verzichte auf das Eigentum am Fahrzeug und entfernt sich zu Fuß. Trotz seines Eigentumverzichts an dem Gefährt bleibt die Verantwortlichkeit des Halters für den polizeiwidrigen Zustand seines Kraftfahrzeugs bestehen. Er kann sich deshalb der Verpflichtung zum Abschleppen des Fahrzeugs zum nächsten Schrottplatz nicht entziehen.

Der nach § 7 in Anspruch genommene Eigentümer oder Inhaber der tatsächlichen Gewalt kann für einen ihm aus der polizei- **10**

### § 7 Maßnahmen gegenüber dem Zustandsstörer

lichen Maßnahme entstandenen Schaden **keine Entschädigung** beanspruchen.

> Beispiel: Im Viehbestand eines Bauern bricht die Maul- und Klauenseuche aus. Um die Seuche zu lokalisieren, ordnet die Polizeibehörde die unverzügliche Tötung aller Tiere an. Die Polizeibehörde ist gegenüber dem Eigentümer der Tiere polizeirechtlich nicht zur Gewährung einer Entschädigung verpflichtet, da er Störer ist. Der Betroffene kann aber Entschädigungsansprüche nach dem Tierseuchengesetz geltend machen.

**11** **Treffen Verursachungshaftung und Zustandshaftung zusammen,** so hat die Polizei nach pflichtmäßigem Ermessen unter Beachtung des Verhältnismäßigkeitsgrundsatzes (vgl. Randnr. 3 Buchst. c zu § 5 und Randnr. 6 zu § 6) zu entscheiden, gegenüber wem sie ihre Maßnahmen treffen soll. Grundsätzlich handelt die Polizei bei der Auswahl sachgemäß, wenn sie unter mehreren Störern denjenigen in Anspruch nimmt, der die Störung am schnellsten und wirksamsten beseitigen kann. Ist dieser Gesichtspunkt nicht wesentlich, dann liegt es in der Regel nahe, den Verursacher der Gefahr vor dem Eigentümer in Anspruch zu nehmen.

> Beispiele: Auf einem Waldgrundstück haben Unbekannte größere Abfallmengen abgelagert und dadurch einen polizeiwidrigen Zustand verursacht. Da die Polizei nichts gegenüber den unbekannten Störern gemäß § 6 veranlassen kann, muß sie sich gemäß § 7 wegen der Beseitigung des Unrates an den Grundstückseigentümer halten.

> Der Fahrer A befährt mit dem überladenen Lastzug des B eine Straße, die für den Lkw-Verkehr gesperrt ist, wodurch Verursachenshaftung (Befahren einer gesperrten Straße) und Zustandshaftung (überladener Lkw) zusammentreffen. Polizeipflichtig ist sowohl B als Auftraggeber gemäß § 6 Abs. 3 und als Eigentümer des Fahrzeugs gemäß § 7 als auch A als unmittelbarer Verursacher (§ 6 Abs. 1). Aus Gründen der Zweckmäßigkeit wird die Polizei in diesem Fall ihre Anordnungen, insbesondere wegen des Abladens des Übergewichts, gegenüber dem Fahrer A treffen.

## § 8
### Unmittelbare Ausführung einer Maßnahme

**(1) Die unmittelbare Ausführung einer Maßnahme durch die Polizei ist nur zulässig, wenn der polizeiliche Zweck durch Maßnahmen gegen die in den §§ 6 und 7 bezeichneten Personen nicht oder nicht rechtzeitig erreicht werden kann. Der von der Maßnahme Betroffene ist unverzüglich zu unterrichten.**

**(2) Entstehen der Polizei durch die unmittelbare Ausführung einer Maßnahme Kosten, so sind die in den §§ 6 und 7 bezeichneten Personen zu deren Ersatz verpflichtet. Die Kosten können im Verwaltungszwangsverfahren beigetrieben werden.**

**Literatur:** **Greiner,** Abgrenzungsprobleme zwischen Polizei- und Verwaltungsvollstreckungsrecht, PolBlBW 1979, 67; **Mayer,** Abgrenzungsprobleme zwischen unmittelbarer Ausführung einer Maßnahme nach § 8 PolG und Maßnahmen der Verwaltungsvollstreckung nach dem LVwVG – zugleich ein Beitrag zu den Grundzügen des Verwaltungszwangs –, PolBlBW 1981, 98.

### Allgemeines

§ 8 regelt die unmittelbare Ausführung einer polizeilichen Maßnahme **ohne vorherige Inanspruchnahme eines** gem. § 6 oder § 7 **Polizeipflichtigen.** Die Polizei muß grundsätzlich **dem Störer Gelegenheit geben,** die von ihm zu verantwortende polizeiliche Gefahr **durch eigene Maßnahmen zu beseitigen** (siehe dazu VGH Bad.-Württ., ESVGH 23, 34/35). Es gibt jedoch Fälle, in denen sich der polizeiliche Zweck dadurch nicht oder nicht rechtzeitig erreichen läßt.

1

> B e i s p i e l : Nach einem Verkehrsunfall wird der Verkehr durch ein unfallbeschädigtes Fahrzeug behindert, dessen Führer bereits in ärztliche Behandlung gebracht worden ist. Die Polizei ist berechtigt, das Fahrzeug – erforderlichenfalls unter Heranziehung von Hilfskräften – abzuschleppen.

## § 8 Unmittelbare Ausführung einer Maßnahme

2   Von der unmittelbaren Ausführung ist die **Anwendung von Polizeizwang** zu unterscheiden. Bei dieser handelt es sich, mag sie in der Form des unmittelbaren Zwangs (§§ 32 ff.) oder in Form der Ersatzvornahme (§ 32 Abs. 1 PolG i. V. mit § 25 LVwVG) stattfinden, um die **Durchsetzung einer zuvor ergangenen polizeilichen Anordnung.** Die unmittelbare Ausführung einer Maßnahme findet dagegen statt, ohne daß zuvor eine polizeiliche Anordnung ergangen ist. Während die unmittelbare Ausführung erfolgt, weil der Polizeipflichtige **nicht handeln kann,** wird der Polizeizwang angewandt, weil der Polizeipflichtige handeln könnte, aber **nicht handeln will.**

> B e i s p i e l : Anläßlich einer unfriedlich verlaufenden Demonstration werden Reserven des Polizeivollzugsdienstes herangeführt. Ihnen wird in einer engen Straße der Weg durch ein auf der Mitte der Fahrbahn aufgestelltes Fahrzeug eines Demonstranten versperrt. Da dieser der Aufforderung, das Fahrzeug auf die Seite zu fahren, nicht nachkommt, läßt es der Einsatzleiter im Wege der Ersatzvornahme beiseiteschieben. Kann der Fahrzeugführer nicht ausfindig gemacht werden, ist das Beiseiteschieben die unmittelbare Ausführung einer polizeilichen Maßnahme.

3   Die unmittelbare Ausführung einer Maßnahme im Sinne des § 8 Abs. 1 ist in der Regel **ein rein tatsächliches polizeiliches Handeln** und kein Verwaltungsakt, da sie keine verbindliche Regelung eines Einzelfalles (vgl. § 35 Satz 1 LVwVfG) enthält. Rechtsschutz kann der Betroffene durch zivilgerichtliche Klage auf Schadensersatz oder durch verwaltungsgerichtliche Klage auf Feststellung der Rechtswidrigkeit der unmittelbaren Ausführung erlangen.

### Zu Absatz 1

4   Die unmittelbare Ausführung einer polizeilichen Maßnahme ist **nur zulässig,** wenn der polizeiliche Zweck durch die Anordnung und ggf. Vollstreckung von Maßnahmen gegen Personen, die nach § 6 oder § 7 polizeipflichtig sind, nicht oder nicht recht-

## Unmittelbare Ausführung einer Maßnahme § 8

zeitig erreicht werden kann. Dies ist der Fall, wenn polizeipflichtige Personen nicht vorhanden, nicht erreichbar oder zur Gefahrenabwehr nicht in der Lage sind.

> Beispiele: Eine Polizeistreife findet einen gestohlenen Pkw. Da der Halter nicht erreichbar ist, wird das Kraftfahrzeug sichergestellt und durch ein Abschleppunternehmen zur Dienststelle geschleppt.
> Ein in einer Halteverbotszone stehendes Fahrzeug behindert den fließenden Verkehr. Da der Fahrer nicht aufzufinden ist, kann die Polizei das Fahrzeug gemäß § 8 kostenpflichtig abschleppen lassen, wobei sie in der Regel noch ein Bußgeldverfahren gegen den Betroffenen einleiten wird.

Bei der **unmittelbaren Ausführung** kann die Polizei selbst tätig werden oder Hilfskräfte heranziehen. Die in § 5 kodifizierten Grundsätze des Mindesteingriffs und der Verhältnismäßigkeit sind zu beachten. Außerdem hat die Polizei im Interesse der Allgemeinheit, aber auch wegen der Kostenpflicht des Betroffenen durch rasches Handeln das Ausmaß der Störung möglichst gering zu halten. 5

> Beispiel: Ein Epileptiker erleidet auf dem Gehweg einer Innenstadtstraße einen Anfall, wodurch er – wenn auch schuldlos – zum Störer der öffentlichen Ordnung (§ 6 Abs. 1 PolG) wird. Da er zur Beseitigung der Störung selbst nicht imstande ist, müssen die herbeigerufenen Polizeibeamten nach pflichtmäßigem Ermessen und unter Berücksichtigung der Grundsätze des Mindesteingriffs und der Verhältnismäßigkeit entscheiden, ob sie den Kranken im Funkstreifenwagen abtransportieren oder einen Krankentransportwagen herbeirufen wollen.

**Von der Maßnahme betroffen** ist jeder, gegen den sie gerichtet ist oder dessen rechtliche Interessen durch sie beeinträchtigt werden. Der Betroffene ist unverzüglich, d. h. ohne schuldhaftes Zögern (vgl. § 121 Abs. 1 BGB), **zu benachrichtigen;** die Durchführung der erforderlichen Maßnahmen darf hierdurch nicht verzögert werden. 6

### § 8 Unmittelbare Ausführung einer Maßnahme

> Beispiel: Aus einer Wohnung dringt Gasgeruch. Die herbeigerufenen Polizeibeamten dringen in Abwesenheit des Mieters in die Wohnung ein (§ 25 Abs. 1 PolG) und stellen einen offenen Gashahn ab.

**7** Soweit im Weg der unmittelbaren Ausführung eine polizeiliche Gefahr abgewehrt werden kann, dürfen **Unbeteiligte** nicht herangezogen werden, denn die unmittelbare Ausführung ist „eine andere Weise" des polizeilichen Einschreitens im Sinn des § 9 Abs. 1.

### Zu Absatz 2

**8** Nach Absatz 2 ist der nach den §§ 6 oder 7 Verantwortliche **zum Ersatz der Kosten** der unmittelbaren Ausführung **verpflichtet.** Mehrere Ersatzpflichtige haften als Gesamtschuldner. Die Kostenersatzpflicht erstreckt sich auf **alle** durch die unmittelbare Ausführung entstehenden **Mehrkosten,** die der Polizei im üblichen Dienst ohne diese Maßnahme nicht entstanden wären. Ersatz kann also immer nur für solche Kosten verlangt werden, die in **ursächlichem Zusammenhang** mit der unmittelbaren Ausführung stehen, also z. B. nicht für die normalen Dienstbezüge der eingesetzten Beamten (vgl. Randnr. 4 zu § 81).

Die Kostenersatzpflicht entspricht der Billigkeit, weil die Polizei in den Fällen des Abs. 1 an Stelle des Polizeipflichtigen tätig wird, der die Gefahr oder die Störung auf eigene Kosten hätte beseitigen müssen.

> Beispiel: Ein Unwetter entwurzelt auf einem Grundstück Bäume, die auf einen vorbeiführenden öffentlichen Weg fallen. Da der Grundstückseigentümer nicht erreichbar ist, beauftragt die Ortspolizeibehörde einen Dritten, die Bäume zu entfernen. Die Kosten für diese von ihr veranlaßte Maßnahme trägt zunächst die Ortspolizeibehörde; der polizeipflichtige Grundstückseigentümer muß sie ihr nach Abs. 2 ersetzen.

# Unmittelbare Ausführung einer Maßnahme § 8

Zusätzliche Kosten, die durch ein von der Polizei zu vertretendes verspätetes Handeln entstehen, dürfen dem Störer nicht auferlegt werden.

> Beispiel: Nach einem Verkehrsunfall, der sich um 14.00 Uhr ereignet hat, wird der Fahrer eines Personenkraftwagens schwer verletzt in die Klinik eingeliefert. Ein Beamter des Unfallkommandos bittet um 14.30 Uhr die Funkvermittlung seiner Dienststelle, einen Abschleppdienst mit dem Abtransport des Kraftfahrzeugs zu beauftragen. Der Beamte in der Funkvermittlung vernachlässigt den Auftrag und gibt ihn erst um 19.00 Uhr an das Abschleppunternehmen weiter, das jetzt den wesentlich höheren Nachttarif für das Abschleppen berechnet. Der Unterschiedsbetrag zwischen Normal- und Nachttarif darf dem Ersatzpflichtigen nicht auferlegt werden.

Die Kostenersatzpflicht besteht nur, wenn es sich um eine formell und materiell **rechtmäßige** unmittelbare Ausführung einer Maßnahme handelte (VGH Bad.-Württ., VBlBW 1984, 20). Führt die Polizei eine Maßnahme unmittelbar aus, ohne hierzu nach Abs. 1 berechtigt zu sein, weil der Betroffene hätte herangezogen werden können, dann ist dieser nicht ersatzpflichtig (s. dazu VGH Bad.-Württ., ESVGH 23, 34, Leits. 1 und S. 35). Auch auf Grund anderer Rechtsvorschriften (z. B. Geschäftsführung ohne Auftrag, ungerechtfertigte Bereicherung) kann der Betroffene in diesem Fall nicht zum Kostenersatz herangezogen werden, da § 8 Abs. 2 eine **spezielle und abschließende Regelung** darstellt (VGH Bad.-Württ., aaO). Aus diesem Grund ist auch die **Erhebung von Gebühren** nach dem LGebG für die unmittelbare Ausführung einer Maßnahme an Stelle des Kostenersatzes oder neben diesem **nicht zulässig.** 9

**Gibt es keinen Polizeipflichtigen** im Sinne der §§ 6 und 7 oder kann von diesem kein Kostenersatz erlangt werden, so fallen die Kosten dem Polizeikostenträger (vgl. §§ 79 und 80) endgültig zur Last. 10

**11**  Die Kosten können im Verwaltungsvollstreckungsverfahren **beigetrieben** werden, vgl. §§ 13 ff. LVwVG (s. Anhang 3). Dies setzt jedoch den vorherigen Erlaß eines **Kostenbescheides** voraus, der die Grundlage für die Beitreibung bildet. Ein Rechtsmittel gegen den Kostenbescheid hat nach § 80 Abs. 2 Nr. 1 VwGO keine aufschiebende Wirkung.

**12**  Der Kostenersatzanspruch nach Abs. 2 steht dem Träger der Polizeibehörde zu, die die unmittelbare Ausführung veranlaßt hat. Ist eine Polizeidienststelle tätig geworden, so steht der Anspruch dem Land zu. **Zuständig** für die Geltendmachung des Anspruchs ist die Stelle, die die unmittelbare Ausführung vorgenommen hat. Da nach Abs. 2 eine strikte Rechtspflicht zum Kostenersatz besteht, ist – anders als in den Fällen des § 81 Abs. 2 (vgl. Randnr. 6 zu § 81) – **keine Ermessensentscheidung** über die Heranziehung zu treffen.

## § 9
## Maßnahmen gegenüber unbeteiligten Personen

**(1) Gegenüber anderen als den in den §§ 6 und 7 bezeichneten Personen kann die Polizei ihre Maßnahmen nur dann treffen, wenn auf andere Weise eine unmittelbar bevorstehende Störung der öffentlichen Sicherheit oder Ordnung nicht verhindert oder eine bereits eingetretene Störung nicht beseitigt werden kann, insbesondere wenn die eigenen Mittel der Polizei nicht ausreichen, oder wenn durch Maßnahmen nach den §§ 6 bis 8 ein Schaden herbeigeführt würde, der erkennbar außer Verhältnis zu dem beabsichtigten Erfolg steht.**

**(2) Maßnahmen dieser Art dürfen nur aufrechterhalten werden, solange die Voraussetzungen des Absatzes 1 vorliegen.**

### Allgemeines

**1**  § 9 regelt den **polizeilichen Notstand**, d. h. die Befugnis der Polizei, ihre **Maßnahmen ausnahmsweise gegen unbeteiligte**

## Maßnahmen gegenüber Unbeteiligten § 9

**Personen** zu richten, die nicht als Störer nach § 6 oder § 7 polizeipflichtig sind. Die Verhinderung oder Beseitigung von Störungen der öffentlichen Sicherheit oder Ordnung darf nicht daran scheitern, daß Maßnahmen nach den §§ 6 bis 8 nicht ergriffen werden können oder nicht ausreichen. Deshalb müssen die Belange des nicht beteiligten einzelnen zugunsten des Gemeinwohls notfalls zurücktreten.

Von Maßnahmen nach § 9 sind **zu unterscheiden** 2
a) die **Hilfspflichten** nach den §§ 35 bis 38 FwG oder nach § 323 c StGB;
b) die **Hilfs- und Leistungspflichten bei Katastrophen** nach §§ 23 bis 26 LKatSG;
c) die Heranziehung von Einwohnern durch Satzung nach § 10 Abs. 5 GemO zu **Hand- und Spanndiensten** bei der Erfüllung vordringlicher Pflichtaufgaben und für Notfälle;
d) die **Leistungs- und Duldungspflichten** nach dem öffentlichen Notleistungsrecht, z. B. dem Bundesleistungsgesetz und den Sicherstellungsgesetzen.

**Zu Absatz 1**

§ 9 ermächtigt zu Maßnahmen **gegenüber anderen als den in** 3
**den §§ 6 und 7 bezeichneten Personen,** also solchen, die weder wegen ihres Verhaltens (§ 6) noch als Eigentümer oder als Inhaber der tatsächlichen Gewalt über eine Sache (§ 7) für eine Störung verantwortlich sind. Die Maßnahmen nach § 9 können **gegen jeden Unbeteiligten** getroffen werden, dessen Heranziehung Abhilfe verspricht.

> Beispiel: Ein Mann bricht mitten auf einer Verkehrsstraße ohnmächtig zusammen und verletzt sich dabei erheblich. Ein zufällig vorbeikommender Polizeibeamter veranlaßt einen Passanten, sofort von einer Telefonzelle aus einen Krankenwagen zu rufen. Einen weiteren Passanten fordert der Polizeibeamte auf, ihm beim Wegtragen des Ohnmächtigen zu helfen. Schließlich verlangt er noch von dem Inhaber eines anliegenden Ladenge-

## § 9 Maßnahmen gegenüber Unbeteiligten

> schäfts, er möge einen Tisch freimachen, um den ohnmächtigen und verletzten Mann so lange dort zu lagern, bis der Krankenwagen kommt. Verursacher der Störung und damit polizeipflichtig im Sinne des § 6 Abs. 1 ist der Kranke. Die Heranziehung der drei unbeteiligten Personen ist nach § 9 gerechtfertigt.

Die entstehende Verpflichtung ist höchstpersönlich; Erfüllung durch eine Ersatzperson ist nur mit Zustimmung der Polizei zulässig.

4   Welcher von **mehreren** in Betracht kommenden **Unbeteiligten** heranzuziehen ist, hat die Polizei nach pflichtmäßigem Ermessen unter Beachtung des Verhältnismäßigkeitsgrundsatzes (§ 5) zu entscheiden. Sie hat hierbei insbesondere zu prüfen, wie der erstrebte Erfolg am raschesten und sichersten erreicht wird und wie die für die Allgemeinheit und den einzelnen entstehende Beeinträchtigung möglichst gering gehalten werden kann.

> Beispiel: In einem Dorf hat ein Großbrand mehrere Familien obdachlos gemacht. Obwohl mehrere Zweitwohnungen in der Gemeinde leerstehen, weist der Bürgermeister als Ortspolizeibehörde die Obdachlosen bei anderen Familien ein. Diese Maßnahme ist nicht zulässig; sie muß sich vielmehr gegen die Inhaber der leerstehenden Zweitwohnungen richten, weil diese durch die Einweisung der Obdachlosen weniger betroffen werden als die Inhaber der belegten Wohnungen.

5   **Unmittelbar bevorstehend** ist die Störung dann, wenn der Eintritt eines Schadens sofort oder in allernächster Zeit nach allgemeiner Erfahrung als gewiß anzusehen ist, falls nicht eingeschritten wird. Ist eine Verletzung erst im weiteren Verlauf der Dinge zu erwarten, so muß die Polizei versuchen, zunächst mit Maßnahmen nach den §§ 6 bis 8 auszukommen.

> Beispiele: Auf einer Buchmesse werden Flugblätter verteilt, die sich mit ideologischen Argumenten gegen den Ausstellungsstand eines bestimmten Verlages richten. In den Flugblättern

## Maßnahmen gegenüber Unbeteiligten §9

werden für den nächsten Tag Gewaltakte gegen den Stand angekündigt, falls er bis dahin nicht abgebaut worden ist. Die Polizei kann in diesem Fall nicht den Verlag als Nichtstörer zum Abbau seines Standes anhalten, denn sie hat genügend Zeit, um die erforderlichen polizeilichen Maßnahmen zur Verhinderung der für den nächsten Tag angekündigten Störungen zu veranlassen.

Gegen einen in einem Kino neu angelaufenen Film richten sich unerwartete Demonstrationen, die schwere Störungen der öffentlichen Sicherheit befürchten lassen. Die Polizei kann dem zunächst dadurch begegnen, daß sie von dem Kinobesitzer die vorübergehende Absetzung des Films fordert, wenn sie anders die Entwicklung nicht unter Kontrolle bekommen kann. Grundsätzlich ist aber die Polizei verpflichtet, die Filmvorführungen gegen Störungen zu schützen.

Die Heranziehung Unbeteiligter ist nur zulässig, wenn eine Gefahrenabwehr oder Störungsbeseitigung **auf andere Weise nicht möglich** ist. Dies ist insbesondere der Fall, 6

a) wenn **Maßnahmen nach den §§ 6 und 7 nicht möglich oder nicht ausreichend** sind;

> B e i s p i e l : Kinder, die sich auf eine Eisscholle gewagt haben, treiben mit dieser einen Fluß hinunter. Polizeiliche Maßnahmen nach § 6 sind hier weder gegen die Kinder noch deren Sorgepflichtigen möglich. Polizeibeamte können deshalb ein am Ufer liegendes Boot auch gegen den Willen seines Eigentümers losmachen, um damit die Kinder zu retten.

b) wenn die **eigenen Mittel der Polizei, die zunächst einzusetzen sind, nicht ausreichen;**

> B e i s p i e l : Bei einem Eisenbahnunglück hält die Polizei Privatfahrzeuge an und benutzt sie zum Abtransport von Verletzten, da nicht genügend Einsatzfahrzeuge vorhanden oder rechtzeitig verfügbar sind.

c) wenn durch Maßnahmen nach den §§ 6 bis 8 **ein unverhältnismäßig großer Schaden herbeigeführt würde.**

## § 9 Maßnahmen gegenüber Unbeteiligten

> Beispiel: Demonstranten wollen ein Haus stürmen, weil sie sich durch eine aus einem Fenster hängende Fahne provoziert fühlen. Da wegen der Bedrohlichkeit und Wucht des zu erwartenden Massensturms das Haus und seine Bewohner von der Polizei nur durch Anwendung von Waffen geschützt werden könnten, ist es richtig, wenn die Polizei die Fahne entfernen läßt.

7 Für die **Maßnahmen** gegen Unbeteiligte gilt im einzelnen folgendes:

a) Verlangt werden kann ein **Handeln** („Nothilfeleistung"), ein **Unterlassen** oder ein **Dulden.**

> Beispiele: Nach einem Betriebsunfall verlangt die Polizei von einem Dritten den Abtransport eines Schwerverletzten, weil sie selbst durch dringendere Maßnahmen verhindert ist;
>
> während einer Demonstration werden deren Teilnehmer zunehmend aggressiver, weil sie aus einer Gaststätte laufend mit alkoholischen Getränken versorgt werden. Die Polizei untersagt dem Gastwirt die weitere Abgabe alkoholischer Getränke für die Dauer der Demonstration;
>
> während eines Hochwassers wird die zu einer Wohnsiedlung führende öffentliche Straße überschwemmt. Die Polizei hält deshalb den Eigentümer eines noch begehbaren Privatwegs dazu an, dessen allgemeine Benutzung für die Dauer des Hochwassers zu dulden.

b) Die Maßnahme muß auf das zur Gefahrenabwehr ausreichende **Mindestmaß** beschränkt werden (vgl. § 5 Abs. 1). Rechte des Betroffenen sollen möglichst nicht entzogen, sondern nur vorübergehend beschränkt werden. Es muß jedoch auch ein Sachverlust hingenommen werden, wenn dieser zur wirksamen Gefahrenabwehr unvermeidlich ist, so wenn bei einem Verkehrsunfall einem vorbeikommenden Kraftfahrzeug Decken oder Verbandsmaterial entnommen und zur Ersten Hilfe verwendet werden. Von dem Unbeteiligten darf kein Verhalten verlangt werden, das ihn einer erheblichen Gefahr aussetzen oder zu einer Verletzung wichtiger anderer Pflichten zwingen oder das seinerseits zu einer Störung der

## Maßnahmen gegenüber Unbeteiligten §9

öffentlichen Sicherheit oder Ordnung führen würde (z. B. wenn die Heranziehung eines Kraftfahrers zur Verfolgung eines Rechtsbrechers mit einer Gefährdung von Leib und Leben des Kraftfahrers verbunden wäre). Es ist im Einzelfall im Wege der **Güter- und Pflichtenabwägung** zu bestimmen, ob die in Betracht kommende Maßnahme für den Unbeteiligten **zumutbar** ist.

### Zu Absatz 2

Die Maßnahmen nach Abs. 1 sind **vorläufig und subsidiär**. 8
Sie müssen in der Regel von vornherein befristet werden, sofern es sich um Maßnahmen mit Dauerwirkung handelt. Fortdauernde Maßnahmen müssen aufgehoben werden, sobald eine der Voraussetzungen des Absatzes 1 entfällt.

> B e i s p i e l : Weist die Ortspolizeibehörde Obdachlose in Räume Dritter ein, so hat sie vom Tage der Einweisung an sinnvolle und zweckentsprechende Maßnahmen einzuleiten, die Gewähr dafür bieten, daß die Obdachlosen alsbald, längstens aber in sechs Monaten anderweitig untergebracht werden können (vgl. § 27 Abs. 3 Satz 3). Wird eine gemeindliche Obdachlosenunterkunft frei, dann dürfen die Räume Privater nicht länger in Anspruch genommen werden, da dann eigene Mittel der Polizei zur Verfügung stehen.

Die **Entschädigung des Betroffenen** richtet sich nach § 41. Der 9
Unbeteiligte, der von der Polizei in Anspruch genommen wird, hat gegen sie auch einen **Anspruch auf Beseitigung der Folgen**, die durch eine Entschädigung nach § 41 nicht abgegolten sind. So kann der Wohnungseigentümer nach Ablauf der Einweisungsfrist aus dem Gesichtspunkt der Folgenbeseitigung die Entfernung des Eingewiesenen aus der Wohnung verlangen und ggf. im Verwaltungsrechtsweg durchsetzen.

## § 10 Ermächtigung zum Erlaß von Polizeiverordnungen

### 2. Unterabschnitt

**Polizeiverordnungen**

**Literatur: Belz,** Zur Ablösung des Polizeistrafrechts in Baden-Württemberg, BWVPr. 1975, 101, 126; **ders.,** Wichtige Änderungen im Polizeirecht von Baden-Württemberg, DÖV 1974, 766; **Leiber,** Das Polizeiverordnungsrecht der Gemeinden in Baden-Württemberg, DÖV 1956, 107; **Schlez,** Polizeigesetznovelle – Abkehr von rechtsstaatlichen Sicherungen im Polizeiverordnungsrecht?, BWVPr. 1974, 122; **Titzck,** Zur Frage der Verfassungsmäßigkeit der polizeilichen Generalermächtigung zum Erlaß von Polizeiverordnungen, DÖV 1955, 453; **Wacke,** Verfassung und Polizeiverordnung, DÖV 1955, 456.

### § 10
### Ermächtigung zum Erlaß von Polizeiverordnungen

**(1) Die allgemeinen Polizeibehörden können zur Wahrnehmung ihrer Aufgaben nach diesem Gesetz polizeiliche Gebote oder Verbote erlassen, die für eine unbestimmte Anzahl von Fällen an eine unbestimmte Anzahl von Personen gerichtet sind (Polizeiverordnungen).**

**(2) Die Vorschriften dieses Gesetzes über Polizeiverordnungen sind auch anzuwenden, wenn ein anderes Gesetz ausdrücklich zum Erlaß von Polizeiverordnungen ermächtigt.**

### Allgemeines

1   Polizeiverordnungen sind eine **besondere Art von Rechtsverordnungen.** Für sie gelten die allgemeinen Vorschriften über den Erlaß von Rechtsverordnungen, soweit das PolG keine speziellen Vorschriften enthält. § 10 gibt den allgemeinen Polizeibehörden eine **allgemeine Ermächtigung zum Erlaß von Polizeiverordnungen.** Diese Regelung ist erst im Rahmen der

## Ermächtigung zum Erlaß von Polizeiverordnungen § 10

Ablösung des Polizeistrafrechts in das Polizeigesetz übernommen worden (vgl. Randnr. 1 zu § 1). Zuvor bedurfte es einer besonderen gesetzlichen Ermächtigung, um eine Polizeiverordnung erlassen zu können. Es genügte allerdings auch, wenn ein anderes Gesetz (z. B. eine Vorschrift der früheren Polizeistrafgesetze) eine Polizeiverordnung voraussetzte oder auf eine solche Bezug nahm.

Die jetzt erteilte allgemeine Ermächtigung gibt den allgemeinen Polizeibehörden die Möglichkeit, für einen polizeilichen Zweck Gebote oder Verbote auch dann zu erlassen, **wenn eine spezialgesetzliche Verordnungsermächtigung fehlt.** Inhalt, Zweck und Ausmaß dieser Ermächtigung werden durch die in den §§ 1 bis 9 festgelegten allgemeinen Grundsätze für das polizeiliche Handeln bestimmt und begrenzt, die auch für den Erlaß von Polizeiverordnungen gelten.

Das Bundesverfassungsgericht hat die in der Literatur (vgl. Titzck, aaO; gegen ihn Wacke, aaO) gelegentlich angezweifelte **Verfassungsmäßigkeit der Generalermächtigung** zum Erlaß von Polizeiverordnungen bestätigt (vgl. BVerfGE 54, 143 zur Zulässigkeit eines ortsrechtlichen Taubenfütterungsverbots). Das Bundesverfassungsgericht geht davon aus, daß „Inhalt und Bedeutung des Begriffs der ‚öffentlichen Sicherheit und Ordnung' durch die Rechtsprechung geklärt und im juristischen Sprachgebrauch verfestigt" sind (vgl. BVerfGE 14, 245, 253).

**Beispiele für Polizeiverordnungen auf Grund von § 10 Abs. 1:** 2

a) PolVO des Innenministeriums über die Erlaubnispflicht für **Veranstaltungen mit Kraftfahrzeugen** außerhalb öffentlicher Straßen vom 2. 12. 1976 (GBl. S. 630).
b) PolVO des Ministeriums für Arbeit, Gesundheit und Sozialordnung über die Ausübung des Friseurhandwerks (**Friseurverordnung**) vom 19. 3. 1976 (GBl. S. 361).

**§ 10**   Ermächtigung zum Erlaß von Polizeiverordnungen

c) PolVO des Ministeriums für Arbeit, Gesundheit und Sozialordnung über den Handel mit Giften **(Giftverordnung)** vom 25. 7. 1980 (GBl. S. 445).
d) PolVOen der Ortspolizeibehörden, z. B. gegen umweltschädliches Verhalten, über das Anbringen von Hausnummern, über den Schutz öffentlicher Anlagen, gegen das Füttern von Tauben.

**Zu Absatz 1**

3   Nur den **allgemeinen Polizeibehörden** (vgl. § 47 Abs. 1, § 48) wird die allgemeine Ermächtigung zum Erlaß von Polizeiverordnungen erteilt. Die besonderen Polizeibehörden (vgl. § 47 Abs. 2) können Polizeiverordnungen oder andere Rechtsverordnungen nur erlassen, wenn ihnen das ihre Aufgaben und Befugnisse regelnde Spezialgesetz hierzu eine besondere Ermächtigung gibt.

4   Die Polizeibehörden dürfen eine Polizeiverordnung **nur zur Wahrnehmung ihrer Aufgaben nach dem Polizeigesetz** erlassen. Soweit die Wahrnehmung bestimmter polizeilicher Aufgaben in Spezialgesetzen abschließend geregelt ist, können Polizeiverordnungen auf Grund von § 10 Abs. 1 nicht erlassen werden, da es sich dann nicht um die Wahrnehmung von Aufgaben „nach diesem Gesetz" handelt. Das jeweilige Spezialgesetz kann jedoch Raum für eine ergänzende Anwendung des allgemeinen Polizeirechts lassen. Ob dies der Fall ist oder ob eine abschließende Regelung vorliegt, ist im Wege der Auslegung des betreffenden Spezialgesetzes zu ermitteln, sofern dieses keine ausdrückliche Regelung (wie z. B. § 14 LOWiG) trifft. Soweit das Spezialgesetz eine Verordnungsermächtigung enthält, tritt § 10 Abs. 1 in jedem Falle als **subsidiäre Ermächtigung** zurück. So können z. B. Vorschriften über die Abwehr von Gesundheitsgefahren beim Verkehr mit Lebensmitteln nur auf die Ermächtigungen des LMBG, nicht aber auf § 10 Abs. 1 gestützt werden.

**Spezialermächtigungen** zum Erlaß von Polizeiverordnungen

## Ermächtigung zum Erlaß von Polizeiverordnungen § 10

enthält das Landesrecht in § 15 Abs. 2 des Bestattungsgesetzes, § 32 und § 43 Abs. 2 StrG, § 70 LWaldG und § 19 a des Gesetzes über die Anerkennung von Kurorten und Erholungsorten.

Eine Polizeiverordnung darf nur **polizeiliche** Gebote oder Verbote enthalten und muß inhaltlich der **Erfüllung polizeilicher Aufgaben** dienen. Polizeiverordnungen sind nicht zulässig auf Sachgebieten, für deren Regelung eine andere Rechtsform vorgeschrieben ist. 5

> Beispiel: Ein Bürgermeister ordnet durch PolVO den Anschluß- und Benutzungszwang für die gemeindlichen Entwässerungsanlagen zur Abwehr von Gesundheitsgefahren an. Eine solche Polizeiverordnung ist unwirksam, weil der Anschluß- und Benutzungszwang für die Wasserversorgung, die Abwasserbeseitigung und ähnliche der Volksgesundheit dienende gemeindliche Einrichtungen nach § 11 GemO nur durch Satzung angeordnet werden kann.

Während für polizeiliche Einzelanordnungen eine konkrete Gefahr drohen muß (vgl. Randnr. 10 zu § 1), genügt für den Erlaß einer Polizeiverordnung das Vorliegen einer **abstrakten Gefahr.** Aus den durch die Polizeiverordnung betroffenen Arten von Handlungen oder Zuständen müssen nach den Erfahrungen des täglichen Lebens mit überwiegender Wahrscheinlichkeit gewöhnlich Gefahren für die öffentliche Sicherheit oder Ordnung entstehen. Aus der Rechtsprechung vgl. zum Erfordernis einer abstrakten Gefahr für den Erlaß einer Polizeiverordnung VGH Bad.-Württ., ESVGH 18, 19 und 33, 268. 6

> Beispiele: Eine Polizeiverordnung gebietet, Hunde von Kinderspielplätzen und Liegewiesen fernzuhalten, und verbietet, sie in Grünanlagen frei laufen zu lassen (vgl. ESVGH 18, 19).
> 
> Eine Ortspolizeibehörde verbietet durch eine Polizeiverordnung unterschiedslos das Wohnen in Wohnwagen innerhalb geschlossener Wohngebiete, um gesundheitliche Gefahren von vornherein auszuschließen. Diese Polizeiverordnung ist unzulässig, weil das Aufstellen von Wohnwagen nicht schlechthin eine Gefährdung der öffentlichen Gesundheit erwarten läßt.

**§ 10**   Ermächtigung zum Erlaß von Polizeiverordnungen

**7**   Eine Polizeiverordnung kann **Gebote oder Verbote** enthalten. Ein **Gebot** fordert eine Handlung, ein **Verbot** eine Unterlassung.

> Beispiele: Eine Polizeiverordnung gebietet, verendete Kleintiere spätestens 24 Stunden nach ihrem Verenden bei einer Tierkörpersammelstelle zur unschädlichen Beseitigung abzuliefern.
>
> Eine Polizeiverordnung verbietet von 21.00 bis 7.00 Uhr alle Betätigungen, die geeignet sind, die Nachtruhe zu stören.

Ein polizeiliches Gebot ist auch die Pflicht, **bestimmte Handlungen oder Veranstaltungen** der Polizeibehörde **anzuzeigen.** Ein polizeiliches Verbot kann auch in einem **Erlaubnisvorbehalt** enthalten sein.

> Beispiele: Eine Ortspolizeibehörde ordnet durch Polizeiverordnung an, sie von Aufgrabungen auf Privatgrundstücken, in denen Stromkabel liegen, zu benachrichtigen.
>
> Das Innenministerium ordnet als oberste Landespolizeibehörde durch Polizeiverordnung an, daß Veranstaltungen mit Kraftfahrzeugen außerhalb öffentlicher Straßen (auf öffentlichen Straßen gilt die StVO) der Erlaubnis bedürfen (vgl. die in Randnr. 2 Buchstabe a genannte Polizeiverordnung). Solange die Erlaubnis nicht erteilt ist, ist die Veranstaltung verboten.

**8**   Eine Polizeiverordnung muß mit **genügender Bestimmtheit** erkennen lassen, was geboten oder verboten sein soll, damit die Betroffenen ihr Verhalten entsprechend einrichten können (vgl. VGH Bad.-Württ., ESVGH 33, 268). Eine PolVO kann auch allgemein gehaltene Begriffe verwenden, wenn deren Inhalt im Wege der Auslegung bestimmt werden kann.

**9**   Die Polizeiverordnung wendet sich für eine **unbestimmte Anzahl von Fällen** an eine **unbestimmte Anzahl von Personen.** Im Gegensatz hierzu richtet sich die polizeiliche Einzelanordnung in einem konkreten Einzelfall an eine bestimmte Person oder als Allgemeinverfügung an einen nach allgemeinen Merkmalen bestimmten oder bestimmbaren Personenkreis (vgl. § 35 Satz 2 LVwVfG). S. auch Randnr. 1 vor § 20.

**Adressaten** einer Polizeiverordnung können grundsätzlich nur die nach § 6 oder § 7 polizeipflichtigen Personen, also die möglichen Verursacher (§ 6) oder die Eigentümer von Sachen oder die Inhaber der tatsächlichen Gewalt (§ 7) sein. Die **Inanspruchnahme Unbeteiligter** in abstrakten Gefahrenfällen kann eine Polizeiverordnung nur unter den Voraussetzungen des § 9 Abs. 1 vorsehen, die hier allerdings nur selten zu bejahen sein werden. Spezialgesetzliche Ermächtigungen können eine Inanspruchnahme Unbeteiligter unter erleichterten Voraussetzungen zulassen. 10

> B e i s p i e l : Eine Polizeiverordnung verpflichtet die Straßenanlieger innerhalb der geschlossenen Ortslage zum Reinigen, Räumen und Streuen der Gehwege. Gesetzliche Grundlage für diese Heranziehung von Personen, die für mögliche Störungen und Gefahren nach allgemeinen polizeirechtlichen Grundsätzen nicht verantwortlich sind, ist § 43 Abs. 2 StrG.

Als selbständiger **Rechtsbehelf** gegen eine Polizeiverordnung ist gemäß § 47 VwGO in Verbindung mit § 5 AGVwGO das **Normenkontrollverfahren** zulässig. Die gerichtliche Überprüfung einer Polizeiverordnung ist auch dann möglich, wenn sich die Notwendigkeit hierzu im Laufe eines verwaltungsgerichtlichen, straf- oder zivilgerichtlichen Verfahrens ergibt (Inzidentprüfung). 11

### Zu Absatz 2

Die Vorschriften des PolG über Polizeiverordnungen gelten in erster Linie für die auf Grund der allgemeinen Ermächtigung des § 10 Abs. 1 erlassenen Polizeiverordnungen. Abs. 2 **erstreckt den Geltungsbereich** dieser Vorschriften über Polizeiverordnungen nach Abs. 1 hinaus. Ermächtigt ein Spezialge- 12

## § 11 Polizeiverordnungen, Inhalt

setz ausdrücklich zum Erlaß einer in der Ermächtigungsnorm als solchen bezeichneten **Polizeiverordnung** (so z. B. § 32 und § 43 Abs. 2 StrG, § 15 Abs. 2 Bestattungsgesetz und § 70 LWaldG), dann sind für diese die Vorschriften des PolG über Polizeiverordnungen anzuwenden, sofern das Spezialgesetz nicht ausdrücklich etwas anderes bestimmt. Enthält die Spezialbestimmung lediglich eine Ermächtigung zum Erlaß einer **Rechtsverordnung materiell-polizeilichen Charakters,** ohne sie als „Polizeiverordnung" zu bezeichnen, dann unterliegt eine derartige Rechtsverordnung nicht den Vorschriften des Polizeigesetzes über Polizeiverordnungen. So gelten z. B. für Rechtsverordnungen nach § 28 Abs. 2, § 30 Abs. 2 und § 75 WG nicht die Vorschriften des PolG über Polizeiverordnungen, auch soweit die Rechtsverordnungen der Gefahrenabwehr im polizeirechtlichen Sinne dienen.

### § 11
### Inhalt

**Polizeiverordnungen dürfen nicht mit Gesetzen oder Rechtsverordnungen übergeordneter Behörden in Widerspruch stehen.**

1 Die Vorschrift bringt den **Vorrang des Gesetzes** und sonstiger höherrangiger Rechtsvorschriften zum Ausdruck. Die Verfassung und die förmlichen Gesetze sind gegenüber den Rechtsverordnungen **Rechtsnormen höheren Ranges,** während Satzungen den Rechtsverordnungen im Range nachgehen. Eine Polizeiverordnung darf insbesondere **keine Grundrechte verletzen** oder sonst in Widerspruch zum Grundgesetz oder zur Landesverfassung stehen.

> Beispiele: Die Polizeiverordnung einer Ortspolizeibehörde untersagt Zigeunern das Aufstellen ihrer Wohnwagen innerhalb der Gemeinde. Die Vorschrift steht im Widerspruch mit Art. 3 Abs. 3 und Art. 11 Abs. 1 GG, weil sie die Zigeuner als abstammungsmäßig bestimmten Personenkreis benachteiligt. Unbe-

## Polizeiverordnungen, Inhalt § 11

denklich ist es dagegen, wenn alle Personen, die ohne festen Wohnsitz umherziehen, gewissen Ordnungsvorschriften unterstellt werden.

Eine Ortspolizeibehörde verbietet innerhalb ihres Bereichs durch eine Polizeiverordnung allgemein die Stellschilderwerbung von politischen Parteien während eines Wahlkampfes. Dieses Verbot steht im Widerspruch zu Art. 5 Abs. 1 GG, wonach jeder grundsätzlich seine Meinung in Wort, Schrift und Bild frei äußern darf. Im Interesse der Verkehrssicherheit erlassene Teilverbote einer derartigen Werbung sind jedoch unbedenklich.

Ein Widerspruch mit einem einfachen Gesetz liegt auch dann vor, wenn dieses ein Sachgebiet **abschließend regelt** (vgl. Randnr. 7 zu § 3 und Randnr. 4 zu § 10) und deshalb keinen Raum für ergänzende Regelungen durch Polizeiverordnung läßt. So ist z. B. der Straßenverkehr im StVG und den darauf beruhenden Rechtsverordnungen (StVO, StVZO u. a.) abschließend geregelt. Deshalb kann eine Polizeiverordnung keine Regelungen über den Straßenverkehr treffen. 2

Ein Widerspruch liegt auch vor, wenn ein in einem Gesetz oder einer Rechtsverordnung einer übergeordneten Behörde bereits geregelter Sachverhalt nochmals – wenn auch übereinstimmend – geregelt wird. Dagegen ist ein bloßer Hinweis auf anderweitige Regelungen zulässig und oft zum Verständnis einer Polizeiverordnung auch zweckmäßig.

Polizeiverordnungen dürfen auch nicht mit **Rechtsverordnungen übergeordneter Behörden** in Widerspruch stehen. Dies gilt sowohl für Polizeiverordnungen als auch für sonstige Rechtsverordnungen. So hat z. B. die Polizeiverordnung einer Kreispolizeibehörde den Vorrang vor derjenigen einer Ortspolizeibehörde. Bei Polizeiverordnungen **gleichgeordneter Behörden** ist eine Kollision kaum denkbar, da diese jeweils nur für ihren eigenen räumlichen und sachlichen Zuständigkeitsbereich zum Erlaß von Polizeiverordnungen befugt sind. 3

**§ 12**     Polizeiverordnungen, Formerfordernisse

4   **Verstößt** eine Polizeiverordnung **gegen § 11,** so ist sie nichtig; die zur Prüfung zuständige Fachaufsichtsbehörde hat sie daher nicht aufzuheben, sondern ihre Nichtigkeit festzustellen (vgl. § 16 Abs. 2 Halbs. 2).

## § 12
### Formerfordernisse

(1) Polizeiverordnungen müssen
1. **die Rechtsgrundlage angeben, die zu ihrem Erlaß ermächtigt,**
2. **die erlassende Behörde bezeichnen,**
3. **darauf hinweisen, daß die nach § 15 erforderliche Zustimmung erteilt worden ist.**

(2) Polizeiverordnungen sollen
1. **eine ihren Inhalt kennzeichnende Überschrift tragen,**
2. **in der Überschrift als Polizeiverordnung bezeichnet sein,**
3. **den Tag bestimmen, an dem sie in Kraft treten.**

(3) Fehlt eine Bestimmung über das Inkrafttreten, so tritt die Polizeiverordnung mit dem vierzehnten Tag nach Ablauf des Tages in Kraft, an dem sie amtlich bekanntgemacht worden ist.

**Allgemeines**

1   Die Vorschrift enthält in Abs. 1 **zwingende** Formerfordernisse, deren Verletzung zur Nichtigkeit der Polizeiverordnung führt, in Abs. 2 **Soll-**Erfordernisse, deren Verletzung die Gültigkeit der Polizeiverordnung unberührt läßt.
Die Polizeibehörden sind jedoch **zur Einhaltung aller Formvorschriften** des § 12 **verpflichtet,** auch der bloßen Soll-Erfordernisse nach Abs. 2.

Polizeiverordnungen, Formerfordernisse § 12

**Zu Absatz 1**

Polizeiverordnungen müssen wie auch alle anderen Rechtsverordnungen (vgl. Art. 61 Abs. 1 Satz 3 LV) die **Rechtsgrundlage angeben,** die zu ihrem Erlaß ermächtigt. Handelt es sich um eine spezielle gesetzliche Ermächtigung, so ist diese anzugeben. Fehlt es an einer spezialgesetzlichen Ermächtigung, muß die Polizeiverordnung als Rechtsgrundlage § 10 Abs. 1 PolG angeben. Es empfiehlt sich, die Worte „in Verbindung mit § 1 Abs. 1" hinzuzufügen. Fehlt die Angabe der einschlägigen Ermächtigungsnorm, so ist die Polizeiverordnung nichtig. Dagegen ist es unschädlich, wenn neben einer einschlägigen Ermächtigungsnorm weitere, nicht in Betracht kommende Vorschriften angegeben werden (vgl. dazu VGH Bad.-Württ., ESVGH 22, 25, Leits. 3 und S. 27 und BWVBl. 1968, 184).

2

Die **erlassende Behörde,** d. h. die allgemeine Polizeibehörde (vgl. §§ 47 und 48) muß bezeichnet sein. Ob dies in der Überschrift, in der Eingangsformel oder in der Unterschrift geschieht, ist rechtlich unerheblich. Die Bezeichnung der erlassenden Polizeibehörde in der Überschrift ist jedoch zweckmäßig und üblich. Der örtliche Geltungsbereich ist nur zu bezeichnen, wenn die Polizeiverordnung nicht für den ganzen Dienstbezirk der erlassenden Polizeibehörde (vgl. § 13) gelten soll.

3

Die **Zustimmung** des Kreistags, des Gemeinderats oder der Verbandsversammlung ist erforderlich, wenn die Polizeiverordnung länger als einen Monat gelten soll (vgl. § 15). Es muß auf die Tatsache der Erteilung der Zustimmung und auf das Organ hingewiesen werden, das die Zustimmung erteilt hat. Nicht erforderlich, aber zweckmäßig ist die Angabe des Tages, an dem die Zustimmung erteilt worden ist.

4

**Zu Absatz 2**

Der Inhalt der Polizeiverordnung soll durch eine **Überschrift** gekennzeichnet sein, damit die Adressaten wissen, welchen Gegenstand die Vorschrift regelt. Eine Überschrift wie „Ortspo-

5

**§ 13**                      Polizeiverordnungen, Zuständigkeit

lizeiliche Vorschrift für die Gemeinde X" reicht nicht aus. Statt dessen kann es etwa heißen: „Polizeiverordnung der Ortspolizeibehörde X über das Begehen und Befahren des Eises auf dem Waldsee".

6    Das Wort **„Polizeiverordnung"** soll in der Überschrift vorkommen. Andere Bezeichnungen, wie „Gemeindeverordnung" oder „Kreispolizeiliche Vorschrift" dürfen nicht verwendet werden.

7    Die Polizeiverordnung soll den Tag bestimmen, an dem sie **in Kraft tritt.** Fehlt eine solche Bestimmung, so bestimmt sich das Inkrafttreten nach Abs. 3.

**Zu Absatz 3**

8    Abs. 3 wiederholt die Regelung, die in Art. 63 Abs. 4 Satz 2 LV für Gesetze und Rechtsverordnungen aller Art (also auch für Polizeiverordnungen) getroffen ist.

## § 13
## Zuständigkeit

**Polizeiverordnungen werden von den Ministerien innerhalb ihres Geschäftsbereichs oder den übrigen allgemeinen Polizeibehörden für ihren Dienstbezirk oder Teile ihres Dienstbezirks erlassen.**

1    Nach § 13 besteht eine **konkurrierende Zuständigkeit** aller allgemeinen Polizeibehörden für den Erlaß von Polizeiverordnungen. Der in § 52 Abs. 2 festgelegte Grundsatz der ortspolizeilichen Zuständigkeit gilt nicht für den Erlaß von Polizeiverordnungen. Soweit eine besondere gesetzliche Zuständigkeitsregelung nicht besteht, kann je nach dem Bedürfnis **jede** allgemeine Polizeibehörde eine Polizeiverordnung erlassen.

2    **Die Ministerien** sind innerhalb ihres Geschäftsbereichs nach § 48 Abs. 1 oberste Landespolizeibehörden. Die Geschäftsberei-

# Eintritt der zur Fachaufsicht zuständigen Behörde § 14

che bestimmen sich nach der Bekanntmachung der Landesregierung über die Abgrenzung der Geschäftsbereiche der Ministerien (s. Randnr. 2 zu § 48).

Die übrigen allgemeinen Polizeibehörden sind **die Regierungspräsidien, die unteren Verwaltungsbehörden und die Bürgermeister** (vgl. § 47 Abs. 1 und § 48 Abs. 2 bis 4).

Die allgemeinen Polizeibehörden können Polizeiverordnungen erlassen 3
a) **für ihren ganzen Dienstbezirk,** also z. B.ein Ministerium für das Landesgebiet, ein Regierungspräsidium für den Regierungsbezirk, ein Landratsamt für den Landkreis, ein Bürgermeister für das Gemeindegebiet, oder
b) **für Teile ihres Dienstbezirks,** also ein Landratsamt für eine oder mehrere Gemeinden, eine Verwaltungsgemeinschaft für einige ihrer Mitgliedsgemeinden, eine Gemeinde für einen Teil des Gemeindegebiets. In diesen Fällen ist der örtliche Geltungsbereich der Polizeiverordnung genau zu bezeichnen.

Mehrere benachbarte Polizeibehörden derselben Verwaltungsebene können auch eine **gemeinsame Polizeiverordnung** erlassen, wenn sich die zu bekämpfende (abstrakte) Gefahr auf mehrere Dienstbezirke erstreckt. Die gemeinsame Polizeiverordnung muß bei allen beteiligten Polizeibehörden die Form- und Verfahrenserfordernisse erfüllen. Wird eine Regelung nach § 55 getroffen (vgl. Randnr. 1 zu § 55), so kann eine Polizeibehörde eine **einheitliche Polizeiverordnung** erlassen, deren Geltungsbereich sich über ihren eigenen Dienstbezirk hinaus erstreckt. 4

## § 14
### Eintritt der zur Fachaufsicht zuständigen Behörde

**Weigert sich eine Polizeibehörde, eine nach Ansicht einer zur Fachaufsicht zuständigen Behörde erforderliche Polizei-**

**§ 14**     Eintritt der zur Fachaufsicht zuständigen Behörde

> verordnung zu erlassen, oder wird die in § 15 vorgeschriebene Zustimmung des Kreistags, des Gemeinderats oder der Verbandsversammlung nicht erteilt, so ist die Polizeiverordnung von der nächsthöheren zur Fachaufsicht zuständigen Behörde (§ 50) zu erlassen.

1    Die Vorschrift ist eine Auswirkung des Grundsatzes, daß die polizeilichen Aufgaben **Weisungsaufgaben mit unbeschränktem Weisungsrecht sind.** Daher muß die nächsthöhere zur Fachaufsicht zuständige Behörde in der Lage sein, in eigener Zuständigkeit das Erforderliche zu veranlassen, wenn die nachgeordnete Polizeibehörde nicht bereit oder – wegen Verweigerung der Zustimmung – nicht in der Lage ist, die Polizeiverordnung zu erlassen.

2    Der **Eintritt** der zur Fachaufsicht zuständigen Behörde kommt nur in Betracht,

    a) wenn sich die zunächst zuständige Polizeibehörde **weigert,** eine Polizeiverordnung zu erlassen oder aufzuheben, d. h. wenn sie trotz Weisung der Fachaufsichtsbehörde untätig bleibt. Daß der zunächst zuständigen Polizeibehörde eine Frist gesetzt wird, ist nicht vorgeschrieben, aber zweckmäßig;
    b) wenn die in § 15 vorgeschriebene **Zustimmung nicht erteilt wird.**

3    Die nächsthöhere zur Fachaufsicht zuständige Behörde erläßt **die Polizeiverordnung,** und zwar eine Polizeiverordnung der Art, wie sie die **zunächst zuständige Behörde** hätte erlassen müssen. Das Landratsamt erläßt somit nach § 14 **Orts**polizeiverordnungen, nicht Kreispolizeiverordnungen. Eine **Zustimmung** des Kreistags, des Gemeinderats oder der Verbandsversammlung nach § 15 **ist nicht erforderlich,** weil es sich nicht um die Polizeiverordnung einer Kreis- oder Ortspolizeibehörde, sondern um eine von der Fachaufsichtsbehörde als solcher erlas-

Polizeiverordnungen, Zustimmungsvorbehalte § 15

sene Polizeiverordnung handelt; aus demselben Grund findet § 16 keine Anwendung.

Gegen den Erlaß einer Polizeiverordnung auf Grund des § 14 steht der an sich zuständigen Behörde (bzw. ihrem Träger) **kein Rechtsbehelf** zu, da sie sich insoweit nicht auf eigene Rechte berufen kann. § 125 GemO findet keine Anwendung, da der Erlaß einer Polizeiverordnung keine Verfügung auf dem Gebiet der Rechtsaufsicht, sondern eine Maßnahme der Fachaufsicht darstellt. Die Behörde kann jedoch einen Normenkontrollantrag nach § 47 VwGO stellen, wenn sie die Polizeiverordnung für ungültig hält. 4

## § 15
## Zustimmungsvorbehalte

**(1) Polizeiverordnungen der Kreispolizeibehörden, die länger als einen Monat gelten sollen, bedürfen der Zustimmung des Kreistags, in den Stadtkreisen und Großen Kreisstädten des Gemeinderats, in Verwaltungsgemeinschaften nach § 14 des Landesverwaltungsgesetzes der Verbandsversammlung oder des gemeinsamen Ausschusses.**

**(2) Polizeiverordnungen der Ortspolizeibehörden, die länger als einen Monat gelten sollen, bedürfen der Zustimmung des Gemeinderats.**

### Zu Absatz 1

**Kreispolizeibehörden** sind die unteren Verwaltungsbehörden (vgl. § 48 Abs. 3). 1

Der Zustimmung des Kreistags, der Verbandsversammlung oder des Gemeinderats bedürfen nur **Polizeiverordnungen, die länger als einen Monat gelten sollen.** Die Vorschrift darf nicht dadurch umgangen werden, daß eine Polizeibehörde nacheinander die gleiche Polizeiverordnung mehrmals mit kürzerer Geltungsdauer erläßt. In diesem Fall würde ein Verstoß gegen § 15 i. V. mit § 11 vorliegen, so daß nach § 16 Abs. 2 die Nichtig- 2

## § 16 Polizeiverordnungen, Prüfung durch Fachaufsichtsbehörde

keit der Polizeiverordnung festzustellen wäre. In **Eilfällen** kann jedoch eine Polizeiverordnung zunächst ohne Zustimmung für einen Monat erlassen und dann mit Zustimmung verlängert werden.

3   Die **Zustimmung** zu einer Polizeiverordnung kann grundsätzlich **nur einheitlich** erteilt oder versagt werden. Stimmt der Kreistag, der Gemeinderat oder die Verbandsversammlung auch nur einer einzelnen Vorschrift nicht zu, so fehlt es für die ganze Polizeiverordnung an der erforderlichen Zustimmung. Die Zustimmung kann jedoch mit der Maßgabe erteilt werden, daß bestimmte Vorschriften gestrichen oder geändert werden. Dann kann die erlassende Behörde diesem Verlangen Rechnung tragen und die Polizeiverordnung in der von dem zustimmenden Organ geforderten Fassung erlassen oder auf den Erlaß verzichten.

**Zu Absatz 2**

4   **Ortspolizeibehörden** sind die Bürgermeister (vgl. § 48 Abs. 4). Erforderlich ist die **Zustimmung des Gemeinderats.** Die Beschlußfassung über die Zustimmung zu einer Polizeiverordnung kann nicht auf einen beschließenden Ausschuß übertragen werden (§ 39 Abs. 2 Nr. 3 GemO).

### § 16
#### Prüfung durch die zur Fachaufsicht zuständige Behörde

**(1) Polizeiverordnungen der Kreispolizeibehörden und der Ortspolizeibehörden sind der nächsthöheren zur Fachaufsicht zuständigen Behörde unverzüglich vorzulegen.**

**(2) Verstößt eine Polizeiverordnung gegen Anordnungen übergeordneter Behörden, beeinträchtigt sie das Wohl des Gemeinwesens oder verletzt sie die Rechte einzelner, so ist sie aufzuheben; verstößt sie gegen § 11, so ist ihre Nichtigkeit festzustellen.**

Polizeiverordnungen, Prüfung durch Fachaufsichtsbehörde § 16

**Allgemeines**

Während die Polizeiverordnungen der **Orts-und Kreispolizeibehörden** unverzüglich zur Prüfung vorgelegt werden müssen, unterliegen die Polizeiverordnungen der **Landespolizeibehörden** (das sind die Regierungspräsidien, vgl. § 48 Abs. 2) dieser Verpflichtung nicht.

**Zu Absatz 1**

Die Polizeiverordnung ist unverzüglich **nach ihrem Erlaß**, nicht erst nach ihrem Inkrafttreten der Fachaufsichtsbehörde vorzulegen. Um nachträgliche Beanstandungen zu vermeiden, ist jedoch meist eine vorherige informatorische Fühlungnahme mit der Fachaufsichtsbehörde zweckmäßig.

**Nächsthöhere zur Fachaufsicht zuständige Behörde** ist für die Ortspolizeibehörden in den Stadtkreisen und in den Großen Kreisstädten das Regierungspräsidium, im übrigen das Landratsamt, für die Kreispolizeibehörden das Regierungspräsidium (§ 50 Nr. 2 und 3).

Die Vorlage ist **keine Voraussetzung für die Rechtswirksamkeit** der PolVO. Diese tritt unabhängig davon in Kraft, ob die Vorlage bereits erfolgt ist, und tritt nicht außer Kraft, wenn die Vorlage unterbleibt.

**Zu Absatz 2**

Die Vorschrift verpflichtet die nächsthöhere zur Fachaufsicht zuständige Behörde zur **umfassenden Überprüfung** der ihr vorgelegten Polizeiverordnung in formeller und materieller Hinsicht. Beanstandungen nach § 16 sind nur unter den in Abs. 2 genannten Gesichtspunkten zulässig. Die Fachaufsichtsbehörde kann die erlassende Behörde im Rahmen ihres unbe-

## § 16 Polizeiverordnungen, Prüfung durch Fachaufsichtsbehörde

schränkten Weisungsrechts nach § 51 Abs. 1 jedoch auch aus anderen Gründen anweisen, die Polizeiverordnung aufzuheben.

6 Eine Polizeiverordnung ist **aufzuheben,** wenn sie gegen Anordnungen übergeordneter Behörden verstößt, das Wohl des Gemeinwesens beeinträchtigt oder die Rechte einzelner verletzt.

Im einzelnen gilt folgendes:
a) Anordnungen übergeordneter Behörden sind u. a. Erlasse und Verwaltungsvorschriften;
b) die Prüfung, ob das Wohl des Gemeinwesens beeinträchtigt wird, umfaßt auch Zweckmäßigkeitserwägungen. Wegen des Begriffs des Gemeinwesens vgl. Randnr. 6 zu § 1;
c) Rechte einzelner sind nur subjektive Rechte natürlicher oder juristischer Personen, nicht bloße Interessen.

Die **Aufhebung** erfolgt wiederum **durch Polizeiverordnung.** Diese kann von der nachgeordneten Polizeibehörde selbst oder von der Fachaufsichtsbehörde erlassen werden.

7 Die **Nichtigkeit** einer Polizeiverordnung ist **festzustellen,** wenn diese gegen § 11 verstößt. Gegen § 11 verstößt eine Polizeiverordnung, wenn sie mit einem **Gesetz oder mit der Rechtsverordnung einer übergeordneten Behörde in Widerspruch steht.** Ein Widerspruch mit einem Gesetz liegt auch vor, wenn die Polizeiverordnung den Formerfordernissen des § 12 nicht entspricht oder wenn die Polizeiverordnung nicht oder nicht ordnungsgemäß verkündet worden ist. Die Feststellung der Nichtigkeit erfolgt in **schriftlicher Form** durch Verfügung der erlassenden Polizeibehörde oder der Aufsichtsbehörde. Es ist nicht vorgeschrieben, aber zweckmäßig, diese Verfügung in derselben Form amtlich bekanntzumachen wie die für nichtig erklärte Polizeiverordnung. Diese kann auch durch eine gültige

## Verkündung von Polizeiverordnungen §17

Polizeiverordnung ersetzt werden, die zur Klarstellung die nichtige Polizeiverordnung ausdrücklich aufhebt.

Gegen die Aufhebung oder die Feststellung der Nichtigkeit einer Polizeiverordnung durch die Fachaufsichtsbehörde gibt es **keinen Rechtsbehelf.** § 125 GemO findet keine Anwendung, da keine Verfügung auf dem Gebiet der Rechtsaufsicht vorliegt, sondern eine Maßnahme der Fachaufsicht. 8

## § 17
### *(aufgehoben)*

Der bisherige § 17 (Bekanntmachung von Polizeiverordnungen) ist durch § 7 Nr. 2 des Gesetzes über die Verkündung von Rechtsverordnungen (Verkündungsgesetz) vom 11. 4. 1983 (GBl. S. 131) aufgehoben worden. Das Verkündungsgesetz gilt für alle Arten von Rechtsverordnungen, also auch für Polizei-Verordnungen. Die Verkündung nach Maßgabe des Verkündungsgesetzes tritt an die Stelle der bisherigen „amtlichen Bekanntmachung". 1

Die Verkündung ist eine **Voraussetzung der Wirksamkeit** der Polizeiverordnung. Wird eine Polizeiverordnung nicht in der vorgeschriebenen Form verkündet, so ist sie unwirksam.

Die Verkündung muß die gesamte Polizeiverordnung einschließlich etwaiger Anlagen umfassen.

Vor der Verkündung muß die Polizeiverordnung **ausgefertigt** werden (Art. 63 Abs. 2 LV, der für alle Arten von Rechtsverordnungen, auch für Polizeiverordnungen gilt). Unter der Ausfertigung versteht man die handschriftliche Unterzeichnung des Originals der Verordnung durch den Behördenleiter oder einen hierzu befugten Vertreter. 2

## § 18
## Außerkrafttreten

**(1) Polizeiverordnungen treten spätestens 20 Jahre nach ihrem Inkrafttreten außer Kraft.**
**(2) Diese Bestimmung gilt nicht für Polizeiverordnungen der obersten Landespolizeibehörden.**

1 Abs. 1 gilt **nur für Polizeiverordnungen der Orts-, Kreis- und Landespolizeibehörden** sowie der **besonderen Polizeibehörden** (vgl. § 47); für die Polizeiverordnungen der obersten Landespolizeibehörden gilt die Befristung nach Abs. 2 nicht.

2 Die Vorschrift bestimmt die **höchstzulässige Geltungsdauer** von Polizeiverordnungen. Den Polizeibehörden bleibt unbenommen, in der Polizeiverordnung selbst eine **kürzere Geltungsdauer** zu bestimmen, um das Mitschleppen unnützer und unzeitgemäßer Vorschriften zu vermeiden. Maßgebend für den Fristbeginn ist das **Inkrafttreten** der Polizeiverordnung, nicht die Verkündung. Dabei kommt es auf das Inkrafttreten der **Erstfassung** der Polizeiverordnung an. Spätere Änderungen oder Ergänzungen setzen keine neue Frist in Gang, sondern **teilen das rechtliche Schicksal** der Polizeiverordnung, in die sie eingefügt worden sind (VGH Bad.-Württ., ESVGH 25, 77, Leits. 2 und S. 79 f.).
Nach dem Außerkrafttreten muß die Polizeiverordnung unter Beachtung der Form- und Verfahrensvorschriften neu erlassen werden. Ein bloßes Wiederinkraftsetzen der alten Polizeiverordnung ist nicht zulässig.

3 Die **Polizeiverordnungen der obersten Landespolizeibehörden** gelten nach Abs. 2 für unbestimmte Zeit, sofern sie ihre Geltungsdauer nicht selbst befristen. Oberste Landespolizeibehörden sind die zuständigen Ministerien (§ 48 Abs. 1).

4 Nach **Art. 11 des Gesetzes zur Ablösung des Polizeistrafrechts** vom 2. 7. 1974 (GBl. S. 210) sind zahlreiche alte Polizeiver-

Ordnungwidrigkeiten § 18 a

ordnungen und sonstige Rechtsverordnungen, die auf eine durch Art. 1 dieses Gesetzes aufgehobene polizeistrafrechtliche Vorschrift gestützt waren, am 31. 12. 1976 außer Kraft getreten. Diese Vorschrift, die der Rechtsbereinigung diente, galt auch für Polizeiverordnungen der Ministerien. Ohne eine besondere Aufhebungsvorschrift wären die Verordnungen im Rahmen des § 18 PolG in Kraft geblieben, da die Aufhebung einer Ermächtigungsvorschrift nicht automatisch zum Außerkrafttreten der auf ihrer Grundlage erlassenen Verordnungen führt.

## § 18 a
## Ordnungswidrigkeiten

**(1) Ordnungswidrig handelt, wer vorsätzlich oder fahrlässig einer auf Grund dieses Gesetzes erlassenen Polizeiverordnung zuwiderhandelt, soweit die Polizeiverordnung für einen bestimmten Tatbestand auf diese Bußgeldvorschrift verweist.**

**(2) Die Ordnungswidrigkeit kann mit einer Geldbuße geahndet werden.**

**(3) Verwaltungsbehörden im Sinne von § 36 Abs. 1 Nr. 1 des Gesetzes über Ordnungswidrigkeiten sind die Ortspolizeibehörden.**

**(4) Das fachlich zuständige Ministerium kann die Zuständigkeiten nach Absatz 3 durch Rechtsverordnung auf andere Behörden übertragen.**

### Zu Absatz 1

Die Bestimmung ermöglicht es, **Verstöße gegen Polizeiverordnungen** als **Ordnungswidrigkeiten** zu ahnden. Es handelt sich um eine **Blankettvorschrift**, d. h. der Gesetzgeber überläßt es den allgemeinen Polizeibehörden, die gesetzliche Bußgeldandrohung durch Erlaß einer Polizeiverordnung auszufüllen und

1

## § 18 a — Ordnungswidrigkeiten

damit zur Wirksamkeit zu bringen. Beim Erlaß einer Polizeiverordnung ist deshalb jeweils zu prüfen, inwieweit ein Bedürfnis besteht, einzelne tatbestandlich hinreichend zu kennzeichnende Bestimmungen mit der gesetzlichen Bußgeldandrohung des § 18 a zu bewehren.

2 § 18 a gilt nur für die **auf Grund des PolG** erlassenen Polizeiverordnungen. Ist eine Polizeiverordnung teils auf § 10 Abs. 1 i. V. mit § 1 Abs. 1 PolG, teils auf spezialgesetzliche Ermächtigungsnormen gestützt, so gilt § 18 a nur für diejenigen Vorschriften, die auf das PolG gestützt sind. Sonstige Verstöße können nur nach Maßgabe des Spezialgesetzes geahndet werden. Zuwiderhandlungen gegen polizeiliche Verfügungen werden als solche nicht von § 18 a erfaßt. Sie können jedoch zugleich einen Verstoß gegen eine Polizeiverordnung enthalten.

Die **Verweisung** in der Polizeiverordnung auf § 18 a PolG muß jeweils **für einzelne bestimmte Tatbestände** erfolgen. Eine pauschale Verweisung („wer gegen eine Vorschrift dieser Polizeiverordnung verstößt") genügt nicht. Ist die Polizeiverordnung auf verschiedene Ermächtigungsnormen gestützt, so muß bei der Verweisung entsprechend differenziert werden.

### Zu Absatz 2

3 Die **Geldbuße** beträgt mindestens fünf und höchstens tausend Deutsche Mark (vgl. § 17 Abs. 1 OWiG). Bei geringfügigen Ordnungswidrigkeiten können die Ortspolizeibehörden bzw. die nach Abs. 4 bestimmten Verwaltungsbehörden und die nach § 57 Abs. 2 OWiG ermächtigten Beamten des Polizeivollzugsdienstes ein Verwarnungsgeld von zwei bis zwanzig Deutsche Mark erheben (vgl. § 56 OWiG).

Durch die Geldbuße oder das Verwarnungsgeld wird der **begangene Ordnungsverstoß geahndet.** Daneben kann ggf. im Wege des **Verwaltungszwanges** nach dem LVwVG vorgegangen werden, um **für die Zukunft** ein ordnungsgemäßes Verhalten zu erzwingen.

**Zu Absatz 3**

Abs. 3 bestimmt die zur Verfolgung und Ahndung der Ordnungswidrigkeiten nach § 18 a **zuständigen Verwaltungsbehörden** (Bußgeldbehörden). Abs. 3 ist durch das Gesetz vom 18. 7. 1983 (GBl. S. 369) geändert worden. Zuständig sind jetzt stets die **Ortspolizeibehörden** ohne Rücksicht auf die Einwohnerzahl der Gemeinde. Die Bußgeldzuständigkeit der Kreispolizeibehörden ist entfallen. Zuwiderhandlungen gegen Polizeiverordnungen der Kreispolizeibehörden und höherer Polizeibehörden werden von den Ortspolizeibehörden verfolgt und geahndet, sofern nicht nach Abs. 4 eine andere Zuständigkeit begründet wird.

**Zu Absatz 4**

Abs. 4 eröffnet dem fachlich zuständigen Ministerium die Möglichkeit, **Zuständigkeiten** nach Abs. 3 durch Rechtsverordnung **auf andere Behörden zu übertragen.** Der Vollzug mancher Polizeiverordnungen auf Spezialgebieten setzt besondere Fachkenntnisse voraus und ist daher durch höhere Polizeibehörden wahrzunehmen, die über die erforderlichen Fachkräfte verfügen. In diesen Fällen muß im Interesse eines wirksamen Vollzugs auch die Bußgeldzuständigkeit bei der höheren Behörde liegen.

3. Unterabschnitt

**Einzelmaßnahmen**

*§ 19*

*(aufgehoben)*

Der frühere § 19 (Einzelanordnungen) ist durch § 103 Abs. 2 Nr. 4 LVwVfG aufgehoben worden. Die Pflicht zur Begründung von polizeilichen Verwaltungsakten richtet sich jetzt nach der allgemeinen Vorschrift des § 39 LVwVfG (siehe nachstehende Vorbemerkungen, Randnr. 4).

**Vorbemerkungen zum 3. Unterabschnitt (Einzelmaßnahmen)**

1   Im 3. Unterabschnitt (§§ 20 bis 30) sind eine Reihe von polizeilichen Einzelmaßnahmen (sog. **Standardmaßnahmen**) geregelt. Diese Standardmaßnahmen können nur auf die jeweilige Spezialvorschrift, nicht auf die Generalermächtigung gestützt werden (vgl. Randnr. 3 zu § 1).

Bei den Standardmaßnahmen und allen anderen polizeilichen Einzelmaßnahmen ist zwischen **Anordnung** und **Vollzug** zu unterscheiden. Die Anordnung einer polizeilichen Einzelmaßnahme ist in der Regel ein **Verwaltungsakt**. Verwaltungsakt ist jede Verfügung, Entscheidung oder andere hoheitliche Maßnahme, die eine Behörde zur Regelung eines Einzelfalls auf dem Gebiet des öffentlichen Rechts trifft und die auf unmittelbare Rechtswirkung nach außen gerichtet ist (§ 35 Satz 1 LVwVfG). Polizeiliche Einzelanordnungen sind an keine Formvorschriften gebunden. Sie können von Polizeibehörden oder Polizeidienststellen zur Regelung von Einzelfällen an eine bestimmte Person oder einen bestimmten Personenkreis mündlich, schriftlich oder durch Zeichengebung gerichtet werden.

# Einzelmaßnahmen Vor § 20

Zu den Einzelanordnungen gehören auch die **Allgemeinverfügungen** (§ 35 Satz 2 LVwVfG), die sich an einen nach allgemeinen Merkmalen bestimmten oder bestimmbaren Personenkreis richten. Die Allgemeinverfügung ist im Polizeigesetz nicht erwähnt; sie hat inzwischen allgemeine Bedeutung erlangt, weil die Rechtsprechung die nach § 45 StVO durch das Aufstellen von **Verkehrszeichen** getroffenen verkehrsrechtlichen Anordnungen als Allgemeinverfügungen wertet (vgl. BVerwGE 59, 221).

Den Begriff der polizeilichen **Verfügung** enthält das Polizeigesetz ebenfalls nicht. Er ist gleichbedeutend mit dem der polizeilichen Einzelanordnung.

Beispiele: Ein Polizeibeamter ordnet während einer Verkehrskontrolle die Beschlagnahme (§ 27 PolG) eines verkehrsunsicheren Kraftfahrzeugs an = Mündliche Einzelanordnung.

Die Ortspolizeibehörde ordnet schriftlich die Tötung eines an Tollwut erkrankten Hundes an = Schriftliche Einzelanordnung.

Ein Polizeibeamter gibt gem. § 36 Abs. 5 StVO einem Pkw-Fahrer ein Haltezeichen = Einzelanordnung mittels eines Zeichens.

Nach einem schweren Unglücksfall drängt ein Polizeibeamter wortlos einen Neugierigen zurück, der eine Polizeisperre durchbrechen will = Einzelanordnung durch schlüssiges (konkludentes) Handeln.

Bei einem Kaufhaus geht eine anonyme Bombendrohung ein. Über die Hauslautsprecher fordert die Polizei alle im Haus anwesenden Personen auf, das Gebäude unverzüglich zu verlassen = Allgemeinverfügung.

Von den Einzelanordnungen sind **zu unterscheiden:** 2
a) die **Polizeiverordnungen,** die für eine unbestimmte Anzahl von Fällen an eine unbestimmte Anzahl von Personen gerichtet sind (vgl. § 10 Abs. 1 und die Erl. hierzu);

b) **polizeiliche Maßnahmen,** die zwar Einzelfälle betreffen, aber keine Regelung enthalten und deshalb keine Verwaltungsakte sind, wie die Erteilung einer Auskunft, Warnungen der Öffentlichkeit vor reisenden Betrügern, Hinweise auf die Strafbarkeit einer Handlung sowie Maßnahmen rein tatsächlicher Art (etwa das Bestreuen einer Ölspur);

c) **rein innerdienstliche Polizeimaßnahmen,** die keine unmittelbare Außenwirkung haben, wie z. B. Weisungen der Fachaufsichtsbehörde an eine Polizeidienststelle.

**3** Über den **Inhalt der Einzelanordnungen** trifft das Gesetz keine besonderen Bestimmungen. Doch sind folgende Voraussetzungen zu beachten:

a) Die Einzelanordnung muß von der Polizeibehörde oder Polizeidienststelle erlassen werden, die **sachlich und örtlich zuständig ist.**

> B e i s p i e l : Ein Beamter der Bereitschaftspolizei, der an einem Ort am Bodensee Urlaub macht, kontrolliert dort in Uniform Personen und Kraftfahrzeuge. Das Handeln des Beamten ist nicht rechtmäßig, da er weder sachlich noch örtlich zuständig ist.

b) Die Einzelanordnung muß eine Angelegenheit betreffen, die **zum allgemeinen Aufgabenkreis der Polizei** (§§ 1 und 2) gehört. Denn die Polizei darf nur innerhalb ihres gesetzlich festgelegten Aufgabenkreises tätig werden (vgl. Randnr. 1 zu § 1).

> B e i s p i e l : Ein Polizeibeamter wird während eines Streifenganges von einer Frau gebeten, auf ihre Nachbarin einzuwirken, weil sie sich durch deren schreiendes Baby häufig gestört fühlt. Der Beamte fordert daraufhin die Nachbarin auf, das Kind immer dann, wenn es zu schreien beginne, durch gütliches Zureden zu beruhigen. Dieses Handeln ist eine (sicher unangebrachte) Empfehlung des Beamten als Privatperson, aber keine polizeiliche Einzelanordnung, weil der Sachverhalt keinen polizeilichen Bezug hat.

Einzelmaßnahmen                                   Vor § 20

c) Die Einzelanordnung muß **den allgemeinen Vorschriften über Art und Richtung der polizeilichen Maßnahmen entsprechen** (§§ 3 ff.) und insbesondere den Grundsätzen des Mindesteingriffs und der Verhältnismäßigkeit Rechnung tragen (§ 5); auch müssen die für bestimmte Maßnahmen geltenden besonderen Voraussetzungen (§§ 20 ff.) erfüllt sein.

d) Die Einzelanordnung muß **inhaltlich hinreichend bestimmt sein** (vgl. § 37 Abs. 1 LVwVfG), so daß sie als Grundlage für die Verwaltungsvollstreckung dienen kann.

> Beispiel: Eine Ortspolizeibehörde weist einen Landwirt schriftlich an, „durch geeignete Maßnahmen" dafür zu sorgen, daß seine Kühe „nicht in den öffentlichen Verkehrsraum gelangen". Diese Einzelanordnung ist inhaltlich zu unbestimmt und deshalb rechtswidrig. Die Ortspolizeibehörde müßte die Errichtung eines Weidezauns an einer genau bezeichneten Strecke verfügen.

e) Die Einzelanordnung bedarf zu ihrer Wirksamkeit der **Bekanntgabe an den Betroffenen** (vgl. § 41 LVwVfG), sei es durch mündliche oder fernmündliche Bekanntgabe oder durch schriftliche Mitteilung; eine förmliche Zustellung ist nur erforderlich, wenn dies gesetzlich besonders vorgeschrieben ist.

> Beispiel: Ein Polizeibeamter bemerkt an einem Sonntag, daß in einem Landschaftsschutzgebiet mit dem Bau eines Wochenendhauses begonnen worden ist. Da der Verantwortliche nicht anwesend ist, bittet der Beamte einen auf dem Nachbargrundstück tätigen Kleingärtner, dem Bauherrn mitzuteilen, daß der Bau polizeilich eingestellt sei und nicht fortgeführt werden dürfe. Sachlich ist der Polizeibeamte für die Anordnung zuständig. Doch ist die Einzelanordnung nicht wirksam, weil sie dem Adressaten nicht in einer für ihn verbindlichen Weise bekanntgegeben worden ist.

**Schriftliche Einzelanordnungen** sind in der Regel schriftlich zu **begründen** (§ 39 Abs. 1 LVwVfG). Ausnahmen von der Begründungspflicht sieht § 39 Abs. 2 LVwVfG vor. Die Begrün- 4 dung muß erkennen lassen, für welchen Sachverhalt und unter welchen polizeilichen Gesichtspunkten die Einzelanordnung erlassen wurde. Die Angabe der Rechtsgrundlage ist nicht vorgeschrieben, aber zu empfehlen. Die Begründung **mündlicher Einzelanordnungen** ist nicht vorgeschrieben, aber oft zweckmäßig. Der Betroffene kann, wenn er hieran ein berechtigtes Interesse hat, die **schriftliche Bestätigung** einer mündlichen Einzelanordnung verlangen (§ 37 Abs. 2 Satz 2 LVwVfG). Der schriftlichen Bestätigung ist auch eine Begründung beizufügen (§ 39 Abs. 1 LVwVfG), sofern es nicht ausnahmsweise keiner Begründung bedarf (§ 39 Abs. 2 LVwVfG).

5   Eine **Zuwiderhandlung** gegen eine polizeiliche Einzelanordnung kann nur dann als Straftat oder als Ordnungswidrigkeit geahndet werden, wenn sie gleichzeitig einen Verstoß gegen eine straf- oder bußgeldbewehrte Rechtsnorm darstellt. Auch § 18a erfaßt nur Verstöße gegen Polizeiverordnungen, nicht aber gegen polizeiliche Einzelanordnungen. Um die Beachtung polizeilicher Einzelanordnungen im Einzelfalle sicherzustellen, reichen die Vorschriften des Verwaltungsvollstreckungsrechts und des Polizeirechts über Zwangsmittel aus (vgl. § 32 ff. PolG und das LVwVG, Anhang 3).

**Rechtsbehelfe gegen polizeiliche Einzelanordnungen**

6   Gegen polizeiliche Einzelanordnungen als belastende Verwaltungsakte (vgl. Randnr. 1) ist nach der VwGO der Verwaltungsrechtsweg mit **Widerspruch** und **Anfechtungsklage** gegeben. Der Betroffene muß gemäß § 42 Abs. 2 VwGO geltend machen, durch den Verwaltungsakt in seinen Rechten verletzt zu sein.

7   Eine **Rechtsverletzung** liegt nur vor, wenn die polizeiliche Maßnahme in rechtlich geschützte Interessen eingreift. Rechtlich geschützt ist ein Interesse, wenn eine Rechtsnorm nicht lediglich dem öffentlichen Interesse, sondern allein oder auch dem Individualinteresse dient.

Einzelmaßnahmen                                    Vor § 20

Weitere Voraussetzungen für die Zulässigkeit des Verwaltungsrechtsweges ist ein **Rechtsschutzbedürfnis.** Es kann aus den verschiedensten Gründen gegeben sein, wenn etwa die Belastung durch die polizeiliche Maßnahme andauert, ihre Wiederholung befürchtet wird oder der Betroffene Schadenersatz wegen Amtspflichtverletzung geltend machen will. 8

Widerspruch und Anfechtungsklage haben nach § 80 Abs. 1 VwGO grundsätzlich **aufschiebende Wirkung.** Diese entfällt jedoch nach § 80 Abs. 2 Nr. 2 VwGO bei unaufschiebbaren Anordnungen und Maßnahmen von Polizeivollzugsbeamten. Auf die Unaufschiebbarkeit ist ggf. ausdrücklich hinzuweisen. In anderen Fällen kann die **sofortige Vollziehung** im öffentlichen Interesse oder im überwiegenden Interesse eines Beteiligten angeordnet werden (§ 80 Abs. 2 Nr. 4 VwGO). 9

Über den **Widerspruch** gegen einen Verwaltungsakt einer Polizeidienststelle **entscheidet** nach § 6 AGVwGO die unterste zur Fachaufsicht zuständige allgemeine Polizeibehörde (vgl. §§ 59 und 60 PolG). 10

Die **Frist für die Einlegung eines Rechtsbehelfs** gegen eine polizeiliche Einzelanordnung beginnt nach § 58 Abs. 1 VwGO nur zu laufen, wenn der Betroffene über den Rechtsbehelf, die Verwaltungsbehörde oder das Gericht, bei denen der Rechtsbehelf anzubringen ist, mit Angabe des Sitzes und die einzuhaltende Frist **schriftlich belehrt worden ist.** Diese Bestimmung gilt auch für mündlich erteilte polizeiliche Einzelanordnungen. Unterbleibt die Belehrung oder wird sie unrichtig erteilt, kann der Rechtsbehelf nach § 58 Abs. 2 VwGO innerhalb eines Jahres seit Zustellung, Eröffnung oder Verkündung der Anordnung eingelegt werden. 11

Über die Rechtmäßigkeit der **Anordnungen, Verfügungen oder sonstigen Maßnahmen,** die von der Polizei im Rahmen der **Strafverfolgung** getroffen werden, entscheiden gemäß § 23 Abs. 12

1 EGGVG auf Antrag die ordentlichen Gerichte. Im Sinne dieser Bestimmung ist die Polizei den Justizbehörden gleichzustellen (vgl. BVerwG, DÖV 1975, 275). Über den Antrag entscheidet nach § 25 Abs. 1 EGGVG ein Strafsenat des zuständigen Oberlandesgerichts.

13  Neben den förmlichen Rechtsbehelfen hat der Betroffene noch die Möglichkeiten der **Gegenvorstellung** und der **Aufsichtsbeschwerde**. Sie sind an keine Form oder Frist gebunden und gesetzlich nicht geregelt. Die **Gegenvorstellung** wird bei derjenigen Polizeibehörde oder Polizeidienststelle erhoben, die die Maßnahme getroffen hat, deren Aufhebung oder Abänderung erstrebt wird. Es muß deutlich zum Ausdruck kommen, daß die Entscheidung einer höheren Instanz nicht gewünscht wird. Fehlt es hieran, so ist davon auszugehen, daß es sich um eine Aufsichtsbeschwerde handelt.

Mit der **Aufsichtsbeschwerde** wird – im Unterschied zu der Gegenvorstellung – nicht die erlassende Behörde oder Dienststelle, sondern eine dieser gegenüber zur Aufsicht befugte Behörde um Aufhebung oder Abänderung einer Maßnahme angegangen. Je nach dem Beschwerdegrund handelt es sich um eine Dienst- oder Fachaufsichtsbeschwerde, die von der Dienst- oder Fachaufsichtsbehörde zu behandeln ist (vgl. §§ 49 und 50).

Gegenvorstellung und Aufsichtsbeschwerde können nicht nur von dem unmittelbar Betroffenen, sondern **von jedem** erhoben werden.

14  Die **Zulässigkeit** von Gegenvorstellungen und Aufsichtsbeschwerden ergibt sich aus dem **Petitionsrecht des Art. 17 GG**, wonach jedermann sich einzeln oder in Gemeinschaft mit anderen schriftlich mit Bitten oder Beschwerden an die zuständigen Stellen und an die Volksvertretung wenden kann. Diese Bestimmung begründet für den Beschwerdeführer einen Anspruch auf Entgegennahme und sachliche Prüfung seiner Eingabe. Der Beschwerdeführer hat auch ein Recht darauf, daß sie beschie-

Personenfeststellung § 20

den wird, d. h., es muß ihm das Ergebnis der Überprüfung mitgeteilt werden. Der Beschwerdeführer hat jedoch nur dann einen Anspruch auf Mitteilung einer Begründung der Entscheidung, wenn er selbst Betroffener ist.

§ 20

Personenfeststellung

(1) Die Polizei kann die Identität einer Person feststellen,

1. um im einzelnen Falle eine Gefahr für die öffentliche Sicherheit oder Ordnung abzuwehren oder eine Störung der öffentlichen Sicherheit oder Ordnung zu beseitigen,

2. *zur Aufklärung einer Straftat oder Ordnungswidrigkeit,*

3. wenn sie sich an einem Ort aufhält, an dem erfahrungsgemäß Straftäter sich verbergen, Personen Straftaten verabreden, vorbereiten oder verüben, sich ohne erforderliche Aufenthaltserlaubnis treffen oder der Prostitution nachgehen,

4. wenn sie sich in einer Verkehrs- oder Versorgungsanlage oder -einrichtung, einem öffentlichen Verkehrsmittel, Amtsgebäude oder einem anderen besonders gefährdeten Objekt oder in unmittelbarer Nähe hiervon aufhält und Tatsachen die Annahme rechtfertigen, daß in oder an Objekten dieser Art Straftaten begangen werden sollen,

5. wenn sie an einer Kontrollstelle angetroffen wird, die von der Polizei zum Zwecke der Fahndung nach Straftätern eingerichtet worden ist, oder

6. wenn sie sich innerhalb eines Kontrollbereichs aufhält, der von der Polizei eingerichtet worden ist zum Zwecke der Fahndung nach Personen, die als Täter oder Teilnehmer

## § 20 Personenfeststellung

eine der in § 100 a der Strafprozeßordnung genannten Straftaten begangen oder in Fällen, in denen der Versuch strafbar ist, zu begehen versucht oder durch eine Straftat vorbereitet haben. Der Kontrollbereich kann, außer bei Gefahr im Verzug, nur vom Innenministerium oder von einer Landespolizeidirektion mit Zustimmung des Innenministeriums eingerichtet werden.

(2) Die Polizei kann zur Feststellung der Identität die erforderlichen Maßnahmen treffen. Sie kann den Betroffenen insbesondere anhalten und verlangen, daß er mitgeführte Ausweispapiere vorzeigt und zur Prüfung aushändigt. Der Betroffene kann festgehalten und zur Dienststelle gebracht werden, wenn die Identität auf andere Weise nicht oder nur unter erheblichen Schwierigkeiten festgestellt werden kann.

(3) Die Polizei kann verlangen, daß ein Berechtigungsschein vorgezeigt und zur Prüfung ausgehändigt wird, wenn der Betroffene auf Grund einer Rechtsvorschrift verpflichtet ist, diesen Berechtigungsschein mitzuführen.

**Literatur: Riegel,** Polizeiliche Personenkontrolle, 1979 (Band 30 der Schriftenreihe „polizei aktuell"); **Schürer,** Das neue Änderungsgesetz zum Polizeigesetz, PolBlBW 1976, 66.

### Allgemeines

1 § 20 regelt nur die Identitätsfeststellung zu **präventivpolizeilichen** Zwecken (Gefahrenabwehr). Die Identitätsfeststellung für Zwecke der Strafverfolgung (und der Verfolgung von Ordnungswidrigkeiten) ist in §§ 163 b und 163 c StPO (i. V. mit § 46 Abs. 1 OWiG) abschließend geregelt. § 20 ist insoweit nicht anwendbar.

2 Feststellung der **Identität** bedeutet die Vergewisserung darüber, welche **Personalien** (vgl. § 111 Abs. 1 OWiG: Vor-, Fami-

# Personenfeststellung § 20

lien- oder Geburtsname, Ort und Tag der Geburt, Familienstand, Beruf, Wohnort, Wohnung, Staatsangehörigkeit) eine bestimmte Person hat. Die Identitätsfeststellung soll der Polizei vor allem Gewißheit über die Person desjenigen verschaffen, gegenüber dem etwaige polizeiliche Maßnahmen zu treffen sind.

Weitere Vorschriften, die eine Personenfeststellung ermöglichen, sind z.B. 3

a) § 1 Abs. 1 des Bundesgesetzes und §§ 1 und 8 Abs. 1 des Landesgesetzes über **Personalausweise,** wonach eine Pflicht zum Besitz (nicht zum Mitführen) und zur Vorlage des Personalausweises besteht.
b) **§§ 163 b und 163 c StPO,** die für Zwecke der **Strafverfolgung** die Feststellung der Identität von Verdächtigen und anderen Personen (Zeugen, Geschädigte) ermöglichen. Diese Vorschriften gelten nach § 46 Abs. 1 OWiG sinngemäß für die **Verfolgung von Ordnungswidrigkeiten.**
c) **§ 22 Abs. 1 Nr. 3,** der den polizeilichen Gewahrsam zum Zwecke der Personenfeststellung regelt;
d) **§ 30,** der erkennungsdienstliche Maßnahmen für zulässig erklärt, wenn die Identität des Betroffenen auf andere Weise nicht zuverlässig festgestellt werden kann.

## Zu Absatz 1

Abs. 1 zählt die Fälle, in denen die Personenfeststellung zulässig ist, **abschließend** auf. Allgemein gilt der Grundsatz, daß die Polizei die Identität einer Person **nicht willkürlich** feststellen darf, sondern nur aus einem **konkreten polizeilichen Anlaß.** 4

Das Vorliegen einer konkreten **Gefahr** wird zwar nur bei Nr. 1 gefordert. Doch müssen in jedem Fall **bestimmte Anhaltspunkte hinsichtlich einer polizeilichen Aufgabe** gegeben sein.

## § 20 Personenfeststellung

5  Nr. 1 ermöglicht die Personenfeststellung zur **Abwehr einer konkreten polizeilichen Gefahr** (vgl. zum Begriff der konkreten Gefahr Randnr. 10 zu § 1). Die Personenfeststellung muß ein **geeignetes Mittel** zur Gefahrenabwehr oder zu deren Vorbereitung sein.

> Beispiele: Ein Mann verständigt die Polizei, daß sich seine Ehefrau nach einem Ehezwist mit der ernstzunehmenden Ankündigung ihres Selbstmordes entfernt habe. Kurz darauf stößt eine Polizeistreife auf eine Frau, deren Äußeres der von ihrem Mann gegebenen Personenbeschreibung entspricht, und stellt ihre Identität fest.
>
> Eine Polizeistreife sieht einen Mann, der mit einem großen Koffer nach Mitternacht eilends aus einem Haus kommt. Die Beamten stellen die Identität des Mannes fest. Dabei stellt sich heraus, daß er in dem Haus wohnt und auf dem Weg zum Bahnhof ist. Die Personenkontrolle ist unter Berücksichtigung der objektiv wahrnehmbaren Umstände gerechtfertigt.
>
> An einer Straßenbahnhaltestelle brennt ein Mann mit seiner Zigarette versehentlich ein Loch in das Kleid einer neben ihm stehenden Frau. Als diese wegen der Schadensregulierung um seinen Namen bittet, versucht der Mann sich zu entfernen. Die Frau ruft einen in der Nähe befindlichen Polizeibeamten herbei, der die Personalien des Mannes feststellt und sie der Frau mitteilt. Die Maßnahme ist zulässig, weil sie zur Erfüllung einer auf § 2 Abs. 2 PolG beruhenden polizeilichen Aufgabe dient.

6  Nr. 2 ist im Hinblick auf die abschließende Regelung in §§ 163 b und 163 c StPO **nicht mehr anwendbar** (vgl. Randnrn. 1 und 3).

7  Nr. 3 gibt die **Möglichkeit, die Identität der Personen an bestimmten Orten festzustellen.** Jeder, der sich an einem dieser Orte aufhält, ist verpflichtet, die Feststellung seiner Identität zu dulden. Die Polizeipflicht wird hier also durch den bloßen Aufenthalt an einem bestimmten Ort begründet. Ein konkreter Verdacht gegen die zu überprüfenden Personen muß nicht vorliegen.

Personenfeststellung § 20

Nr. 3 gibt auch eine eindeutige Rechtsgrundlage für die sog. **Razzia**. Razzien sind planmäßig vorbereitete, überraschende Absperrungen bestimmter Räume oder Plätze durch die Polizei. Dabei ergeht an alle Personen die Aufforderung, sich auszuweisen. Alle Verdächtigen können einer eingehenden Überprüfung in der Dienststelle zugeführt werden. Auch bei einer Razzia dürfen Gebäude nur unter den Voraussetzungen des § 25 betreten oder durchsucht werden.

„Ohne erforderliche Aufenthaltserlaubnis" sind Personen, die sich ausländerrechtlichen Vorschriften zuwider in der Bundesrepublik aufhalten. Ob es sich um einen („verrufenen") Ort i. S. der Nr. 3 handelt, ist nach den örtlichen Verhältnissen und den Erfahrungen der örtlichen Polizei zu beurteilen.

**Nr. 4** läßt Personenfeststellungen zum Zwecke des **Objektschutzes** und der Eigensicherung zu. Die Vorschrift soll vor allem die Verhinderung von Terroranschlägen, Geiselnahmen und anderen schweren Straftaten erleichtern. Zu den in Frage kommenden Objekten gehören z. B. Flughäfen, Bahnhöfe, Kraftwerke, Wasserwerke, Dienstgebäude und alle Arten von Verkehrsmitteln. 8

Die Person, deren Identität festgestellt werden soll, muß sich in dem Objekt oder in dessen **unmittelbarer Nähe** aufhalten. Dieser Begriff ist nach Lage, Größe und örtlichen Besonderheiten des Objektes zu beurteilen. Erforderlich ist, daß sich die Person bereits an einer Stelle befindet, von der sie in sehr kurzer Zeit in oder an das Objekt gelangen kann.

Die Tatsachen, die die Annahme drohender Straftaten rechtfertigen, brauchen sich **nicht auf ein bestimmtes Objekt** zu beziehen. Es genügt z. B. eine Bombendrohung gegen einen nicht näher bezeichneten Flughafen. Dann sind Personenfeststellungen nach Nr. 4 bei allen in Betracht kommenden Flughäfen zulässig.

## § 20 Personenfeststellung

Bei den drohenden Taten muß es sich um **Straftaten** handeln; Ordnungswidrigkeiten genügen nicht. Die Straftaten brauchen sich nicht unmittelbar gegen das in Betracht kommende Objekt zu richten. Es genügt, daß sie in dem Objekt begangen werden sollen, sofern **das Objekt selbst dadurch als gefährdet erscheint.** Diese Voraussetzung ist gegeben, wenn die Straftat mit der Zweckbestimmung oder der Funktionsfähigkeit des Objektes in Zusammenhang steht.

Die Identitätsfeststellung setzt nicht voraus, daß gegen die zu überprüfende Person ein konkreter Verdacht besteht oder daß eine konkrete Gefährdung des betreffenden Objektes feststellbar ist.

9 Nr. 5 enthält eine Ermächtigung zur Einrichtung von polizeilichen **Kontrollstellen** und zur Durchführung von Personenfeststellungen an diesen. Das Wesen der Kontrollstelle besteht darin, daß dort **jedermann** ohne Vorliegen konkreter Verdachtsmomente seine Identität feststellen und sein Fahrzeug und die darin befindlichen Sachen durchsuchen lassen muß (vgl. § 24 Nr. 6).

Zur Abgrenzung der Nr. 5 gegenüber § **111 StPO** ist folgendes zu bemerken: § 111 StPO regelt nur die Einrichtung von Kontrollstellen zum Zwecke der **Fahndung nach bestimmten Straftätern,** nicht aber zum Zwecke der allgemeinen (ereignisunabhängigen) Fahndung oder zum Zwecke der Verhinderung von Straftaten. Der Grund für diese Beschränkung liegt darin, daß der Bundesgesetzgeber in der StPO nur die Durchführung des auf eine **bestimmte** Straftat gerichteten Ermittlungsverfahrens regeln kann. Die Gesetzgebungskompetenz des Bundes für das Strafprozeßrecht erstreckt sich nicht auf solche polizeilichen Maßnahmen, die keinen Bezug auf eine bestimmte Straftat aufweisen, wie z. B. die vorbeugende Verbrechensbekämpfung und die ereignisunabhängige Fahndung. Im einzelnen gilt folgendes:

Personenfeststellung § 20

a) **Kontrollstellen zum Zwecke der Gefahrenabwehr,** die der Verhinderung der Begehung, Fortsetzung oder Beendigung von Straftaten dienen, können nach **§ 20 Abs. 1 Nr. 5 PolG** eingerichtet werden. Straftäter i. S. der Nr. 5 sind auch Personen, die eine Straftat beabsichtigen. Es müssen **konkrete Anhaltspunkte** gegeben sein, die auf die Begehung von Straftaten hindeuten. Nr. 5 setzt – im Gegensatz zu Nr. 6 – **keine bestimmten Straftaten** voraus. 10

b) **Kontrollstellen zum Zwecke der allgemeinen (ereignisunabhängigen) Fahndung** können ebenfalls nach § 20 Abs. 1 Nr. 5 PolG eingerichtet werden. Für die Abgrenzung zu § 111 StPO kommt es darauf an, ob auf Grund konkreter Anhaltspunkte gezielt nach bestimmten Personen oder **allgemein auf Grund der Fahndungsunterlagen** nach Straftätern gefahndet wird. Konkrete Anhaltspunkte dafür, daß die Einrichtung einer Kontrollstelle an einem bestimmten Ort zur Ergreifung gesuchter Personen führen wird, brauchen nicht vorzuliegen. 11

c) **Kontrollstellen für Strafverfolgungszwecke zur Fahndung nach bestimmten Straftätern** können nur auf § 111 StPO gestützt werden. § 111 StPO ermöglicht nur bei **Verdacht bestimmter Straftaten** die Einrichtung von Kontrollstellen. Außerdem müssen Tatsachen die Annahme rechtfertigen, daß die Einrichtung der Kontrollstellen zur Ergreifung des Täters oder zur Sicherstellung von Beweismitteln führen kann. Die Anordnung, eine Kontrollstelle nach § 111 StPO einzurichten, trifft der Richter, bei Gefahr im Verzug die Staatsanwaltschaft oder ihre Hilfsbeamten. 12

d) Soll eine Kontrollstelle **gleichzeitig polizeirechtlichen und strafprozessualen Zwecken** dienen, so kann sie sowohl auf § 20 Abs. 1 Nr. 5 PolG als auch auf § 111 StPO gestützt werden. Es kommt nicht darauf an, welcher der beiden mit der Maßnahme verfolgten Zwecke im konkreten Fall überwiegt. 13

**§ 20**  Personenfeststellung

> Beispiele: Nach einem Raub mit Schußwaffen sind die Täter mit einer Geisel auf der Flucht. Die Einrichtung von Kontrollstellen kann sowohl auf § 20 Abs. 1 Nr. 5 PolG zur Abwehr von Gefahren für Leben, Gesundheit und Freiheit der Geisel als auch auf § 111 StPO zur Ergreifung der Täter gestützt werden.
>
> Bei einem Raub ohne Waffen und ohne Geiselnahme sind die Täter mit der Beute auf der Flucht. Die Kontrollstelle kann nicht auf § 111 StPO gestützt werden, weil keine der dort genannten Straftaten vorliegt, sondern nur auf § 20 Abs. 1 Nr. 5 PolG, um zu verhindern, daß die Täter mit der Beute entkommen.
>
> Nach einem schweren Unfall begeht der Fahrer Unfallflucht. Auch hier kann eine Kontrollstelle nur auf § 20 Abs. 1 Nr. 5 PolG gestützt werden. Voraussetzung ist, daß auf Grund des Zustandes des Täters oder des Fahrzeuges oder seiner Fahrweise weitere Unfälle zu befürchten sind.

**14**  Nr. 6 knüpft die Einrichtung von **Kontrollbereichen** an einschränkende Voraussetzungen. Dem liegt der Gedanke zugrunde, daß Kontrollbereiche die Allgemeinheit stärker beeinträchtigen als Kontrollstellen. Während Kontrollstellen punktuell wirken, erfassen Kontrollbereiche **ganze Gebiete,** die in der Regel ringsum abgesperrt werden, z. B. ein Stadtviertel oder einen Straßenzug. Nr. 6 läßt nicht jede Straftat genügen, sondern setzt **eine der in § 100 a StPO genannten schweren Straftaten** voraus. Die Straftat muß zumindest in strafbarer Weise vorbereitet oder versucht worden sein; beabsichtigte Straftaten genügen anders als bei Nr. 5 nicht.

Auch Nr. 6 wird **durch § 111 StPO eingeschränkt.** Die Einrichtung von Kontrollbereichen für Strafverfolgungszwecke **zur Fahndung nach bestimmten Straftätern** ist **nicht zulässig,** da die StPO nur die Einrichtung von Kontrollstellen vorsieht und insoweit ein Rückgriff auf das PolG nicht zulässig ist. Dagegen

Personenfeststellung § 20

können nach Nr. 6 Kontrollbereiche zu den von der StPO nicht erfaßten Zwecken (Verhinderung von Straftaten, allgemeine Fahndung) eingerichtet werden (vgl. Randnrn. 10 und 11).

**Bei Gefahr im Verzug** kann **jede Polizeidienststelle** in eigener Zuständigkeit einen Kontrollbereich einrichten. Im übrigen steht die Anordnungsbefugnis nur dem IM und den Landespolizeidirektionen mit Zustimmung des IM zu.

**Zu Absatz 2**

**Satz 1** enthält eine **allgemeine Ermächtigung,** die zur Feststellung der Identität erforderlichen Maßnahmen zu treffen. In **Satz 2 und 3** werden die wichtigsten Maßnahmen **beispielhaft** aufgezählt. 15

Das **Anhalterecht** besteht auch gegenüber Personen in Fahrzeugen. Es steht selbständig neben dem Anhalterecht nach § 36 Abs. 5 StVO. Die Verpflichtung zum Vorzeigen der **Ausweispapiere** beschränkt sich auf die tatsächlich mitgeführten Papiere. Eine allgemeine Rechtspflicht zum Mitführen von Ausweisen wird durch die Vorschrift nicht begründet.

**Satz 3** regelt das Festhalten des Betroffenen und die Verbringung zur Dienststelle, die sog. **Sistierung.** Die Vorschrift ermächtigt nur zu einer **kurzfristigen** Freiheitsbeschränkung, deren Dauer etwa 1 Stunde betragen darf. Reicht diese Zeit zur Feststellung der Identität nicht aus, so ist ein weiteres Festhalten nur als **Identitätsgewahrsam** nach § 22 Abs. 1 Nr. 3 zulässig. Die **Dienststelle,** zu der der Betroffene verbracht wird, muß in der Regel die **nächstgelegene** sein. Jedoch ist aus besonderen Gründen auch die Verbringung zu einer anderen Dienststelle zulässig, z. B., wenn diese die besseren technischen oder sonstigen Voraussetzungen zur raschen Überprüfung der Personalien bietet. **Auf andere Weise nicht oder nur unter erheblichen Schwierigkeiten möglich** ist die Personenfeststellung insbe- 16 sondere dann, wenn sie an Ort und Stelle unangemessen erscheint und ein von störenden Einflüssen freier Ort gewählt werden muß, so bei öffentlichen Unruhen und aufgeregter Stimmung des Publikums oder strikter Weigerung des Betroffenen, seine Personalien anzugeben.

> Beispiele: In einem Park werden laufend Spaziergänger durch junge Burschen belästigt und teilweise bedroht. Während einer Streife stoßen die Polizeibeamten auf einen in einem Gebüsch versteckten jungen Mann. Seine Personalien kann er nicht belegen, behauptet aber, daß seine Eltern in unmittelbarer Nähe wohnen. Trotzdem wird er im Funkstreifenwagen zum drei Kilometer entfernten Polizeirevier verbracht. Diese Sistierung ist unzulässig, weil die Identifizierung „auf andere Weise" möglich wäre.
>
> Im Vergnügungsviertel einer Stadt trifft eine Polizeistreife auf einen Mann, dessen Kleidung stark mit Blut verschmiert ist. Als die Beamten den Mann überprüfen wollen, mischen sich Umstehende ein. Daraufhin bringen die Beamten den Mann zur Wache und stellen dort seine Identität fest. Auf Grund der äußeren Umstände sind die Beamten zur Personenfeststellung befugt. Da diese wegen der Einmischung der Passanten nicht möglich ist, sind die rechtlichen Voraussetzungen für eine Sistierung gegeben.

### Zu Absatz 3

**17** Abs. 3 enthält eine **selbständige Vorschrift,** die nicht der Personenfeststellung dient, sondern der Kontrolle, ob der Betroffene einen gesetzlich vorgeschriebenen **Berechtigungsschein** mitführt. Dabei kommen alle Arten von Berechtigungsscheinen in Betracht, die auf Grund einer **Rechtsvorschrift** mitgeführt werden müssen, z. B. Führerscheine, Jagdscheine, Waffenscheine, Reisegewerbekarten. Es reicht nicht aus, wenn ein Berechtigungsschein (z. B. eine Sammlungserlaubnis) auf Grund einer behördlichen **Auflage** mitzuführen ist.

Die Vorschrift stellt klar, daß in jedem Falle auch die Polizei zur Kontrolle des Berechtigungsscheines befugt ist. Die Kontrollbefugnis nach Abs. 3 setzt voraus, daß der Betroffene **diejenige Tätigkeit ausübt, bei der er den Berechtigungsschein mitzuführen hat**. Ohne Bedeutung ist es, wenn er diese Tätigkeit im Hinblick auf die Kontrolle einstellt. Ein konkreter Verdacht, daß die Tätigkeit unberechtigt oder ohne Mitführen des Berechtigungsscheines ausgeübt wird, braucht nicht vorzuliegen.

Abs. 3 ermächtigt auch, obwohl dies in der Vorschrift nicht ausdrücklich erwähnt ist, **zum Anhalten** der zu kontrollierenden Person, **nicht dagegen zum Festhalten** oder zu einer über die Vorlage des Berechtigungsscheines hinausgehenden Personenfeststellung. Die Personenfeststellung kann jedoch z. B. nach Abs. 1 Nr. 1 zulässig sein, wenn Anlaß zu der Annahme besteht, daß der Berechtigungsschein gefälscht ist oder mißbräuchlich verwendet wird.

## § 21
### Ladung

**(1) Die Polizei kann eine Person laden, wenn dies erforderlich ist**

1. **zur Aufklärung des Sachverhalts in einer bestimmten polizeilichen Angelegenheit, sofern Tatsachen darauf schließen lassen, daß die Person sachdienliche Angaben machen kann, oder**
2. **zur Durchführung erkennungsdienstlicher Maßnahmen nach § 30.**

**(2) Bei der Ladung soll deren Grund angegeben werden. Bei der Bestimmung des Zeitpunkts ist, wenn möglich, auf die beruflichen Verpflichtungen und die sonstigen Lebensverhältnisse des Geladenen Rücksicht zu nehmen.**

**(3) Die Polizei darf die Ladung nicht mit Zwangsmitteln durchsetzen, es sei denn, daß ein Gesetz die Vorführung einer Person oder ähnliche Maßnahmen vorsieht.**

## § 21 Ladung

**Literatur: Greiner,** Zum Vorladerecht des Polizeivollzugsdienstes: Inwieweit ist § 21 PolG auch Ermächtigungsnorm bei der Verfolgung von Straftaten und Ordnungswidrigkeiten?, PolBlBW 1981, 59; **Sigrist,** Kurzfristige polizeiliche Freiheitsentziehung und polizeiliche Vorladung, Die Polizei 1978, 65.

### Allgemeines

1   Die **polizeiliche Ladung** soll der Polizei in erster Linie die Möglichkeit geben, sich die zur Vorbereitung ihrer Maßnahmen erforderlichen **Auskünfte** zu verschaffen. Da die Vernehmung von Auskunftspersonen in ihrer Wohnung oder an ihrer Arbeitsstätte vielfach untunlich ist, muß die Polizei in der Lage sein, eine Person auf die Behörde oder Dienststelle zu laden. Die Ladung ist nur eine **Aufforderung zum Erscheinen,** begründet aber nach § 21 **keine Verpflichtung** hierzu. **Die Ladung ist nicht mit Zwangsmitteln durchsetzbar,** sofern nicht ein Spezialgesetz Zwangsmittel zuläßt. Auf das LVwVG können Zwangsmittel nicht gestützt werden, da es an einem Verwaltungsakt fehlt, der zu einer Handlung **verpflichtet** (vgl. § 1 Abs. 1 LVwVG). Es bleibt demnach dem Betroffenen überlassen, ob er der Ladung Folge leistet. Die Polizei ist nicht verpflichtet, ihn hierauf hinzuweisen. Sie darf jedoch nicht den Eindruck erwecken, es bestehe eine Verpflichtung, der Ladung Folge zu leisten.

2   Ein besonders geregelter Fall der polizeilichen Ladung ist die **Vorladung zum Verkehrsunterricht** durch die Straßenverkehrsbehörde nach § 48 StVO bei Nichtbeachtung von Verkehrsvorschriften.

### Zu Absatz 1

3   **Erforderlich** ist eine Ladung, wenn sie zur Aufklärung des Sachverhalts oder zur Durchführung erkennungsdienstlicher Maßnahmen objektiv beiträgt. Genügt eine Maßnahme, die den einzelnen nicht berührt, etwa die Feststellung des Sachverhalts an Hand der Akten oder die Einholung einer schriftlichen Äußerung, so ist die Ladung nicht zulässig (vgl. auch § 5 Abs. 1).

Beispiel: Bei der Aufnahme eines Verkehrsunfalles vergißt der Beamte die Feststellung bestimmter technischer Daten eines der beteiligten Fahrzeuge. Er lädt darauf den in einem Nachbardorf wohnenden Halter schriftlich zum Polizeirevier vor, obwohl er die fehlenden Daten bei der Kfz-Zulassungsstelle erfahren könnte. Diese Vorladung ist nicht notwendig und somit unzulässig.

**Die Ladung darf nur dienen** 4

a) der Behandlung einer **bestimmten polizeilichen Angelegenheit.** Eine Ladung zum Zweck allgemeiner Unterrichtung der Polizei ist nicht zulässig. Ob eine polizeiliche Angelegenheit vorliegt, richtet sich nach § 1 Abs. 1 und § 2. Es kommen nur Angelegenheiten der polizeilichen **Gefahrenabwehr** (einschließlich der **Verhinderung** von Straftaten und Ordnungswidrigkeiten) in Betracht, nicht aber der Strafverfolgung und der Verfolgung von Ordnungswidrigkeiten, da die Ladung zu Strafverfolgungszwecken **in der StPO** (§§ 161 a, 163a) **abschließend geregelt ist;** für das Bußgeldverfahren ist in § 46 OWiG allgemein auf die Vorschriften der StPO verwiesen. Polizeiliche Angelegenheit ist auch der Schutz privater Rechte im Rahmen des § 2 Abs. 2. Es müssen **Tatsachen** darauf schließen lassen, daß die Person sachdienliche Angaben machen kann. Bloße Vermutungen reichen nicht aus, vielmehr müssen konkrete, mit dem Fall in unmittelbarem Zusammenhang stehende Anhaltspunkte gegeben sein.

b) der **Durchführung erkennungsdienstlicher Maßnahmen** nach § 30.

Der auf Ladung Erschienene ist **nicht zur Aussage** vor der 5
Polizei **verpflichtet.** Die Polizei darf auch keinen unmittelbaren oder mittelbaren Zwang zur Herbeiführung einer Aussage anwenden (vgl. § 29 Abs. 1 und 2 PolG i. V. mit §§ 68 a, 69 Abs. 3 und 136 a StPO); sie muß vielmehr versuchen, den Erschienenen durch verständiges Zureden zu sachdienlichen Angaben zu veranlassen.

### Zu Absatz 2

**6** Bei der Ladung **soll deren Grund angegeben werden.** Es ist nicht erforderlich, daß die Fragen, zu denen der Vorgeladene gehört werden soll, im einzelnen bezeichnet werden. Der Vorgeladene soll jedoch insoweit unterrichtet werden, daß er sich darüber schlüssig werden kann, ob er der Ladung folgen will, und daß er sich auf die Vernehmung, soweit erforderlich, vorbereiten kann. Allgemein gehaltene Angaben („in einer Ermittlungssache") genügen nicht; der Vorgeladene muß wissen, um was es sich handelt. Der Grund zur Ladung ist nur dann nicht anzugeben, wenn dadurch der Zweck der Vernehmung gefährdet werden könnte.

**7** Bei der **Bestimmung des Zeitpunktes** ist, wenn möglich, auf die beruflichen Verpflichtungen und die sonstigen Lebensverhältnisse des Geladenen Rücksicht zu nehmen, insbesondere ist ein Verdienstausfall möglichst zu vermeiden. Diese für den Regelfall vorgeschriebene Rücksichtnahme ist nicht möglich, wenn die Vernehmung wegen dringender polizeilicher Belange, etwa zur Verhinderung einer schweren Straftat, nicht aufgeschoben werden kann.

**8** Einen Rechtsanspruch auf **Entschädigung** für Fahrtauslagen und Verdienstausfall hat der auf eine Vorladung Erschienene nach Maßgabe des § 26 Abs. 3 Satz 2 LVwVfG i. V. mit dem ZSEG, eventuell auch nach § 41 PolG.

### Zu Absatz 3

**9** Die Polizei darf Ladungen nach § 21 Nr. 1 nicht mit Zwangsmitteln, d. h. **weder durch Vorführung noch durch Zwangsgeld,** durchsetzen.

Ladungen, mit denen **Erscheinenspflichten nach besonderen gesetzlichen Vorschriften** durchgesetzt werden sollen, werden

Gewahrsam § 22

von Abs. 3 nicht erfaßt. Eine Pflicht zum persönlichen Erscheinen bei einer Behörde besteht z. B. nach § 21 Abs. 2 Satz 2 AuslG, § 32 Abs. 2 und § 36 Abs. 2 BSeuchG, § 18 Abs. 1 GeschlKrG, § 20 Abs. 1 MG, § 6 PaßG, § 8 PersonalausweisG und § 44 Abs. 3 WehrpflichtG. Alle diese Erscheinenspflichten können mit Zwangsmitteln nach allgemeinem Verwaltungsvollstreckungsrecht durchgesetzt werden.

> Beispiel: Auf Grund des § 20 Abs. 1 MG fordert die Meldebehörde im Zusammenhang mit einer Wohnungsanmeldung den Meldepflichtigen zum persönlichen Erscheinen auf. Da dieser der Ladung nicht nachkommt, ergeht an ihn eine erneute Vorladung, in der gleichzeitig für den Fall des Nichterscheinens ein Zwangsgeld von 50 DM angedroht wird. Diese Zwangsandrohung ist rechtmäßig, weil die Ladung sich nicht auf § 21 PolG, sondern auf den eine Erscheinenspflicht begründenden § 20 Abs. 1 MG stützt.

Der Ausschluß von Zwangsmitteln nach Abs. 3 gilt nicht für die **Ladung zur Durchführung erkennungsdienstlicher Maßnahmen** nach Abs. 1 Nr. 2, da in § 30 ausdrücklich geregelt ist, daß diese Maßnahmen ohne Einwilligung des Betroffenen vorgenommen werden können. Ohne die Möglichkeit der – notfalls zwangsweisen – Verbringung des Betroffenen zur Dienststelle wäre aber die Durchsetzung der durch § 30 begründeten Pflicht, eine erkennungsdienstliche Behandlung unter bestimmten Voraussetzungen zu dulden, nicht möglich. Zudem ist die zwangsweise durchgesetzte Vorladung das mildere Mittel gegenüber dem Identitätsgewahrsam nach § 22 Abs. 1 Nr. 3. **10**

### § 22
### Gewahrsam

**(1) Die Polizei kann eine Person in Gewahrsam nehmen, wenn**

1. **auf andere Weise eine unmittelbar bevorstehende erhebliche Störung der öffentlichen Sicherheit oder Ordnung nicht verhindert oder eine bereits eingetretene erhebliche Störung nicht beseitigt werden kann, oder**

2. der Gewahrsam zum eigenen Schutz einer Person gegen drohende Gefahr für Leib oder Leben erforderlich ist und die Person
   a) um Gewahrsam nachsucht, oder
   b) sich erkennbar in einem die freie Willensbestimmung ausschließenden Zustand oder sonst in einer hilflosen Lage befindet, oder
   c) Selbstmord begehen will, oder
3. die Identität einer Person auf andere Weise nicht festgestellt werden kann.

(2) Dem in Gewahrsam Genommenen sind der Grund dieser Maßnahme und die gegen sie zulässigen Rechtsbehelfe unverzüglich bekanntzugeben.

(3) Der Gewahrsam ist aufzuheben, sobald sein Zweck erreicht ist. Er darf ohne richterliche Entscheidung nicht länger als bis zum Ende des Tags nach dem Ergreifen aufrechterhalten werden. In der Entscheidung ist die höchstzulässige Dauer des Gewahrsams zu bestimmen; sie darf nicht mehr als zwei Wochen betragen.

(4) Zu der Entscheidung nach Absatz 3 Satz 2 ist das Amtsgericht zuständig, in dessen Bezirk eine Person in Gewahrsam genommen ist. Für das Verfahren gelten die Vorschriften des Reichsgesetzes über die Angelegenheiten der freiwilligen Gerichtsbarkeit. Gegen die Entscheidung des Gerichts findet die sofortige Beschwerde statt. Ist eine Entscheidung des Gerichts ergangen, so ist die Anfechtungsklage ausgeschlossen.

(5) Für die Gerichtskosten gelten, soweit nichts anderes bestimmt ist, die Vorschriften der Kostenordnung. Kosten werden nur von den in Gewahrsam genommenen Personen

# Gewahrsam § 22

und nur für die Entscheidung, die den Gewahrsam für zulässig erklärt, sowie für das Beschwerdeverfahren erhoben. Für die Entscheidung, die den Gewahrsam für zulässig erklärt, wird eine Gebühr von 30 DM erhoben, die vom Gericht bis auf 5 DM ermäßigt oder bis auf 200 DM erhöht werden kann. Dabei sind die Verhältnisse des Zahlungspflichtigen und die Bedeutung sowie der Umfang des Verfahrens zu berücksichtigen. In besonderen Fällen kann das Gericht von der Erhebung einer Gebühr absehen. Für das Beschwerdeverfahren wird bei Verwerfung oder Zurückweisung der Beschwerde eine Gebühr von 30 DM, bei der Zurücknahme der Beschwerde eine Gebühr von 10 DM erhoben. Der Gebührenschuldner hat, soweit er gebührenpflichtig ist, auch die baren Auslagen des gerichtlichen Verfahrens zu tragen.

**Literatur:** **Greiner,** Über den „Verbringungsgewahrsam" als unkonventionelle Maßnahme der Gefahrenabwehr, Die Polizei 1979, 92; **Hoffmann,** Polizeiliche „Schutzhaft" und Grundrechte (insbesondere von Heranwachsenden), DVBl. 1970, 473; **Roscher,** Ist die „Verbringung" von sog. Stadtstreichern nach dem bad.-württ. Polizeirecht zulässig? BWVPr. 1981, 61.

## Allgemeines

Ergänzende Vorschriften zu § 22 enthält § 2 der 1. DVO PolG (Anhang 1).

Der polizeiliche Gewahrsam ist eine **Freiheitsentziehung aus präventivpolizeilichen Gründen.** Zum Begriff der Freiheitsentziehung und zur Abgrenzung gegenüber der Freiheitsbeschränkung s. Randnrn. 6–8 zu § 4.

**Besonders geregelte Fälle** der Freiheitsentziehung aus präventivpolizeilichen Gründen sind u. a.: Die Inobhutnahme Jugendlicher durch das Jugendamt nach § 1 Abs. 2 JSchÖG i. V. mit § 34 a LJWG; die Abschiebungshaft bei Ausländern nach §§ 13 und 16 AuslG; die Absonderung und Anstaltsunterbringung kranker und krankheits- oder ansteckungsverdächtiger

1

2

Personen nach § 37 BSeuchG; die Unterbringung psychisch Kranker nach dem UBG in psychiatrischen Krankenhäusern oder anderen anerkannten Einrichtungen; die Einweisung von Geschlechtskranken oder Krankheitsverdächtigen in ein Krankenhaus nach § 18 Abs. 2 Satz 3 GeschlKrG.

> Beispiel: Eine geschlechtskranke Prostituierte wird gemäß § 18 Abs. 2 GeschlKrG vom Gesundheitsamt aufgefordert, sich zur stationären Behandlung ins Krankenhaus zu begeben. Da sie sich weigert, wird sie vom zuständigen Amtsgericht zwangsweise eingewiesen. Diese Einweisung ist eine Freiheitsentziehung aus präventivpolizeilichen Gründen; sie beruht aber nicht auf § 22 PolG, sondern auf der Spezialnorm des § 18 GeschlKrG i. V. mit dem Gesetz über das gerichtliche Verfahren bei Freiheitsentziehungen.

3   Die **Freiheitsentziehung zu Strafverfolgungszwecken** ist in der StPO abschließend geregelt. Hierzu zählen insbesondere die Verhaftung (§§ 112 bis 126 StPO), die einstweilige Unterbringung (§ 126 a StPO), die vorläufige Festnahme (§§ 127 bis 129 StPO) und die Vorführung vor den Richter (§§ 51 und 133 bis 135 StPO).

> Beispiel: Ein Geisteskranker hat seine Frau getötet. Das zuständige Amtsgericht ordnet seine einstweilige Unterbringung in einer Heilanstalt an, weil dies die öffentliche Sicherheit erfordert. Diese strafverfahrensrechtliche Freiheitsentziehung geht von polizeirechtlichen Gesichtspunkten aus, stützt sich jedoch nicht auf § 22 PolG, sondern auf § 126 a Abs. 1 StPO.

## Zu Absatz 1

4   Die Vorschrift unterscheidet zwischen

1. dem Gewahrsam aus allgemeinpolizeilichen Gründen (Nr. 1),
2. dem Schutzgewahrsam (Nr. 2) und
3. dem Identitätsgewahrsam (Nr. 3).

## Gewahrsam § 22

**Zu Abs. 1 Nr. 1:** Um jemanden aus allgemeinpolizeilichen 5
Gründen in Gewahrsam zu nehmen, muß eine Störung der
öffentlichen Sicherheit oder Ordnung **unmittelbar bevorstehen
oder bereits eingetreten** sein und sie muß **erheblich** sein. Die
**Erheblichkeit** einer Störung kann sich entweder aus ihrem
Umfang oder ihrer Intensität oder aus der Tatsache ergeben,
daß besonders bedeutsame Rechtsgüter gefährdet sind. Die Störung muß also einen über das durchschnittliche Maß hinausgehenden Stärkegrad aufweisen und dadurch besondere polizeiliche Bedeutung besitzen. Der Gewahrsam ist nur zulässig, wenn
Abhilfe nicht **auf andere Weise**, also durch eine weniger einschneidende Maßnahme (vgl. auch § 5) geschaffen werden kann.

> B e i s p i e l e : Ein Mann versucht, mit Gewalt in die Wohnung
> seiner geschiedenen Frau einzudringen. Die herbeigerufene Polizei nimmt den Mann, der ernstzunehmende Morddrohungen
> gegen seine Frau ausstößt, zu Recht in Gewahrsam, um eine
> unmittelbar bevorstehende erhebliche Störung der öffentlichen
> Sicherheit oder Ordnung zu verhindern.
>
> Ein betrunkener Anhalter gefährdet an einer BAB-Anschlußstelle
> den Verkehr. Da er sich trotz wiederholter Aufforderung einer
> Polizeistreife nicht entfernt, nehmen ihn die Beamten bis zu seiner Ausnüchterung in Gewahrsam. Dieser ist erforderlich und
> zulässig, weil der Mann durch sein Verhalten gegen § 18 Abs. 10
> StVO verstößt, wonach Autobahnen nicht durch Fußgänger
> betreten werden dürfen, und weil er gleichzeitig die Sicherheit
> des Verkehrs erheblich beeinträchtigt und sich und andere gefährdet.

Unter den Voraussetzungen von Abs. 1 Nr. 1 ist auch der sog.
**Verbringungsgewahrsam** zulässig, der den Zweck verfolgt, den
Betroffenen gegen seinen Willen von einem bestimmten Ort zu
entfernen und seine alsbaldige Rückkehr zu verhindern. Er setzt
voraus, daß der Betroffene in zulässiger Weise aufgefordert
worden ist, den Ort, an dem er sich aufhält, zu verlassen. Rechtsgrundlage hierfür sind § 1 Abs. 1 und § 3.

**Zu Abs. 1 Nr. 2:** Die Voraussetzungen des **Schutzgewahrsams** 6
sind durch **genau abgegrenzte Tatbestände** abschließend gere-

**§ 22**                                                        Gewahrsam

gelt. Der Gewahrsam muß zum Schutz einer Person gegen **drohende Gefahr für Leib oder Leben** erforderlich sein. **Drohend** ist eine Gefahr, wenn der Schadenseintritt nicht bloß theoretisch möglich, sondern praktisch wahrscheinlich ist; daß er **unmittelbar** bevorsteht, ist **nicht erforderlich.** Außer einer Gefahr für Leib oder Leben muß alternativ **eine der in Abs. 1 Nr. 2 Buchst. a) bis c) genannten weiteren Voraussetzungen vorliegen,** d. h. der Gefährdete muß um Gewahrsam nachsuchen, oder er muß sich in einer hilflosen Lage befinden oder er will Selbstmord begehen.

7     **Zu Abs. 1 Nr. 2 a: Sucht** eine Person **um Gewahrsam nach,** liegt keine eigentliche Freiheitsentziehung vor. Das Gesetz unterstellt diesen Fall gleichwohl den Vorschriften über den Gewahrsam, um etwaige Mißbräuche auszuschließen.

> B e i s p i e l e : Ein Autofahrer hat ein Kind tödlich verletzt; eine aufgebrachte Menschenmenge droht ihn zu lynchen. Auf seine Bitte nimmt die Polizei den Mann in Gewahrsam, um ihn vor drohender Gefahr für sein Leben oder seine Gesundheit zu bewahren.
>
> Auf die Anzeige einer Nachbarin wird ein Mann wegen schweren Sittlichkeitsdelikten zu einer längeren Freiheitsstrafe verurteilt. Bei der Urteilsverkündung droht er der Nachbarin Rache an. Als ihm nach einem halben Jahr die Flucht gelingt, nimmt die Polizei die Frau gegen ihren Willen in Gewahrsam, um sie vor dem angedrohten Racheakt zu schützen. Diese Maßnahme ist nicht gerechtfertigt, weil es am eigenen Verlangen des Bedrohten zum Gewahrsam fehlt und die Voraussetzungen des Abs. 1 Nr. 1 nicht vorliegen. Die Polizei muß vielmehr auf andere Weise den Schutz der Frau sicherstellen.

8     **Zu Abs. 1 Nr. 2 b:** Die **freie Willensbestimmung muß erkennbar ausgeschlossen** sein. Bloße Minderung der Geistes- oder Willenskraft, krankhafte Gleichgültigkeit gegen die Folgen eigenen Handelns oder Unfähigkeit zu ruhiger •ler vernünftiger Überlegung reichen für einen Gewahrsam nicht aus. **Hilflos ist,** wer sich – verschuldet oder unverschuldet – nicht selbst helfen kann.

Beispiele: Eine Polizeistreife wird in eine Straße gerufen, wo eine völlig betrunkene Frau auf dem Gehweg liegt. Keiner der Umstehenden kennt die Frau; es ist auch nicht festzustellen, wo sie wohnt. Die Beamten bringen sie deshalb zur Ausnüchterung in eine Zelle, weil der Frau ohne Zweifel gesundheitliche Gefahren drohen und weil sie sich in einem die freie Willensbestimmung ausschließenden Zustand befindet.

Im Getümmel eines Volksfestes verliert ein kleines Mädchen seine Eltern und wird von einer Frau zur nächsten Polizeiwache gebracht. Die Beamten nehmen das Kind in Obhut und übergeben es den später eintreffenden Eltern. Rechtlich ist die Inobhutnahme des Kindes ein Schutzgewahrsam, weil ihm zumindest gesundheitliche Gefahren drohen und es sich in einer hilflosen Lage befindet.

**Zu Abs. 1 Nr. 2 c:** Der Gewahrsam gegenüber **Selbstmordwilligen** dient dem polizeilichen Schutz des Menschenlebens als höchstem Rechtsgut. Der Gewahrsam ist nicht erst dann zulässig, wenn bereits ein Selbstmordversuch unternommen worden ist, sondern schon dann, wenn Tatsachen darauf schließen lassen, daß jemand Selbstmord begehen will.

Beispiel: Ein Autofahrer, der einen schweren Verkehrsunfall verursacht hat, springt aus seinem Fahrzeug, ruft erregt: „Ich bringe mich um" und rennt in einen naheliegenden Wald. Die davon verständigten Beamten des Unfallkommandos finden ihn vor einem steilen Felsabhang und nehmen ihn in Gewahrsam, weil sie auf Grund der Umstände annehmen müssen, daß der Mann Selbstmord begehen will.

**Zu Abs. 1 Nr. 3:** Der Gewahrsam zur **Identitätsfeststellung** ist nur zulässig, wenn diese **auf andere Weise** (etwa durch ein kurzfristiges Verbringen zur Dienststelle, die sog. „Sistierung", vgl. § 20 Abs. 2 Satz 3) **nicht möglich** ist. Die Polizei muß alle sonstigen Möglichkeiten ausschöpfen, bevor sie sich zu einer Freiheitsentziehung zum Zwecke der Feststellung der Identität entschließt.

Beispiel: Bei einer Verkehrskontrolle sehen Polizeibeamte in der Schlafkabine eines Lkw ein junges Mädchen, das der Fahrer angeblich an einer Raststätte in Norddeutschland aufgenommen hat. Auf Befragen gibt das Mädchen einen Namen an und behauptet weiter, es sei 14 Jahre alt und mit Erlaubnis seiner Eltern auf einer Besuchsreise. Diese Angaben kann das Mädchen nicht belegen. Die Beamten bringen es deshalb zunächst gemäß § 20 Abs. 2 Satz 3 zur Dienststelle. Als sich nach Ablauf einer Stunde nichts Näheres zur Person feststellen läßt, nehmen die Beamten das Mädchen förmlich in Gewahrsam, weil sich auf andere Weise keine ausreichende Möglichkeit zur Feststellung seiner Identität ergibt.

### Zu Absatz 2

11 Dem Betroffenen ist der **Grund des Gewahrsams** bekanntzugeben. Hierzu brauchen nicht alle Einzelheiten des in Gang befindlichen Verfahrens eröffnet werden. Der Betroffene muß jedoch über die maßgeblichen tatsächlichen Gesichtspunkte soweit unterrichtet werden, daß er von den ihm zustehenden Rechtsbehelfen sinnvoll Gebrauch machen kann. Die gegen den Gewahrsam zulässigen **Rechtsbehelfe** (vgl. vor § 20, Randnrn. 6 ff.) sind dem Betroffenen bekanntzugeben. Die Unterrichtung über den Grund des Gewahrsams und die gegen ihn zulässigen Rechtsbehelfe hat **unverzüglich**, d. h. ohne schuldhaftes Zögern (vgl. § 121 Abs. 1 BGB) zu erfolgen.

12 Nach § 2 Abs. 1 Satz 1 der 1. DVO PolG (Anhang 1) soll der in Gewahrsam Genommene von anderen festgehaltenen Personen getrennt verwahrt werden. Dem Betroffenen ist Gelegenheit zur Benachrichtigung eines Angehörigen oder einer Vertrauensperson sowie eines Bevollmächtigten (Rechtsbeistandes) zu geben (§ 2 Abs. 2 der 1. DVO). Beschränkungen, wie die Abgabe von Geld, Wertsachen, Hosenträgern, Gürteln, dürfen nur auferlegt werden, wenn dies zur Sicherung des Zwecks des Gewahrsams oder zur Aufrechterhaltung der Ordnung im Gewahrsam erforderlich ist. Eine **Durchsuchung des Betroffenen** ist gemäß § 23

# Gewahrsam § 22

Abs. 1 Nr. 1 jederzeit möglich. **Fesseln** dürfen nur nach § 2 Abs. 3 der 1. DVO i. V. mit § 35 Abs. 1 und Nr. 4 Buchst. b UZwErl. angelegt werden. Der Gewahrsam erfolgt in der Regel in einer polizeilichen Hafteinrichtung. Er kann aber auch in anderen Räumen, z. B. in einem Krankenhaus, vollzogen werden.

> B e i s p i e l e : Auf einer Polizeidienststelle wird ein entwichener 17jähriger Fürsorgezögling in Ermangelung einer zweiten Arrestzelle zusammen mit einem ortsbekannten 40jährigen Schläger, der wegen versuchten Totschlages festgenommen worden war, in einer Zelle untergebracht. Das ist nicht zulässig, weil § 2 Abs. 1 der 1. DVO vorschreibt, daß ein in Gewahrsam Genommener von anderen festgehaltenen Personen, insbesondere Untersuchungs- und Strafgefangenen, getrennt unterzubringen ist. Außerdem sollen Jugendliche und Erwachsene getrennt untergebracht werden.
>
> Die Polizei hat einen Selbstmordwilligen in Gewahrsam genommen. Da wegen der schwachen personellen Besetzung der Dienststelle eine regelmäßige Kontrolle des Verwahrten nicht möglich ist, wird er in der Zelle so gefesselt, daß ein weiterer Selbstmordversuch ausgeschlossen ist.

## Zu Absatz 3

Der Gewahrsam ist aufzuheben, sobald sein **Zweck erreicht** ist, d. h., **wenn die** in § 22 Abs. 1 Nr. 1 bis 3 bezeichneten **Voraussetzungen** für den Gewahrsam **entfallen** sind.

13

> B e i s p i e l : Ein Schiedsrichter, der nach einem Fußballspiel von aufgebrachten Zuschauern ernsthaft bedroht wird, begibt sich zu seinem Schutz freiwillig in den Gewahrsam der Polizei. Nach einiger Zeit will er nach Hause fahren. Da die Bedrohung noch anhält, weigert sich die Polizei, ihn zu entlassen. Zwar sind die Voraussetzungen des § 22 Abs. 1 Nr. 2 weggefallen, da der eigene Wille des Betroffenen zum Gewahrsam nicht mehr vorliegt. Indessen würde die Entlassung des Schiedsrichters zu einer erheblichen Störung der öffentlichen Sicherheit (u. a. § 125 StGB) führen.

## § 22 Gewahrsam

die auf andere Weise nicht beseitigt werden kann. Deshalb ist der weitere Gewahrsam auf Grund des § 22 Abs. 1 Nr. 1 zulässig.

**14** Der in Gewahrsam Genommene steht nach **Art. 104 Abs. 2 GG** unter dem besonderen **Schutz des Richters.** Die Polizei hat nach Art. 104 Abs. 2 Satz 1 GG, wenn die Umstände dies zulassen, bereits **vor dem Vollzug des Gewahrsams** eine **richterliche Anordnung** herbeizuführen. Ist dies nicht möglich, so hat die Polizei nach dem Vollzug des Gewahrsams **unverzüglich eine nachträgliche richterliche Entscheidung** gemäß Art. 104 Abs. 2 Satz 2 GG herbeizuführen. Diese Pflicht, die in § 22 PolG nicht erwähnt ist, ergibt sich unmittelbar aus dem GG. Art. 104 Abs. 2 Satz 3 GG und § 22 Abs. 3 Satz 2 PolG, wonach die Polizei niemanden aus eigener Machtvollkommenheit länger als bis zum Ende des Tages nach dem Ergreifen in eigenem Gewahrsam halten darf, fixieren nur eine **äußerste zeitliche Grenze,** entheben die Polizei aber nicht von der Verpflichtung, auch innerhalb dieser Grenze unverzüglich eine richterliche Entscheidung herbeizuführen. Davon kann nur abgesehen werden, wenn anzunehmen ist, daß die richterliche Entscheidung erst nach dem Ende des Gewahrsams ergehen könnte.

B e i s p i e l : Im Verlauf einer mit schweren Gewalttaten verbundenen Demonstration nimmt die Polizei an einem Mittwochnachmittag mehrere Rädelsführer in Gewahrsam und beantragt unverzüglich eine Entscheidung des Amtsrichters über die Fortdauer des Gewahrsams. Ergeht keine richterliche Entscheidung, so muß spätestens am Donnerstag um 24.00 Uhr die Freilassung erfolgen.

### Zu Absatz 4

**15** Die Vorschrift enthält eine nähere Regelung **des gerichtlichen Verfahrens** nach Art. 104 Abs. 2 Satz 4 GG. Die **Amtsgerichte** werden für zuständig erklärt, obwohl es sich um eine Angelegenheit des öffentlichen Rechts handelt, weil sie kleinere Bezirke haben als die Verwaltungsgerichte, so daß von ihnen rascher eine Entscheidung erlangt werden kann.

Für das Verfahren gelten die Vorschriften des **Gesetzes über** 16 **die Angelegenheiten der freiwilligen Gerichtsbarkeit (FGG).**

Hierbei ist zu beachten:

a) **Örtlich zuständig** ist das Amtsgericht, in dessen Bezirk eine Person in Gewahrsam genommen worden ist (Abs. 4 Satz 1).

b) Das Gericht wird **nur auf Veranlassung** eines Beteiligten tätig. Die Polizeibehörde oder -dienststelle, welche den Gewahrsam angeordnet hat, ist verpflichtet, alles Erforderliche zu veranlassen, damit die gerichtliche Entscheidung unverzüglich (vgl. Randnr. 14) ergehen kann. Eine **Form** ist für den Antrag auf richterliche Entscheidung **nicht vorgeschrieben.**

c) Nach dem in § 12 FGG festgelegten **Amtsermittlungsgrundsatz** hat das Gericht die für seine Entscheidung erheblichen Tatsachen in eigener Initiative zu erheben. Eine mündliche Verhandlung ist nicht erforderlich; das Gericht kann sich darauf beschränken, schriftliche oder fernmündliche Äußerungen der Beteiligten einzuholen. Die Anhörung kann unterbleiben, wenn der Betroffene nicht vernehmungsfähig ist, z. B. bei anhaltender Trunkenheit oder bei fortgesetztem Randalieren.

d) Für die gerichtliche Entscheidung ist **keine bestimmte Form** vorgeschrieben. Sie ist jedoch in der Regel schriftlich zu erlassen.

e) Die Entscheidung ist, um wirksam zu werden, demjenigen **bekanntzugeben**, für welchen sie ihrem Inhalt nach bestimmt ist. Die Bekanntmachung erfolgt durch Zustellung von Amts wegen oder – gegenüber Anwesenden – durch Bekanntgabe zu Protokoll. Adressaten der Bekanntmachung sind Polizei und Betroffener.

f) Gegen die Entscheidung ist die **sofortige Beschwerde** zulässig (§ 22 Abs. 4 Satz 3). Sie ist binnen einer Frist von zwei Wochen nach der Bekanntmachung bei dem Gericht, das die Entscheidung erlassen hat, oder bei dem Beschwerdegericht

(Landgericht) einzulegen (§ 19 Abs. 2, § 21 Abs. 1, § 22 Abs. 1 FGG).

g) Gegen die Beschwerdeentscheidung ist die **sofortige weitere Beschwerde** an das Oberlandesgericht möglich (§§ 27–29 FGG). Sie ist eine reine Rechtsbeschwerde und kann daher nur auf rechtliche Gesichtspunkte gestützt werden; das Oberlandesgericht hat sich grundsätzlich auf eine rechtliche Nachprüfung der angefochtenen Entscheidung zu beschränken.

### Zu Absatz 5

17   Abs. 5 regelt die **Kostentragung** im **gerichtlichen** Verfahren. Hierbei ist grundsätzlich die Kostenordnung anzuwenden.

### Anhang zu § 22

18   **Abgeordnete** dürfen nur mit Einwilligung des Bundestags (Art. 46 Abs. 3 GG) bzw. des Landtags (Art. 38 Abs. 1 LV) in Gewahrsam genommen werden. Dies gilt jedoch nicht in den Fällen des § 22 Abs. 1 Nr. 2, weil es nicht vertretbar wäre, einem Abgeordneten den jedem Staatsbürger zustehenden polizeilichen Schutz gegen Gefahr für Leib oder Leben vorzuenthalten. Vgl. dazu im einzelnen die VwV des IM über die Zulässigkeit von Maßnahmen der Polizei und der Bußgeldbehörden gegen Parlamentsmitglieder vom 22. 7. 1981 (GABl. S. 1008).

19   **Diplomaten** und – in beschränktem Umfang – Angehörige diplomatischer Missionen und konsularischer Vertretungen dürfen in ihrer persönlichen Freiheit weder durch Maßnahmen der Strafverfolgung noch durch präventivpolizeiliche Maßnahmen beschränkt werden (vgl. Randnr. 15 zu § 6).

20   Mitglieder von **Stationierungsstreitkräften** dürfen nur bei Gefahr im Verzuge und nur dann in Gewahrsam genommen werden, wenn die zuständigen Behörden der Truppe oder die Militärpolizei der Truppe nicht rechtzeitig zu erreichen sind (vgl. Randnr. 16 zu § 6).

# § 23
## Durchsuchung von Personen

(1) Die Polizei kann eine Person durchsuchen, wenn
1. sie nach diesem Gesetz oder anderen Rechtsvorschriften festgehalten oder in Gewahrsam genommen werden darf,
2. Tatsachen die Annahme rechtfertigen, daß sie Sachen mit sich führt, die sichergestellt oder beschlagnahmt werden dürfen,
3. dies zur Feststellung ihrer Identität erforderlich ist und die Person sich erkennbar in einem die freie Willensbestimmung ausschließenden Zustand oder sonst in einer hilflosen Lage befindet,
4. sie sich an einem der in § 20 Abs. 1 Nr. 3 genannten Orte aufhält oder
5. sie sich in einem Objekt im Sinne des § 20 Abs. 1 Nr. 4 oder in dessen unmittelbarer Nähe aufhält und Tatsachen die Annahme rechtfertigen, daß in oder an Objekten dieser Art Straftaten begangen werden sollen.

(2) Die Polizei kann eine Person, deren Identität gemäß § 20 festgestellt werden soll, nach Waffen, anderen gefährlichen Werkzeugen und Sprengstoffen durchsuchen, wenn dies nach den Umständen zum Schutz des Polizeibeamten oder eines Dritten gegen eine Gefahr für Leib oder Leben erforderlich erscheint.

(3) Personen dürfen nur von Personen gleichen Geschlechts oder Ärzten durchsucht werden; dies gilt nicht, wenn die sofortige Durchsuchung nach den Umständen zum Schutz gegen eine Gefahr für Leib oder Leben erforderlich erscheint.

**Literatur: Barwisch,** Die polizeiliche Personendurchsuchung in der aktuellen Problematik der Beschränkung des Zutritts zu öffentlichen Veranstaltungen und Einrichtungen, Die Polizei 1978, 121.

## § 23 Durchsuchung von Personen

**Allgemeines**

**1**  § 23 regelt die Durchsuchung von Personen zum Zwecke der **Gefahrenabwehr**. Durchsuchungen zum Zwecke der Strafverfolgung richten sich ausschließlich nach §§ 102 ff. StPO. § 23 gilt für die Durchsuchung von **lebenden Personen**. Die Durchsuchung von Leichen richtet sich nach § 24.
**Durchsuchung** ist die Suche nach versteckten Gegenständen. Die Durchsuchung nach § 23 erstreckt sich auf die am Körper der Person befindlichen Kleidungsstücke, die Oberfläche des Körpers und die Körperöffnungen (z. B. Mundhöhle). Die Suche nach Gegenständen im Innern des Körpers ist eine körperliche **Untersuchung**, aber keine Durchsuchung. Die körperliche Untersuchung zu Strafverfolgungszwecken ist nach §§ 81a, 81c und 81d StPO zulässig. Im PolG ist die körperliche Untersuchung nicht zugelassen. Sie kann auch nicht auf die Generalermächtigung des § 1 Abs. 1 in Verb. mit § 3 gestützt werden.

**Zu Absatz 1**

**2**  Nr. 1 ermächtigt die Polizei, eine Person zu durchsuchen, die nach dem Polizeigesetz oder anderen Rechtsvorschriften (z. B. StPO, OWiG, AuslG, LVwVG) festgehalten (sistiert) oder in Gewahrsam genommen werden **darf**. Die Durchsuchung kann **zur Eigensicherung der Polizeibeamten** dem Festhalten oder dem Gewahrsam vorausgehen. Sie dient ferner dem Schutz des Betroffenen und anderer Personen, die mit ihm in Gewahrsam genommen werden.

**3**  Nr. 2 ermöglicht die Durchsuchung von Personen nach Sachen, die nach dem PolG oder nach anderen Rechtsvorschriften **zum Zwecke der Gefahrenabwehr** (nicht der Strafverfolgung) **sichergestellt** oder **beschlagnahmt** werden dürfen. Die Durchsuchung ist nur zulässig, wenn **Tatsachen** die Annahme rechtfertigen, daß der Betroffene eine Sache dieser Art mit sich führt.

# Durchsuchung von Personen § 23

> Beispiele: Ein Geschäftsinhaber schickt einen Angestellten mit einem größeren Geldbetrag zu einer auswärtigen Filiale. Durch einen Anruf erfährt er, daß der junge Mann am Filialort das Geld nicht abgeliefert habe, sondern angetrunken in einer Bar sitze. Die von dem Geschäftsmann verständigte Polizei fordert den Boten auf, ihr das Geld vorzuzeigen. Da er sich weigert, durchsuchen die Beamten den Mann und stellen das Geld sicher, um den Eigentümer vor Verlust zu schützen.
>
> Die Polizei durchsucht einen Selbstmordwilligen und beschlagnahmt von ihm mitgeführtes Gift.

**Nr. 3** läßt die Durchsuchung eines Bewußtlosen oder einer durch Alkohol, Rauschgift oder Schock willenlosen Person oder eines sonst Hilflosen **zur Feststellung der Identität** zu. Die Durchsuchung dient in der Regel dazu, aus mitgeführten Papieren, Unfallpässen u. ä. Rückschlüsse auf den Grund der Notlage und die zweckmäßigen Gegenmaßnahmen zu ziehen und die Person des Durchsuchten sowie seine Angehörigen zu ermitteln. 4

**Nr. 4** ermöglicht die **Personendurchsuchung bei Razzien** und anderen Personenfeststellungen an „verrufenen Orten" nach § 20 Abs. 1 Nr. 3. Dabei kann die Durchsuchung **zur Eigensicherung** der Personenfeststellung **vorausgehen.** 5

**Nr. 5** ergänzt § 20 Abs. 1 Nr. 4. In oder in unmittelbarer Nähe gefährdeter Objekte ist neben der Identitätsfeststellung auch die Durchsuchung von Personen zulässig. Auch hier müssen bestimmte Tatsachen die Annahme rechtfertigen, daß Straftaten in oder an Objekten der genannten Art begangen werden sollen. 6

> Beispiel: Das Rathaus einer Stadt ist mehrfach mit Farbe beschmiert worden. Polizeibeamte durchsuchen deshalb einige junge Leute, die sich zur Nachtzeit in verdächtiger Weise in der Nähe des Rathauses aufhalten, nach Sprühgeräten oder Farbbeuteln.

**Zu Absatz 2**

7   Abs. 2 erlaubt der Polizei, in **besonders gefährlich erscheinender Situation** Personen, deren Identität festgestellt werden soll, **schon vor dieser Maßnahme** auf Waffen, andere gefährliche Werkzeuge und Sprengstoffe zu durchsuchen. Dadurch kann die Polizei einem Überraschungsangriff vorbeugen. Die Vorschrift dient in erster Linie der **Eigensicherung** der Polizeibeamten.

> B e i s p i e l : Eine Polizeistreife kontrolliert zur Nachtzeit ein verdächtiges Kraftfahrzeug, das unbeleuchtet auf einem abgelegenen Platz steht. Hier können die Beamten zur Eigensicherung die Insassen des Fahrzeuges zunächst zum Aussteigen auffordern und durchsuchen, bevor sie deren Identität feststellen.

**Zu Absatz 3**

8   Abs. 3 gewährleistet **die Würde des Menschen** (Art. 1 Abs. 1 GG) bei Durchsuchungen. Von der Ausnahmeregelung, die eine Durchsuchung durch Personen anderen Geschlechts zuläßt, darf nur Gebrauch gemacht werden, wenn die Umstände dies zur Eigensicherung der Polizei oder zum Schutz des Durchsuchten oder Dritter erforderlich machen.

### § 24
### Durchsuchung von Sachen

Die Polizei kann eine Sache durchsuchen, wenn
1. sie von einer Person mitgeführt wird, die nach § 23 Abs. 1 oder 2 durchsucht werden darf,
2. Tatsachen die Annahme rechtfertigen, daß sich in ihr eine Person befindet, die
   a) in Gewahrsam genommen werden darf,
   b) widerrechtlich festgehalten wird oder
   c) infolge Hilflosigkeit an Leib oder Leben gefährdet ist,

Durchsuchung von Sachen § 24

3. Tatsachen die Annahme rechtfertigen, daß sich in ihr eine andere Sache befindet, die sichergestellt oder beschlagnahmt werden darf,
4. sie sich an einem der in § 20 Abs. 1 Nr. 3 genannten Orte befindet oder
5. sie sich in einem Objekt im Sinne des § 20 Abs. 1 Nr. 4 oder in dessen unmittelbarer Nähe befindet und Tatsachen die Annahme rechtfertigen, daß Straftaten in oder an Objekten dieser Art begangen werden sollen, oder
6. es sich um ein Land-, Wasser- oder Luftfahrzeug handelt, in dem sich eine Person befindet, deren Identität nach § 20 Abs. 1 Nr. 5 oder 6 festgestellt werden darf; die Durchsuchung kann sich auch auf die in dem Fahrzeug enthaltenen Sachen erstrecken.

**Allgemeines**

§ 24 regelt die Durchsuchung von Sachen zum Zwecke der **Gefahrenabwehr.** Durchsuchungen zum Zwecke der Strafverfolgung richten sich ausschließlich nach §§ 102 ff. StPO. **Sachen** i. S. des § 24 sind alle körperlichen Gegenstände, gleichgültig ob sie beweglich oder unbeweglich sind. Auch die Durchsuchung von **Grundstücken** fällt unter § 24, soweit es sich nicht um die auf dem Grundstück befindlichen Wohnungen handelt. Dabei kommt es nicht darauf an, ob es sich um ein befriedetes oder ein unbefriedetes Grundstück handelt. Auch die Durchsuchung von **Fahrzeugen** richtet sich nach § 24, sofern sie nicht als Wohnungen benützt werden. Nicht unter § 24 fällt die Durchsuchung der **am Körper getragenen Kleidungsstücke.** Sie richtet sich als Teil der Durchsuchung einer Person nach § 23.

1

**Zu Nr. 1**

§ 24 Nr. 1 berechtigt die Polizei dazu, **bei der Durchsuchung einer Person** nach § 23 auch die von dieser **mitgeführten Sachen** zu durchsuchen. Diese Regelung trägt dem Gedanken Rechnung, daß eine auf die Person beschränkte Durchsuchung

2

## § 24 Durchsuchung von Sachen

den polizeilichen Erfordernissen nicht genügen würde. Als Objekte der Durchsuchung kommen vor allem mitgeführte Gepäckstücke und Fahrzeuge in Betracht.

### Zu Nr. 2

3   Die Durchsuchung nach § 24 Nr. 2 dient der **Auffindung von Personen,** die sich in Sachen im Sinne des § 24 befinden, z. B. in Fahrzeugen oder auf Grundstücken, soweit es sich nicht um Wohnungen handelt. In allen Fällen müssen Tatsachen vorliegen, die die Annahme rechtfertigen, daß sich die Person in der Sache befindet. Die Durchsuchung kann folgenden Zielen dienen:

a) Dem Auffinden einer Person, die nach § 22 oder einer anderen, der Gefahrenabwehr dienenden Rechtsvorschrift **in Gewahrsam genommen** werden darf;
b) dem Auffinden einer Person, die **widerrechtlich festgehalten** wird, z. B. während einer Geiselnahme;
c) dem Auffinden einer **hilflosen Person** in anderen Fällen, z. B. nach einem Selbstmordversuch in einem Fahrzeug. Es ist nicht erforderlich, daß die Voraussetzungen für die Ingewahrsamnahme der hilflosen Person nach § 22 Abs. 1 Nr. 2 Buchst. b vorliegen.

> B e i s p i e l : Eine Zwölfjährige reißt aus. Die Polizei ermittelt, daß sie an einer BAB-Anschlußstelle in den LKW einer bestimmten Firma eingestiegen ist. Das Fahrzeug wird von einer Streife angehalten. Da der Fahrer behauptet, von dem Mädchen nichts zu wissen, wird das Fahrzeug durchsucht (Rechtsgrundlage: § 24 Nr. 2 a).

### Zu Nr. 3

4   Die Durchsuchung nach § 24 Nr. 3 dient der **Auffindung von Sachen,** die nach dem PolG oder nach anderen, der Gefahrenabwehr dienenden Rechtsvorschriften (z. B. LMBG) sichergestellt

oder beschlagnahmt werden dürfen. Auch hier müssen Tatsachen die Annahme rechtfertigen, daß sich die gesuchte Sache in der zu durchsuchenden Sache befindet.

> Beispiel: Der Eigentümer eines Gartenhauses züchtet darin Giftschlangen. Die von den Nachbarn verständigte Polizei durchsucht das Gartenhaus und beschlagnahmt die nur unzulänglich verwahrten Schlangen (Rechtsgrundlage: § 24 Nr. 3).

**Zu Nr. 4**

§ 24 Nr. 4 soll bei Razzien und anderen Personenfeststellungen an „verrufenen Orten" nach § 20 Abs. 1 Nr. 3 auch die Durchsuchung derjenigen **Sachen** ermöglichen, **die keiner zu überprüfenden Person zugeordnet werden können**, z. B. weggeworfene Sachen oder abgestellte Fahrzeuge. Die Durchsuchung von Sachen, die von Personen mitgeführt werden, richtet sich nach Nr. 1.

Nr. 4 setzt nicht voraus, daß konkrete Anhaltspunkte dafür bestehen, daß die Durchsuchung der Sache etwas polizeilich Interessantes zutage fördern wird.

**Zu Nr. 5**

§ 24 Nr. 5 soll in gefährdeten Objekten i. S. des § 20 Abs. 1 Nr. 4 oder in deren unmittelbarer Nähe (vgl. dazu Randnr. 8 zu § 20) auch die Durchsuchung derjenigen **Sachen** ermöglichen, **die keiner zu überprüfenden Person zugeordnet werden können**. Die Durchsuchung von Sachen, die von Personen mitgeführt werden, richtet sich auch hier nach Nr. 1.

Auch Nr. 5 setzt nicht voraus, daß konkrete Anhaltspunkte dafür bestehen, daß die Durchsuchung der Sache etwas polizeilich Interessantes zutage fördern wird. Es müssen jedoch Tatsachen die Annahme rechtfertigen, daß in oder an Objekten dieser Art Straftaten begangen werden sollen (s. Randnr. 8 zu § 20).

§ 24                                      Durchsuchung von Sachen

> Beispiel: Nach der Androhung von Bombenanschlägen gegen Polizeidienststellen steht auf dem Parkplatz einer Polizeidienststelle ein Kombi-Fahrzeug unbekannter Herkunft, das mit Gasflaschen beladen ist. Da sich der Halter nicht ermitteln läßt, durchsucht die Polizei das verdächtige Fahrzeug, um einem möglichen Anschlag auf das Dienstgebäude vorzubeugen (Rechtsgrundlage: § 24 Nr. 5).

## Zu Nr. 6

7   Nr. 6 erlaubt es, **an Kontrollstellen** (§ 20 Abs. 1 Nr. 5) oder **in Kontrollbereichen** (§ 20 Abs. 1 Nr. 6) **auch Land-, Wasser- und Luftfahrzeuge** zu durchsuchen, in denen sich Personen befinden, deren Identität festgestellt werden darf. Ferner dürfen die in diesen Fahrzeugen befindlichen Sachen durchsucht werden.

Die Bestimmung gibt der Polizei die Befugnis, an Kontrollstellen oder in Kontrollbereichen Fahrzeuge (und darin enthaltene Sachen) auch dann zu durchsuchen, wenn die Voraussetzungen der Nummern 1 bis 5 nicht vorliegen, d. h. **es müssen keine Tatsachen vorliegen,** die die Annahme rechtfertigen, daß sich gerade in dem zu durchsuchenden Fahrzeug eine gesuchte Person oder Sache befindet. Für die Durchsuchung eines Fahrzeugs an einer Kontrollstelle oder im Kontrollbereich ist es auch nicht erforderlich, daß dieses an einem der in § 20 Abs. 1 Nr. 3 genannten Orte oder in der Nähe der in § 20 Abs. 1 Nr. 4 genannten Objekte angetroffen wird.

Die Sonderbehandlung von Fahrzeugen gegenüber anderen Sachen rechtfertigt sich daraus, daß diese bei der Begehung von Straftaten aller Art eine besondere Rolle spielen.

Die Vorschrift gilt nur für Kontrollstellen i. S. des § 20 Abs. 1 Nr. 5; die Durchsuchung an **Kontrollstellen nach § 111 StPO** richtet sich nach § 111 Abs. 1 Satz 2 StPO.

## § 25
### Betreten und Durchsuchung von Wohnungen

(1) Die Polizei kann eine Wohnung gegen den Willen des Inhabers nur betreten, wenn dies zum Schutz eines einzelnen oder des Gemeinwesens gegen dringende Gefahren für die öffentliche Sicherheit oder Ordnung erforderlich ist. Während der Nachtzeit ist das Betreten nur zur Abwehr einer gemeinen Gefahr oder einer Lebensgefahr oder schweren Gesundheitsgefahr für einzelne Personen zulässig.

(2) Die Polizei kann eine Wohnung nur durchsuchen, wenn
1. Tatsachen die Annahme rechtfertigen, daß sich eine Person in der Wohnung befindet, die
    a) in Gewahrsam genommen werden darf,
    b) widerrechtlich festgehalten wird oder
    c) infolge Hilflosigkeit an Leib oder Leben gefährdet ist, oder
2. Tatsachen die Annahme rechtfertigen, daß sich eine Sache in der Wohnung befindet, die sichergestellt oder beschlagnahmt werden darf.

(3) Ist eine Person entführt worden und rechtfertigen Tatsachen die Annahme, daß sie in einem Gebäude oder einer Gebäudegruppe festgehalten wird, so kann die Polizei Wohnungen in diesem Gebäude oder dieser Gebäudegruppe durchsuchen, wenn die Durchsuchungen das einzige Mittel sind, um eine Lebensgefahr oder Gesundheitsgefahr von der entführten Person oder von einem Dritten abzuwehren. Durchsuchungen während der Nachtzeit sind nur zulässig, wenn sie zur Abwehr der in Satz 1 genannten Gefahren unumgänglich notwendig sind.

(4) Die Nachtzeit umfaßt in dem Zeitraum vom 1. April bis 30. September die Stunden von 21 Uhr bis 4 Uhr und in dem Zeitraum vom 1. Oktober bis 31. März die Stunden von 21 Uhr bis 6 Uhr.

## § 25 Betreten und Durchsuchung von Wohnungen

(5) Außer bei Gefahr im Verzug darf eine Durchsuchung nur durch das Amtsgericht angeordnet werden, in dessen Bezirk die Durchsuchung vorgenommen werden soll. Für das Verfahren gelten die Vorschriften des Gesetzes über die Angelegenheiten der freiwilligen Gerichtsbarkeit. Gegen die Entscheidung des Gerichts findet die sofortige Beschwerde statt; die Beschwerde hat keine aufschiebende Wirkung. Eine die Durchsuchung anordnende Entscheidung des Gerichts bedarf zu ihrer Wirksamkeit nicht der Bekanntmachung an den Betroffenen.

(6) Arbeits-, Betriebs- und Geschäftsräume dürfen zur Erfüllung einer polizeilichen Aufgabe während der Arbeits-, Betriebs- oder Geschäftszeit betreten werden.

(7) Der Wohnungsinhaber hat das Recht, bei der Durchsuchung anwesend zu sein. Ist er abwesend, so ist, wenn möglich, ein Vertreter oder Zeuge beizuziehen.

(8) Dem Wohnungsinhaber oder seinem Vertreter sind der Grund der Durchsuchung und die gegen sie zulässigen Rechtsbehelfe unverzüglich bekanntzugeben.

### Allgemeines

1 § 25 regelt unter Berücksichtigung des Grundrechts der Unverletzlichkeit der Wohnung (Art. 13 GG) das **Betreten** und die **Durchsuchung** von Wohnungen zu **präventivpolizeilichen Zwecken** (Gefahrenabwehr). Eingriffe in die Unverletzlichkeit der Wohnung zu Strafverfolgungszwecken sind nur nach Maßgabe der StPO zulässig (vgl. §§ 102 ff. StPO).

2 Voraussetzung für das Betreten und die Durchsuchung ist grundsätzlich der Schutz eines einzelnen oder des Gemeinwesens gegen dringende Gefahren für die öffentliche Sicherheit oder Ordnung. Ergänzende Vorschriften zu § 25 enthält § 3 der 1. DVO PolG (Anhang 1).

# Betreten und Durchsuchung von Wohnungen § 25

## Zu Absatz 1

Die Bestimmung regelt **das Betreten von Wohnungen** durch 3
die Polizei. Dieses umfaßt das Eintreten und Besichtigen, nicht
die Durchsuchung, der es aber immer vorausgeht. Der typische
Zweck des Betretens liegt darin, einfachere Feststellungen zu
treffen, ohne Behältnisse zu öffnen oder Veränderungen in der
Wohnung vorzunehmen. Ist dazu Zwangsanwendung gegen
Personen oder Sachen erforderlich, wird das Betreten zum **Eindringen,** doch erwähnt das PolG diesen Begriff nicht.

> Beispiel: Polizeibeamte bemerken starken Rauch, der aus
> einer Wohnung dringt. Da auf ihr Klingeln die Wohnungstür nicht
> geöffnet wird, brechen sie diese auf, um nach der Ursache der
> Rauchentwicklung zu sehen. Sie dringen damit in die Wohnung
> ein, um eine durch den Zustand einer Sache eingetretene Bedrohung der öffentlichen Sicherheit zu beseitigen.

**Wohnung** im Sinne des § 25 ist jede tatsächlich benutzte 4
Räumlichkeit, die zum **Aufenthalt von Menschen** bestimmt und
geeignet ist. Der Begriff Wohnung ist weit auszulegen; er
umfaßt auch Arbeits-, Betriebs- und Geschäftsräume (vgl.
Abs. 6). Ein dauerndes Bewohnen durch ein und dieselbe Person ist nicht erforderlich; auch der Gast hat seine „Wohnung"
im Hotelzimmer. Wohnschiffe, Wohnwagen und Wohnzelte sind
Wohnungen im Sinne des Gesetzes, wenn sie tatsächlich als
solche benutzt werden. Nebenräume wie Flur, Keller, Speicher,
Garage oder Treppenhaus sind Teile der Wohnung. Ein Raum,
der zu Wohnzwecken geeignet und bestimmt ist, aber **leersteht,**
ist keine Wohnung im Sinne des § 25.

> Beispiel: In einem leerstehenden, zum Abbruch bestimmten
> Gebäude nächtigen häufig Landstreicher und Kriminelle. Eine
> Streife durchsucht das Haus. Bei dieser polizeilichen Durchsuchung müssen die Vorschriften des § 25 PolG nicht berücksichtigt
> werden, da es sich bei den Räumen nicht mehr um „Wohnungen"
> handelt. Das Gebäude kann im Rahmen der allgemeinen Gefahrenabwehr betreten und als Sache i. S. des § 24 PolG durchsucht
> werden.

## § 25  Betreten und Durchsuchung von Wohnungen

**5**   **Inhaber** ist, wer **rechtmäßig die tatsächliche Gewalt** über die Räumlichkeiten **ausübt**; die Rechtsgrundlage zum Bewohnen ist nicht entscheidend, doch kann sich eine **widerrechtlich eingedrungene Person** nicht auf das Grundrecht des Art. 13 Abs. 1 GG berufen. Dagegen ist ein Mieter, der nach Ablauf der Kündigungsfrist in der Wohnung verbleibt, weiterhin (bis zur Räumung) Inhaber der Wohnung.

> B e i s p i e l e : Eine Ehefrau ruft die Polizei in die Wohnung, weil sie sich dort von ihrem Mann bedroht fühlt. Da beide Ehegatten Inhaber der Wohnung sind, muß die Polizei nach § 25 vorgehen.
>
> Stadtstreicher, die sich in einem zum Abbruch bestimmten leerstehenden Wohnhaus häuslich eingerichtet haben, sind damit nicht Inhaber einer Wohnung geworden, weil sie die Räume widerrechtlich in Besitz genommen haben.

Vorübergehende Abwesenheit hebt die Eigenschaft als Inhaber einer Wohnung nicht auf.

**6**   Die Beschränkungen des Abs. 1 gelten nur für das Betreten einer Wohnung **gegen den Willen** des Inhabers, also dann, wenn ein entgegenstehender Wille zu erkennen gegeben wurde oder nach den gesamten Umständen anzunehmen ist. Auf Ersuchen des Wohnungsinhabers kann die Polizei jederzeit eintreten, ohne an § 25 gebunden zu sein. Sind mehrere Wohnungsinhaber vorhanden, so müssen alle einverstanden sein. Liegt das Betreten im Interesse des nicht erreichbaren Inhabers, kann seine Einwilligung unterstellt werden (mutmaßliche Einwilligung).

> B e i s p i e l : Der Bewohner eines Mietshauses verständigt die Polizei davon, daß durch die Decke seiner Wohnung Wasser aus der darüberliegenden Wohnung dringe. Der Mieter der Wohnung sei nicht erreichbar. Die Beamten dringen in die Wohnung ein und stellen einen offenen Wasserhahn ab.

**7**   Eine **dringende Gefahr** liegt vor, wenn der baldige Eintritt eines ernsthaften Schadens an einem wichtigen Rechtsgut zu

## Betreten und Durchsuchung von Wohnungen § 25

erwarten ist, falls nicht alsbald eingeschritten wird. Der ernsthafte Schaden kann aus einer drohenden oder bereits eingetretenen Störung der öffentlichen Sicherheit oder Ordnung entstehen.

> B e i s p i e l : Ein Apotheker teilt der Polizei mit, er habe einer ihm namentlich bekannten Kundin versehentlich ein hochgiftiges Mittel gegeben. Die Polizei fährt sofort zur Wohnung der Frau, doch wird ihr auf Klingeln nicht geöffnet. Darauf dringen die Beamten in die Wohnung ein. Das Eindringen ist gerechtfertigt, weil es zum Schutz eines einzelnen gegen eine dringende Gefahr erfolgt.

Eine **gemeine Gefahr** ist gegeben, wenn eine Gefährdung in ihrer Ausdehnung unbestimmt, insbesondere wenn sie dem Willen des Verursachers nicht unterworfen ist und ein unbestimmter Personenkreis in Mitleidenschaft gezogen werden könnte. Das gilt besonders bei Feuer- oder Wassernot sowie bei Explosionen. 8

> B e i s p i e l : In der Wohnung eines entlassenen Soldaten der Bundeswehr entzündet sich aus ungeklärten Umständen ein Tränengaswurfkörper. Die von den Nachbarn gerufene Polizei betritt in Abwesenheit des Inhabers die Wohnung, durchsucht sie und beschlagnahmt weitere Explosivstoffe. Das Betreten der Wohnung dient zur Abwehr einer Gemeingefahr, denn im Falle einer erneuten, womöglich stärkeren Explosion könnte ein unbestimmter Personenkreis in Mitleidenschaft gezogen werden.

**Lebensgefahr** oder **schwere Gesundheitsgefahr** ist anzunehmen, wenn die Vernichtung eines Menschenlebens oder eine erhebliche Gesundheitsschädigung droht. Die Polizei ist hiernach z. B. zum Betreten einer Wohnung befugt, wenn in dieser Schüsse fallen oder Gas ausströmt; auch der Selbstmordwillige ist in Lebensgefahr. 9

> B e i s p i e l : Ein Hotelgast schließt sich unter Äußerung ernstzunehmender Selbstmordabsichten in sein Hotelzimmer ein. Vom Portier verständigte Polizeibeamte dringen in das Zimmer ein und veranlassen die ärztliche Versorgung des Gastes, der bereits unter der Einwirkung starker Drogen steht.

### § 25  Betreten und Durchsuchung von Wohnungen

**10**  Das **Betreten zur Nachtzeit** ist durch Abs. 1 Satz 2 auf die Fälle der gemeinen Gefahr, der Lebensgefahr oder der schweren Gesundheitsgefahr beschränkt. Wegen der **Nachtzeit** vgl. Abs. 4. Auch das Betreten von Gastzimmern in Hotels und Gasthöfen ist nur im Rahmen des § 25 zulässig. Die Einwilligung des Gastwirts reicht zum Betreten nicht aus.

> B e i s p i e l : Eine Fahndungsstreife der Polizei läßt sich im März morgens um 5 Uhr in einem Hotel das Fremdenverzeichnis vorlegen. Anschließend fordern die Beamten einzelne Gäste auf, ihre Zimmer zu öffnen, betreten die Zimmer und führen Personenkontrollen durch. Diese polizeilichen Maßnahmen werden zur Nachtzeit durchgeführt, zu der Wohnungen (vgl. Randnr. 4) nur in besonders schweren Gefahrenfällen betreten werden dürfen; sie sind nicht rechtmäßig, wenn sie nur allgemeinen polizeilichen Aufgaben dienen.

**Zu Absatz 2**

**11**  Abs. 2 läßt die Durchsuchung von Wohnungen zur **Suche nach Personen oder Sachen** unter denselben Voraussetzungen zu, wie § 24 Nr. 2 und 3 die Durchsuchung von Sachen (vgl. Randnrn. 3 und 4 zu § 24). **Die Tatsachen,** die die Annahme rechtfertigen, daß sich die gesuchte Person oder Sache in der Wohnung befindet, **müssen sich auf die einzelne zu durchsuchende Wohnung beziehen.** Dieselben Tatsachen können sich aber auch gleichzeitig auf mehrere Wohnungen beziehen.

Unter der **Durchsuchung einer Wohnung** ist das über das bloße Betreten (vgl. Randnr. 3) hinausgehende, **zielgerichtete Suchen** nach Personen oder Sachen oder nach einer Gefahrenquelle zu verstehen.

**Zu Absatz 3**

**12**  Abs. 3 enthält eine besondere Vorschrift für Wohnungsdurchsuchungen in **Entführungsfällen.** Ihre Anwendung setzt voraus, daß

a) eine Person **entführt** worden ist, also gegen ihren Willen oder gegen den Willen ihrer Sorgeberechtigten an einen anderen Ort verbracht worden ist und dort festgehalten wird;

b) Tatsachen die Annahme rechtfertigen, daß sie in einem bestimmten **Gebäude** oder einer bestimmten **Gebäudegruppe** festgehalten wird;

c) die Durchsuchungen das **einzige Mittel** zur Abwehr einer Lebensgefahr oder einer Gesundheitsgefahr sind. Zur **Nachtzeit** dürfen die Durchsuchungen nur erfolgen, wenn dies zur wirksamen Abwehr dieser Gefahren **unumgänglich notwendig** ist.

Unter einer **Gebäudegruppe** können im Hinblick darauf, daß der Landtag die im Regierungsentwurf (Landtagsdrucksache 6/7840, S. 6 und 12) vorgesehene Durchsuchung aller Wohnungen in einem **Bezirk** auf die Wohnungen **in einem Gebäude oder einer Gebäudegruppe** beschränkt hat, keinesfalls alle Gebäude in einem ganzen Stadtbezirk oder Wohnbezirk verstanden werden. Der Begriff der Gebäudegruppe muß **wesentlich enger örtlich umgrenzt** werden. Er umfaßt nur eine kleinere Anzahl von Gebäuden, die im Hinblick auf ihre bauliche Anlage als zusammengehörend angesehen werden können.

Die Bedeutung des Abs. 3 besteht darin, daß in den Entführungsfällen als besonders schweren Fällen einer polizeilichen Gefahr darauf **verzichtet** wird, daß **konkrete Anhaltspunkte hinsichtlich der einzelnen zu durchsuchenden Wohnung vorliegen** müssen wie in den Fällen des Abs. 2 (vgl. Randnr. 11). Im Hinblick auf die Schwere der bestehenden Gefahr ist der damit verbundene Eingriff in das Grundrecht der Unverletzlichkeit der Wohnung einer größeren Anzahl unbeteiligter Personen verfassungsrechtlich zulässig, zumal es sich um das einzige in Betracht kommende polizeiliche Mittel zur Abwehr der Gefahr handeln muß. 13

## § 25 Betreten und Durchsuchung von Wohnungen

**Zu Absatz 4**

14 Der Begriff der **Nachtzeit** stimmt mit § 104 Abs. 3 StPO überein.

**Zu Absatz 5**

15 Für Wohnungsdurchsuchungen ist nach Art. 13 Abs. 2 GG und § 25 Abs. 5 Satz 1 PolG grundsätzlich eine **vorherige richterliche Anordnung** erforderlich. Nur bei **Gefahr im Verzug** kann die Polizei selbst die Durchsuchung anordnen, und zwar in der Regel der Polizeivollzugsdienst nach § 46 Abs. 2 Nr. 2, da eine Einschaltung der Polizeibehörde in diesen Fällen ebensowenig möglich sein wird, wie die Einschaltung des Gerichts.

Zuständig ist wie bei der Anordnung des Gewahrsams nach § 22 Abs. 4 das **Amtsgericht**. Wegen des Verfahrens und der Anwendung des FGG vgl. Randnrn. 15 und 16 zu § 22.

**Zu Absatz 6**

16 Die Bestimmung stellt ausdrücklich fest, daß auch **Arbeits-, Betriebs- und Geschäftsräume** unter den Begriff „Wohnung" fallen. Sie dürfen somit nur unter den Voraussetzungen des § 25 Abs. 1 bis 5 betreten oder durchsucht werden. Während der Geschäftszeit können Arbeits-, Betriebs- und Geschäftsräume jedoch zur Erfüllung jeder polizeilichen Aufgabe betreten werden. Die Rechtsprechung wertet dieses Betreten nicht als Eingriffe oder Beschränkungen im Sinne von Art. 13 Abs. 3 GG.

**Zu Absatz 7**

17 Das **Anwesenheitsrecht** des Wohnungsinhabers beinhaltet auch das Recht, die durchsuchenden Beamten zu begleiten und bei der Durchsuchung zuzusehen. Die Durchsuchung darf daher grundsätzlich nicht gleichzeitig in mehreren Räumen der

Wohnung stattfinden, sofern nicht in diesen Räumen ein Vertreter des Wohnungsinhabers anwesend ist. Ein **Hinweis auf das Anwesenheitsrecht** ist nicht vorgeschrieben, aber **zweckmäßig,** da die Anwesenheit auch im Interesse der durchsuchenden Beamten liegen kann, insbesondere im Hinblick auf etwaige spätere Vorwürfe des Betroffenen.

Über die Durchsuchung ist nach § 3 der 1. DVO PolG (Anhang 1) eine **Niederschrift** aufzunehmen, von der dem Wohnungsinhaber oder seinem Vertreter auf Verlangen eine Abschrift auszuhändigen ist.

**Zu Absatz 8**

Die Pflicht zur **Bekanntgabe des Durchsuchungsgrundes** hat ihre Grenze dort, wo durch sie der Zweck der Durchsuchung gefährdet würde, z. B., wenn der Betroffene möglicherweise in die Lage versetzt würde, die Auffindung der gesuchten Person oder Sache zu erschweren oder unmöglich zu machen. 18

Die bekanntzugebenden **Rechtsbehelfe** richten sich danach, ob die Wohnungsdurchsuchung vom Amtsgericht oder von der Polizei in eigener Zuständigkeit angeordnet wird: 19

a) **Ordnet ein Amtsgericht die Wohnungsdurchsuchung an,** so ist nach § 25 Abs. 5 Satz 3 die sofortige Beschwerde zulässig. Sie ist binnen einer Frist von zwei Wochen nach der Bekanntmachung bei dem Gericht, das die Entscheidung erlassen hat, oder bei dem Beschwerdegericht (Landgericht) einzulegen (§ 19 Abs. 2, § 21 Abs. 1, § 22 Abs. 1 FGG). Gegen die Beschwerdeentscheidung ist die sofortige weitere Beschwerde an das Oberlandesgericht möglich (§§ 27–29 FGG). Sie ist eine reine Rechtsbeschwerde und kann daher nur auf rechtliche Gesichtspunkte gestützt werden.

b) **Ordnet die Polizei die Wohnungsdurchsuchung wegen Gefahr im Verzug in eigener Zuständigkeit an,** so ist diese

Anordnung ein Verwaltungsakt. Gegen diesen wäre an sich der Widerspruch gegeben (vgl. vor § 20, Randnrn. 6 ff.). Mit der Beendigung der Durchsuchung hat sich jedoch auch der Verwaltungsakt erledigt, so daß eine Widerspruchsentscheidung nicht mehr verlangt werden kann. Dagegen ist auch nach Erledigung des Verwaltungsaktes bei Vorliegen eines besonderen Rechtsschutzbedürfnisses die Feststellungsklage beim Verwaltungsgericht (§ 43 VwGO) dahingehend möglich, daß die Durchsuchung rechtswidrig gewesen sei.

## § 26
## Sicherstellung

**(1) Die Polizei kann eine Sache sicherstellen, wenn dies erforderlich ist, um den Eigentümer oder den rechtmäßigen Inhaber der tatsächlichen Gewalt vor Verlust oder Beschädigung der Sache zu schützen.**

**(2) Der Eigentümer oder der rechtmäßige Inhaber der tatsächlichen Gewalt ist unverzüglich zu unterrichten.**

**(3) Bei der Verwahrung sichergestellter Sachen ist den Belangen des Eigentümers oder des rechtmäßigen Inhabers der tatsächlichen Gewalt Rechnung zu tragen.**

**(4) Die Sicherstellung ist aufzuheben, wenn der Eigentümer oder der rechtmäßige Inhaber der tatsächlichen Gewalt dies verlangt oder wenn ein Schutz nicht mehr erforderlich ist, spätestens jedoch nach zwei Wochen.**

**(5) Diese Bestimmungen finden auf verlorene Sachen Anwendung, soweit in den gesetzlichen Vorschriften über den Fund nichts anderes bestimmt ist.**

**Literatur:** Klich, Zur Frage der polizeilichen Sicherstellung, PolBlBW 1975, 120.

Sicherstellung § 26

**Allgemeines**

Ergänzende Vorschriften über die Verwahrung und Notveräußerung sichergestellter und beschlagnahmter Sachen enthält § 4 der 1. DVO PolG (Anhang 1).

Die §§ 26 und 27 befassen sich mit **präventivpolizeilichen Maßnahmen**; die Beschlagnahme zu Strafverfolgungszwecken richtet sich ausschließlich nach der StPO. Im Interesse einer klaren begrifflichen Unterscheidung bezeichnet das Polizeigesetz als **Sicherstellung** nur die Maßnahme, die von der Polizei zum Schutz von Hab und Gut eines einzelnen getroffen wird, während es unter **Beschlagnahme** eine Verfügungsbeschränkung versteht, die überwiegend zur Wahrung allgemeinpolizeilicher Belange getroffen wird. 1

> B e i s p i e l e : Nach einem Verkehrsunfall bringt die Polizei das Kraftfahrzeug des schwerverletzten Fahrers auf einen behördeneigenen Platz und verwahrt es dort. Es handelt sich um eine polizeiliche Sicherstellung nach § 26 Abs. 1 PolG.
>
> Ein Polizeibeamter nimmt einem Jugendlichen eine Steinschleuder weg, als dieser damit herumschießt. Hier handelt es sich um eine polizeiliche Beschlagnahme gemäß § 27 Abs. 1 Nr. 1 PolG.

**Demgegenüber** regelt die **Strafprozeßordnung** in § 94 die Inverwahrungnahme von Gegenständen, die für ein Strafverfahren als Beweismittel von Bedeutung sein können. Sie spricht hierbei von Beschlagnahme, wenn sich Gegenstände im Gewahrsam einer Person befinden und nicht freiwillig herausgegeben werden; im übrigen findet die Sicherstellung statt.

§ 26 ist **Sondervorschrift zu § 2 Abs. 2**. Ein Antrag dessen, der geschützt werden soll, ist nicht erforderlich; sein Einverständnis wird vermutet. Im Gegensatz hierzu erfolgt die Beschlagnahme nach § 27 gegen den Willen des Berechtigten. 2

> Beispiel: Ein Gastwirt verständigt eine Polizeidienststelle, daß in seinem Lokal ein 13jähriger Schmuckstücke zum Kauf anbiete. Einer Funkstreife gegenüber gibt der Junge nach einigen Ausflüchten zu, den Schmuck seiner Mutter weggenommen zu haben, um ihn in Geld umzusetzen. Eine Straftat liegt wegen der Strafunmündigkeit nicht vor. Doch können die Polizeibeamten den Schmuck im Interesse seiner Eigentümerin auch ohne ihren Antrag aufgrund des § 26 Abs. 1 sicherstellen.

3   Eine **besondere gesetzliche Vorschrift** enthält § 4 Abs. 3 FeuerwehrG, wonach die Gemeinden bei Bränden und Notständen für die Sicherstellung von Tieren und Sachen zu sorgen haben.

### Zu Absatz 1

4   Wegen der Begriffe „**Eigentümer**" und „**Inhaber der tatsächlichen Gewalt**" vgl. Randnrn. 4 und 5 zu § 7. Die Polizei hat nur zugunsten des **rechtmäßigen** Inhabers der tatsächlichen Gewalt einzuschreiten; gegenüber einem nicht rechtmäßigen Gewaltinhaber kommt eine Beschlagnahme nach § 27 oder ein Vorgehen nach § 94 StPO in Betracht.

> Beispiel: Zwei Urlauber mieten ein Segelboot, mit dem sie in einem Sturm kentern. Die Besatzung wird von einer Privatjacht aufgenommen, während das auf dem See treibende Boot von der Wasserschutzpolizei an einen Liegeplatz geschleppt und dort verwahrt wird. Diese Maßnahme ist notwendig und gerechtfertigt, um den Eigentümer vor Verlust oder Beschädigung seines Bootes zu schützen.

5   Zur **Auffindung** von Gegenständen, die polizeilich sichergestellt werden sollen, kann die Polizei **Personen, Sachen und Wohnungen durchsuchen** (vgl. § 23 Abs. 1 Nr. 2, § 24 Nr. 3 und § 25 Abs. 2 Nr. 2).

Sicherstellung § 26

**Zu Absatz 2–4**

Die Absätze 2–4 tragen dem **Schutzcharakter der Sicherstellung** Rechnung, der auch in § 4 der 1. DVO PolG (Anhang 1) seinen Niederschlag gefunden hat. 6

Bei der Sicherstellung entsteht ein **öffentlich-rechtliches Verwahrungsverhältnis**. Danach nimmt die Polizei in Erfüllung öffentlich-rechtlicher Aufgaben Sachen in Besitz, die in fremdem Eigentum stehen, und zu deren ordnungsmäßiger Verwahrung sie verpflichtet ist. Auf das Verwahrungsverhältnis sind, soweit keine positive öffentlich-rechtliche Regelung getroffen ist, die Grundsätze über den bürgerlich-rechtlichen Verwahrungsvertrag entsprechend anzuwenden (vgl. § 688 ff. BGB). 7

**Entsprechend anzuwenden** sind insbesondere: 8

§ 693 BGB (Aufwendungsersatz)

> Beispiel: Bei einer Polizeidienststelle wird ein entwendetes Kraftfahrzeug untergestellt, das gem. § 26 Abs. 1 sichergestellt worden war. Die Kosten für das Abschleppen hat der Halter des Kraftfahrzeugs zu tragen (vgl. § 4 Abs. 1 Satz 3 der 1. DVO);

§ 694 BGB (Ersatzpflicht des Eigentümers für den Schaden, der etwa dadurch entsteht, daß aus einem sichergestellten Koffer eine ätzende Flüssigkeit ausläuft, die den Fußboden beschädigt);

§ 697 BGB (Holschuld des Betroffenen; die Polizei ist nicht verpflichtet, dem Eigentümer die sichergestellte Sache zu bringen).

**Zu Absatz 5**

**Verloren** ist eine Sache, die dem Besitzer zufällig und nicht nur vorübergehend abhanden gekommen ist. Die Rechtsstellung des Eigentümers und Verlierers muß weiterbestehen: Ist das Eigentum an der Sache aufgegeben, so ist sie nicht verloren, 9 sondern herrenlos. Versteckte oder gestohlene Sachen sind nicht verloren.

> Beispiel: Ein Mann eignet sich aus dem vor einer Haustür abgelagertem „Sperrmüll" ein Gemälde an, das sich später als sehr wertvoll herausstellt. Die Polizei kann zugunsten des ursprünglichen Eigentümers weder nach § 2 Abs. 2 noch nach § 27 etwas unternehmen, weil er das Eigentum an der Sache aufgegeben hat.

10  Die Polizeidienststellen sind **nicht verpflichtet,** verlorene Sachen entgegenzunehmen; dies ist Aufgabe der **Gemeinden als Fundbehörden** (§ 5 a AGBGB). Eine Polizeidienststelle **kann** jedoch, z. B. wenn die Fundbehörde geschlossen ist, Fundsachen entgegennehmen. Sie ist berechtigt, die Fundsache an den Verlierer herauszugeben, wenn er seine Berechtigung nachweist. Andernfalls ist die Fundsache der Fundbehörde abzuliefern.

11  Eine **Sicherstellung von Fundsachen** kommt dann in Betracht, wenn eine Behandlung als Fundsache nach §§ 965 ff. BGB nicht ausreichend erscheint, um den Berechtigten vor dem (endgültigen) Verlust zu bewahren, z. B., wenn Zweifel bestehen, ob der Finder die Sache bei der Fundbehörde abliefern wird.

## § 27
## Beschlagnahme

**(1) Die Polizei kann eine Sache beschlagnahmen, wenn dies erforderlich ist**
1. **zum Schutz eines einzelnen oder des Gemeinwesens gegen eine unmittelbar bevorstehende Störung der öffentlichen Sicherheit oder Ordnung oder zur Beseitigung einer bereits eingetretenen Störung,**
2. **zur Verhinderung einer mißbräuchlichen Verwendung durch eine Person, die nach diesem Gesetz in Gewahrsam genommen worden ist.**

## Beschlagnahme § 27

(2) Dem Betroffenen sind der Grund der Beschlagnahme und die gegen sie zulässigen Rechtsbehelfe unverzüglich bekanntzugeben. Auf Verlangen ist ihm eine Bescheinigung zu erteilen. § 26 Abs. 3 gilt entsprechend.

(3) Die Beschlagnahme ist aufzuheben, sobald ihr Zweck erreicht ist. Ist eine Sache vom Polizeivollzugsdienst (§ 45 Nr. 2) in eigener Zuständigkeit beschlagnahmt worden, so ist die Beschlagnahme spätestens nach drei Tagen aufzuheben, wenn sie nicht von der zuständigen allgemeinen Polizeibehörde bestätigt wird. Vorbehaltlich besonderer gesetzlicher Regelung darf die Beschlagnahme nicht länger als sechs Monate aufrechterhalten werden.

Literatur: Mayer, Pressebeschlagnahme nach Polizeigesetz, Landespressegesetz oder Strafprozeßordnung? PolBlBW 1981, 149.

### Allgemeines

Die Vorschrift regelt die **Beschlagnahme zu präventivpolizeilichen Zwecken.** Ergänzende Vorschriften enthält § 4 der 1. DVO PolG (Anhang 1). Im Gegensatz zu der Sicherstellung (§ 26) handelt es sich um eine Maßnahme, die nicht zum Schutz von Hab und Gut des einzelnen in seinem eigenen Interesse und mit seiner vermuteten Einwilligung, sondern **zur Wahrung allgemeinpolizeilicher Belange** getroffen wird. 1

> Beispiele: Nachdem ein Bordellbetrieb trotz polizeilicher Schließung weitergeführt wird, beschlagnahmt die Polizei die Räume gemäß § 27 Abs. 1 Nr. 1, um dadurch die weitere Ausübung der verbotenen Prostitution (§ 184 a StGB) zu verhindern.
>
> Ein Jugendlicher fährt mit seinem Fahrrad, dessen Beleuchtung defekt ist, bei Dunkelheit auf einer Bundesstraße. Ein Polizeibeamter hält den Jungen an und gibt ihm auf, das Fahrrad zu schieben. Da der Junge der Aufforderung nicht nachkommt, beschlagnahmt der Polizeibeamte das Fahrrad gemäß § 27 Abs. 1 Nr. 1.

## § 27 Beschlagnahme

**2**  Die präventivpolizeiliche Beschlagnahme ist von der **strafprozessualen Beschlagnahme** zu unterscheiden, die in der StPO abschließend geregelt ist (vgl. §§ 94 ff. StPO). Diese dient der Sicherstellung von Gegenständen, die als Beweismittel für ein Strafverfahren von Bedeutung sein können oder der Einziehung unterliegen. Die StPO beschränkt dabei den Begriff der Beschlagnahme auf Fälle, in denen sich Gegenstände in dem Gewahrsam einer Person befinden und nicht freiwillig herausgegeben werden (vgl. § 94 Abs. 2 StPO). Die strafprozessuale Beschlagnahme durch die Polizei kann nur einem Beweismittelverlust oder einer Einziehungsvereitelung vorbeugen. Dagegen soll die präventivpolizeiliche Beschlagnahme verhindern, daß aus dem Besitz oder der Verwendung des beschlagnahmten Gegenstandes polizeiwidrige Zustände entstehen oder fortdauern.

> B e i s p i e l : Ein Polizeibeamter nimmt einem Reifenstecher, den er auf frischer Tat ertappt, das Messer weg. Das Messer dient zur Beweisführung in einem Strafverfahren wegen Sachbeschädigung (§ 303 StGB). Es wird strafprozessual nach § 94 StPO beschlagnahmt; der anordnende Beamte muß gemäß § 98 StPO Hilfsbeamter der Staatsanwaltschaft sein. Es könnte aber auch nach § 27 PolG zum Zwecke der Gefahrenabwehr beschlagnahmt werden.

### Zu Absatz 1

**3**  Die Beschlagnahme muß zur Erreichung eines der in den Nrn. 1 und 2 bezeichneten polizeilichen Zwecke geeignet und auch **erforderlich** sein. Wegen der dabei anzustellenden Überlegungen vgl. Randnr. 11 zu § 3.

**4**  Eine Störung der öffentlichen Sicherheit oder Ordnung muß bereits eingetreten sein oder **unmittelbar bevorstehen.** Dies ist der Fall, wenn der Eintritt eines Schadens nach allgemeiner Erfahrung sofort oder in allernächster Zeit als gewiß anzusehen ist, falls nicht eingeschritten wird (vgl. Randnr. 5 zu § 9).

# Beschlagnahme § 27

Beispiele: Bei einer politischen Demonstration, die unter Tumulten abläuft, beobachtet die Polizei eine Gruppe von Gegendemonstranten, die alle mit Spazierstöcken ausgerüstet sind. Da zu befürchten ist, daß diese Stöcke als Hiebwaffen benutzt werden sollen, werden sie von den Beamten beschlagnahmt.

In einem vollbesetzten Fußballstadion nimmt ein Polizeibeamter einem jungen Mann eine Schachtel Feuerwerkskörper ab, weil er befürchtet, daß durch deren Abbrennen erhebliche Gefahren für die Besucher entstehen könnten.

Wegen der Beschlagnahme von freistehenden Wohnräumen zur Abwendung unmittelbar bevorstehender Obdachlosigkeit vgl. Randnr. 4 zu § 9.

Eine Beschlagnahme, durch die **unbeteiligte Dritte** betroffen werden, ist nur unter den Voraussetzungen des § 9 möglich. 5

Beispiel: Bei einem Eisenbahnunglück sind die Hilfsdienste und die Polizei nicht in der Lage, die vielen Verletzten unverzüglich ärztlicher Versorgung zuzuführen. Die Polizei zieht deshalb gemäß § 9 PolG alle zufällig anwesenden Autofahrer zum Verletztentransport heran. Als ein Fahrer sich weigert, wird ihm sein Kraftfahrzeug weggenommen, mit dem dann ein Beamter einen Schwerverletzten in das Krankenhaus bringt. Die Wegnahme des Kraftfahrzeugs ist eine polizeiliche Beschlagnahme gemäß § 27 Abs. 1 Nr. 1 PolG.

Zur **Verhinderung der mißbräuchlichen Verwendung** durch eine nach § 22 in Gewahrsam genommene Person kann z. B. die Beschlagnahme mitgeführter Waffen, zum Ausbrechen geeigneter Werkzeuge oder sonstiger Gegenstände erforderlich werden. 6

Beispiel: Ein gem. § 22 PolG in Gewahrsam genommener Betrunkener schlägt in dem Haftraum unaufhörlich mit den Schuhabsätzen gegen die Zellentür. Daraufhin werden ihm die Schuhe gemäß § 27 Abs. 1 Nr. 2 PolG weggenommen.

## Zu Absatz 2

Dem Betroffenen sind der **Grund** der Beschlagnahme und die gegen sie zulässigen **Rechtsbehelfe** unverzüglich **bekanntzugeben** (vgl. vor § 20, Randnrn. 6–11). 7

## § 27   Beschlagnahme

**8**  Für die **Durchführung der Beschlagnahme** gelten § 26 Abs. 3 PolG und § 4 Abs. 1 und 2 der 1. DVO PolG (Anhang 1) entsprechend. Eine bestimmte **Form** der Beschlagnahme, etwa eine schriftliche Anordnung, ist nicht vorgeschrieben. Der Betroffene kann jedoch gemäß § 37 Abs. 2 Satz 2 LVwVfG die **schriftliche Bestätigung** einer mündlichen Beschlagnahmeanordnung verlangen (vgl. vor § 20, Randnr. 4). Die schriftliche Bestätigung ist von der beschlagnahmenden Stelle vorzunehmen. Sie ist von der Bestätigung nach § 27 Abs. 3 Satz 2 PolG zu unterscheiden.

Wegen des durch die Beschlagnahme entstehenden öffentlich-rechtlichen Verwahrungsverhältnisses vgl. Randnrn. 7 und 8 zu § 26.

### Zu Absatz 3

**9**  Die Beschlagnahme ist **aufzuheben,** sobald ihr Zweck erreicht ist, also wenn ein Schutz des einzelnen oder des Gemeinwesens nach Abs. 1 Nr. 1 nicht mehr erforderlich ist, wenn etwa eine Selbstmordgefahr nicht mehr besteht, so daß die beschlagnahmte Pistole zurückgegeben werden kann, oder wenn im Fall des Abs. 1 Nr. 2 der Gewahrsam aufgehoben wird.

> B e i s p i e l : Bei einer Verkehrskontrolle wird ein mit Zementsäcken gefährlich überladener Lastkraftwagen angehalten. Der Polizeibeamte untersagt dem Fahrer die Weiterfahrt bis zum Abladen des Übergewichts und beschlagnahmt die Fahrzeugpapiere gemäß § 27 Abs. 1 Nr. 1 PolG. Nachdem der Fahrer die als Übergewicht errechnete Anzahl von Säcken abgeladen hat, gibt ihm der Beamte die Fahrzeugpapiere gemäß § 27 Abs. 3 Satz 1 PolG zurück und läßt ihn weiterfahren, weil der polizeiliche Zweck erreicht ist.

Nach Ende der Beschlagnahme hat die Polizei beschlagnahmte Räume freizumachen. Soweit nach Aufhebung der Beschlagnahme der Betroffene durch deren Folgen weiter beeinträchtigt wird, hat er gegen die Polizei einen Anspruch auf die Beseitigung dieser Folgen (vgl. Randnr. 9 zu § 9).

# Beschlagnahme § 27

Abs. 3 Satz 2 trifft eine Sonderregelung für **Beschlagnahmen, die von einer Polizeidienststelle in eigener Zuständigkeit** (§ 46 Abs. 2 Nr. 2), d. h. ohne vorherige Anordnung durch eine Polizeibehörde vorgenommen worden sind. Die Polizeidienststelle hat in diesem Fall binnen drei Tagen die Bestätigung der zuständigen allgemeinen Polizeibehörde herbeizuführen. Die **Bestätigung** ist **kein selbständiger Verwaltungsakt,** sondern nur die polizeiinterne Zustimmung zur Entscheidung einer anderen Stelle. Eine andere Auffassung vertritt das Verwaltungsgericht Freiburg (Beschl. vom 23. 4. 1976 – VS IV 50/70 und Urteil vom 10. 7. 1979 – VS IV 217/76), das die Bestätigung für einen (selbständig anfechtbaren) Verwaltungsakt hält. Dieser Auffassung steht entgegen, daß die Beschlagnahme auch nach ihrer Bestätigung durch die Ortspolizeibehörde ein Akt des Polizeivollzugsdienstes bleibt und von diesem aufgehoben werden kann, sofern die Ortspolizeibehörde keine gegenteilige Weisung erteilt. In der Bestätigung allein ist eine solche Weisung nicht zu erblicken.

10

Die Bestätigung bedarf zu ihrer Wirksamkeit nicht der Eröffnung an den Betroffenen. Dieser soll zwar möglichst rasch verständigt werden. Die hierzu erforderliche Zeit gehört aber nicht mehr zur Dreitagefrist.

Für die Entscheidung über die Bestätigung ist, soweit nicht spezialgesetzlich etwas anderes bestimmt ist, die **Ortspolizeibehörde** gemäß § 52 Abs. 2 sachlich zuständig. Wird die Bestätigung **abgelehnt** oder nicht innerhalb von 3 Tagen erteilt, so ist die **Beschlagnahme unverzüglich aufzuheben** und die Sache dem Berechtigten zurückzugeben.

> B e i s p i e l : Bei einer Verkehrskontrolle wird ein Kraftfahrzeug angehalten, dessen Bremsen fast unwirksam sind. Der kontrollierende Polizeibeamte läßt das Fahrzeug zu einer Reparaturwerkstätte abschleppen und behält die Fahrzeugpapiere und die Kennzeichenschilder bis zur Instandsetzung der Bremsen. Diese Maßnahmen stellen polizeiliche Beschlagnahmen gemäß § 27 Abs. 1

Nr. 1 PolG dar. Gemäß § 27 Abs. 3 i. V. mit § 52 Abs. 2 PolG müssen die Maßnahmen spätestens innerhalb von drei Tagen durch die zuständige Ortspolizeibehörde bestätigt werden.

**11** Eine befristete Beschlagnahme darf nur **wiederholt** werden, wenn ihre Voraussetzungen weiterbestehen. Die in Abs. 3 Satz 3 bestimmte **Frist von sechs Monaten** darf nicht überschritten werden. Die gesetzliche Ausnahmeregelung des § 94 für die Beschlagnahme von Wohnraum zur Unterbringung Obdachloser ist infolge der Aufhebung der Wohnraumbewirtschaftung nicht mehr wirksam (vgl. Erl. zu § 94).

> B e i s p i e l : In einer Winternacht werden Gastarbeiter bei einem Brand ihrer Unterkunft obdachlos. Weil Gefahr im Verzug vorliegt, beschlagnahmt der Revierführer gemäß § 27 Abs. 1 Nr. 1. i. V. mit §§ 9 und 46 Abs. 2 Nr. 2 PolG den Saal einer Gastwirtschaft, um dort die Gastarbeiter unterzubringen. Am nächsten Tag bestätigt die Ortspolizeibehörde die Beschlagnahme und setzt sie auf eine vorläufige Dauer von drei Monaten fest. Als nach Ablauf dieser Frist für die Gastarbeiter noch keine neue Unterkunft zur Verfügung steht, wird die Beschlagnahme durch die Ortspolizeibehörde um weitere drei Monate verlängert. Eine darüber hinausgehende Beschlagnahme ist unzulässig.

Liegen die Voraussetzungen der Beschlagnahme einer Sache offensichtlich dauernd vor, so kommt die Einziehung nach § 28 in Betracht.

**12** Einen Anspruch auf **Entschädigung** hat der von einer Beschlagnahme Betroffene nur als Unbeteiligter unter den Voraussetzungen der §§ 9 und 41.

### Sondervorschriften

**13** § 27 PolG ist nicht anzuwenden, soweit die Beschlagnahme zum Zwecke der Gefahrenabwehr spezialgesetzlich geregelt ist. Gesetzlich besonders geregelte Fälle der polizeilichen Beschlagnahme enthalten z. B. § 7 FleischbeschauG, § 22 FernmeldeanlagenG und § 37 Abs. 5 und § 40 Abs. 2 WaffG.

Einziehung § 28

Für die **Beschlagnahme von Presseerzeugnissen** gelten presserechtliche Sonderbestimmungen. Die Beschlagnahme eines Druckwerkes kann **nur der Richter** anordnen (§ 13 Abs. 1 LPrG). Außerdem dürfen unter bestimmten Voraussetzungen die Staatsanwaltschaft oder ihre Hilfsbeamten ein Druckwerk ohne richterliche Beschlagnahmeanordnung zu anderen Zwecken als zur Beweissicherung **vorläufig sicherstellen** (§ 18 Abs.1 LPrG). Die präventivpolizeiliche Beschlagnahme eines Druckwerkes wegen seines Inhalts unter dem Gesichtspunkt der Gefahrenabwehr nach dem PolG ist daneben nicht zulässig, da die Pressebeschlagnahme in §§ 111 m und 111 n StPO und im LPrG **abschließend geregelt** ist.

Im Sitzungsgebäude des **Landtags** darf ohne Zustimmung des Landtagspräsidenten keine Beschlagnahme stattfinden. Der Landtagspräsident ist als Inhaber der Polizeigewalt im Sitzungsgebäude befugt, seinerseits Beschlagnahmen in diesem anzuordnen. Die allgemeine Polizei hat ihm auf Ersuchen Amtshilfe zu leisten (vgl. Randnr. 5 zu § 47). 14

§ 28

Einziehung

(1) **Die zuständige allgemeine Polizeibehörde kann eine beschlagnahmte Sache einziehen, wenn diese nicht mehr herausgegeben werden kann, ohne daß die Voraussetzungen der Beschlagnahme erneut eintreten. Die Einziehung ist schriftlich anzuordnen.**

(2) **Die eingezogenen Sachen werden im Wege der öffentlichen Versteigerung (§ 383 Abs. 3 BGB) verwertet. Die Polizeibehörde kann die Versteigerung durch einen ihrer Beamten vornehmen lassen. Ein Zuschlag, durch den die Voraussetzungen der Einziehung erneut eintreten würden, ist zu versagen. Der Erlös ist dem Betroffenen herauszugeben.**

**§ 28** Einziehung

(3) Kann eine eingezogene Sache nicht verwertet werden, so ist sie unbrauchbar zu machen oder zu vernichten.

(4) Die Kosten der Verwertung, Unbrauchbarmachung oder Vernichtung fallen dem Betroffenen zur Last; sie können im Verwaltungszwangsverfahren beigetrieben werden.

## Allgemeines

1 § 28 regelt die **Einziehung zum Zwecke der Gefahrenabwehr** nach dem Grundsatz, daß die Polizei eine Sache einziehen kann, wenn die Voraussetzungen der Beschlagnahme dauernd weiterbestehen.

2 Von der präventivpolizeilichen Einziehung nach § 28 ist die **strafrechtliche Einziehung** (§§ 74 bis 74 f StGB und Spezialvorschriften, z. B § 56 WaffG, § 71 BSeuchG und § 20 Fernmeldeanlagen G) zu unterscheiden. Auch sie hat zwar insoweit polizeilichen Charakter, als sie auch der Verhinderung künftiger Straftaten dient, wird aber nicht von der Polizei, sondern vom Gericht angeordnet. Sie bezieht sich auf Gegenstände, welche durch eine vorsätzliche Straftat hervorgebracht oder zu ihrer Begehung gebraucht worden oder bestimmt gewesen sind, sofern sie dem Täter oder einem Teilnehmer gehören. Zu nennen sind ferner die gerichtliche Einziehung des Führerscheins nach Entzug der Fahrerlaubnis (§ 69 Abs. 3 Satz 2 StGB) und die Einziehung von Gegenständen als Nebenfolge einer Ordnungswidrigkeit (§§ 22 bis 29 OWiG).

## Zu Absatz 1

3 Die Einziehung obliegt der **zuständigen allgemeinen Polizeibehörde**. Die sachliche Zuständigkeit richtet sich nach §§ 52 und 53, die örtliche Zuständigkeit nach § 54. Eine Einziehung durch den Polizeivollzugsdienst ist nicht zulässig, weil im Hinblick darauf, daß es sich um bereits beschlagnahmte Sachen handeln muß, Gefahr im Verzug (vgl. § 46 Abs. 2 Nr. 2) begrifflich nicht denkbar ist.

# Einziehung § 28

Der Einziehung muß stets **eine polizeiliche Beschlagnahme** 4
nach § 27 **vorangehen.** Ob diese von vornherein zur Ermöglichung der Einziehung oder zunächst nur zum Zweck einer vorübergehenden Besitzentziehung vorgenommen wird, ist unerheblich. Der Einziehung unterliegen hiernach etwa verdorbene Lebensmittel oder giftige Pflanzenschutzmittel im Besitz eines Selbstmordwilligen. Die präventivpolizeiliche Einziehung ist unter den Voraussetzungen des § 28 auch zulässig, wenn die gerichtliche Einziehung im Strafurteil unterblieben ist.

Die Einziehung bedarf der **Schriftform.** Ist die Einziehungs- 5
anordnung unanfechtbar geworden, so geht das Eigentum kraft Gesetzes auf die Körperschaft über, der die anordnende allgemeine Polizeibehörde angehört. Dies folgt auch ohne ausdrückliche gesetzliche Bestimmung (wie z. B. in § 74 e Abs. 1 StGB und § 3 LOWiG) aus dem Wesen der Einziehung.

## Zu Absatz 2

Soweit eingezogene Sachen **verwertbar** sind, d. h. ohne 6
Beeinträchtigung polizeilicher Belange in den Verkehr gebracht werden können, sind sie **öffentlich zu versteigern.** Der Zuschlag ist zu versagen, wenn durch ihn die Voraussetzungen der Beschlagnahme erneut eintreten würden, insbesondere dann, wenn gerade derjenige bietet, gegenüber dem die Einziehung angeordnet worden ist.

Der **Erlös** ist dem Betroffenen herauszugeben, d. h. dem, bei 7
welchem die Sache beschlagnahmt worden ist. Ist eine andere Person Eigentümer oder sonst an der Sache berechtigt, so hat sie sich mit dem Betroffenen nach bürgerlichem Recht auseinanderzusetzen. Die Polizeibehörde kann den Erlös beim Amtsgericht **hinterlegen,** wenn ein Dritter seine Berechtigung geltend macht.

**Zu Absatz 3**

8   Ist eine eingezogene Sache **nicht verwertbar,** so ist sie unbrauchbar zu machen oder zu vernichten.

**Zu Absatz 4**

9   Sachen, von denen Gefahren für die öffentliche Sicherheit oder Ordnung ausgehen, können dem Eigentümer **ohne Entschädigung** entzogen werden. Deshalb hat der von einer Einziehung Betroffene **keinen Anspruch auf Entschädigung.** Auch die **Kosten** der Verwertung, Unbrauchbarmachung oder Vernichtung fallen ihm zur Last. Die Beitreibung nach dem LVwVG setzt den Erlaß eines **Kostenbescheides** voraus.

## § 29

### Vernehmung

**(1) Die Polizei darf bei Vernehmungen zur Herbeiführung einer Aussage keinen Zwang anwenden.**

**(2) Für Vernehmungen durch die Polizei, die nicht der Verfolgung einer mit Strafe oder Geldbuße bedrohten Handlung dienen, gelten die §§ 68 a, 136 a und § 69 Abs. 3 der Strafprozeßordnung entsprechend.**

### § 68 a StPO

### [Bloßstellen von Zeugen]

(1) Fragen nach Tatsachen, die dem Zeugen oder einer Person, die im Sinne des § 52 Abs. 1 sein Angehöriger ist, zur Unehre gereichen können, sollen nur gestellt werden, wenn es unerläßlich ist.

(2) Der Zeuge soll nach Vorstrafen nur gefragt werden, wenn ihre Feststellung notwendig ist, um über das Vorliegen der Voraussetzungen des § 60 Nr. 2 oder des § 61 Nr. 4 zu entscheiden oder um seine Glaubwürdigkeit zu beurteilen.

## § 136 a StPO
## [Verbotene Vernehmungsmethoden]

(1) **Die Freiheit der Willensentschließung und der Willensbetätigung des Beschuldigten darf nicht beeinträchtigt werden durch Mißhandlung, durch Ermüdung, durch körperlichen Eingriff, durch Verabreichung von Mitteln, durch Quälerei, durch Täuschung oder durch Hypnose. Zwang darf nur angewandt werden, soweit das Strafverfahrensrecht dies zuläßt. Die Drohung mit einer nach seinen Vorschriften unzulässigen Maßnahme und das Versprechen eines gesetzlich nicht vorgesehenen Vorteils sind verboten.**

(2) **Maßnahmen, die das Erinnerungsvermögen oder die Einsichtsfähigkeit des Beschuldigten beeinträchtigen, sind nicht gestattet.**

(3) **Das Verbot der Absätze 1 und 2 gilt ohne Rücksicht auf die Einwilligung des Beschuldigten. Aussagen, die unter Verletzung dieses Verbots zustande gekommen sind, dürfen auch dann nicht verwertet werden, wenn der Beschuldigte der Verwertung zustimmt.**

## § 69 Abs. 3 StPO

(3) **Die Vorschrift des § 136 a gilt für die Vernehmung des Zeugen entsprechend.**

## Allgemeines

Die Vorschrift konkretisiert den in Art. 1 Abs. 1 GG festgelegten Grundsatz der **Unantastbarkeit der Menschenwürde.** Sie sichert die freie Willensentschließung und Willensbetätigung bei polizeilichen Vernehmungen. 1

Die **präventivpolizeiliche Vernehmung** bezweckt wie die strafprozessuale Vernehmung die Aufklärung eines Sachverhaltes durch Fragen an den zu Vernehmenden, durch Appelle an seine Einsicht und durch Vorhaltungen. Wie bei der polizeilichen Vorladung (§ 21 Abs. 3) ist bei der polizeilichen Vernehmung die Anwendung von Zwang unzulässig. Auch ist sie an 2

## § 29 Vernehmung

keine Formvorschriften gebunden und kann als einfache Unterhaltung verlaufen. Eine Niederschrift oder ein Aktenvermerk ist nicht vorgeschrieben, meist aber zweckmäßig.

### Zu Absatz 1

3   Die Vorschrift gilt für alle polizeilichen Vernehmungen **außerhalb eines Ermittlungsverfahrens wegen einer Straftat oder Ordnungswidrigkeit.** Sie schützt nicht nur Störer, sondern **auch unbeteiligte Dritte,** die in polizeilichen Angelegenheiten vernommen werden.

4   **Zwang** ist jede Beeinträchtigung des freien Entschlusses der zu vernehmenden Person, ob und was sie aussagen will, also **nicht nur körperlicher, sondern auch starker seelischer Druck,** etwa die Androhung unzulässiger Maßnahmen.

> B e i s p i e l : Polizeibeamte greifen in einer Bar eine Jugendliche auf, die im Verdacht steht, der Prostitution nachzugehen. Da das Mädchen dies hartnäckig bestreitet, droht einer der Beamten an, es bis zu einem entsprechenden Geständnis „einzusperren". Zwar dient die Vernehmung ausschließlich polizeirechtlichen Gesichtspunkten, weil vom Ergebnis fürsorgerische Maßnahmen durch die Jugendbehörden abhängen werden. Doch kommt die Androhung der Freiheitsentziehung seelischem Zwang gleich; sie ist rechtswidrig.

Kein Zwang ist das sachliche Vorhalten von Umständen und Gründen, durch die sich ein vernünftiger Staatsbürger in seinem Verhalten gegenüber der Polizei ohnehin bestimmen lassen wird. So ist der Hinweis zulässig, daß eine Aussage zur Behebung eines polizeiwidrigen Zustandes erforderlich sei, oder daß die Aussageverweigerung zu erheblichen Schädigungen anderer oder der Allgemeinheit führen werde, weil notwendige Polizeimaßnahmen nicht getroffen werden könnten.

§ 29 Abs. 1 verbietet die Zwangsanwendung nur bei polizeilichen **Vernehmungen.** Dagegen können Verpflichtungen zu einer Meldung oder Anzeige oder zum Erscheinen bei einer Polizeibehörde mit Zwangsmitteln durchgesetzt werden.

> Beispiel: Im Zusammenhang mit der Neuausstellung eines Personalausweises ersucht die Ortspolizeibehörde den Antragsteller gemäß § 4 Abs. 4 Buchst. b des Landesgesetzes über Personalausweise zur Klärung von Zweifelsfragen persönlich zu erscheinen. Da er dem Ersuchen nicht entspricht, wird der Antragsteller erneut unter Androhung eines Zwangsgeldes zum Erscheinen aufgefordert. Diese Zwangsandrohung ist zulässig, da mit ihr eine gesetzlich verankerte Pflicht zum Erscheinen durchgesetzt werden soll. Jedoch darf der Antragsteller, wenn er kommt, nicht durch Zwang zu irgendeiner Aussage veranlaßt werden.

**Zu Absatz 2**

Nach Abs. 2 gelten für polizeiliche Vernehmungen, die nicht der Strafverfolgung oder der Verfolgung von Ordnungswidrigkeiten dienen, die **§§ 68 a, 136 a und 69 Abs. 3 StPO entsprechend.** Auch diese Bestimmungen sind sowohl bei der Vernehmung von Störern wie von unbeteiligten Personen zu beachten.

## § 30
### Erkennungsdienstliche Maßnahmen

**Maßnahmen zum Zweck des Erkennungsdienstes können ohne Einwilligung des Betroffenen außer im Falle des § 81 b der Strafprozeßordnung nur vorgenommen werden, wenn die Identität des Betroffenen auf andere Weise nicht zuverlässig festgestellt werden kann oder wenn der Betroffene ohne festen Wohnsitz umherzieht.**

# § 30 Erkennungsdienstliche Maßnahmen

### § 81 b StPO

#### [Lichtbilder, Fingerabdrücke]

Soweit es für die Zwecke der Durchführung des Strafverfahrens oder für die Zwecke des Erkennungsdienstes notwendig ist, dürfen Lichtbilder und Fingerabdrücke des Beschuldigten auch gegen seinen Willen aufgenommen und Messungen und ähnliche Maßnahmen an ihm vorgenommen werden.

## Allgemeines

1 **§ 81 b StPO hat eine Doppelfunktion.** Er enthält Strafverfahrensrecht und bundeseinheitliches materielles Polizeirecht. Er dient:

1. der Beweissicherung in einem bestimmten Strafverfahren (1. Alternative) und
2. der vorbeugenden polizeilichen Verbrechensbekämpfung (2. Alternative).

Nach § 81 b StPO sind erkennungsdienstliche Maßnahmen (Fingerabdrücke, Lichtbilder und Messungen) nur gegenüber dem **„Beschuldigten"** (im weitesten Sinne des Wortes) zulässig, d. h. gegenüber einer Person, die im Verdacht steht, Täter oder Teilnehmer einer bestimmten Straftat zu sein. Der vorbeugenden Verbrechensbekämpfung im Rahmen der 2. Alternative des § 81 b StPO dienen auch erkennungsdienstliche Maßnahmen gegenüber **Personen,** die **ohne festen Wohnsitz** umherziehen. Diese sind wegen Fehlens einer geordneten Tätigkeit erfahrungsgemäß kriminell besonders anfällig. Sie können jedoch durch das Bewußtsein, daß erkennungsdienstliche Unterlagen über sie vorhanden sind, in gewissem Umfang von der Begehung von Straftaten abgehalten werden.

> B e i s p i e l : Ein wegen eines Sittlichkeitsdelikts festgenommener Mann wird bei der zuständigen Polizeidienststelle erkennungsdienstlich behandelt. Es werden Personenbeschreibungen aufgenommen, Fingerabdrücke abgenommen und Lichtbilder

gefertigt. Diese auf § 81b StPO beruhenden erkennungsdienstlichen Maßnahmen dienen strafprozessualen Zielen, etwa der Identifizierung des Täters durch die Geschädigte oder dem Nachweis weiterer Straftaten, aber auch präventivpolizeilichen Zwecken. Denn der registrierte Straftäter kann auf Grund des erkennungsdienstlichen Materials leichter als Täter etwaiger künftiger Straftaten identifiziert werden. Diese Aussicht kann ihn von weiteren Straftaten abschrecken.

Über die vorbeugende Verbrechensbekämpfung im Rahmen der 2. Alternative des § 81 b StPO hinaus erlaubt § 22 Abs. 1 Nr. 3 i. V. mit § 30 **erkennungsdienstliche Maßnahmen zur Personenfeststellung.** Wenn Zweifel über ihre Person oder ihre Staatsangehörigkeit bestehen, können auch **Ausländer** – notfalls gegen ihren Willen – erkennungsdienstlich behandelt werden (§ 3 Abs. 1 Satz 3 AuslG und § 13 AsylVfG). Erkennungsdienstliche Maßnahmen für Zwecke des **Strafvollzugs** läßt § 86 StVollzG zu.  2

**Einzelerläuterungen**

Ergänzende Vorschriften zu § 30 enthalten § 5 der 1. DVO PolG (Anhang 1) und Nr. 1 des UZwErl. (Anhang 4).  3
Der **Erkennungsdienst ist Aufgabe sowohl der Kriminalpolizei als auch der Schutzpolizei.** Er dient der Feststellung der Identität von Störern, die keine oder zweifelhafte Personalien angeben; ferner der Aufklärung von Straftaten durch Ermittlung der unbekannten Täter anhand kriminalpolizeilicher Einrichtungen sowie der kriminaltechnischen Unterstützung der Aufklärungsarbeit, insbesondere durch Spurensicherung und -auswertung. Die erkennungsdienstlichen Unterlagen sind ausschließlich für den innerdienstlichen Gebrauch der Polizei bestimmt. Anderen Stellen als der Polizei, den Staatsanwaltschaften und den Gerichten sind sie nicht zugänglich. Soweit die erkennungsdienstliche Behandlung der Beweissicherung in einem konkreten Strafverfahren dient, setzt sie voraus, daß sie zur weiteren Aufklärung erforderlich oder als zusätzliches Beweismittel erheblich ist. Die erkennungsdienstlichen Maß-

## § 30 Erkennungsdienstliche Maßnahmen

nahmen zum Zwecke der vorbeugenden Verbrechensbekämpfung sind an der Aufgabe der Polizei orientiert, geeignete Vorbereitungen zur Verhinderung und Aufklärung von Straftaten zu treffen. Bei der Entscheidung über ihre Erforderlichkeit sind der Eingriff in die Rechtssphäre des Betroffenen und das Interesse an der Verhinderung und Aufklärung künftiger Straftaten gegeneinander abzuwägen. Die Schwere der möglichen Straftaten fällt dabei entscheidend ins Gewicht.

4  **Als Maßnahmen nach § 30** sind nur zulässig (vgl. § 5 Abs. 2 der 1. DVO und Nr. 1 a des UZwErl):

a) **die Abnahme von Finger- und Handflächenabdrücken.** Die Fingerabdrücke werden gesammelt, mit den zugehörigen Personalangaben versehen und nach bestimmten Merkmalen klassifiziert. Soll die Identität einer Person festgestellt werden, so werden ihre Fingerabdrücke mit den bereits vorhandenen Unterlagen verglichen.

b) **Aufnahme von Lichtbildern einschließlich Filmen und Röntgenaufnahmen.** In der Regel werden von verschiedenen Seiten Brustbilder hergestellt, so daß die für das Erkennen einer Person wesentlichen Kopfteile eindeutig festgehalten sind.

c) **Feststellung äußerlicher körperlicher Merkmale,** etwa von Narben, Muttermalen, Tätowierungen, Verstümmelungen, Mißbildungen und ähnlichen der Identifizierung dienlichen Merkmalen.

d) **Messungen und ähnliche Maßnahmen,** wie das Feststellen von Körpergröße und -gewicht, von Augen- und Haarfarbe, von Kopf- und Gesichtsform.

5  **Körperliche Eingriffe,** also Maßnahmen, durch welche die körperliche Unversehrtheit verletzt wird, etwa die Entnahme einer Blutprobe, sind zur Personenfeststellung im Rahmen des § 30 **nicht zulässig.**

## Erkennungsdienstliche Maßnahmen § 30

Bei sämtlichen Maßnahmen nach § 30 ist die **Würde der Person** zu achten (vgl. § 5 Abs. 1 der 1. DVO). Die Art und Weise der Durchführung der Maßnahme darf daher nicht verletzend oder entehrend sein. Dies gilt insbesondere für körperliche Untersuchung zur Feststellung besonderer Merkmale nach § 5 Abs. 2 Nr. 3 der 1. DVO.    6

> B e i s p i e l : Die Polizei greift eine Frau auf, die ohne festen Wohnsitz umherzieht und keine Ausweispapiere bei sich trägt. Bei der erkennungsdienstlichen Behandlung fordert der photographierende Beamte die Frau auf, ihren Oberkörper zu entblößen, um eine körperliche Mißbildung im Bild deutlich festzuhalten. Die erkennungsdienstliche Behandlung ist auf Grund des § 30 zulässig, jedoch die Aufforderung zur Entblößung des Oberkörpers verletzt die menschliche Würde der Betroffenen.

Die erkennungsdienstliche Behandlung kann **auch erzwungen** werden. Das ergibt sowohl der Wortlaut des § 81 b StPO („... auch gegen seinen Willen ...") wie der des § 30 PolG („... ohne Einwilligung des Betroffenen ..."). Der Betroffene muß sich somit den erkennungsdienstlichen Maßnahmen unterziehen und notfalls zu diesem Zweck vor der Polizei erscheinen (vgl. Randnr. 10 zu § 21).    7

> B e i s p i e l : Ein offensichtlich geistig verwirrter Mann, der keine Ausweispapiere besitzt, wird gemäß § 22 Abs. 1 Nr. 3 in Gewahrsam genommen. Zum Zwecke der Identifizierung muß er erkennungsdienstlich behandelt werden. Er wehrt sich dagegen mit allen Kräften. Darauf erzwingen Polizeibeamte zulässigerweise die Maßnahme unter Anwendung unmittelbaren Zwangs.

Nach Nr. 1 b des UZwErl. (Anhang 4) sind erkennungsdienstliche Unterlagen, die auf Grund von Maßnahmen nach § 30 gewonnen wurden, auf Antrag des Betroffenen zu **vernichten,** wenn die Voraussetzungen für diese Maßnahmen entfallen sind. Das gleiche gilt für erkennungsdienstliche Unterlagen, die zur vorbeugenden Verbrechensbekämpfung von Verbrechen und Vergehen angefertigt wurden, wenn keine Anhaltspunkte dafür vorliegen, daß die erkennungsdienstlich behandelte Person    8 künftig mit Handlungen, die als Verbrechen oder Vergehen mit Strafe bedroht sind, in Erscheinung treten wird und daß die angefertigten Unterlagen hierbei die Ermittlungen fördern könnten.

Bei der Prüfung, ob erkennungsdienstliches Material vernichtet werden soll, ist nach dem Grundsatz der Verhältnismäßigkeit das öffentliche Interesse an der Aufbewahrung der Unterlagen gegen die damit verbundene Beeinträchtigung des Betroffenen und den möglichen Schaden abzuwägen, der ihm durch die Verwertung der Unterlagen bei einem nicht gerechtfertigten Verdacht entstehen könnte (vgl. dazu aus der Rechtsprechung BVerwGE 26, 169 und VGH Bad.-Württ., ESVGH 24, 72).

9   Gegen erkennungsdienstliche Maßnahmen steht dem Betroffenen der **Rechtsweg** offen. Soweit die Maßnahmen zur Beweissicherung **im einzelnen Strafverfahren** nach § 81 b StPO (1. Alternative) auf Weisung der Staatsanwaltschaft oder auf Grund eigener Initiative der Polizei durchgeführt werden, ist der gegen Justizverwaltungsakte zulässige Rechtsweg gegeben (§§ 23 bis 30 EGGVG). Es kann Antrag auf gerichtliche Entscheidung gestellt werden, über den nach § 25 EGGVG die **Oberlandesgerichte** zu entscheiden haben.

Werden die Maßnahmen hingegen zum Zwecke des **Erkennungsdienstes** nach § 81b StPO (2. Alternative) oder nach § 30 PolG getroffen, handelt es sich um polizeiliche Einzelanordnungen und damit um Verwaltungsakte, die auf dem **Verwaltungsrechtsweg** angefochten werden können. Auch auf die Vernichtung erkennungsdienstlicher Unterlagen muß vor den Verwaltungsgerichten geklagt werden.

*§ 31*

*(aufgehoben)*

4. Unterabschnitt

**Polizeizwang**

§ 32

**Allgemeines**

(1) **Die Polizei wendet die Zwangsmittel Zwangsgeld, Zwangshaft und Ersatzvornahme nach den Vorschriften des Landesverwaltungsvollstreckungsgesetzes an.**

(2) **Die Polizei wendet das Zwangsmittel unmittelbarer Zwang nach den Vorschriften dieses Gesetzes an.**

Literatur: **Fröhlich,** Zuständigkeit für die Anwendung unmittelbaren Zwanges nach dem Landesverwaltungsvollstreckungsgesetz, PolBlBW 1976, 170 = BWVPr. 1976, 173; **Greiner,** Abgrenzungsprobleme zwischen Polizei- und Verwaltungsvollstreckungsrecht, PolBlBW 1979, 67; **Klich,** Kann der Polizeibeamte eine Ersatzvornahme anordnen? Zur Frage der Aufgabenverteilung zwischen Polizeibehörde und Polizeivollzugsdienst im Hinblick auf die Anwendung von Zwangsmitteln, PolBlBW 1975, 66; **Mayer,** Abgrenzungsprobleme zwischen unmittelbarer Ausführung einer Maßnahme nach § 8 PolG und Maßnahmen der Verwaltungsvollstreckung nach dem LVwVG – zugleich ein Beitrag zu den Grundzügen des Verwaltungszwangs –, PolBlBW 1981, 98; **Steurer,** Unmittelbarer Zwang, PolBlBW 1974, 82, 109; **Tetzlaff,** Über die Rechtsnatur des unmittelbaren Zwanges, Die Polizei 1978, 82.

## Allgemeines

Die Polizei kann zur **Durchsetzung polizeilicher Einzelanordnungen,** die zu einer Handlung, Duldung oder Unterlassung verpflichten, die **Zwangsmittel** Zwangsgeld, Zwangshaft, Ersatzvornahme und unmittelbarer Zwang anwenden. Dabei

1

## § 32 Polizeizwang, Allgemeines

handelt es sich um Vollzugszwang im engeren Sinn; Gewahrsam, Beschlagnahme oder Durchsuchung sind keine Mittel des Polizeizwangs; zu ihrer Durchsetzung kann jedoch die Anwendung von Zwang erforderlich werden. Bei der Ladung zur Polizei und bei der polizeilichen Vernehmung ist die Anwendung von Zwang durch Gesetz (vgl. § 21 Abs. 3 und § 29 Abs. 1 ausdrücklich ausgeschlossen.

2  **Zwangsmittel sind keine Strafen**, sondern **Beugemittel**, mit denen ein bestimmtes Verhalten des Polizeipflichtigen oder die Herstellung eines bestimmten Zustandes erzwungen werden soll. Deshalb schließt eine in der gleichen Sache ausgesprochene Strafe oder Geldbuße die Anwendung von Polizeizwang nicht aus. Der Polizeizwang unterscheidet sich von der unmittelbaren Ausführung einer polizeilichen Maßnahme gemäß § 8 PolG dadurch, daß er auf einer vorangegangenen polizeilichen Einzelanordnung beruht, deren zwangsweisen Durchsetzung er dient. Demgegenüber wird bei der unmittelbaren Ausführung einer Maßnahme keine Anordnung gegenüber dem Pflichtigen erlassen (vgl. Randnr. 2 zu § 8).

3  **Die Anwendung der Zwangsmittel** Zwangsgeld (vgl. Randnrn. 19 und 20), Zwangshaft (vgl. Randnrn. 21–23) und Ersatzvornahme (vgl. Randnrn. 24–26) durch die Polizei richtet sich gemäß § 32 Abs. 1 nach dem allgemeinen Verwaltungsvollstreckungsrecht. Das hierzu ergangene **Landesverwaltungsvollstreckungsgesetz** (s. Anhang 3) gilt für alle Behörden des Landes und die seiner Aufsicht unterstehenden Körperschaften, Anstalten und Stiftungen des öffentlichen Rechts (§ 1 Abs. 1 LVwVG). **Behörde** im Sinne dieser Bestimmung ist jede Stelle, die Aufgaben der öffentlichen Verwaltung wahrnimmt; dazu gehören nicht nur die Polizeibehörden, sondern **auch die Polizeidienststellen.** Hierbei ist die in § 46 Abs. 2 Nr. 2 festgelegte Subsidiarität des vollzugspolizeilichen Handelns zu beachten. Der Polizeivollzugsdienst kann sich der Zwangsmittel, Zwangsgeld, Zwangshaft und Ersatzvornahme nur dann bedienen,

## Polizeizwang, Allgemeines § 32

wenn bei Gefahr im Verzuge ein rechtzeitiges Tätigwerden der zuständigen Polizeibehörde nicht erreichbar erscheint (vgl. Randnr. 6). Beim Zwangsgeld ist kaum ein Fall denkbar, in dem diese Voraussetzung erfüllt ist.

Die **Anwendung unmittelbaren Zwangs** durch die Polizei ist gemäß § 34 **Aufgabe des Polizeivollzugsdienstes** und ist **im Polizeigesetz (§§ 33–35 und §§ 39 und 40) geregelt.** Doch sind auch hier, **soweit Verwaltungsakte der Polizei vollstreckt werden müssen,** die in § 35 Abs. 4 genannten besonderen Bestimmungen des LVwVG zu beachten (vgl. Randnrn. 11 ff. zu § 35).   4

**Grundlage** für die Anwendung des Polizeizwangs ist grundsätzlich **ein vorausgehender Verwaltungsakt,** der zu einer Handlung, Duldung oder einer Unterlassung verpflichtet (vgl. § 1 Abs. 1 LVwVG). Der Verwaltungsakt muß **unanfechtbar geworden** oder es muß **die aufschiebende Wirkung eines Rechtsbehelfs entfallen** sein (§ 2 LVwVG), weil die Vollziehung im öffentlichen Interesse angeordnet worden ist oder weil ein Polizeivollzugsbeamter eine unaufschiebbare Maßnahme oder Anordnung getroffen hat (vgl. § 80 Abs. 2 Nr. 2 und 4 VwGO). Doch kann hiervon gemäß § 21 LVwVG zur Abwehr einer Gefahr für die öffentliche Sicherheit oder Ordnung in bestimmten Fällen abgewichen werden.   5

**Vollstreckungsbehörde** ist gemäß § 4 Abs. 1 LVwVG die Polizeibehörde oder Polizeidienststelle (vgl. Randnr. 3), die den vollstreckungsfähigen Verwaltungsakt erlassen hat. Die Polizeibehörde kann zur Durchführung einer von ihr angeordneten Vollstreckungsmaßnahme, etwa einer Ersatzvornahme, gemäß § 46 Abs. 2 Nr. 1 den Polizeivollzugsdienst anweisen. Ist bei Gefahr im Verzug ein rechtzeitiges Tätigwerden der zuständigen Polizeibehörde nicht erreichbar, kann der Polizeivollzugsdienst gemäß § 46 Abs. 2 Nr. 2 in eigener Zuständigkeit Maßnahmen der Verwaltungsvollstreckung treffen. Dies ist vor allem bei der Ersatzvornahme möglich.   6

Beispiel: Ein Kraftfahrer weigert sich, sein verkehrsbehindernd aufgestelltes Kraftfahrzeug entsprechend einer an ihn gerichteten polizeilichen Aufforderung von der Straße zu entfernen. Da Gefahr im Verzug besteht, beauftragt ein Polizeibeamter anstelle der Polizeibehörde (§ 46 Abs. 2 Nr. 2) ein Abschleppunternehmen mit der Ersatzvornahme (§ 25 LVwVG) durch Entfernung des Kraftfahrzeugs.

Andere Behörden als die Polizeibehörden müssen sich eines besonderen **Vollstreckungsbeamten** bedienen, dessen Auftrag und Befugnisse in den §§ 5 ff. LVwVG geregelt sind. Sie können nicht den Polizeivollzugsdienst zur Vollstreckung ihrer Verwaltungsakte heranziehen. Bei Widerstand ist der Vollstreckungsbeamte befugt, Gewalt anzuwenden, wobei er um **Unterstützung des Polizeivollzugsdienstes** nachsuchen kann (§ 7 LVwVG).

### Zu Absatz 1

7   Die Bestimmung **verweist die Polizei** bei der Anwendung der Zwangsmittel Zwangsgeld, Zwangshaft und Ersatzvornahme **auf das Landesverwaltungsvollstreckungsgesetz.** Dieses Gesetz enthält in seinen §§ 18–21 (vgl. Randnrn. 8–17) die **allgemeinen Vorschriften** über die Art und Weise der Vollstreckung eines Verwaltungsaktes, die hierfür zulässigen Zwangsmittel, das formale Erfordernis ihrer schriftlichen Androhung mit Fristsetzung und die Vollstreckung bei Gefahr im Verzug. Die **besonderen Bestimmungen** über Zwangsgeld, Zwangshaft und Ersatzvornahme enthalten die §§ 23, 24 und 25 LVwVG (vgl. Randnrn. 19–26).

### 1. Zu § 18 LVwVG – Art und Weise der Vollstreckung

8   Die Polizei kann **zur Durchsetzung polizeilicher Verwaltungsakte,** die den Betroffenen verpflichten, eine Handlung vorzunehmen, zu dulden oder zu unterlassen, Zwangsmittel

# Polizeizwang, Allgemeines § 32

anwenden. Dabei ist es ohne Bedeutung, ob der Verwaltungsakt auf der polizeilichen Generalermächtigung (§ 1 Abs. 1 i. V. mit § 3) oder auf einer Spezialermächtigung beruht. Bei Zuwiderhandlungen gegen eine Polizeiverordnung muß der Polizeipflichtige zunächst durch eine Einzelanordnung angesprochen werden. Diese stellt den vollstreckbaren Verwaltungsakt im Sinne des § 1 Abs. 1 LVwVG dar (vgl. Randnr. 5).

## 2. Zu § 19 LVwVG – Zwangsmittel

**Die Aufzählung der Zwangsmittel in § 19 Abs. 1 LVwVG ist abschließend;** sie begrenzt die Machtmittel des Staates und läßt ihren Einsatz für den Pflichtigen vorhersehbar werden. Die Aufzählung enthält keine Wertung des Zwangsmittels. Doch darf nach § 26 Abs. 2 LVwVG unmittelbarer Zwang nur angewandt werden, wenn Zwangsgeld und Ersatzvornahme nicht zum Erfolg geführt haben oder deren Anwendung untunlich ist. 9

Gemäß § 19 Abs. 2 LVwVG muß die Vollstreckungsbehörde (vgl. Randnr. 6) dem **Grundsatz des geringstmöglichen Eingriffs** (vgl. § 5 Abs. 1 PolG) dadurch Rechnung tragen, daß sie dasjenige Zwangsmittel anwendet, das den Pflichtigen und die Allgemeinheit voraussichtlich am wenigsten beeinträchtigt; sie muß dabei immer **die Umstände des Einzelfalls berücksichtigen.** 10

Durch § 19 Abs. 3 LVwVG wird die Beachtung des **Grundsatzes der Verhältnismäßigkeit** (vgl. § 5 Abs. 2 PolG) ausdrücklich vorgeschrieben. Danach darf durch ein Zwangsmittel kein Nachteil herbeigeführt werden, der **erkennbar außer Verhältnis** zum Zweck der Vollstreckung steht. 11

In jedem Falle gilt der in § 3 PolG festgelegte **Grundsatz der Erforderlichkeit der polizeilichen Maßnahmen.** Zwangsmittel dürfen nur angewandt werden, **wenn der polizeiliche Zweck auf andere Weise nicht erreichbar erscheint.** Dies ist insbeson- 12 dere dann der Fall, wenn mildere Mittel, etwa mündliche oder schriftliche Hinweise und Vorhaltungen, bereits erfolglos angewandt worden sind oder wenn von vornherein zu erkennen ist, daß der beabsichtigte Erfolg nur durch ein Zwangsmittel herbeigeführt werden kann.

13  Da Zwangsmittel **keine Strafen** sind (vgl. Randnr. 1), dürfen sie wiederholt angewandt werden. Die Bestimmung des § 19 Abs. 4 LVwVG stellt dies ausdrücklich klar. Ein Zwangsmittel darf jedoch nicht mehr angewandt werden, wenn der Verwaltungsakt vom Betroffenen befolgt wird. Auch ein bereits festgesetztes Zwangsgeld darf danach nicht mehr beigetrieben werden, da es nicht der Sühne für begangenes Unrecht, sondern der Erzwingung rechtmäßigen Verhaltens für die Zukunft dient.

### 3. Zu § 20 LVwVG – Androhung

14  Die vorherige **Androhung des Zwangsmittels** soll den Störer zur Befolgung der polizeilichen Anordnung anhalten und ihm dadurch den Polizeizwang ersparen. Die Androhung bedarf gemäß § 20 Abs. 1 LVwVG **grundsätzlich der Schriftform.** Eine Verletzung dieser Formvorschrift kann den Zwang rechtswidrig machen. Die Androhung kann gemäß § 20 Abs. 2 LVwVG mit dem vollstreckbaren Verwaltungsakt verbunden werden (unselbständige Androhung). Andernfalls muß sie als selbständige schriftliche Mitteilung erfolgen. Von der schriftlichen Androhung kann gemäß § 21 LVwVG **bei Gefahr im Verzug** (vgl. Randnr. 17) **abgewichen werden.**

15  Nach § 20 Abs. 1 Satz 2 LVwVG ist dem Pflichtigen **in der Androhung** zur Erfüllung der Verpflichtung eine **angemessene Frist** zu bestimmen. Sie **muß** bestimmt werden, wenn eine **Handlung** verlangt wird, sie **braucht nicht** bestimmt zu werden, wenn eine **Duldung** oder **Unterlassung** erzwungen werden soll. Die Frist muß mindestens so bemessen sein, daß dem Betroffenen die Möglichkeit bleibt, seiner Verpflichtung unverzüglich,

Polizeizwang, Allgemeines § 32

d. h. ohne schuldhaftes Zögern, nachzukommen. Ist die Frist verstrichen, kann das angedrohte Zwangsmittel angewandt werden. Von der Fristsetzung kann gemäß § 21 LVwVG abgesehen werden, wenn Gefahr im Verzug besteht (vgl. Randnr. 17).

Die **Bestimmtheit der Zwangsmittel,** die § 20 Abs. 3 LVwVG für die Androhung fordert, soll dem Betroffenen die klare Erkenntnis dessen vermitteln, was er zu erwarten hat, wenn er der polizeilichen Anordnung nicht nachkommt. Droht die Polizei gleichzeitig mehrere Zwangsmittel an, muß sie die Reihenfolge angeben, in der sie diese anwenden will. Eine Wahlmöglichkeit darf sie sich nicht offenhalten. Das Zwangsgeld muß in bestimmter Höhe angedroht (vgl. Randnr. 19) und es sollen bei der Ersatzvornahme in der Androhung **die voraussichtlichen Kosten** mitgeteilt werden (vgl. Randnr. 25). 16

### 4. Zu § 21 LVwVG – Vollstreckung bei Gefahr im Verzug

Die Bestimmung erlaubt es, Zwangsmittel ohne Rücksicht auf bestimmte materielle und formelle Vorschriften des LVwVG **anzuwenden,** wenn **Gefahr im Verzug** besteht. Dies ist der Fall, wenn der Erfolg einer notwendigen Maßnahme ohne sofortiges Eingreifen beeinträchtigt oder vereitelt würde. Die wichtigsten vollstreckungsrechtlichen Voraussetzungen, von denen gemäß § 21 LVwVG abgewichen werden darf, sind das Erfordernis der Unanfechtbarkeit des zu vollstreckenden Verwaltungsaktes (§ 2 Nr. 1 LVwVG) und die formelle Voraussetzung der Androhung des Zwangsmittels mit Fristsetzung (§ 20 LVwVG). Die Vorschrift des § 21 LVwVG ist eine Ausnahmebestimmung und daher eng auszulegen. 17

### 5. Zu § 22 LVwVG – Vollstreckung gegen Behörden und juristische Personen des öffentlichen Rechts

Die Vorschrift macht die Vollstreckung gegen Behörden und juristische Personen des öffentlichen Rechts von einer **aus-** 18 drücklichen Gestattung durch Rechtsvorschriften abhängig. Es ist jedoch davon auszugehen, daß juristische Personen des öffentlichen Rechts und ihre Organe, soweit sie überhaupt durch einen anderen Hoheitsträger zu einer Handlung, Duldung oder Unterlassung verpflichtet werden können, dazu im Aufsichtswege und ohne Anwendung von Zwangsmitteln angehalten werden können.

### 6. Zu § 23 LVwVG – Zwangsgeld

19  Kann die **Pflicht nur von dem Betroffenen selbst** und nicht von einem Dritten erfüllt werden, scheidet die Ersatzvornahme (vgl. Randnrn. 24 ff.) aus. An ihrer Stelle kommt die **Festsetzung eines Zwangsgeldes** in Betracht, die dem Betroffenen einen Vermögensnachteil zufügt. Die Festsetzung des Zwangsgeldes muß **schriftlich** erfolgen; es ist auf 10 bis 50 000 Deutsche Mark begrenzt und muß gemäß § 20 Abs. 4 LVwVG **in bestimmter Höhe** angedroht werden (vgl. Randnr. 16). Hat das Zwangsgeld den beabsichtigten Erfolg nicht erzielt, kann es erneut festgesetzt werden (vgl. § 19 Abs. 4 LVwVG). Wird wegen der Zahlungsunwilligkeit des Pflichtigen die **Beitreibung** des Zwangsgeldes erforderlich, erfolgt diese nach den Vorschriften über die Vollstreckung von Verwaltungsakten, die zu einer Geldleistung verpflichten (§§ 13 ff. LVwVG). Ist das Zwangsgeld **uneinbringlich,** kann die Zwangshaft angeordnet werden (vgl. § 24 LVwVG). Durch das Zwangsgeld soll der Pflichtige veranlaßt werden, die von ihm geforderte **Handlung vorzunehmen,** die Handlung der Polizei oder eines Dritten zu **dulden** oder eine Bedrohung oder Störung der öffentlichen Sicherheit oder Ordnung zu **unterlassen.**

> B e i s p i e l e : Eine Frau hat seit längerer Zeit ein Zimmer an einen jungen Mann untervermietet, der sich jedoch bei der Meldebehörde nicht anmeldet. Deshalb ergeht gegen ihn durch die zuständige Behörde ein Bußgeldbescheid wegen Verstoßes gegen das Meldegesetz. Unabhängig von diesem Bußgeldverfahren (vgl.

Polizeizwang, Allgemeines § 32

Randnr. 2) verlangt die Meldebehörde von dem Untermieter durch besondere Anordnung, daß er seine Anmeldung unverzüglich nachzuholen habe; für den Fall der Nichterfüllung droht sie gleichzeitig ein Zwangsgeld an. Da der Meldepflichtige untätig bleibt, setzt die Behörde in einem weiteren Verwaltungsakt das angedrohte Zwangsgeld schriftlich fest, treibt es erforderlichenfalls bei und erzwingt so die geforderte Handlung (Anmeldung, die nur der Betroffene selbst vornehmen kann).

Ein Mann ist an einer nach dem BSeuchG meldepflichtigen übertragbaren Krankheit erkrankt. Er wird in eine Klinik eingeliefert. Die Entseuchung der Wohnung wird angeordnet, doch verweigert die Frau des Kranken den Beauftragten des Gesundheitsamtes den Zutritt. Durch Androhung eines Zwangsgeldes zwingt die zuständige Polizeibehörde die Frau, die Entseuchung der Wohnung zu dulden.

Das Zwangsgeld kann **auch bei vertretbaren Handlungen** (d. h. solchen, die auch durch einen anderen vorgenommen werden können) festgesetzt werden. 20

### 7. Zu § 24 LVwVG – Zwangshaft

Die polizeiliche Aufgabe verlangt es, daß auf den Willen des Polizeipflichtigen auch dann eingewirkt werden kann, wenn eine **Beitreibung des Zwangsgeldes nicht möglich** ist. In diesen Fällen tritt an die Stelle eines Zwangsgeldes **die Zwangshaft;** sie ist somit keine selbständige Erzwingungshaft, auch hat sie keinen Strafcharakter. Voraussetzung für die Festsetzung der Zwangshaft ist, daß das **Zwangsgeld uneinbringlich** ist, also durch Vollstreckungsmaßnahmen nicht beigebracht werden kann. Bei der Androhung des Zwangsgeldes muß auf die Zulässigkeit der Zwangshaft bereits hingewiesen worden sein. Im Hinblick auf Art. 104 GG kann die Zwangshaft **nur vom Gericht,** in diesem Falle vom Verwaltungsgericht, angeordnet werden. Wegen der Schwere des Eingriffs verlangt der Gesetzgeber, daß der Pflichtige vor Anordnung der Zwangshaft **angehört wird.** Aus dem in § 19 Abs. 3 LVwVG festgelegten **Grund-** 21

## § 32  Polizeizwang, Allgemeines

satz der **Verhältnismäßigkeit** (vgl. Randnr. 11) ergibt sich, daß in Bagatellfällen keine Zwangshaft angeordnet werden darf.

22 Mit der Festsetzung der **höchstzulässigen Dauer der Zwangshaft von zwei Wochen** bringt der Gesetzgeber zum Ausdruck, wie hoch die Durchsetzung einer polizeilichen Anordnung notfalls zu werten ist. Die Frist von höchstens zwei Wochen entspricht der höchstzulässigen Dauer des polizeilichen Gewahrsams (vgl. § 22 Abs. 3 PolG).

23 Die **Vollstreckung der Zwangshaft** ist Aufgabe der Justizverwaltung. Bei der Anordnung der Haft hat das Gericht einen **Haftbefehl** zu erlassen, in welchem die antragstellende Vollstreckungsbehörde (vgl. Randnr. 6), der Betroffene und der Grund der Verhaftung zu bezeichnen sind (§ 908 ZPO). Die Verhaftung erfolgt durch einen Gerichtsvollzieher. Bei der Verhaftung muß der Haftbefehl vorgezeigt und auf Verlangen abschriftlich mitgeteilt werden (§ 909 ZPO). Die Haft muß in einem Raum vollstreckt werden, in dem sich nicht zugleich Untersuchungs- oder Strafgefangene befinden (§ 907 ZPO).

### 8. Zu § 25 LVwVG – Ersatzvornahme

24 Die Ersatzvornahme ist **nur bei vertretbaren Handlungen** möglich. Vertretbar ist eine Handlung dann, wenn sie nicht allein vom Willen des Pflichtigen abhängt, sondern auch von einem anderen vorgenommen werden kann. **Pflichtig** kann ein Verursacher (§ 6 PolG), ein Inhaber der tatsächlichen Gewalt (§ 7 PolG) oder ein Unbeteiligter (§ 9 PolG) sein. Weigert sich der Pflichtige, die angeordnete polizeiliche Maßnahme durchzuführen, kann die Polizei als Vollstreckungsbehörde (vgl. Randnr. 6) im Wege der **Fremdvornahme** einen anderen mit der Durchführung der angeordneten Maßnahme beauftragen oder durch **Selbstvornahme** die geforderte Handlung selbst vollziehen.

25 In der Androhung der Ersatzvornahme (vgl. Randnr. 14) sollen die voraussichtlichen **Kosten** angegeben werden (vgl. § 20 Abs. 5

## Polizeizwang, Allgemeines § 32

LVwVG). Die Kosten trägt sowohl bei der Fremdvornahme wie bei der Selbstvornahme (vgl. Randnr. 24) gemäß § 25 LVwVG **der Pflichtige.** Gemäß § 31 Abs.4 LVwVG kann die Vollstreckungsbehörde vom Pflichtigen **Vorauszahlung** der Kosten in der voraussichtlich entstehenden Höhe verlangen.

Die Ersatzvornahme **unterscheidet sich** von der unmittelbaren Ausführung einer Maßnahme (§ 8 PolG) dadurch, daß sie **der Vollstreckung eines Verwaltungsaktes dient und angedroht werden muß,** während bei der unmittelbaren Ausführung kein Verwaltungsakt vorausgeht und auch eine Androhung nicht in Betracht kommt. Die Ersatzvornahme durch die Polizei selbst ist vom unmittelbaren Zwang (vgl. § 33 ff. PolG) abzugrenzen, bei dem die Polizei ihre Anordnungen durch körperliche Gewalt oder deren Hilfsmittel oder mit Waffengebrauch durchsetzt (vgl. Randnr. 2 zu § 8). 26

Beispiele: Ein Kraftfahrzeugbesitzer stellt seinen Wohnwagenanhänger, den er polizeilich abgemeldet hat, im öffentlichen Verkehrsraum ab. Die Straßenverkehrsbehörde ordnet die Entfernung binnen einer Woche an und droht gleichzeitig mit der Ersatzvornahme. Nach ergebnislosem Ablauf der Frist läßt die Behörde den Anhänger durch einen beauftragten Unternehmer abschleppen (Fremdvornahme).

Die Polizeibehörde trifft gegenüber dem Halter eines bösartig gewordenen Hundes, der kurz zuvor ein Kind angefallen und schwer verletzt hat, eine Anordnung, wonach er das Tier sofort durch einen Tierarzt beseitigen lassen müsse. Da der Tierhalter der Anordnung nicht nachkommt, weist die Polizeibehörde wegen der Gefahr im Verzug den Polizeivollzugsdienst an, den Hund zum Tierarzt zu bringen (Selbstvornahme). Setzt sich der Tierhalter gegen die Abholung zur Wehr, muß der Polizeivollzugsdienst das Tier notfalls erschießen (unmittelbarer Zwang gegen eine Sache).

### 9. Zu §§ 26–28 LVwVG – Unmittelbarer Zwang

**Die Bestimmungen gelten nicht für die Polizei.** Diese wendet gemäß § 32 Abs. 2 PolG das Zwangsmittel unmittelbarer Zwang 27

## 10. Rechtsbehelfe gegen Anwendung des Polizeizwangs

28 Die Androhung und die Festsetzung der Zwangsmittel sind **Verwaltungsakte,** gegen die dem Betroffenen die gleichen Rechtsbehelfe wie gegen polizeiliche Anordnungen zustehen (vgl. vor § 20, Randnrn. 6 ff). Nach § 12 LVwVG haben Widerspruch und Anfechtungsklage bei Maßnahmen, die in der Verwaltungsvollstreckung getroffen werden, **keine aufschiebende Wirkung.**

### Zu Absatz 2

29 Von der durch Abs. 1 geregelten Einbeziehung des Vollstreckungsrechts der Polizei in das LVwVG bleibt die **Anwendung des unmittelbaren Zwangs durch die Polizei** grundsätzlich ausgenommen. Diese Ausnahme ist deshalb erforderlich, weil die Polizeibeamten unmittelbaren Zwang nicht nur als Mittel zur Vollstreckung von Verwaltungsakten anzuwenden haben, sondern auch bei der Durchführung anderer, ihnen durch besondere Rechtsvorschriften übertragenen Aufgaben, so bei der Strafverfolgung und der Verfolgung von Ordnungswidrigkeiten.

> B e i s p i e l : Polizeibeamte können einen Haftbefehl nur unter Anwendung der Hiebwaffe vollziehen. Der Polizeizwang dient der Durchführung einer strafprozessualen Maßnahme. Seine Zulässigkeit und die Grundsätze seiner Anwendung bestimmt jedoch das Polizeigesetz, da die StPO die Anwendung unmittelbaren Zwanges zu Strafverfolgungszwecken nicht regelt.

Bei der **Anwendung des unmittelbaren Zwangs zur Vollstreckung von Verwaltungsakten der Polizei** sind die in § 35 Abs. 4 bezeichneten Verweisungen auf Bestimmungen des LVwVG zu beachten (vgl. Randnrn. 11 und 12 zu § 35).

# § 33
## Begriff und Mittel des unmittelbaren Zwangs

(1) **Unmittelbarer Zwang ist jede Einwirkung auf Personen oder Sachen durch einfache körperliche Gewalt, Hilfsmittel der körperlichen Gewalt oder Waffengebrauch.**

(2) **Das Innenministerium bestimmt, welche Hilfsmittel der körperlichen Gewalt und welche Waffen im Polizeidienst zu verwenden sind.**

### Allgemeines

Nach Art. 2 Abs. 2 Satz 3 GG darf in die Grundrechte auf Leben, körperliche Unversehrtheit und (körperliche Bewegungs-)Freiheit nur aufgrund eines Gesetzes eingegriffen werden (vgl. Randnr. 1 zu § 4). Dieser Forderung entsprechen die Bestimmungen des Polizeigesetzes über den unmittelbaren Zwang einschließlich des Waffengebrauchs. Das Wesen des unmittelbaren Zwangs liegt darin, daß die Polizei **mit genau bezeichneten Arten polizeilicher Gewalt** ein bestimmtes Verhalten oder einen bestimmten Zustand unmittelbar herbeiführen darf.

### Zu Absatz 1

Abs. 1 bestimmt den **Begriff** des unmittelbaren Zwangs und führt zugleich dessen **Mittel** abschließend auf. Andere Mittel, etwa hypnotische Willensbeeinflussung oder das Eingeben von Beruhigungsmitteln oder willensbeeinflussenden Drogen dürfen von der Polizei nicht angewandt werden. Der unmittelbare Zwang kann sich **gegen Personen** (Wegführen einer Person, Anwendung von Polizeigriffen, Schuß auf die Beine eines Straftäters) **oder gegen Sachen** (Wegtragen einer Sache, Schuß auf die Reifen eines Fahrzeuges) richten. Gegen Personen darf unmittelbarer Zwang nur angewandt werden, wenn der polizeiliche Zweck durch Zwang gegen Sachen nicht erreichbar erscheint (vgl. § 35 Abs. 1 Satz 2).

## § 34 Zuständigkeit für unmittelbaren Zwang

**3** **Mittel des unmittelbaren Zwangs sind**

a) **einfache körperliche Gewalt**, d. h. jede körperliche Einwirkung auf Personen oder Sachen, bei der weder Hilfsmittel der körperlichen Gewalt noch Waffen benutzt werden;

b) **Hilfsmittel der körperlichen Gewalt.** Diese sind in Nr. 2 Abs. 1 des UZwErl. (Anhang 4) abschließend aufgeführt. Danach sind Hilfsmittel der körperlichen Gewalt: Fesseln, Wasserwerfer, Sperrgeräte, Nagelgurte zum zwangsweisen Anhalten von Fahrzeugen, Diensthunde, Dienstpferde, Dienstfahrzeuge, Reiz- und Nebelstoffe, Sprengmittel;

c) **Waffengebrauch.** Waffen sind nach den Bestimmungen der Nr. 2 Abs. 2 des UZwErl. Hiebwaffe, Tränengas-Sprühpistole, Tränengasgewehr, Pistole, Revolver, Gewehr und Karabiner, Maschinenpistole, Maschinengewehr, Handgranate. Zum Begriff der Schußwaffe vgl. Randnr. 1 zu § 39.

**Zu Absatz 2**

**4** Die Vorschrift behält es dem Innenministerium vor, die Hilfsmittel der körperlichen Gewalt und die Waffen zu bestimmen, die im Polizeidienst zu verwenden sind. Diese Bestimmungen enthält der UZwErl. (Anhang 4) in Nr. 2. Andere als die vom Innenministerium bestimmten Hilfsmittel und Waffen dürfen nicht verwendet werden. Eine besondere **Form** ist für die Bestimmung der Hilfsmittel und Waffen **nicht vorgeschrieben.** Der Erlaß einer Rechtsverordnung kommt nicht in Betracht, weil hierfür keine Ermächtigung besteht.

## § 34
### Zuständigkeit für die Anwendung unmittelbaren Zwangs

**Die Anwendung unmittelbaren Zwangs obliegt den Beamten des Polizeivollzugsdienstes.**

**1** Ergänzende Vorschriften zu § 34 enthält Nr. 3 des UZwErl. (Anhang 4).

## Voraussetzungen für unmittelbaren Zwang §35

**Beamte des Polizeivollzugsdienstes** sind alle Polizeibeamten im Sinne des § 45 Nr. 2 (siehe Randnr. 5 zu § 45). Auch die Angehörigen des Freiwilligen Polizeidienstes sind zur Anwendung des unmittelbaren Zwangs berechtigt, weil sie nach § 6 Abs. 1 FPolDG bei der Erledigung ihrer polizeilichen Dienstverrichtungen Dritten gegenüber die Stellung von Polizeibeamten im Sinne des Polizeigesetzes haben. Gleiches gilt gemäß § 76 Abs. 2 für die gemeindlichen Vollzugsbeamten im Rahmen ihres beschränkten polizeilichen Aufgabenbereichs.

Die Beamten des Polizeivollzugsdienstes, die Angehörigen des Freiwilligen Polizeidienstes und die gemeindlichen Vollzugsbeamten wenden unmittelbaren Zwang **nach eigenem Entschluß oder auf Grund der Anordnung** eines Vorgesetzten an. Die Anordnung eines Vorgesetzten, unmittelbaren Zwang anzuwenden, darf nicht befolgt werden, wenn dadurch ein Verbrechen oder Vergehen begangen würde (§ 75 Abs. 4 LBG; vgl. dazu Nr. 3 des UZwErl., Anhang 4). 2

Wegen der Anwendung unmittelbaren Zwangs für Zwecke der Strafverfolgung durch Polizeibeamte auf **Anordnung des Staatsanwalts** vgl. die Bekanntmachung des IM vom 7. 10. 1974, GABl. S. 1060 (Anhang 5). Kein Anordnungsrecht der Staatsanwaltschaft besteht, soweit die Anwendung unmittelbaren Zwanges Zwecken der Gefahrenabwehr (Verhinderung einer Straftat) dient. 3

## § 35
### Voraussetzungen und Durchführung des unmittelbaren Zwangs

**(1) Unmittelbarer Zwang darf nur angewandt werden, wenn der polizeiliche Zweck auf andere Weise nicht erreichbar erscheint. Gegen Personen darf unmittelbarer Zwang nur angewandt werden, wenn der polizeiliche Zweck durch unmittelbaren Zwang gegen Sachen nicht erreichbar**

## § 35  Voraussetzungen für unmittelbaren Zwang

erscheint. Das angewandte Mittel muß nach Art und Maß dem Verhalten, dem Alter und dem Zustand des Betroffenen angemessen sein. Gegenüber einer Menschenansammlung darf unmittelbarer Zwang nur angewandt werden, wenn seine Anwendung gegen einzelne Teilnehmer der Menschenansammlung offensichtlich keinen Erfolg verspricht.

(2) Unmittelbarer Zwang ist, soweit es die Umstände zulassen, vor seiner Anwendung anzudrohen.

(3) Unmittelbarer Zwang darf nicht mehr angewandt werden, wenn der polizeiliche Zweck erreicht ist oder wenn es sich zeigt, daß er durch die Anwendung von unmittelbarem Zwang nicht erreicht werden kann.

(4) Für die Anwendung des unmittelbaren Zwangs zur Vollstreckung von Verwaltungsakten der Polizei gelten im übrigen die §§ 2 bis 6, 9, 10, 12, 21, 27, 28 und § 31 Abs. 1 bis 3 und Abs. 5 des Landesverwaltungsvollstreckungsgesetzes.

### Allgemeines

1  Ergänzende Vorschriften zu § 35 Abs. 1 und 2 enthalten Nr. 4 und 5 des UZwErl. (Anhang 4).

Die Bestimmung verlangt **besondere Voraussetzungen** für die Anwendung des unmittelbaren Zwangs. Die **allgemeinen** Voraussetzungen enthalten die §§ 32 Abs. 2, 33 und 34. Satz 1 des Abs. 1 richtet sich nach dem Grundsatz der **Erforderlichkeit einer polizeilichen Maßnahme** (vgl. § 3). Satz 2 und Satz 4 der Bestimmung sind Konkretisierungen des Grundsatzes des **Mindesteingriffs** (vgl. § 5 Abs. 1). Satz 3 des Abs. 1 geht mit der Forderung nach der Angemessenheit des Mittels vom Grundsatz der **Verhältnismäßigkeit** (vgl. § 5 Abs. 2) aus.

### Zu Absatz 1

2  Unmittelbarer Zwang darf nur angewandt werden, wenn der polizeiliche Zweck **auf andere Weise nicht erreichbar**

## Voraussetzungen für unmittelbaren Zwang § 35

**erscheint.** Dies ist insbesondere der Fall, wenn mildere Mittel bereits erfolglos angewandt worden sind oder von vornherein zu erkennen ist, daß der beabsichtigte Erfolg nur durch unmittelbaren Zwang herbeigeführt werden kann.

> Beispiel: Ein Polizeibeamter, der einen Betrunkenen zur Wache mitnehmen muß, wird diesen erst durch gütliches Zureden auffordern, bevor er einen Polizeigriff anwendet. Greift der Betrunkene dagegen den Beamten unerwartet an, bleibt diesem keine andere Möglichkeit als die Anwendung unmittelbaren Zwangs.

Wenn es die Umstände erlauben, ist vor der Anwendung des unmittelbaren Zwangs immer zu überlegen, ob der beabsichtigte polizeiliche Zweck durch eines der „mittelbaren Zwangsmittel", d. h. durch Zwangsgeld, Zwangshaft oder Ersatzvornahme herbeigeführt werden kann.

> Beispiel: Eine Polizeibehörde kann, wenn keine dringende Gefahr oder Lebensgefahr (vgl. Randnr. 9 zu § 1) droht, den Halter eines bösartig gewordenen Hundes erst durch Androhung eines Zwangsgeldes zu dessen Beseitigung auffordern, bevor sie den Polizeivollzugsdienst anweist, das Tier mit geeignet erscheinenden Mitteln des unmittelbaren Zwangs unschädlich zu machen.

Unmittelbarer Zwang **gegen Personen** darf nur angewandt werden, wenn der polizeiliche Zweck **durch Zwang gegen Sachen nicht erreichbar** erscheint. 3

> Beispiel: Ein Gewalttäter versucht unmittelbar nach der Tat mit einem Motorboot über den Bodensee zu entkommen. Von dem verfolgenden Boot der Wasserschutzpolizei aus gibt ein Polizeibeamter, nachdem die Aufforderung zum Halten erfolglos geblieben ist, einen Schuß auf den Außenbordmotor ab und macht damit dem Fluchtversuch ein Ende. Formal wäre in diesem Fall auch der Schußwaffengebrauch gegenüber der Person (dem Verbrecher) zulässig (vgl. § 40 Abs. 1 Nr. 2 a). Da jedoch der polizeiliche Zweck durch die Einwirkung auf die Sache erreicht werden kann, ist eine unmittelbare Anwendung der Schußwaffe gegenüber dem Rechtsbrecher unzulässig.

## § 35   Voraussetzungen für unmittelbaren Zwang

**4**   **Das angewandte Mittel** ist an bestimmten Kriterien (Verhalten, Alter, Zustand) **zu messen.** Die Berücksichtigung dieser Forderung ist für den Polizeibeamten besonders schwierig, weil es ihm in kritischen Lagen oft nicht möglich ist, die vom Gesetzgeber bezeichneten Merkmale in der Person des Betroffenen sofort und ausreichend abzuschätzen.

> B e i s p i e l : Ein älterer schwächlicher Mann geht bei einer polizeilichen Amtshandlung mit einer Holzlatte auf einen jungen kräftigen Beamten los. Dieser greift sofort zur Hiebwaffe, obwohl er ohne weiteres den Angriff mit einfacher körperlicher Gewalt abwehren kann. Trägt sich der Vorfall jedoch unter besonders ungünstigen Umständen (etwa bei Dunkelheit und allgemeinem Tumult) zu, kann dem Polizeibeamten ein Irrtum über die Gefährlichkeit des Angriffs und des Angriffsmittels und damit in der Auswahl des Abwehrmittels zugute gehalten werden.

Besondere Vorschriften, die der Forderung nach dem angemessenen Mittel Rechnung tragen, bestehen hinsichtlich der **Fesselung** in Nr. 4 b des UZwErl. (Anhang 4).

**5**   Gegenüber einer **Menschenansammlung** ist unmittelbarer Zwang nur zulässig, wenn seine Anwendung gegen einzelne Teilnehmer der Ansammlung keinen Erfolg verspricht. Eine Menschenansammlung ist eine größere Anzahl von Personen, bei der es auf das Hinzukommen oder Weggehen eines einzelnen nicht ankommt. Die Verfolgung eines gemeinschaftlichen Zwecks oder ein inneres Zusammenhalten wird, im Gegensatz zur Versammlung oder Zusammenrottung nicht vorausgesetzt. Der Begriff ist gleichbedeutend mit der Menschenmenge i. S. des § 40 Abs. 2 (vgl. Randnr. 14 zu § 40).

> B e i s p i e l : Aus einer Demonstrantengruppe heraus werden die Fenster eines Konsulats mit Steinen eingeworfen. Daraufhin treibt die Polizei die Menge mit Wasserwerfern auseinander. Der Einsatz dieses Hilfsmittels der körperlichen Gewalt ist dann gerechtfertigt, wenn auf die einzelnen Täter nicht eingewirkt werden kann, was aus Erfahrung bei solchen Anlässen meist nicht

## Voraussetzungen für unmittelbaren Zwang § 35

möglich sein wird. Das Risiko, daß auch passive Demonstranten durch den Wasserstrahl getroffen werden, muß in Kauf genommen werden.

Für **Schußwaffengebrauch gegenüber einer Menschenmenge** gilt die Sondervorschrift des § 40 Abs. 2.

### Zu Absatz 2

Der unmittelbare Zwang ist vor seiner Anwendung **anzudrohen, soweit es die Umstände zulassen.** Dabei ist das vorgesehene **Mittel** des unmittelbaren Zwanges **zu bezeichnen.** Einzelheiten brauchen jedoch nicht mitgeteilt zu werden. Die Androhung soll in der Regel **kurz vor der Zwangsanwendung** erfolgen. Sie darf nicht so weit zurückliegen, daß sie dem Betroffenen nicht mehr gegenwärtig ist. Zwischen der Androhung und der Anwendung unmittelbaren Zwangs soll nach Möglichkeit Gelegenheit gegeben werden, die polizeiliche Anordnung freiwillig zu befolgen und dadurch die Anwendung entbehrlich zu machen. Gegenüber Gefangenen wird die Zwangsanwendung üblicherweise bereits bei der Übernahme zum Transport angedroht und die Androhung im Falle der Flucht oder des Widerstands wiederholt.

Ob die **Umstände die Androhung zulassen,** ist nach Lage des Einzelfalles zu beurteilen. Kann mit dem Zwang nicht gewartet werden, ohne daß der Polizeibeamte selbst in erhebliche Gefahr gerät oder die Erreichung des polizeilichen Zwecks in Frage gestellt wird, bedarf es keiner Androhung.

Beispiel: Ein maskierter und bewaffneter Mann stürzt aus einem Bankgebäude und springt in ein Kraftfahrzeug, das mit laufendem Motor vor dem Gebäude steht. Ein zufällig dazukommender Polizeibeamter zerschießt mit seiner Pistole einen Hinterreifen des Kraftfahrzeugs. Eine Androhung des unmittelbaren Zwangs (des Schußwaffengebrauchs) ist in diesem Fall nicht möglich, weil ein Anrufen oder die Abgabe eines Warnschusses dem Täter ein Entkommen ermöglichen würde.

**§ 35**　　　　Voraussetzungen für unmittelbaren Zwang

**8**　　Der **Schußwaffengebrauch** kann auch durch **Warnschüsse** angedroht werden. Ein Warnschuß ist ein Schuß, der kein Risiko mit sich bringt, daß der zu Warnende getroffen wird. Ist dieses Risiko nicht ausgeschlossen, handelt es sich nicht um einen Warnschuß, sondern um echten Schußwaffengebrauch gegen Personen (vgl. § 40).

**9**　　Soweit unmittelbarer Zwang **nicht zulässig** ist, darf er auch **nicht angedroht werden.** Warnschüsse dürfen also nur abgegeben werden, wenn Schußwaffengebrauch nach § 40 zulässig ist.

> B e i s p i e l : Ein Mann verständigt die Polizei, ihm sei soeben von zwei jungen Burschen sein Kraftfahrzeug gestohlen worden. Als die Beamten Stunden später an der Wohnung des Geschädigten im Streifenwagen vorbeifahren, sehen sie, wie zwei junge Männer das Kraftfahrzeug vor dem Haus abstellen und sich eilends entfernen. Als die Beamten bei der Verfolgung bemerken, daß sie die Burschen nicht mehr einholen können, ruft ein Beamter: „Halt oder ich schieße!" Der andere gibt einen Warnschuß in die Luft ab. Beide Beamte handeln unzulässig. Es ist für sie offensichtlich, daß die Täter lediglich die Tatbestandsmerkmale eines unbefugten Gebrauchs von Fahrzeugen im Sinne des § 248 b StGB erfüllen; das ist keine Straftat, die gemäß § 40 PolG den Gebrauch der Schußwaffe gegen Personen rechtfertigen würde. Deshalb darf in diesem Fall der Schußwaffengebrauch weder mündlich noch durch einen Warnschuß angedroht werden.

**Zu Absatz 3**

**10**　　Die Bestimmung verbietet, dem Grundsatz der Erforderlichkeit der Maßnahme (§ 3) folgend, nicht mehr erforderliche oder ungeeignete polizeiliche Zwangsmaßnahmen. Sie dürfen nicht mehr angewandt werden, wenn **der polizeiliche Zweck erreicht worden ist** oder wenn es sich zeigt, daß er auch durch Zwangsanwendung **nicht erreicht werden kann.** Hierbei ist nicht nur an Fälle gedacht, in denen die Anwendung des im Augenblick zur Verfügung stehenden Zwangsmittels keinen Erfolg ver-

## Voraussetzungen für unmittelbaren Zwang § 35

spricht. So kann die Polizei den möglichen Erfolg von vornherein überschätzen oder es verstärkt sich ein Widerstand in unvorhergesehener Weise.

> B e i s p i e l : Ein Demonstrationszug weicht von dem durch Auflage vorgeschriebenen Marschweg ab und marschiert auf die Bannmeile des Landtags zu. Die Besatzung zweier Streifenwagen will die Demonstranten an der Bannmeilengrenze aufhalten. Obwohl die Beamten schließlich zur Hiebwaffe greifen, können sie das Eindringen der Demonstranten in die Bannmeile nicht verhindern. Sie stellen daraufhin die Anwendung des unmittelbaren Zwangs ein, weil es offensichtlich wird, daß der polizeiliche Zweck trotz seiner Anwendung nicht zu erreichen ist.

### Zu Absatz 4

Die Bestimmung besagt, daß für die **Anwendung unmittelbaren Zwangs zur Vollstreckung von Verwaltungsakten der Polizei,** die zu einer Handlung, einer Duldung oder einer Unterlassung verpflichten (vgl. Randnr. 5 zu § 32), **bestimmte Regelungen des LVwVG zu beachten sind.** So muß der mit unmittelbarem Zwang zu vollstreckende Verwaltungsakt unanfechtbar geworden oder es muß die aufschiebende Wirkung eines Rechtsbehelfs entfallen sein (vgl. § 2 Nrn. 1 und 2 LVwVG). Der Vollstreckungsauftrag ist auf Verlangen vorzuzeigen (§ 5 LVwVG). Die Durchsuchung von Wohnungen, Betriebsräumen und sonstigem befriedetem Besitztum ist gegen den Willen des Pflichtigen nur auf Anordnung des Verwaltungsgerichts zulässig (§ 6 Abs. 2 Satz 1 LVwVG). Die Vollstreckung zur Nachtzeit und an Sonntagen und gesetzlichen Feiertagen bedarf der vorhergehenden schriftlichen Erlaubnis der Vollstreckungsbehörde (§ 9 Abs. 1 LVwVG). Schließlich ist über jede nicht schriftlich vorgenommene Vollstreckungshandlung eine Niederschrift zu fertigen (§ 10 Abs. 1 LVwVG). Indessen erlaubt § 21 **LVwVG,** auf den auch in Abs. 4 ausdrücklich verwiesen wird, von der Vorschrift der Unanfechtbarkeit des Verwaltungsaktes und der Einschränkung der Vollstreckung zur Nachtzeit sowie

11

an Sonn- und Feiertagen **abzuweichen, soweit dies zur Abwehr einer Gefahr für die öffentliche Sicherheit oder Ordnung erforderlich ist.** Zu der verwaltungsgerichtlichen Durchsuchungsanordnung besagt § 6 Abs. 2 Satz 2 LVwVG, daß diese nicht erforderlich ist, wenn die dadurch eintretende Verzögerung den Zweck der Vollstreckung gefährdet. Von der Aufnahme einer **Niederschrift** nach § 10 Abs. 1 LVwVG kann nach § 21 LVwVG nicht abgesehen werden. Der Inhalt der Niederschrift ist jedoch nur durch Sollvorschrift (§ 10 Abs. 2 LVwVG) vorgeschrieben.

**12**  Die **Verweisung des Abs. 4 gilt nur** für die Anwendung unmittelbaren Zwangs zur Vollstreckung von **Verwaltungsakten** der Polizei, die zu einer Handlung, Duldung oder Unterlassung verpflichten (vgl. Randnr. 5 zu § 32); sie findet keine Anwendung, wenn der unmittelbare Zwang nicht der Vollstreckung eines vorhergehenden Verwaltungsaktes dient.

> Beispiel: Auf einem Rathausplatz findet eine fristgerechte angemeldete Versammlung unter freiem Himmel (§ 14 VersG) statt. Für die wenigen diensttuenden Polizeibeamten unerwartet, setzen Versammlungsteilnehmer plötzlich zu einem Sturm auf das Rathaus an. Die Polizeibeamten verhindern zunächst mit einfacher körperlicher Gewalt, dann mit der Hiebwaffe das Eindringen in das Rathaus. Dieser unmittelbare Zwang dient nicht der Vollstreckung eines polizeilichen Verwaltungsaktes, sondern unmittelbar der Verhinderung einer Störung der öffentlichen Sicherheit.

**13**  Der Verweis auf § 31 LVwVG ermöglicht es der Polizei, die **Kosten,** die ihr bei der Anwendung unmittelbaren Zwangs zur Vollstreckung von Verwaltungsakten entstehen, von dem Pflichtigen zu erheben (vgl. hierzu die **Vollstreckungskostenordnung,** Anhang 8).

*§§ 36 bis 38*

*(aufgehoben)*

## § 39
## Voraussetzungen des Schußwaffengebrauchs

(1) Der Schußwaffengebrauch ist nur zulässig, wenn die allgemeinen Voraussetzungen für die Anwendung unmittelbaren Zwangs vorliegen und wenn einfache körperliche Gewalt sowie verfügbare Hilfsmittel der körperlichen Gewalt oder mitgeführte Hiebwaffen erfolglos angewandt worden sind oder ihre Anwendung offensichtlich keinen Erfolg verspricht. Auf Personen darf erst geschossen werden, wenn der polizeiliche Zweck durch Waffenwirkung gegen Sachen nicht erreicht werden kann.

(2) Der Schußwaffengebrauch ist unzulässig, wenn mit hoher Wahrscheinlichkeit unbeteiligte Personen gefährdet werden, es sei denn, daß sich dies beim Einschreiten gegen eine Menschenmenge (§ 40 Abs. 2) nicht vermeiden läßt.

**Literatur: Krüger,** Polizeilicher Schußwaffengebrauch, 4. Auflage 1979 (Band 2 der Schriftenreihe „polizei aktuell").

## Allgemeines

Der Schußwaffengebrauch ist **das äußerste** und unter Umständen **folgenschwerste Mittel** des unmittelbaren Zwangs. Deshalb legt das Polizeigesetz seine Voraussetzungen besonders eingehend fest.

Da das Polizeirecht keinen eigenen Begriff der Schußwaffe enthält, ist der Schußwaffenbegriff des Waffenrechts zugrundezulegen. Nach § 1 Abs. 1 WaffG sind **Schußwaffen** im Sinne dieses Gesetzes „Geräte, die zum Angriff, zur Verteidigung, zum Sport, Spiel oder zur Jagd bestimmt sind und bei denen Geschosse durch einen Lauf getrieben werden". Die **dienstlich zugelassenen polizeilichen Schußwaffen** sind in Abs. 2 Nr. 2 des UZwErl. (Anhang 4) abschließend aufgeführt, nämlich Tränengassprühpistole, Tränengasgewehr, Pistole, Revolver, Gewehr und Karabiner, Maschinenpistole, Maschinengewehr.

## § 39  Voraussetzungen des Schußwaffengebrauchs

Andere als die zugelassenen Waffen dürfen nicht verwendet werden.

2   Die Abgabe von **Warnschüssen** ist noch kein Schußwaffengebrauch im Sinne des Polizeigesetzes. Ein Warnschuß droht aber gemäß § 35 Abs. 2 den unmittelbaren Zwang mittels Anwendung einer Schußwaffe an; er darf deshalb nur abgegeben werden, wenn der Schußwaffengebrauch selbst zulässig ist (vgl. Randnr. 9 zu § 35). Wird der Warnschuß so abgegeben, daß der zu Warnende das Pfeifen des Geschosses hören soll („qualifizierter Warnschuß"), handelt es sich um einen echten Schußwaffengebrauch gegen Personen (vgl. § 40). Auch die Abgabe von **Alarm- oder Signalschüssen** ist kein Schußwaffengebrauch im Sinne des Polizeigesetzes. Sie setzt im Unterschied zu den Warnschüssen nicht die Zulässigkeit des Schußwaffengebrauchs nach dem Polizeigesetz voraus, weil mit ihrer Hilfe kein unmittelbarer Zwang zur Durchführung polizeilicher Maßnahmen angedroht oder ausgeübt wird.

> B e i s p i e l e : Ein Polizeibeamter beobachtet zur Nachtzeit den Ausbruch eines Feuers in einer Tankstelle. Da sehr rasch eine Explosion zu befürchten ist, weckt er durch Alarmschüsse die anliegenden Bewohner, damit sie sich in Sicherheit bringen können.
> Ein Funkstreifenwagen mit zwei Beamten fährt nachts zu einem Kaufhaus, in dem die Alarmanlage ausgelöst worden ist. Bis zum Eintreffen von Verstärkung bewacht der eine Beamte die Vorderfront des Gebäudes, der andere die Hinterfront. Dieser Beamte bemerkt, daß zwei Männer das Haus durch eine Fensteröffnung zu verlassen versuchen, worauf er – wie zuvor verabredet – einen Schuß abgibt, der seinen Kollegen heranholt. Dieser Signalschuß ist, gleichgültig wie ihn die Einbrecher auffassen, zulässig.

3   Über den Gebrauch von **Hiebwaffen** und **Reizstoffen** enthält das Gesetz keine besonderen Vorschriften, so daß sich deren Zulässigkeit nach den allgemeinen Vorschriften über den unmittelbaren Zwang (§ 32 Abs. 2, §§ 33 bis 35) richtet. Werden

# Voraussetzungen des Schußwaffengebrauchs § 39

Reizstoffe jedoch mit Hilfe von Schußwaffen angewandt, so müssen die Voraussetzungen für den Schußwaffengebrauch erfüllt sein.

> Beispiel: Teilnehmer einer unangemeldeten Demonstration blockieren eine Fahrbahn und reißen Pflastersteine heraus. Der Einsatzleiter der Polizei fordert sie daraufhin wiederholt auf, die Straße zu räumen und droht polizeilichen Zwang durch einfache körperliche Gewalt und Gebrauch der Hiebwaffe an. Da diese Aufforderung ergebnislos bleibt, ordnet der Einsatzleiter die Räumung der Straße unter Anwendung der Hiebwaffe an, weil offensichtlich der angestrebte polizeiliche Zweck nur durch unmittelbaren Zwang gegen Personen zu erreichen ist (§ 35 Abs. 1 und 2).

Der **Gebrauch der Handgranate** ist im Gesetz ebenfalls nicht erwähnt. Wegen der besonderen Wirkungsart dieser Waffe ist jedoch davon auszugehen, daß nach dem Grundsatz der Verhältnismäßigkeit ihre **Anwendung nur unter den für den Schußwaffengebrauch geltenden Voraussetzungen** erfolgen darf. Nach dem Grundsatz des geringstmöglichen Eingriffs darf die Handgranate außerdem nur dann gebraucht werden, wenn der Gebrauch der Schußwaffe wegen besonderer Umstände keinen Erfolg verspricht. Zusätzlich hat das Innenministerium durch einen nichtveröffentlichten Erlaß bestimmt, daß der Einsatz von Maschinengewehren und Handgranaten seiner Zustimmung bedarf.

> Beispiel: Eine Terroristenbande, die mit Maschinengewehren und Gasmasken ausgerüstet ist, verschanzt sich nach einem mißglückten Angriff auf eine Bank in einem alleinstehenden Haus. Zwei der Hausbewohner, die sich vor ihnen zu retten versuchen, werden von den Terroristen niedergeschossen und bleiben schwer verletzt zwischen dem Haus und der anrückenden Polizei liegen. Polizeibeamte, die sie abtransportieren wollen, werden sofort beschossen. Daraufhin ordnet der Einsatzleiter mit Zustimmung des IM an, Handgranaten in das Haus zu werfen. Gem. § 40 Abs. 1 Nr. 1 ist auf jeden Fall der Schußwaffengebrauch gegen Personen zulässig. Im Interesse der so rasch wie möglich zu bergenden Schwerverletzten erscheint angesichts aller Umstände die Handgranate als das am besten geeignete Mittel.

## § 39 Voraussetzungen des Schußwaffengebrauchs

### Zu Absatz 1

4   Der Schußwaffengebrauch ist **nur zulässig, wenn** die allgemeinen Voraussetzungen für die Anwendung unmittelbaren Zwangs vorliegen (vgl. §§ 33, 34 und 35). Im Einzelfall ist zu prüfen, ob der polizeiliche Zweck nicht ohne Zwang erreichbar erscheint bzw. ob weitere Zwangsanwendung Aussicht auf Erfolg hat (§ 35 Abs. 3). Der Schußwaffengebrauch gegen Personen muß dem Verhalten, dem Alter und dem Zustand des Betroffenen angemessen sein (vgl. § 35 Abs. 1 Satz 3 und Nr. 6 UZwErl., Anhang 4). Neben diesen allgemeinen Voraussetzungen ist noch besonders zu prüfen, ob nicht die Anwendung einfacher körperlicher Gewalt oder verfügbarer, d. h. mitgeführter und verwendungsfähiger Hilfsmittel der körperlichen Gewalt oder Hiebwaffen (vgl. Randnr. 3 zu § 33) ausreicht.

> Beispiele: Aus der Krankenstation einer Strafanstalt entflieht ein wegen schwerem Raub verurteilter Häftling. Ein junger Polizeibeamter entdeckt den Mann während der Fahndung in einer Scheune und gibt auf ihn, als dieser vor ihm flieht, einen Warnschuß und anschließend einen gezielten Schuß ab. Der nach § 40 Abs. 1 Nr. 3 a PolG formal zulässige Schußwaffengebrauch ist hier im Hinblick auf die Bestimmung des § 39 Abs.1 Satz 1 nicht gerechtfertigt, weil es dem jungen Polizeibeamten möglich sein muß, den Mann einzuholen und ihn unter Anwendung einfacher körperlicher Gewalt festzunehmen.
>
> Im gleichen Fall und aus den gleichen rechtlichen Überlegungen wird ein Diensthundeführer, der den flüchtigen Räuber verfolgt, seinen Diensthund als Mittel der körperlichen Gewalt einsetzen, statt zur Schußwaffe zu greifen.

5   Soweit es die Umstände zulassen, ist der **Schußwaffengebrauch nach § 35 Abs. 2 vor seiner Anwendung anzudrohen** (vgl. Randnr. 6 bis 8 zu § 35).

6   Auf **Personen** darf (unbeschadet der besonderen Voraussetzungen des § 40) nur geschossen werden, **wenn Waffenwirkung**

Voraussetzungen des Schußwaffengebrauchs § 39

**gegen Sachen nicht ausreicht.** Dies ergibt sich bereits aus § 35 Abs. 1 Satz 2 und wird hier noch einmal hervorgehoben.

> B e i s p i e l : Nach einem Überfall auf eine Bank wird Alarmfahndung ausgelöst. Eine genaue Beschreibung des Täterfahrzeuges liegt vor. Als das beschriebene Kraftfahrzeug eine polizeiliche Kontrollstelle zu durchbrechen versucht, zerschießt ein Beamter den linken Hinterreifen des Fahrzeugs und bringt es dadurch zum Halten. Da die Täter auf die näherkommenden Polizeibeamten aus dem Fahrzeug heraus das Feuer eröffnen, machen die Polizeibeamten ihrerseits die Täter unter Anwendung der Schußwaffe fluchtunfähig und nehmen sie fest. Die Beamten handeln nach § 39 Abs. 1 Satz 2 und § 40 Abs. 1 Nr. 2 c richtig. Sie schießen zunächst, weil es erfolgversprechend ist, nur auf eine Sache (das Kraftfahrzeug). Erst als der polizeiliche Zweck nur noch unter Schußwaffengebrauch gegen Personen zu erreichen ist, schießen sie auf die Täter.

## Zu Absatz 2

7   Nach Abs. 2 ist der Schußwaffengebrauch unzulässig, wenn **mit hoher Wahrscheinlichkeit unbeteiligte Personen gefährdet** werden. Die körperliche Integrität Unbeteiligter ist höher zu bewerten als das Interesse an der Erreichung des polizeilichen Zwecks. Die **bloße Möglichkeit,** daß Unbeteiligte verletzt werden, macht jedoch den Schußwaffengebrauch **noch nicht unzulässig,** denn sonst dürfte z. B. in Städten überhaupt nicht geschossen werden. **Hohe Wahrscheinlichkeit** einer Gefährdung Dritter besteht in der Regel in von vielen Menschen besuchten Räumen und auf belebten Straßen und Plätzen. Tragweite und Streuung der angewandten Waffe, die Gefahr von Querschlägern und die Schießfertigkeit der Beamten sind im Einzelfall zu berücksichtigen.

> B e i s p i e l e : Beim Transport eines Strafgefangenen mit der Bahn entweicht der Gefangene beim Umsteigen auf einem großen Hauptbahnhof. Hier darf der begleitende Polizeibeamte keinen

> gezielten Schuß abgeben, weil er sonst mit hoher Wahrscheinlichkeit unbeteiligte Personen gefährden würde. Ein ungefährlicher Warnschuß in die Luft kann zulässig sein.
>
> Ein Bankräuber, der in der Bank eine Geisel genommen hat, verlangt freien Abzug. Als er mit der Geisel die Bank verläßt, schießt ihn ein Präzisionsschütze der Polizei im geeigneten Augenblick handlungsunfähig. Dieser Schußwaffengebrauch ist zulässig, wenn die Spezialausbildung des Polizeibeamten die Gefährdung der Geisel und anderer unbeteiligter Personen durch den Schußwaffengebrauch so weit wie möglich ausschließt.

Absatz 2 hebt nur auf die Gefährdung von Personen ab; die Gefährdung von Sachen ist jedoch im Rahmen des § 5 Abs. 2 ebenfalls in Betracht zu ziehen. Beim **Einschreiten gegen eine Menschenmenge** läßt sich bei einem unerläßlich werdenden Schußwaffengebrauch eine Gefährdung Unbeteiligter meist nicht vermeiden. Einer rechtzeitigen und deutlich wahrnehmbaren Androhung kommt in solchen Fällen besondere Bedeutung zu; sie soll es Unbeteiligten ermöglichen, sich aus dem Gefahrenbereich rasch zu entfernen (vgl. auch Randnr. 13 bis 15 zu § 40).

## § 40
### Schußwaffengebrauch gegenüber Personen

(1) Schußwaffen dürfen gegen einzelne Personen nur gebraucht werden,

1. um die unmittelbar bevorstehende Ausführung oder die Fortsetzung einer rechtswidrigen Tat zu verhindern, die sich den Umständen nach

   a) als ein Verbrechen oder

   b) als ein Vergehen, das unter Anwendung oder Mitführung von Schußwaffen oder Sprengstoffen begangen werden soll oder ausgeführt wird,

   darstellt;

2. um eine Person, die sich der Festnahme oder der Feststellung ihrer Person durch Flucht zu entziehen versucht, anzuhalten, wenn sie

   a) bei einer rechtswidrigen Tat auf frischer Tat betroffen wird, die sich den Umständen nach als ein Verbrechen darstellt oder als ein Vergehen, das unter Anwendung oder Mitführung von Schußwaffen oder Sprengstoffen begangen wird,

   b) eines Verbrechens dringend verdächtig ist oder

   c) eines Vergehens dringend verdächtig ist und Anhaltspunkte befürchten lassen, daß sie von einer Schußwaffe oder einem Sprengstoff Gebrauch machen werde;

3. zur Vereitelung der Flucht oder zur Wiederergreifung einer Person, die sich in amtlichem Gewahrsam befindet oder befand,

   a) zur Verbüßung einer Freiheitsstrafe wegen einer Straftat mit Ausnahme des Strafarrestes,

   b) zum Vollzug der Unterbringung in einer sozialtherapeutischen Anstalt oder in der Sicherungsverwahrung,

   c) wegen des dringenden Verdachts eines Verbrechens,

   d) aufgrund richterlichen Haftbefehls oder

   e) sonst wegen des dringenden Verdachts eines Vergehens, wenn zu befürchten ist, daß sie von einer Schußwaffe oder einem Sprengstoff Gebrauch machen werde;

4. gegen eine Person, die mit Gewalt einen Gefangenen oder jemanden, dessen

   a) Sicherungsverwahrung (§ 66 des Strafgesetzbuchs),

   b) Unterbringung in einem psychiatrischen Krankenhaus (§ 63 des Strafgesetzbuchs, § 126 a der Strafprozeßordnung) oder

   c) Unterbringung in einer Entziehungsanstalt (§ 64 des Strafgesetzbuchs, 126 a der Strafprozeßordnung),

## § 40 Schußwaffengebrauch gegenüber Personen

d) Unterbringung in einer sozialtherapeutischen Anstalt (§ 65 des Strafgesetzbuchs, § 126 a der Strafprozeßordnung)

angeordnet ist, aus dem amtlichen Gewahrsam zu befreien versucht.

(2) Schußwaffen dürfen gegen eine Menschenmenge nur dann gebraucht werden, wenn von ihr oder aus ihr heraus Gewalttaten begangen werden oder unmittelbar bevorstehen und Zwangsmaßnahmen gegen einzelne nicht zum Ziele führen oder offensichtlich keinen Erfolg versprechen.

(3) Das Recht zum Gebrauch von Schußwaffen auf Grund anderer gesetzlicher Vorschriften bleibt unberührt.

### Allgemeines

1   Die Bestimmung zählt in Abs. 1 **abschließend** die Fälle des Schußwaffengebrauchs **gegen einzelne Personen** auf. Dabei handelt es sich um folgende **vier** im Gesetz genau umschriebenen **Fälle:**

1. Die Verhinderung eines unmittelbar bevorstehenden Verbrechens oder die Verhinderung eines Vergehens, bei dem Schußwaffen oder Sprengstoffe angewandt oder mitgeführt werden (Abs. 1 Nr. 1);
2. das Anhalten eines flüchtenden Verbrechens- oder Vergehenstäters, der Schußwaffen oder Sprengstoffe anwendet oder mit sich führt (Abs. 1 Nr. 2);
3. die Vereitelung der Flucht von Gefangenen (Abs. 1 Nr. 3);
4. die Verhinderung von Gefangenenbefreiung (Abs. 1 Nr. 4).

Auch wenn einer dieser Fälle vorliegt, ist der Schußwaffengebrauch nur zulässig, wenn gleichzeitig die **besonderen Voraussetzungen** für die Anwendung unmittelbaren Zwangs **gegen Personen** (vgl. § 35 Abs. 1 Satz 2) und für den Schußwaffengebrauch **als solchen** (vgl. § 39) vorliegen. Der Schußwaffenge-

Schußwaffengebrauch gegenüber Personen § 40

brauch **gegen eine Menschenmenge** richtet sich nach § 40 Abs. 2. Für den Schußwaffengebrauch **gegen Sachen**, somit auch gegen Tiere, gelten ausschließlich die allgemeinen Voraussetzungen des § 39. Anderen Bestimmungen, die den Gebrauch der Schußwaffe rechtfertigen, gehen die besonderen Bestimmungen des § 40 vor (vgl. Randnr. 18).

Das „Gesetz über den unmittelbaren Zwang bei Ausübung öffentlicher Gewalt durch Vollzugsbeamte des Bundes" (UZwG) enthält in seinem § 12 Abs. 2 die besondere Vorschrift, daß der **Zweck des Schußwaffengebrauchs** nur sein darf, **angriffs- oder fluchtunfähig zu machen.** Eine derartige Bestimmung, die sich auch in den Vorschriften der anderen Bundesländer über den Schußwaffengebrauch findet, enthält das Polizeigesetz nicht. Doch ergibt sich aus den auch für jede Anwendung des unmittelbaren Zwangs geltenden Grundsätzen der Erforderlichkeit, des Mindesteingriffs und der Verhältnismäßigkeit (vgl. Randnr. 1 zu § 35) die Verpflichtung, die Schußwaffe grundsätzlich innerhalb dieser Begrenzung zu gebrauchen. 2

**In besonders gelagerten Ausnahmefällen** ist jedoch die Polizei gezwungen, zur **Rettung eines Menschen** aus höchster Gefahr für Leib oder Leben durch Anwendung der Schußwaffe die sofortige und völlige Handlungsunfähigkeit des Täters zu bewirken. Die unabweisbare Notwendigkeit zu diesem äußersten Gebrauch der Schußwaffe kann sich etwa dann ergeben, wenn ohne ihn ein bewaffneter Rechtsbrecher einen in seiner Gewalt befindlichen Dritten töten oder erheblich verletzen würde. Für eine derartige Anwendung der Schußwaffe, die voraussichtlich die physische Vernichtung des Täters bewirkt, enthält das Polizeigesetz keine Ermächtigung. Denn § 4, der diejenigen Grundrechte aufführt, in die auf Grund des Polizeigesetzes eingegriffen werden kann (vgl. Randnr. 1 zu § 4), nennt in Nr. 1 aus Art. 2 Abs. 2 Satz 1 GG zwar das Recht auf körperliche Unversehrtheit, **nicht aber das Recht auf Leben als einschränkbares Grundrecht.** Die Rechtfertigung für den dargestellten extremen Schußwaffengebrauch der Polizei kann deshalb bei der gegenwärtigen Rechtslage nur aus der **Notwehr** als Nothilfe (§ 32 StGB) hergeleitet werden. Somit wird die Handlung des Polizeibeamten, der sich zum Schutze eines Dritten zum wahrscheinlich tödlichen Schuß auf den Rechtsbrecher entschließt, im geltenden Recht nicht nach polizeirechtlichen, sondern ausschließlich **nach strafrechtlichen Maximen bewertet.** Dies gilt, bis der Gesetzgeber **im Polizeirecht** eine besondere Regelung für diese Fälle trifft. Der **Musterentwurf** eines einheitlichen Polizeigesetzes des Bundes und der Länder (vgl. die Ausgabe von Heise/Riegel, Boorberg Verlag, 2.Auflage 1978) sieht in § 41 Abs. 2 Satz 2 folgende Regelung vor:

„Ein Schuß, der mit an Sicherheit grenzender Wahrscheinlichkeit tödlich wirken wird, ist nur zulässig, wenn er das einzige Mittel zur Abwehr einer gegenwärtigen Lebensgefahr oder der gegenwärtigen Gefahr einer schwerwiegenden Verletzung der körperlichen Unversehrtheit ist."

Diese Vorschrift ist in mehreren Bundesländern geltendes Recht. Sie gibt jedoch auch für die anderen Bundesländer die Kriterien wieder, bei deren Vorliegen im Rahmen der strafrechtlichen Prüfung in jedem Falle von einer Rechtfertigung der Tötung des Angreifers ausgegangen werden kann.

Die Polizei darf demnach die Schußwaffe mit dem Ziel der sofortigen und völligen Handlungsunfähigkeit des Rechtsbrechers **nur gebrauchen, wenn alle denkbaren anderen Abwehrmittel als untauglich erscheinen.** Gleichzeitig muß das Verhalten des Täters darauf schließen lassen, daß ohne diesen Schußwaffengebrauch durch einen gegenwärtigen, d. h. unmittelbar bevorstehenden oder in der Ausführung befindlichen Angriff Lebensgefahr oder schwerwiegende Verletzungsgefahr für den Bedrohten besteht.

## Schußwaffengebrauch gegenüber Personen § 40

**Zu Absatz 1**

Nr. 1 regelt den Schußwaffengebrauch **zur Verhinderung der Ausführung oder Fortsetzung rechtswidriger Taten,** die sich den Umständen nach als Verbrechen darstellen oder als Vergehen, die unter Anwendung oder Mitführung von Schußwaffen im Sinne des Waffengesetzes oder Sprengstoffen i. S. des Sprengstoffgesetzes begangen werden sollen oder ausgeführt werden.

> Beispiele: Ein Polizeibeamter verhindert durch einen gezielten Schuß auf den Arm eines Täters einen Mord (§ 211 StGB).
>
> Polizeibeamte verhindern unter Androhung des Schußwaffengebrauchs die Ausführung eines Diebstahl mit Waffen (§ 244 StGB).

**Zur Verhinderung von Vergehen anderer Art,** von Ordnungswidrigkeiten und Handlungen, die zwar polizeiwidrig, aber nicht mit Strafe bedroht sind, **ist der Schußwaffengebrauch gegen Personen nicht zulässig.**

**Verbrechen** sind rechtswidrige Taten, die im Mindestmaß mit Freiheitsstrafe von einem Jahr oder darüber bedroht sind (§ 12 Abs. 1 StGB). **Vergehen** sind rechtswidrige Taten, die im Mindestmaß mit einer geringeren Freiheitsstrafe oder mit Geldstrafe bedroht sind (§ 12 Abs. 2 StGB). Den Verbrechen sind in § 40 solche Vergehen gleichgestellt, zu deren Ausführung der Täter eine Schußwaffe oder Sprengstoff mit sich führt oder anwendet.

Eine Handlung stellt sich **den Umständen nach** als Verbrechen oder Vergehen im hier bezeichneten Sinne dar, wenn **die augenblicklich erkennbaren äußeren Tatbestandsmerkmale** den Schluß zulassen, daß es sich um ein Verbrechen handelt oder um ein Vergehen, das unter Anwendung oder Mitführung von Schußwaffen oder Sprengstoffen begangen werden soll oder ausgeführt wird. Die Vorschrift beruht auf der Erwägung,

## § 40  Schußwaffengebrauch gegenüber Personen

daß der Polizeibeamte vielfach nicht die Möglichkeit zur näheren Prüfung hat, ob nicht ausnahmsweise auf Grund besonderer Umstände der Verbrechenscharakter einer Handlung ausgeschlossen ist. Auch kann der Polizeibeamte in besonderen Gefahrensituationen nicht immer mit einwandfreier Sicherheit feststellen, ob der Täter bei der Ausführung eines Vergehens tatsächlich mit einer Schußwaffe oder mit Sprengstoff ausgerüstet ist oder nicht.

> B e i s p i e l : Polizeibeamte stellen im Wald während der Nachtzeit unter Androhung des Schußwaffengebrauchs mehrere, anscheinend mit Schußwaffen ausgerüstete Wilderer (§ 292 Abs. 2 StGB). Die Androhung des Schußwaffengebrauchs bleibt auch rechtmäßig, wenn sich nachträglich herausstellt, daß die Täter keine Waffen, sondern lediglich Schlingendraht mit sich führen.

6   Mit der **Verhinderung der Ausführung** braucht die Polizei nicht zuzuwarten, bis der Täter mit der Verwirklichung der Tat begonnen hat; vielmehr kann sie schon im Stadium der Vorbereitungshandlungen von der Schußwaffe Gebrauch machen, soweit diese Vorbereitungshandlungen die unmittelbare Ausführung der Straftat erwarten lassen. In der Regel wird es sich jedoch bereits um einen strafbaren Versuch (vgl. § 22 StGB) handeln.

> B e i s p i e l : Die Polizei bekommt einen Hinweis, daß Terroristen auf dem Flughafen ein abgestelltes Verkehrsflugzeug sprengen wollen. Zum Schutze der Flugzeuge eingesetzte Beamte bemerken nachts, wie mehrere Männer den Begrenzungszaun des Flughafens übersteigen. Sie nehmen die Männer unter Androhung des Schußwaffengebrauchs fest und verhindern damit die von diesen beabsichtigte Ausführung einer Sprengstoffexplosion (§ 311 StGB).

7   Nr. 2 regelt den **Schußwaffengebrauch zum Anhalten von Straftätern.** Grundsätzlich ist zu diesem Zweck der Gebrauch von Schußwaffen nicht zulässig. Die Schwere der Tat oder die Ausrüstung des Straftäters mit Waffen oder mit Sprengstoffen

## Schußwaffengebrauch gegenüber Personen § 40

kann jedoch ausnahmsweise die Anwendung von Schußwaffen rechtfertigen. **Die Voraussetzungen hierzu sind unter der Nr. 2 a–c aufgeführt.** Festnahme im Sinne der Nr. 2 ist die strafverfahrensrechtliche Freiheitsentziehung in allen ihren Formen. Sie umfaßt die Verhaftung auf Grund eines richterlichen Haft- oder Unterbringungsbefehls (§§ 122 ff., 126 a StPO) und die vorläufige Festnahme (§ 127 StPO). Der polizeiliche Gewahrsam (§ 22) und die Sistierung (§ 20 Abs. 2) sind keine Festnahmen im Sinne dieser Vorschrift.

**Zu Nr. 2 a: Auf frischer Tat betroffen** ist eine Person, wenn sie bei der Begehung einer Tat entdeckt wird oder wenn die schon vollendete Tat unmittelbar nach ihrer Verübung entdeckt und auf Grund der hierbei gemachten, auf den Täter hinweisenden Wahrnehmungen die Verfolgung unverzüglich begonnen wird. Eine eingeleitete Verfolgung dauert an, auch wenn die Person des Verfolgers wechselt, also wenn der Polizeibeamte, der die Tat wahrgenommen hat, dem Täter nicht selbst nacheilt, sondern durch Funk veranlaßt, daß andere Polizeibeamte dem Täter den Weg verlegen. 8

> Beispiel: Eine Bande entführt ein Kind (§ 239 a StGB) und fordert von den Eltern Lösegeld. Als ein Mitglied der Bande das Geld übernehmen will, versuchen Polizeibeamte den Mann festzunehmen, doch gelingt es ihm zunächst zu flüchten. Im Laufe der sofort eingeleiteten Fahndung wird der Täter schon kurz darauf von Beamten einer Funkstreife gestellt, die ihn, als er weiter flüchten will, durch Schußwaffengebrauch zum Stehen zwingen und festnehmen. Diese Festnahme steht in unmittelbarem zeitlichen Zusammenhang mit der Tat.

Wird die Verfolgung unterbrochen, liegt ein längerer Zeitraum zwischen der Tat und dem Anhalten oder wird die Tat erst Stunden oder Tage nach ihrer Begehung entdeckt, so liegt kein Verfolgen unmittelbar nach Begehung der Tat mehr vor, so daß Schußwaffengebrauch allenfalls nach Nr. 2 b oder Nr. 2 c in Betracht kommt.

## § 40 Schußwaffengebrauch gegenüber Personen

9   Zu Nr. 2 b und Nr. 2 c: Diese Bestimmungen ermöglichen den Schußwaffengebrauch über die Fälle der Nr. 2 a hinaus, wenn der Täter **nicht auf frischer Tat betroffen** oder verfolgt, sondern erst später, etwa im Rahmen der allgemeinen Fahndungstätigkeit, angetroffen wird und über seine Identität kein Zweifel besteht. In diesen Fällen muß jedoch im Unterschied zu Nr. 2 a **dringender Tatverdacht** gegeben sein, daß der Täter ein Verbrechen oder Vergehen begangen hat. Es genügen also nicht bloß äußere Verdachtsmomente, sondern es muß auch eine **erhebliche Wahrscheinlichkeit für die Schuld des Täters** bestehen. Bei dem dringenden Verdacht eines Vergehens müssen zusätzlich Anhaltspunkte bestehen, die befürchten lassen, daß der Täter eine Schußwaffe oder Sprengstoff **besitzt** und davon **Gebrauch machen** wird.

> Beispiele: Ein Mann zwingt mit vorgehaltener Pistole einen Autofahrer, der ihn als Anhalter mitgenommen hat, ihm das Fahrzeug zu überlassen (§ 316 a StGB) und fährt damit davon. Einige Tage darauf verkauft der Täter das Fahrzeug an einen Hehler. Während dieser damit fährt, wird das Fahrzeug von einer Polizeistreife erkannt und gestellt. Als der Fahrer aus dem Auto flüchtet, machen die Beamten bei seiner Verfolgung von der Schußwaffe Gebrauch. Sie sind hierzu berechtigt, obwohl der Fahrer nur den Tatbestand eines Vergehens der Hehlerei (§ 259 StGB) erfüllt hat, weil sie aufgrund der Umstände annehmen müssen, daß es sich bei dem Flüchtenden um den bewaffneten Räuber handelt.
>
> Ein Bankräuber erbeutet unter Drohung mit einer Schußwaffe eine erhebliche Geldsumme (§ 255 i. V. mit § 250 StGB) und flüchtet. Aufgrund genauer Täterbeschreibungen in der Presse erhält die Polizei einige Tage später eine glaubhafte Mitteilung, daß sich der Gesuchte in einem bestimmten Hotel aufhalte. Die Beamten dringen in das Hotelzimmer ein und stellen dort den Verdächtigen unter Androhung des Schußwaffengebrauchs. Diese Androhung ist angesichts der Umstände gerechtfertigt, auch wenn sich später herausstellt, daß es sich bei dem Festgenommenen nicht um den gesuchten Bankräuber, sondern um einen harmlosen Hotelgast handelt.

## Schußwaffengebrauch gegenüber Personen § 40

Polizeibeamte ermitteln einen Dieb. Sie wissen, daß er schon bei einer früheren Festnahme geschossen hat. Desbalb können sie ihn unter Androhung des Schußwaffengebrauchs festnehmen.

**Nr. 3** läßt den Schußwaffengebrauch zur Vereitelung der Flucht oder zur Wiederergreifung von Personen zu, die sich in amtlichem Gewahrsam befinden oder befunden haben. Der Gebrauch der Schußwaffe ist jedoch nur unter einer der in Nr. 3 a bis e genannten Voraussetzungen zulässig. Der **Vereitelung der Flucht** durch den Gebrauch der Schußwaffe muß mindestens das Unternehmen eines Fluchtversuchs vorausgehen. Bloße Vorbereitungshandlungen genügen nicht. Die **Wiederergreifung** setzt voraus, daß der Verfolgte sich dem amtlichen Gewahrsam erfolgreich entzogen hat. Der zeitliche Abstand zwischen der gelungenen Flucht und der Wiederergreifung ist unerheblich. **Amtlicher Gewahrsam** ist jede durch ein zuständiges amtliches Organ zu einem der in Nr. 3 Buchst. a bis e bezeichneten Zwecke vorgenommene Freiheitsentziehung.

Beispiele: Ein Mann ist wegen Diebstahls (§ 242 StGB) zu einer Freiheitsstrafe von 18 Monaten rechtskräftig verurteilt. Da er der Ladung zum Strafantritt nicht Folge leistet, erläßt die Staatsanwaltschaft gem. § 457 StPO einen Vorführungsbefehl und ersucht die Polizei um dessen Vollzug. Als der Polizeibeamte vor der Wohnung des Mannes eintrifft, bemerkt er, wie dieser durch ein Fenster zu entkommen versucht. Obwohl der Mann rechtskräftig zu einer Freiheitsstrafe verurteilt ist, befindet er sich noch nicht in amtlichem Gewahrsam; deshalb ist die Anwendung der Schußwaffe unzulässig.

In einer Justizvollzugsanstalt rotten sich Gefangene zusammen, die sich mit Knüppeln und gefährlichen Werkzeugen bewaffnet haben. Sie beabsichtigen auszubrechen. Herbeigerufene Polizeibeamte drängen die Meuterer unter Androhung des Schußwaffengebrauchs in den Zellenbau zurück. Da die Insassen sich zur Verbüßung von Freiheitsstrafen in amtlichem Gewahrsam befinden, kann zur Vereitelung ihrer Flucht der Schußwaffengebrauch angedroht werden.

**11** Zu Nr. 3 a: **Freiheitsstrafen** können nach dem StGB und nach § 17 JGG (Jugendstrafe) verhängt worden sein. Der Jugendarrest nach § 16 JGG fällt nicht unter den Begriff der Freiheitsstrafe. Der Strafarrest nach § 9 des Wehrstrafgesetzes ist ausdrücklich ausgenommen.

**Zu Nr. 3 b:** § 65 StGB, der die Unterbringung in einer sozialtherapeutischen Anstalt vorsieht, tritt erst am 1. 1. 1985 in Kraft.

**Zu Nr. 3 c:** Wegen des **dringenden Verdachtes eines Verbrechens** kann sich eine Person im amtlichen Gewahrsam befinden, wenn sie nach § 127 StPO vorläufig festgenommen ist.

**Zu Nr. 3 d:** Es muß sich um einen **Haftbefehl nach der StPO** handeln (§§ 112 ff, 230, 236 und 239 StPO). Ein Haftbefehl nach der ZPO (z. B. §§ 901 und 933 ZPO), nach dem OWiG (Erzwingungshaft gemäß §§ 96 und 97 OWiG) oder nach dem LVwVG (Zwangshaft nach § 24 LVwVG) reicht nicht aus.

**Zu Nr. 3 e:** Wegen des **dringenden Verdachts eines Vergehens** kann **amtlicher Gewahrsam** durch vorläufige Festnahme (§ 127 StPO) begründet sein. Der Gebrauch der Schußwaffe ist in diesem Falle nur dann zulässig, wenn zu befürchten ist, daß der Betroffene seinerseits von der Schußwaffe oder von Sprengstoff Gebrauch machen werde.

> Beispiel: Ein als gewalttätig bekannter Mann schlägt nach einem Verkehrsunfall den Mitverursacher mit einem Schraubenschlüssel nieder. Polizeibeamte nehmen ihn noch am Unfallort wegen Fluchtgefahr vorläufig fest (§ 127 Abs. 2 StPO). Während der Unfallaufnahme entweicht der Mann und fährt mit seinem Wagen davon. Im Zuge der Fahndung stellt die Polizei fest, daß er in seiner Wohnung eine Pistole geholt und dann die Flucht fortgesetzt hat. Bei seiner erneuten Festnahme drohen die Beamten den Gebrauch der Schußwaffe an. Der Mann war wegen des dringenden Verdachts eines Vergehens (§ 223 a StGB) in amtlichem Gewahrsam. Aufgrund der Umstände müssen die Beamten damit rechnen, daß der Mann bei seiner Festnahme von der Pistole Gebrauch machen werde, weshalb sie ihrerseits den Waffengebrauch androhen und notfalls schießen dürfen.

## Schußwaffengebrauch gegenüber Personen § 40

Nr. 4 erklärt den Gebrauch der Schußwaffe gegen Personen **12** für zulässig, die nicht selbst Gefangene sind, sondern **einen Gefangenen mit Gewalt zu befreien versuchen.** Gefangener ist jeder, dem in gesetzlich erlaubter Form aus Gründen des öffentlichen Interesses die persönliche Freiheit entzogen ist und der sich im amtlichen Gewahrsam der dafür zuständigen Stelle befindet. Gefangene sind Strafgefangene und Untersuchungsgefangene, aber auch nach § 22 PolG in Gewahrsam, nach der ZPO in Zivilhaft, nach § 24 LVwVG in Zwangshaft oder nach §§ 96 und 97 OWiG in Erzwingungshaft befindliche Personen. Den Gefangenen gleichgestellt sind nach Nr. 4 Buchst. a–d Personen, die auf Grund des StGB in Sicherungsverwahrung, in einem psychiatrischen Krankenhaus, in einer Entziehungsanstalt oder in einer sozialtherapeutischen Anstalt untergebracht sind.

> B e i s p i e l : Bei einer gewalttätig verlaufenden Demonstration wird ein Rädelsführer wegen Verdacht des Landfriedensbruchs (§ 125 StGB) vorläufig festgenommen. Als drei andere Demonstranten versuchen, den Festgenommen aus dem Polizeifahrzeug zu befreien, drohen ihnen die Beamten den Schußwaffengebrauch an. Die Androhung des Schußwaffengebrauchs ist gerechtfertigt, weil der Rädelsführer „Gefangener" ist und der Versuch, ihn mit Gewalt aus dem amtlichen Gewahrsam zu befreien, unter Zuhilfenahme der Schußwaffe abgewehrt werden darf.

Die **Gewalt** kann sich sowohl gegen Personen (z. B. einen Gefangenenaufseher, den Gefangenen selbst oder einen Polizeibeamten) als auch gegen Sachen richten.

### Zu Absatz 2

Abs. 2 regelt den **Schußwaffengebrauch gegen eine Menschenmenge.** Die in der Vorschrift enthaltenen Beschränkungen des Schußwaffengebrauchs sind erforderlich, um eine Schädigung Unbeteiligter nach Möglichkeit zu vermeiden (vgl. § 39 Abs. 2).

**13**

## § 40   Schußwaffengebrauch gegenüber Personen

**14**   Eine **Menschenmenge** ist eine größere Anzahl von Personen, bei der es auf das Hinzukommen oder Weggehen einzelner nicht ankommt. Die Verfolgung eines gemeinschaftlichen Zweckes oder ein Gefühl der Zusammengehörigkeit ist nicht erforderlich.

**15**   Der **Schußwaffengebrauch** gegen eine Menschenmenge ist **nur zulässig,** wenn

a) von ihr oder aus ihr heraus **Gewalttaten** begangen werden oder unmittelbar bevorstehen. Gewalttaten sind schwerwiegende Straftaten gegen Personen oder bedeutende Sachwerte, die unter Anwendung von Gewalt begangen werden und die die öffentliche Sicherheit erheblich gefährden. Leichte Fälle der Körperverletzung und der Sachbeschädigung sind keine Gewalttaten i. S. des § 40 Abs. 2;

b) die **allgemeinen Voraussetzungen des Schußwaffengebrauchs** vorliegen (§ 39 Abs. 1), insbesondere wenn einfache körperliche Gewalt sowie verfügbare Hilfsmittel der körperlichen Gewalt oder mitgeführte Hiebwaffen erfolglos angewandt worden sind oder ihre Anwendung offensichtlich keinen Erfolg verspricht;

> Beispiel: Während einer Gerichtsverhandlung sammeln sich zahlreiche Personen vor dem Gerichtsgebäude. Für die wenigen anwesenden Polizeibeamten unerwartet werden erst Steine, dann Brandflaschen gegen das Gebäude geworfen. Wegen dieser Straftaten (§§ 125, 306 StGB) sind die Polizeibeamten berechtigt, Warnschüsse abzugeben und notfalls die Schußwaffe anzuwenden, wenn ihnen angesichts ihrer zahlenmäßigen Unterlegenheit und der Entwicklung keine andere Möglichkeit mehr bleibt, um den gewalttätigen Angriff abzuwehren.

c) der Schußwaffengebrauch **gegen einzelne nicht zum Ziel führt** oder offensichtlich keinen Erfolg verspricht;

> Beispiel: Im Verlauf einer immer gewalttätiger verlaufenden Demonstration werden mehrere Polizeibeamte aus der Menge

heraus von nicht auszumachenden Tätern durch Schußwaffen schwer verletzt. Daraufhin läßt der Einsatzleiter zunächst Warnschüsse abgeben und ordnet, da weiter aus der Menge geschossen wird, gegen diese den Schußwaffengebrauch an.

## Zu Absatz 3

Bei den **anderen gesetzlichen Vorschriften**, die den Gebrauch von Schußwaffen im Einzelfall rechtfertigen, handelt es sich vor allem um die Bestimmungen der §§ 32 StGB und 227 BGB (Notwehr), § 34 StGB (rechtfertigender Notstand), § 228 Satz 1 BGB (Verteidigungsnotstand) und § 904 BGB (Angriffsnotstand). Der hierauf bezogene sogenannte **Notrechtsvorbehalt** des § 40 Abs. 3 enthält keine Erweiterung hoheitlicher Eingriffsbefugnisse der Polizei. Er bringt vielmehr zum Ausdruck, daß die für und gegen jedermann geltenden Notrechte („Jedermann-Rechte") auch für Polizeibeamte in Ausübung ihres Dienstes gelten und durch die polizeirechtlichen Bestimmungen über den Schußwaffengebrauch nicht eingeschränkt werden. **16**

Auf einen **entschuldigenden Notstand** (§ 35 StGB) kann sich ein Polizeibeamter nur berufen, wenn er sich aus einer Notstandslage befreit, die er nicht aufgrund seiner Dienstpflichten zu ertragen verpflichtet ist. **17**

### 3. ABSCHNITT

### Entschädigung

### Vorbemerkung

Das **Staatshaftungsgesetz** vom 26. 6. 1981 (BGBl. I S. 553), das eine Neuregelung der Haftung für **rechtswidriges** Verhalten der öffentlichen Gewalt enthielt, ist vom Bundesverfassungsgericht für **nichtig** erklärt worden. (vgl. BVerfGE 61, 149). Es ließ die §§ 41 bis 44 unberührt, da diese die Entschädigung für **rechtmäßige** polizeiliche Maßnahmen betreffen.

## § 41
### Voraussetzungen

(1) In den Fällen des § 9 Abs. 1 kann derjenige, gegenüber dem die Polizei eine Maßnahme getroffen hat, eine angemessene Entschädigung für den ihm durch die Maßnahme entstandenen Schaden verlangen. Dies gilt nicht, soweit die Maßnahme zum Schutz seiner Person oder seines Vermögens getroffen worden ist.

(2) Soweit die Entschädigungspflicht wegen Maßnahmen nach § 9 Abs. 1 in besonderen gesetzlichen Vorschriften geregelt ist, finden diese Vorschriften Anwendung.

**Literatur:** *Papier,* Die Entschädigung für Amtshandlungen der Polizei, DVBl. 1975, 567.

### Allgemeines

1  Die Vorschrift regelt die **Entschädigung der Nichtstörer** bei gegen sie gerichteten **rechtmäßigen polizeilichen Maßnahmen** nach § 9 Abs. 1. Sie beruht auf dem Billigkeitsgrundsatz, daß derjenige, der durch einen polizeilichen Eingriff einen Vermögensschaden erlitten hat, ohne daß er sich selbst polizeiwidrig verhalten oder wegen polizeiwidrigen Zustandes seiner Sache zu einem polizeilichen Einschreiten Anlaß gegeben hat, einen Ausgleich erhalten soll.

Soweit eine Maßnahme enteignende Wirkung hat, ist die Entschädigung nach Art. 14 Abs. 3 GG verfassungsrechtlich geboten.

2  Bei **schuldlos rechtswidrigen Eingriffen** der Polizei gewährt die Rechtsprechung dem betroffenen Bürger einen **Entschädigungsanspruch** für Vermögensschäden unter dem Gesichtspunkt des enteignungsgleichen Eingriffs und bei Körperschäden unter dem Gesichtspunkt der Aufopferung.

## Voraussetzungen der Entschädigung §41

Schädigt die Polizei durch **schuldhaft rechtswidrige Maßnahmen** Leben, Gesundheit oder Vermögen des Bürgers, so steht dem Betroffenen ein **Schadenersatzanspruch** (im Unterschied zum Entschädigungsanspruch) nach Art. 34 GG i. V. mit § 839 BGB zu.  3

Handelt es sich um Strafverfolgungsmaßnahmen, so kommt auch eine Entschädigung nach dem Gesetz über die Entschädigung für Strafverfolgungsmaßnahmen (**StrEG**) vom 8. 3. 1971 (BGBl. I S. 157), zuletzt geändert durch Gesetz vom 9. 12. 1974 (BGBl. I S. 3393), in Betracht.

Beim **Widerruf** eines rechtmäßigen begünstigenden **Verwaltungsaktes** der Polizei kann sich eine Entschädigungspflicht aus § 49 Abs. 5 LVwVfG ergeben.

### Zu Absatz 1

**Entschädigungsberechtigt** nach § 41 Abs. 1 ist derjenige, gegenüber dem die Polizei eine Maßnahme nach § 9 Abs. 1 getroffen hat. Entschädigungsberechtigt ist nicht nur der von der Polizei ausdrücklich Angesprochene, etwa der Besitzer einer Sache, sondern jeder, in dessen Rechtskreis unmittelbar eingegriffen wird, also auch der Eigentümer einer Sache. Grundsätzlich wird nur für unmittelbaren Schaden gehaftet. Ausnahmsweise steht im Falle der Tötung von Personen, die anderen gegenüber unterhaltspflichtig sind, den Unterhaltsberechtigten als mittelbar Geschädigten ein Entschädigungsanspruch zu.  4

Der Anspruch aus § 41 Abs. 1 geht auf **angemessene Entschädigung in Geld.** Während der Schadenersatz nach bürgerlichem Recht jede durch das Schadensereignis eintretende Vermögensminderung einschließlich des entgangenen Gewinns umfaßt (vgl. §§ 249, 252 BGB), geht die öffentlich-rechtliche Entschädigung auf einen Ausgleich für das von dem einzelnen für die Allgemeinheit Aufgeopferte.  5

**6** Nach § 41 Abs 1 Satz 2 besteht **kein Entschädigungsanspruch,** wenn die Maßnahme zum Schutz der Person oder des Vermögens des Unbeteiligten getroffen worden ist. Dieser Entschädigungsausschluß muß auf diejenigen Fälle beschränkt werden, in denen die Maßnahme **ausschließlich** dem Schutz des Betroffenen dient. Dient sie dagegen zugleich dem Allgemeininteresse, so ist ein Entschädigungsanspruch gegeben.

**Zu Absatz 2**

**7** **Gesetzliche Sondervorschriften** enthalten z. B. die §§ 49 bis 61 BSeuchG, die §§ 66 bis 72 b TierSG, § 51 GewO und § 34 Abs. 2 Satz 2, § 36 Abs. 5 Satz 3, § 37 Abs. 2, § 38 Abs. 2 und § 39 FeuerwehrG. Sie schließen als Spezialvorschriften die Anwendung der §§ 41 bis 44 PolG aus.

## § 42
### Entschädigungspflichtiger

**Zur Entschädigung ist der Staat oder die Körperschaft verpflichtet, in deren Dienst der Beamte steht, der die Maßnahme getroffen hat. Ist die Maßnahme von einem Polizeibeamten auf Weisung einer Polizeibehörde getroffen worden, so ist der Staat oder die Körperschaft, der die Polizeibehörde angehört, zur Entschädigung verpflichtet.**

**1** Entschädigungspflichtig ist **der Staat oder die Körperschaft,** in deren Dienst der Beamte steht, der die Maßnahme nach § 9 getroffen hat. Beamter im Sinn des § 42 ist nicht nur der Beamte im beamtenrechtlichen Sinn, sondern jeder, dem die Ausübung polizeilicher Befugnisse anvertraut ist. Ob ein Beamter im Dienst des Staates oder einer Körperschaft steht, ist nach den zu Art. 34 GG festgelegten Grundsätzen zu beurteilen. Demnach kommt es regelmäßig auf die beamtenrechtliche Anstellung an. Trifft ein Gemeindebeamter eine polizeiliche Maßnahme nach

Ersatz § 43

§ 9, so haftet die Gemeinde. Werden polizeiliche Aufgaben durch gemeindliche Angestellte wahrgenommen, so haftet ebenfalls die Gemeinde, weil sie die Angestellten auswählt, ihnen polizeiliche Aufgaben überträgt und sie bei deren Erledigung überwacht.

§ 42 Satz 2 regelt den Fall, daß eine Maßnahme von einem Polizeibeamten auf Weisung einer Polizeibehörde (vgl. §§ 61 und 62) getroffen worden ist, die einer **anderen Körperschaft** angehört als der Polizeibeamte. In diesem Fall kommt es nicht darauf an, in wessen Dienst der Polizeibeamte steht, vielmehr ist stets diejenige Körperschaft zur Entschädigung verpflichtet, der die anweisende Polizeibehörde angehört. Darin kommt die Verantwortung der Polizeibehörde für die von ihr erteilten Weisungen zum Ausdruck. 2

## § 43
### Ersatz

**Der nach § 42 zur Entschädigung Verpflichtete kann in entsprechender Anwendung der Vorschriften des Bürgerlichen Gesetzbuches über die Geschäftsführung ohne Auftrag von den in den §§ 6 und 7 bezeichneten Personen Ersatz verlangen.**

§ 43 gibt der entschädigungspflichtigen Körperschaft die Möglichkeit, gegen Personen **Rückgriff** zu nehmen, die an sich nach § 6 oder § 7 als Störer polizeipflichtig waren, aber wegen besonderer Umstände nicht unmittelbar herangezogen werden konnten, so daß ein Vorgehen gegen den Nichtstörer erforderlich wurde. Das Gesetz behandelt die Polizei für die finanzielle Abwicklung als Geschäftsführer des an sich zur Gefahrenabwehr verpflichteten Störers. 1

Der **Geschäftsführer ohne Auftrag** ist nach § 677 BGB derjenige, der ein Geschäft für einen anderen besorgt, ohne von ihm beauftragt oder ihm gegenüber sonst dazu berechtigt zu sein. 2

Der Geschäftsführer ohne Auftrag ist nach § 683 Satz 1 BGB ersatzberechtigt, wenn die Übernahme der Geschäftsführung dem Interesse und dem wirklichen oder mutmaßlichen Willen des Geschäftsherrn entspricht. § 679 BGB regelt, soweit er hier in Betracht kommt, den Fall, daß ohne die Geschäftsführung **eine Pflicht** des Geschäftsherrn, **deren Erfüllung im öffentlichen Interesse liegt,** nicht rechtzeitig erfüllt werden würde. Diese Voraussetzung ist bei Maßnahmen nach § 9 in der Regel zu bejahen, weil die Polizei in diesem Fall unaufschiebbare Pflichten wahrnimmt, die den in den §§ 6 und 7 bezeichneten Personen, soweit solche vorhanden sind, im öffentlichen Interesse obliegen. Die entschädigungspflichtige Körperschaft ist somit ohne Rücksicht auf den etwa entgegenstehenden Willen des „Geschäftsherrn" ersatzberechtigt.

3 **Rückgriffschuldner** sind die in den §§ 6 und 7 bezeichneten polizeipflichtigen Personen. Zieht die Polizei einen Kraftfahrer heran, um einen Unfallverletzten in das Krankenhaus zu bringen, so kann sie von demjenigen, der den Unfall verursacht hat, Ersatz für die dem Kraftfahrer gewährte Entschädigung verlangen. Muß ein Obdachloser in eine Wohnung eingewiesen werden, so kann die Polizei von ihm Ersatz für die dem Wohnungsinhaber zu leistende Entschädigung verlangen, weil er selbst dafür verantwortlich ist, daß die Ordnung des Gemeinwesens nicht durch ihn gestört wird.

## § 44

### Rechtsweg

**Über die Ansprüche nach den §§ 41 und 43 entscheiden die ordentlichen Gerichte.**

Die Zuständigkeit der ordentlichen Gerichte beschränkt sich auf die Entschädigungs- und Ersatzansprüche nach §§ 41 und 43.

Rechtsweg § 44

Die Zuständigkeit der **Verwaltungsgerichte** zur Entscheidung über die Rechtmäßigkeit polizeilicher Maßnahmen, die nach § 9 getroffen worden sind, bleibt unberührt. Hat ein Verwaltungsgericht im Anfechtungsverfahren über die Rechtmäßigkeit einer entschädigungspflichtigen Maßnahme entschieden, so sind die ordentlichen Gerichte im Entschädigungsverfahren an diese Entscheidung gebunden.

## ZWEITER TEIL

### Die Organisation der Polizei

**Literatur: Klich,** Die Organisation der Polizei, PolBlBW 1962, 151; **Rasch,** Polizei und Polizeiorganisation, 2. Auflage 1980 (Band 22 der Schriftenreihe „polizei aktuell"); **ders.,** Probleme der Organisation der Vollzugspolizei (Schutz- und Kriminalpolizei) in den Ländern der Bundesrepublik Deutschland, DVBl. 1975, 561; **ders.,** Der Aufbau der Ordnungsverwaltung – zugleich ein Beitrag zu den Weisungsangelegenheiten und zur Organleihe, DVBl. 1977, 144.

### ERSTES KAPITEL
### Organisation der Polizei im allgemeinen
*(Siehe hierzu die Übersicht im vorderen Einband)*

#### 1. ABSCHNITT
#### Gliederung und Aufgabenverteilung

### § 45

### Allgemeines

**Die Organisation der Polizei umfaßt**

1. die Polizeibehörden,
2. den Polizeivollzugsdienst mit seinen Beamten (Polizeibeamte).

1 § 45 regelt die grundsätzliche Gliederung der Polizei des Landes Baden-Württemberg. Er bringt zum Ausdruck, daß der Begriff „Polizei" im Sinne des PolG sowohl die Polizeibehörden als auch die Polizeidienststellen in Baden-Württemberg umfaßt. Innerhalb der vom Gesetz als **Einheit** verstandenen Polizei sind die Polizeibehörden und der Polizeivollzugsdienst **organisatorisch getrennt**.

## Polizeiorganisation, Allgemeines § 45

Die **innere Einheit der Polizei** kommt darin zum Ausdruck, daß die gesamte Polizei (Polizeibehörden und Polizeivollzugsdienst) grundsätzlich denselben Rechtsnormen, insbesondere den Vorschriften des 1. Teils des PolG, unterliegt.

**Polizeibehörden** (Nr. 1) sind grundsätzlich alle Verwaltungsbehörden mit polizeilichen Aufgaben im Sinn der §§ 1 und 2. Sie gliedern sich in die allgemeinen (§ 47 Abs. 1 und § 48) und die besonderen (§ 47 Abs. 2) Polizeibehörden. 2

Neben den Polizeibehörden gibt es nach § 2 Abs. 1 Satz 1 „**andere Stellen**" mit polizeilichen Aufgaben (s. Randnr. 3 zu § 2). Dies zeigt, daß nicht jegliche Zuständigkeit für polizeiliche Aufgaben die Eigenschaft als Polizeibehörde begründet. Erforderlich ist vielmehr, daß **in nicht unerheblichem Umfang** polizeiliche Aufgaben wahrgenommen werden.

Der **Polizeivollzugsdienst** (Nr. 2) ist in **Polizeidienststellen** gegliedert (s. §§ 56 und 57). Er besteht aus **Schutzpolizei** (ungenau § 57 Abs. 2: „uniformierte" Polizei) und **Kriminalpolizei**. 3

Die organisationsrechtliche Terminologie in Bund und Ländern ist sehr unterschiedlich. Es ist daher im Einzelfall zu prüfen, ob mit „Polizei" oder „Polizeibehörde" im Sinne bundesrechtlicher Vorschriften oder im Sinne von Vorschriften anderer Bundesländer die für die Gefahrenabwehr zuständige Verwaltungsbehörde oder der Polizeivollzugsdienst gemeint ist. Handelt es sich um eine reine Vollzugstätigkeit, so ist unter „Polizeibehörde" der Polizeivollzugsdienst zu verstehen.

Nicht zum Polizeivollzugsdienst gehören die gemeindlichen Vollzugsbeamten (§ 76), da sie lediglich im Rahmen ihrer beschränkten Aufgaben im Gemeindebereich die Stellung von Polizeibeamten haben. Sie sind aber bei der Erledigung ihrer polizeilichen Vollzugsaufgaben den Polizeibeamten gleichgestellt (§ 76 Abs. 2).

## § 45 Polizeiorganisation, Allgemeines

**4**   Der **Freiwillige Polizeidienst** ist nach § 1 Abs. 2 Satz 1 des Gesetzes über den Freiwilligen Polizeidienst (FPolDG) vom 18. 6. 1963 (GBl. S. 75), zuletzt geändert durch Gesetz vom 4. 7. 1983 (GBl. S. 265), **ein Teil des Polizeivollzugsdienstes.** Er umfaßt die Personen, die sich im Rahmen eines besonderen öffentlich-rechtlichen Dienstverhältnisses freiwillig für die Wahrnehmung von Aufgaben des Polizeivollzugsdienstes zur Verfügung gestellt haben, ohne Polizeibeamte zu sein, und die zur Erfüllung ihrer Aufgaben verpflichtet worden sind. Der Freiwillige Polizeidienst verstärkt den örtlichen Polizeivollzugsdienst.

Die Angehörigen des Freiwilligen Polizeidienstes haben bei der Erledigung ihrer polizeilichen Dienstverrichtungen Dritten gegenüber die Stellung von Polizeibeamten im Sinne des Polizeigesetzes (§ 6 Abs. 1 FPolDG). Sie sind keine Hilfsbeamten der Staatsanwaltschaft.

**5**   **Polizeibeamte** im Sinne des PolG sind nur die Beamten im Sinne des § 138 LBG und der §§ 1 bis 3 der Landeslaufbahnverordnung für die Polizeibeamten in der Fassung vom 9. 10. 1979, (GBl. S. 444), **die einer Polizeidienststelle angehören.** Ist ein Polizeibeamter bei einer anderen Stelle (z. B. bei der Landes-Polizeischule) tätig, dann bleibt er zwar Polizeibeamter im Sinne des Beamtenrechts, ist aber nicht befugt, polizeiliche Befugnisse auszuüben, weil er keiner Polizeidienststelle angehört.

**6**   Die im Bereich des Landes Baden-Württemberg tätigen **Bundespolizeibehörden** gehören nicht zu den Polizeibehörden im Sinne des PolG. Ihre polizeilichen Befugnisse bestimmen sich nach Bundesrecht; sie beschränken sich auf die ihnen gesetzlich zugewiesenen besonderen Bereiche. In diesem Rahmen sind Bundespolizeibehörden unter anderen: Die Behörden der Wasser- und Schiffahrtsverwaltung, die Bundesanstalt für den Güterfernverkehr, die Bundesanstalt für Flugsicherung. Sie sind „andere Stellen" i. S. des § 2 Abs. 1.

## Polizeiorganisation, Allgemeines § 45

**Die Vollzugsbeamten des Bundes** (§ 6 UZwG) gehören nicht zum Polizeivollzugsdienst im Sinne des PolG. Vollzugsbeamte des Bundes sind u. a: 7

a) die Polizeivollzugsbeamten des Bundes;

b) die Beamten des Zollgrenzdienstes (Grenzaufsichtsdienst und Grenzabfertigungsdienst) und des Zollfahndungsdienstes;

c) die Beamten der Deutschen Bundesbahn mit bahnpolizeilichen Befugnissen;

d) die Beamten der Wasser- und Schiffahrtsverwaltung des Bundes mit strom- und schiffahrtspolizeilichen Befugnissen;

e) die Beamten der Bundesanstalt für Flugsicherung mit Befugnissen der Luftaufsicht;

f) die Beamten der Bundesanstalt für den Güterfernverkehr, soweit sie mit Ermittlungsaufgaben nach den §§ 54 ff. des Güterkraftverkehrsgesetzes betraut sind.

Von den Polizeivollzugsbeamten des Bundes (vgl. Randnr. 7, Buchst. a) sind besonders hervorzuheben die mit polizeilichen Aufgaben betrauten und zur Anwendung unmittelbaren Zwangs befugten Beamten im **Bundesgrenzschutz**, im **Bundeskriminalamt** und im **Bundesministerium des Innern.** 8

a) Dem **Bundesgrenzschutz** obliegen in erster Linie der grenzpolizeiliche Schutz des Bundesgebietes sowie polizeiliche Schutz- und Sicherungsaufgaben in den Fällen des Art. 91 Abs. 2 und des Art. 115 f Abs. 1 Nr. 1 GG. Siehe hierzu das Gesetz über den Bundesgrenzschutz – BGSG – vom 18. 8. 1972 (BGBl. I S. 1834), zuletzt geändert durch Gesetz vom 14. 7. 1976 (BGBl. I S. 1801).

b) Dem **Bundeskriminalamt** obliegt die Bekämpfung des Straftäters, soweit er sich international oder über das Gebiet eines Landes hinaus betätigt oder voraussichtlich betätigen wird. Das Bundeskriminalamt ist zugleich Nationales Zentralbüro der Internationalen Kriminalpolizeilichen Organisation (Interpol) für die Bundesrepublik Deutschland. Siehe hierzu das Gesetz über die Einrichtung eines Bundeskriminalpolizeiamtes (Bundeskriminalamtes) i. d. F. vom 29. 6. 1973 (BGBl. S. 701), zuletzt geändert durch Gesetz vom 9. 12. 1974 (BGBl. I S. 3393).

c) **Die im Bundesministerium des Innern tätigen Polizeivollzugsbeamten** sind u. a. mit Aufgaben der Führung des Bundesgrenzschutzes oder der Inspektion der Bereitschaftspolizeien der Länder befaßt.

9 **Soldaten der Bundeswehr,** denen militärische Wach- oder Sicherheitsaufgaben übertragen sind (Feldjäger), gehören ebenfalls nicht zum Polizeivollzugsdienst im Sinne des § 45. Sie sind befugt, in rechtmäßiger Erfüllung der Aufgaben nach den Vorschriften des Gesetzes über die Anwendung unmittelbaren Zwangs und die Ausübung besonderer Befugnisse durch Soldaten der Bundeswehr und zivile Wachpersonen – UZwGBW – vom 12. 8. 1965 (BGBl. I S. 796), geändert durch Gesetz vom 2. 3. 1974 (BGBl. I S. 469) Personen anzuhalten, zu überprüfen, vorläufig festzunehmen und zu durchsuchen, Sachen sicherzustellen und zu beschlagnahmen und unmittelbaren Zwang gegen Personen und Sachen anzuwenden. Das gleiche gilt für zivile Wachpersonen der Bundeswehr, soweit ihnen diese Befugnisse übertragen sind.

10 Einzelpersonen **mit beschränkten polizeilichen Zuständigkeiten** gehören ebenfalls nicht zum Polizeivollzugsdienst im Sinne des § 45 Nr. 2. Das sind z. B. **Fleischbeschauer,** denen die Schlachttier- und Fleischbeschau mit Untersuchungs-, Erlaubnis- und vorläufiger Beschlagnahmebefugnis obliegt (vgl. §§ 4 bis 10, § 13 und § 16 des Fleischbeschaugesetzes). Beschränkte polizeiliche Befugnisse haben auch bestätigte **Jagdaufseher,** die innerhalb ihrer Dienstbezirke in Angelegenheiten des Jagd-

schutzes die Rechte und Pflichten der Polizeibeamten haben und Hilfsbeamte der Staatsanwaltschaft sind, sofern sie als Berufsjäger oder -förster ausgebildet sind (vgl. § 25 BJG und §§ 23 und 24 LJG), sowie Bedienstete der **Forstaufsicht** und des **Forstschutzes** (§ 67 Abs. 2 und § 79 Abs. 4 LWaldG) und **Fischereiaufseher** (§ 50 FischG). Zu den Rechten und Pflichten von Forstschutzbeauftragten nach dem LWaldG s. Klaiber, PolBlBW 1981, 108, zur Fischereiaufsicht s. Rühmland, PolBlBW 1980, 150, 152.

**Nicht zur Polizei** gehören das Bundesamt und die Landesämter für **Verfassungsschutz**, der Bundesnachrichtendienst und der Militärische Abschirmdienst. Diese Stellen sind von der Polizei strikt getrennt und haben **keine polizeilichen Befugnisse** (vgl. § 3 Abs. 3 Satz 1 BVSG und § 4 Abs. 2 LVSG). 11

§ 46
**Wahrnehmung der polizeilichen Aufgaben**

**(1) Die Polizeibehörden nehmen alle polizeilichen Aufgaben wahr, soweit in Absatz 2 nichts anderes bestimmt ist.**

**(2) Der Polizeivollzugsdienst nimmt die polizeilichen Aufgaben wahr,**
1. **soweit zur Durchführung von Rechts- und Verwaltungsvorschriften oder zur Vorbereitung oder Durchführung von Anordnungen der Polizeibehörden oder anderer Verwaltungsbehörden Vollzugshandlungen erforderlich sind,**
2. **wenn bei Gefahr im Verzug ein rechtzeitiges Tätigwerden der zuständigen Polizeibehörde nicht erreichbar erscheint.**

**Literatur: Burger** und **Greiner**, Nochmals: Zweifelsfragen über die sachliche Zuständigkeit bei der Wahrnehmung polizeilicher Aufgaben nach § 46 PolGBW, PolBlBW 1974, 124; **Dowie**, Wer veranlaßt das Abschleppen von verkehrsbehindernd abgestellten Kraftfahrzeugen? Ein Beitrag zur Problematik des § 46 Abs. 2 Nr. 2 des PolG für Bad.-Württ., BWVPr. 1975, 170; **Fröhlich,** Die Auflösung von Versammlungen durch die Polizei, PolBlBW 1974, 183; **Greiner,** Zweifelsfragen über die sachliche Zuständigkeit bei der Wahrnehmung polizeilicher Aufgaben nach § 46 PolGBW, PolBlBW 1973, 40; **ders.,** Nochmals: Zur Problematik des § 46 Abs. 2 Nr. 2 des PolG für Bad.-Württ. (Entgegnung zur Dowie), BWVPr. 1976, 151.

### Allgemeines

1   Die Vorschrift regelt die Aufgabenverteilung zwischen den (allgemeinen und besonderen) Polizeibehörden (vgl. §§ 47 und 48) und dem Polizeivollzugsdienst (vgl. § 56) bei der polizeilichen Gefahrenabwehr. Der Erlaß polizeilicher **Anordnungen** ist grundsätzlich den **Polizeibehörden** vorbehalten, während den **Polizeidienststellen** der **polizeiliche Vollzug** obliegt. Unter den Voraussetzungen des Abs. 2 Nr. 2 sind die Polizeidienststellen selbst zum Erlaß polizeilicher Anordnungen an Stelle der Polizeibehörden befugt. § 46 geht also von dem Grundgedanken aus, daß die Polizeibehörden die erforderlichen polizeilichen Anordnungen erlassen und der Polizeivollzugsdienst diese Anordnungen vollzieht.

§ 46 gilt **nur für die präventivpolizeiliche Tätigkeit** (Gefahrenabwehr). Für die Strafverfolgung richtet sich die Aufgabenverteilung zwischen Staatsanwaltschaft und Polizeivollzugsdienst nach der StPO und dem GVG. Die Polizeibehörden haben im Bereich der Strafverfolgung keine Anordnungsbefugnisse.

2   Die Zuständigkeitsabgrenzung des § 46 wird für einzelne Sachgebiete durch **spezielle Zuständigkeitsvorschriften** modifiziert, die dem Polizeivollzugsdienst bestimmte Aufgaben zuweisen, die keine Vollzugshandlungen sind. Dabei handelt es sich meist um landesrechtliche Verordnungen, die auf Grund

**bundesrechtlicher Ermächtigung** erlassen worden sind. Macht der Verordnungsgeber von einer solchen Ermächtigung zur Zuständigkeitsregelung Gebrauch, so ist er an die Zuständigkeitsabgrenzung des § 46 nicht gebunden und kann dem Polizeivollzugsdienst Aufgaben zuweisen, die nach § 46 von den Polizeibehörden wahrzunehmen wären. Das Landesrecht enthält jedoch keine solche Ermächtigung. Insbesondere ermächtigt § 57 Abs. 1 nicht zu einer Modifizierung der Zuständigkeitsabgrenzung des § 46 (vgl. Randnr. 1 zu § 57).

**Spezielle Zuständigkeitsregelungen für den Polizeivollzugsdienst** enthalten z. B.:
a) § 44 Abs. 2 StVO für den Bereich des Straßenverkehrs;
b) § 9 der Verordnung über Zuständigkeiten nach der Gewerbeordnung vom 27. 8. 1981 (GBl. S. 466) für die Überwachung und Überprüfung in bestimmten Fällen, z. B. bei Getränkeschankanlagen;
c) § 1 Abs. 2 und § 3 der Gefahrgutzuständigkeitsverordnung vom 29. 8. 1983 (GBl. S. 566) für die Überwachung der Beförderung gefährlicher Güter auf Straßen und Wasserstraßen;
d) § 2 der Verordnung des WM über die Zuständigkeit in Preisangelegenheiten und nach der Verordnung über Auskunftspflicht vom 9. 5. 1980 (GBl. S. 348) für die Überwachung der Vorschriften über Preisangaben;
e) § 1 Abs. 4 der Gaststättenverordnung in der Fassung vom 19. 11. 1979 (GBl. 1980 S. 43) für die Nachschau nach § 22 Abs. 2 des Gaststättengesetzes;
f) § 1 Nr. 2 der Verordnung über Zuständigkeiten nach dem Fahrpersonalgesetz usw. vom 22. 11. 1977 (GBl. S. 673) für die Aufsicht im Rahmen der Verkehrsüberwachung.

**Zu Absatz 1**

Die **Polizeibehörden** (vgl. §§ 47 und 48) nehmen nach dem PolG grundsätzlich **alle** polizeilichen Aufgaben wahr, soweit nicht Vollzugshandlungen erforderlich sind; diese obliegen

3

§ 46 Wahrnehmung polizeilicher Aufgaben

nach Abs. 2 Nr. 1 dem Polizeivollzugsdienst (vgl. Randnrn. 4 bis 7). Die Polizeibehörden sind nach Absatz 1 insbesondere für den Erlaß **polizeilicher Verwaltungsakte** (Erlaubnisse, Genehmigungen, Untersagungsverfügungen) und **sonstiger polizeilicher Anordnungen** zuständig. Auch der Erlaß von **Polizeiverordnungen** ist den Polizeibehörden (vgl. § 10) vorbehalten.

Aus § 46 Abs. 1 folgt eine **Zuständigkeitsvermutung für die Polizeibehörden** bei der Wahrnehmung polizeilicher Aufgaben, während der Polizeivollzugsdienst auf die Wahrnehmung der ihm durch § 46 Abs. 2 oder andere gesetzliche Vorschriften ausdrücklich übertragenen Aufgaben beschränkt ist. In der polizeilichen Praxis liegt allerdings das Schwergewicht bei der Wahrnehmung polizeilicher Aufgaben eindeutig beim Polizeivollzugsdienst.

**Zu Absatz 2**

4   Abs. 2 Nr. 1 beschränkt den Polizeivollzugsdienst (vgl. § 56) grundsätzlich auf **Vollzugshandlungen,** die zur Durchführung von Rechts- und Verwaltungsvorschriften oder zur Vorbereitung oder Durchführung von Anordnungen der Polizeibehörden oder anderer Verwaltungsbehörden erforderlich sind. Vollzugshandlungen sind nicht alle „unmittelbaren polizeilichen Tätigkeitsakte" (so die 1. Auflage und Reiff-Wöhrle, Kommentar zum PolG, 2. Auflage 1971, Randnr. 7 zu § 46) oder alle polizeilichen Tätigkeiten „in der Außenwelt" (so Gerecke, Polizeirecht, 2. Auflage 1969, Einführung S. 7), sondern nur diejenigen polizeilichen Handlungen, die unmittelbar der – notfalls zwangsweisen – Durchführung von Rechtsvorschriften oder behördlichen Anordnungen dienen oder **deren sachgerechte Vornahme** aus anderen Gründen **nur mit den Mitteln des Polizeivollzugsdienstes möglich ist.** Hierzu gehören z. B. Personenfeststellungen, Durchsuchungen, Sicherstellungen und Beschlagnahmen, Maßnahmen der Verkehrsüberwachung und -lenkung und alle Arten des unmittelbaren Zwangs. **Keine Vollzugshandlungen** sind schlichte **Tatsachenfeststellungen** (z. B. Verkehrszählun-

## Wahrnehmung polizeilicher Aufgaben § 46

gen ohne Anhalten der Fahrzeuge, Nachprüfung von Verkehrszeichen, Feststellung des Zustandes einer baulichen Anlage) und **reine Hilfstätigkeiten** ohne Vollzugscharakter (z. B. Zustellung von Verwaltungsakten, Botengänge, Transport von Sachen, Anbringung von Bekanntmachungen und Hinweisen). Die Polizeibehörden können vom Polizeivollzugsdienst weder nach § 46 noch nach Amtshilfegrundsätzen (vgl. Randnr. 27 zu § 1) die Übernahme solcher Hilfstätigkeiten ohne Vollzugscharakter verlangen.

Über die Art und Weise des **Vorgehens bei Vollzugshandlungen** entscheidet der Polizeivollzugsdienst in eigener Zuständigkeit. Taktische Erwägungen über den polizeilichen Einsatz sind nicht Sache der Polizeibehörde. Dem Einsatzleiter des Vollzugsdienstes obliegt auch die Entscheidung, wann die Lage eine Anwendung polizeilicher Hilfsmittel erfordert. In diese Entscheidungsbefugnis kann die Polizeibehörde auch nicht unter Berufung auf ihr fachliches Weisungsrecht (vgl. Randnr. 4 zu § 61 und Randnr. 2 zu § 62) eingreifen. Die Polizeibehörde ist deshalb auch nicht befugt, die Leitung eines polizeilichen Einsatzes zu übernehmen. 5

Im Gegensatz zu den Polizeibehörden haben **andere Verwaltungsbehörden** gegenüber dem Polizeivollzugsdienst kein Weisungsrecht. Sie können sich deshalb der polizeilichen Vollzugshilfe nur nach den allgemeinen Grundsätzen über die Amtshilfe (vgl. Randnrn. 26 und 27 zu § 1) bedienen, sofern nicht besondere Rechtsvorschriften den Polizeivollzugsdienst zu einer weitergehenden Unterstützung verpflichten. 6

**Nach Abs. 2 Nr. 2** nimmt der Polizeivollzugsdienst alle polizeilichen Aufgaben, also auch Aufgaben der Polizeibehörden, dann wahr, wenn bei Gefahr im Verzug ein **rechtzeitiges Tätigwerden der zuständigen Polizeibehörde nicht erreichbar erscheint**. In diesen Fällen ist der Polizeivollzugsdienst zum Erlaß polizeilicher Anordnungen an Stelle der Polizeibehörde befugt. **Gefahr im Verzug** besteht, wenn der Erfolg einer not- 7 wendigen Maßnahme ohne sofortiges Eingreifen beeinträchtigt oder vereitelt wird. Zur Gefahr im Verzug beim Veranlassen des Abschleppens eines verkehrswidrig geparkten Kraftfahrzeugs vgl. VGH Bad.-Württ., ESVGH 21, 166, 167 ff. Ein rechtzeitiges Tätigwerden der zuständigen Polizeibehörde ist in folgenden Fällen nicht erreichbar:

a) Die Dringlichkeit der Lage, technische Gründe oder die Nichterreichbarkeit nach Dienstschluß lassen eine Unterrichtung der zuständigen Polizeibehörde zunächst nicht zu;
b) die zuständige Polizeibehörde ist unterrichtet, kann aber nicht eingreifen;
c) es läßt sich nicht klären, ob die zuständige Polizeibehörde eingreifen wird.

Ist die Polizeibehörde informiert, **entscheidet** sie sich aber bei voller Kenntnis der Sachlage dafür, **nicht einzuschreiten,** so muß der Polizeivollzugsdienst diese Entscheidung **respektieren.**

Es kommt nicht darauf an, ob ein rechtzeitiges Tätigwerden objektiv unerreichbar ist, sondern ob es **unerreichbar erscheint,** ob also die Polizeidienststelle bei pflichtgemäßer Prüfung der Umstände des konkreten Falles davon ausgehen kann, daß ein rechtzeitiges Tätigwerden der Polizeibehörde nicht möglich ist. Hierfür wird es in der Regel erforderlich sein, daß die Polizeidienststelle versucht, die Polizeibehörde zu erreichen.

8  Die von einer Polizeidienststelle nach Abs. 2 Nr. 2 getroffenen Maßnahmen können von der zuständigen Polizeibehörde jederzeit **geändert oder aufgehoben** werden. Die Maßnahmen sind nicht kraft Gesetzes befristet, können aber von der Polizeidienststelle auf die voraussichtliche Dauer der Unerreichbarkeit der Polizeibehörde beschränkt werden. Sobald die Polizeibehörde über den Sachverhalt unterrichtet und handlungsfähig ist, trägt sie die Verantwortung für die weitere Behandlung der Angelegenheit.

## 2. ABSCHNITT
## Die Polizeibehörden

### 1. Unterabschnitt
### Aufbau

## § 47
## Arten der Polizeibehörden

(1) **Allgemeine Polizeibehörden sind**
1. die obersten Landespolizeibehörden,
2. die Landespolizeibehörden
3. die Kreispolizeibehörden,
4. die Ortspolizeibehörden.

(2) **Besondere Polizeibehörden sind alle anderen Polizeibehörden. Ihr Aufbau wird durch dieses Gesetz nicht berührt.**

**Allgemeines**

§ 47 legt die Unterscheidung zwischen **allgemeinen** und **besonderen** Polizeibehörden fest. Die Mehrzahl der polizeibehördlichen Aufgaben wird von den allgemeinen Polizeibehörden wahrgenommen. Die besonderen Polizeibehörden sind nur für diejenigen Aufgaben zuständig, die ihnen durch besondere Vorschriften ausdrücklich übertragen worden sind. Die **Zuständigkeitsvermutung** spricht deshalb für die **allgemeinen Polizeibehörden** und innerhalb dieser für die Ortspolizeibehörden als unterste allgemeine Polizeibehörden (vgl. § 52 Abs. 2 und Randnr. 3 zu § 52).

**Zu Absatz 1**

Absatz 1 regelt den grundsätzlich **vierstufigen** hierarchischen Aufbau der **allgemeinen** Polizeibehörden. Er trägt dem Umstand Rechnung, daß auf allen Verwaltungsstufen polizeiliche Aufgaben wahrzunehmen sind. Die allgemeinen Polizeibehörden sind teils **staatliche**, teils **kommunale** Behörden (vgl. dazu die Anmerkungen zu § 48). § 47 Abs. 1 legt nur abstrakt die verschiedenen Typen der allgemeinen Polizeibehörden fest. Welche konkreten Behörden allgemeine Polizeibehörden der verschiedenen Verwaltungsstufen sind, ergibt sich aus § 48.

## § 47 Arten der Polizeibehörden

**Zu Absatz 2**

**3** Abs. 2 behandelt die **besonderen Polizeibehörden.** Besondere Polizeibehörden sind alle Verwaltungsbehörden, die auf Grund besonderer Vorschriften polizeiliche Aufgaben wahrnehmen, ohne allgemeine Polizeibehörden zu sein. Aus der Formulierung des § 47 Abs. 2 Satz 1 folgt eindeutig, daß eine Behörde **nicht zugleich allgemeine und besondere Polizeibehörde** sein kann. Die allgemeinen Polizeibehörden werden auch dann als solche tätig, wenn sie polizeiliche Aufgaben wahrnehmen, die in einem Spezialgesetz abschließend geregelt sind. So sind z. B. die **Straßenverkehrsbehörden** keine besonderen, sondern allgemeine Polizeibehörden im Sinne des Polizeigesetzes.

Der organisatorische **Aufbau** der besonderen Polizeibehörden wird durch das Polizeigesetz nicht berührt. Auch die Vorschriften über Dienst- und Fachaufsicht, Weisungsrechte und Unterrichtungspflichten (§§ 49 bis 51) gelten nicht für die besonderen Polizeibehörden. Dagegen sind die Vorschriften über die polizeilichen **Befugnisse** usw. im 1. Teil sowie über die örtliche und sachliche **Zuständigkeit** (§§ 52 bis 55), anzuwenden, soweit nicht spezialgesetzlich etwas anderes bestimmt ist. Die Aufgaben einer Reihe besonderer Polizeibehörden, z. B. der Gewerbeaufsichtsämter, sind ganz oder teilweise bundesrechtlich festgelegt.

**4** **Besondere Polizeibehörden** sind z. B.:
a) Die Gewerbeaufsichtsämter,
b) die Gesundheitsämter,
c) die Veterinärämter,
d) das Landesbergamt,
e) die Hafenbehörden,
f) die Eichbehörden.

**5** Eine Sonderstellung nimmt der **Landtagspräsident** ein. Er übt nach Art. 32 Abs. 2 Satz 1 LV die **Polizeigewalt im Sitzungsgebäude des Landtags** aus. Ihm obliegen hiernach im Sitzungsgebäude sämtliche polizeilichen Aufgaben der Polizeibehörden und des Polizeivollzugsdienstes. Die Polizei hat ihm auf Ersuchen Amtshilfe zu leisten (Art. 35 Abs. 1 GG, §§ 4 ff LVwVfG). Ohne Amtshilfeersuchen des Landtagspräsidenten darf die Polizei im Sitzungsgebäude Amtshandlungen nur nach Maßgabe des § 2 Abs. 1 vornehmen. Dies gilt jedoch nicht für Durchsuchungen und Beschlagnahmen, für die nach Art. 32 Abs. 2 Satz 2 LV stets die (vorherige) Zustimmung des Landtagspräsidenten erforderlich ist.

## § 48
## Allgemeine Polizeibehörden

**(1) Oberste Landespolizeibehörden sind die zuständigen Ministerien.**

**(2) Landespolizeibehörden sind die Regierungspräsidien.**

**(3) Kreispolizeibehörden sind die unteren Verwaltungsbehörden.**

**(4) Ortspolizeibehörden sind die Bürgermeister.**

**(5) Die Kreistage, die Gemeinderäte und die Verbandsversammlungen oder die gemeinsamen Ausschüsse von Verwaltungsgemeinschaften nach § 14 des Landesverwaltungsgesetzes wirken nach Maßgabe dieses Gesetzes mit. Ihre besonderen polizeilichen Befugnisse nach anderen Gesetzen bleiben unberührt.**

### Allgemeines

§ 48 bestimmt, welche Behörden auf den verschiedenen Verwaltungsstufen allgemeine Polizeibehörden im Sinne des § 47 Abs. 1 sind. Dabei handelt es sich durchweg um Behörden, die außer ihren polizeilichen Aufgaben eine Fülle anderer Verwaltungsaufgaben wahrnehmen. Die allgemeinen Polizeibehörden sind demnach keine selbständigen Behörden im organisationsrechtlichen Sinne, sondern nur Funktionsbezeichnungen für die Wahrnehmung polizeilicher Aufgaben. So werden z. B. die Bürgermeister (Absatz 4) als Ortspolizeibehörden tätig, soweit sie materiell polizeiliche Aufgaben wahrnehmen. Insoweit sind sie „Polizei" im Sinne des PolG. Durch die Verwendung der

1

**§ 48** Allgemeine Polizeibehörden

Funktionsbezeichnung (z. B. „der Bürgermeister der Gemeinde X als Ortspolizeibehörde") kann klargestellt werden, daß die Behörde in ihrer Funktion als Polizeibehörde tätig wird. Rechtlich geboten ist dies jedoch nicht.

**Zu Absatz 1**

2   Die fachlich zuständigen Ministerien sind **oberste Landespolizeibehörden.** Ihnen obliegen neben der Aufsicht über die nachgeordneten Polizeibehörden und die Polizeidienststellen auch erstinstanzliche Polizeiaufgaben, die wegen ihrer sachlichen Bedeutung oder wegen ihrer räumlichen Auswirkung nicht delegiert werden können. Hierzu gehört z. B. der Erlaß von solchen Polizeiverordnungen, die nach Auffassung des zuständigen Ministeriums landeseinheitlich erlassen werden müssen (vgl. § 13).
Welches Ministerium für die Wahrnehmung einer bestimmten polizeilichen Aufgabe fachlich zuständig ist, ergibt sich aus der nach Art. 45 Abs. 3 LV mit Zustimmung des Landtags ergangenen **Bekanntmachung der Landesregierung über die Abgrenzung der Geschäftsbereiche der Ministerien** vom 25. 7. 1972 (GBl. S. 404) in der geltenden Fassung. Hiernach verteilt sich die Ressortzuständigkeit u. a. wie folgt:
a) **Innenministerium:** Katastrophenschutz und Zivile Verteidigung, Bau- und Wohnungswesen, Feuerlöschwesen und vorbeugender Feuerschutz, Verkehrswesen, Straßenbau, sonstige Aufgaben der öffentlichen Sicherheit oder Ordnung, für die nicht ein anderes Ministerium zuständig ist.
b) **Ministerium für Wirtschaft, Mittelstand und Technologie:** Atomenergieanlagen, Technologie, Bergbau, Eichwesen, technisches Prüfwesen.
c) **Ministerium für Ernährung, Landwirtschaft, Umwelt und Forsten:** Technischer Umweltschutz, Immissionsschutz, Gewerbeaufsicht (ohne Arbeitsschutz), Sicherheit in der Kerntechnik, Aufsicht nach dem Atomgesetz, Gewässerschutz, Abfallbeseitigung, Jagd und Fischerei, Veterinärwesen.

Allgemeine Polizeibehörden § 48

**d) Ministerium für Arbeit, Gesundheit, Familie und Sozialordnung:** Arbeitsschutz und Sicherheit technischer Arbeitsmittel, Sprengstoffwesen, überwachungsbedürftige Anlagen nach der Gewerbeordnung, Strahlenschutz außerhalb kerntechnischer Einrichtungen, Gesundheitswesen, Wohlfahrtspflege, Jugendschutz.

**Zu Absatz 2**
**Landespolizeibehörden sind die Regierungspräsidien.** Sie sind nach § 12 LVwG auf dem Gebiet des Polizeiwesens zuständig für die ihnen durch Gesetz, Rechtsverordnung oder Anordnung der Ministerien nach § 5 Abs. 3 LVwG zugewiesenen Aufgaben. Hierzu gehören insbesondere die Bearbeitung der allgemeinen polizeilichen Verwaltungsangelegenheiten als Landespolizeibehörde, die Dienst- und Fachaufsicht über die Kreis- und Ortspolizeibehörden (§ 49 Abs. 1 Nr. 2 und 3 und § 50 Nr. 2 und 3) sowie über den Polizeivollzugsdienst (§ 58 Nr. 3 und 4 und § 59 Abs. 1 Nr. 2 und 3). Wegen der personellen Verbindung zwischen den Regierungspräsidien als Landespolizeibehörden und den Landespolizeidirektionen als Polizeidienststellen vgl. Randnr. 12 zu § 56.

3

**Zu Absatz 3**
**Kreispolizeibehörden sind die unteren Verwaltungsbehörden,** das sind nach § 13 LVwG in den Landkreisen die Landratsämter als staatliche Verwaltungsbehörden, die Großen Kreisstädte und die Verwaltungsgemeinschaften im Sinne des § 14 LVwG, in den Stadtkreisen die Gemeinden. Die Kreispolizeibehörden sind demnach teils staatliche Behörden (Landratsämter), teils kommunale Behörden (Stadtkreise, Große Kreisstädte, Verwaltungsgemeinschaften).
Die Großen Kreisstädte und die Verwaltungsgemeinschaften sind nur insoweit Kreispolizeibehörden, als sie untere Verwaltungsbehörden sind. Auf denjenigen polizeilichen Gebieten, die von der Zuständigkeit der Großen Kreisstädte und der Verwal-

4

tungsgemeinschaften als untere Verwaltungsbehörden ausgeschlossen sind (vgl. § 16 LVwG), sind die Landratsämter auch für die Großen Kreisstädte und für die Verwaltungsgemeinschaften Kreispolizeibehörden. Die Aufgaben der Kreispolizeibehörden werden von den Stadtkreisen, den Großen Kreisstädten und den Verwaltungsgemeinschaften als **staatliche Aufgaben nach Weisung** erledigt (§ 13 Abs. 2 LVwG). Aufgaben der Kreispolizeibehörden sind z. B.: Der Erlaß von Polizeiverordnungen, die Überwachung des Verkehrs mit Waffen, Munition und Sprengstoffen, Maßnahmen in Katastrophenfällen, die Fachaufsicht über den Polizeivollzugsdienst (§ 59 Abs. 1 Nr. 3).

**Zu Absatz 4**

5   **Ortspolizeibehörden sind** nicht die Gemeinden als solche, sondern bestimmte Organe der Gemeinden, nämlich **die Bürgermeister** (Oberbürgermeister). Sie erledigen die ortspolizeilichen Aufgaben als **Weisungsaufgaben** in eigener Zuständigkeit (§ 44 Abs. 3 GemO). Der Bürgermeister trägt somit primär die polizeibehördliche Verantwortung in seiner Gemeinde. Dies ändert jedoch nichts daran, daß **die Gemeinde Rechtsträger** der Ortspolizeibehörde ist, da der Bürgermeister nicht als Privatperson, sondern als Organ der Gemeinde angesprochen ist. In den Stadtkreisen und Großen Kreisstädten sind die Bürgermeister zugleich Leiter der Kreispolizeibehörden (vgl. Randnr. 4).

Die Ortspolizeibehörden sind für alle polizeibehördlichen Aufgaben zuständig, die nicht einer anderen (allgemeinen oder besonderen) Polizeibehörde übertragen sind (§ 52 Abs. 2). In größeren Gemeinden werden die polizeibehördlichen Aufgaben in der Regel im Auftrag des Bürgermeisters durch eine besondere gemeindliche Dienststelle, das „**Amt für öffentliche Ordnung**" erledigt. Die Gemeinden sind jedoch zur Einrichtung einer solchen Dienststelle nicht verpflichtet. Sie können auf Grund ihrer **Organisationshoheit,** die durch das PolG nicht eingeschränkt wird, frei darüber entscheiden, durch welche Stellen innerhalb der Gemeindeverwaltung die polizeibehördlichen Aufgaben wahrgenommen werden. Das PolG zwingt die Gemeinden nicht zu einer Zusammenfassung aller Aufgaben der Ortspolizeibehörde bei einer Stelle.

**Zu Absatz 5**

Eine Mitwirkung der in Absatz 5 genannten Vertretungskörperschaften bei der Erfüllung polizeilicher Aufgaben ist im PolG nur in § 15 vorgesehen (Zustimmung zu Polizeiverordnungen, die länger als 1 Monat gelten sollen).

6

## § 49
## Dienstaufsicht

(1) Es führen die Dienstaufsicht über
1. die Landespolizeibehörden: das Innenministerium,
2. die Kreispolizeibehörden: die Regierungspräsidien und das Innenministerium,
3. die Ortspolizeibehörden
   a) in den Stadtkreisen und in den Großen Kreisstädten: die Regierungspräsidien und das Innenministerium,
   b) im übrigen: die Landratsämter, die Regierungspräsidien und das Innenministerium.

(2) Das Innenministerium führt die Aufsicht jeweils im Benehmen mit dem fachlich zuständigen Ministerium.

**Allgemeines**

§ 49 regelt die Dienstaufsicht, § 50 die Fachaufsicht **über die allgemeinen Polizeibehörden.** Die Aufsicht über die besonderen Polizeibehörden richtet sich nach den hierfür erlassenen besonderen Vorschriften (vgl. §§ 20 ff. LVwG). Die Dienstaufsicht bezieht sich im wesentlichen auf die äußere Form, die Fachaufsicht auf die inhaltliche Ausgestaltung polizeilicher Maßnahmen.

1

## § 49 Dienstaufsicht über Polizeibehörden

Der Dienstaufsicht und der Fachaufsicht im Sinne des PolG ist gemeinsam, daß sie im **Unterschied zu der allgemeinen Staatsaufsicht** von den Aufsichtsbehörden nicht nur über die unmittelbar nachgeordneten, sondern **auch über die mittelbar nachgeordneten Polizeibehörden** geführt werden. Im Bereich der Polizei sind somit alle im Instanzenzug übergeordneten Behörden **nebeneinander** zur „Parallelaufsicht" befugt. Das fachlich zuständige Ministerium kann deshalb z. B. einer Ortspolizeibehörde unmittelbar Weisungen im Rahmen der Fachaufsicht (§ 51 Abs. 1 in Verb. mit § 50 Nr. 3) erteilen, wobei die „übergangenen" Behörden zu unterrichten sind (vgl. Nr. 15 Abs. 1 DO). In der Regel wird jedoch die Einschaltung der Zwischeninstanzen zweckmäßig sein.

**Zu Absatz 1**

2 Die **Dienstaufsicht** erstreckt sich auf die Einrichtung, Ausstattung, Besetzung und Geschäftsführung der allgemeinen Polizeibehörden sowie auf die Art und Weise der Durchführung der polizeilichen Maßnahmen; zur Geschäftsführung der Polizeibehörden gehört auch die Erfüllung der Dienstpflichten durch die einzelnen Bediensteten. Die zur Dienstaufsicht zuständigen Behörden sind berechtigt und verpflichtet, sich die für ihre Aufsichtsführung erforderlichen Unterlagen zu verschaffen. Sie können sich insbesondere Akten vorlegen lassen, Berichte anfordern und Besichtigungen durchführen. Das ihnen zustehende Weisungsrecht ist in § 51 geregelt.

3 Zur Dienstaufsicht gehört auch die Entscheidung über **Dienstaufsichtsbeschwerden.** Das sind solche Beschwerden, die sich gegen die Geschäftsführung der Polizeibehörden oder gegen die Art und Weise der Durchführung polizeilicher Maßnahmen richten. Die Dienstaufsichtsbehörden haben also zu entscheiden, wenn z. B. Beschwerde darüber geführt wird, eine Angelegenheit werde verzögerlich oder oberflächlich behandelt, die Ausdrucksweise eines amtlichen Schreibens sei verletzend,

## Dienstaufsicht über Polizeibehörden § 49

oder das Verhalten eines Beamten bei der Behandlung polizeilicher Angelegenheiten sei zu beanstanden. Richtet sich eine Beschwerde gegen die Rechtmäßigkeit oder Zweckmäßigkeit einer polizeilichen Maßnahme, sind die Fachaufsichtsbehörden zur Entscheidung zuständig (vgl. Randnr. 2 zu § 50).

Oberste Dienstaufsichtsbehörde ist für alle nachgeordneten allgemeinen Polizeibehörden das **Innenministerium.** Durch diese Regelung wird eine einheitliche Ausübung der Dienstaufsicht sichergestellt. Die anderen Ministerien, die nach § 48 Abs. 1 ebenfalls oberste Landespolizeibehörden sind, sind nicht zur Ausübung der Dienstaufsicht befugt. Sie sind auf die Mitwirkung nach Absatz 2 beschränkt. Im übrigen sind die im Instanzenzug jeweils übergeordneten allgemeinen Polizeibehörden **Dienstaufsichtsbehörden** für die ihnen nachgeordneten allgemeinen Polizeibehörden.

4

Nach Abs. 1 Nr. 2 und 3 führen **staatliche** Aufsichtsbehörden die Dienstaufsicht über **kommunale** Polizeibehörden. Diese Regelung, die in der Praxis nur geringe Bedeutung erlangt hat, ist ein **Fremdkörper** im System der Verwaltungsorganisation und der Aufsichtsführung im Land Bad.-Württ. Denn in allen anderen Verwaltungsbereichen, auch bei der Wahrnehmung von Weisungsaufgaben, sind die staatlichen Aufsichtsbehörden gegenüber kommunalen Behörden nicht zur Dienstaufsicht, sondern nur zur Rechts- bzw. Fachaufsicht befugt (vgl. z. B. § 25 LVwG).

5

**Zu Absatz 2**

Nach Abs. 2 hat das Innenministerium, dem nach Abs. 1 die Dienstaufsicht über alle nachgeordneten allgemeinen Polizeibehörden obliegt, bei der Ausübung der Dienstaufsicht ggf. **das fachlich zuständige Ministerium zu beteiligen,** um etwaige fachliche Gesichtspunkte, z. B. die fachliche Eignung eines Bediensteten, bei seiner Entscheidung berücksichtigen zu kön-

6

nen. Fachlich zuständig ist dasjenige Ministerium, in dessen Ressortzuständigkeit die Angelegenheit, mit der sich das Innenministerum als oberste Dienstaufsichtsbehörde befaßt, unter fachlichen Gesichtspunkten fällt. Läßt sich ein Einvernehmen nicht erzielen, so **entscheidet das Innenministerium** über die im Rahmen der Dienstaufsicht zu treffenden Maßnahmen, da nach Absatz 2 nur das Benehmen mit dem fachlich zuständigen Ministerium vorgeschrieben ist.

## § 50
### Fachaufsicht

**Es führen die Fachaufsicht über**
1. **die Landespolizeibehörden: die zuständigen Ministerien,**
2. **die Kreispolizeibehörden: die Regierungspräsidien und die zuständigen Ministerien,**
3. **die Ortspolizeibehörden**
   a) **in den Stadtkreisen und in den Großen Kreisstädten: die Regierungspräsidien und die zuständigen Ministerien,**
   b) **im übrigen: die Landratsämter, die Regierungspräsidien und die zuständigen Ministerien.**

1 Die **Fachaufsicht** besteht in der Aufsicht über die inhaltliche **Rechtmäßigkeit und Zweckmäßigkeit** der von den allgemeinen Polizeibehörden getroffenen polizeilichen Maßnahmen. Sie erstreckt sich auch auf die Kontrolle der **Ermessensausübung** durch die beaufsichtigten Behörden. Dagegen umfaßt sie nicht die Aufsicht über die Art und Weise der Durchführung der polizeilichen Maßnahmen; diese gehört zur Dienstaufsicht (vgl. § 49).

Die Fachaufsichtsbehörden sind berechtigt und verpflichtet, sich die für ihre Aufsicht erforderlichen Unterlagen zu beschaffen. Sie können sich insbesondere Akten vorlegen lassen, Berichte einfordern und Besichtigungen durchführen. Das ihnen zustehende Weisungsrecht ist in § 51 geregelt.

Zur Fachaufsicht gehört auch die Entscheidung über **2** **Fachaufsichtsbeschwerden.** Das sind solche Beschwerden, die sich gegen polizeibehördliche Maßnahmen als solche oder gegen deren materiellen Inhalt richten. Die Fachaufsichtsbehörden haben hiernach zu entscheiden, wenn z. B. Beschwerde darüber geführt wird, die Maßnahme einer Polizeibehörde entbehre der Rechtsgrundlage, sie verstoße gegen eine Rechtsvorschrift, sei an den falschen Adressaten gerichtet oder unverhältnismäßig. Richtet sich eine Aufsichtsbeschwerde gegen die Art und Weise der Durchführung einer polizeilichen Maßnahme, so sind die Dienstaufsichtsbehörden zur Entscheidung zuständig (vgl. Randnr. 3 zu § 49).

Die **Zuständigkeit für die Fachaufsicht** unterscheidet sich **3** von der Zuständigkeit für die Dienstaufsicht nur in der Ministerialinstanz. Oberste Dienstaufsichtsbehörde ist nach § 49 stets das Innenministerium. **Oberste Fachaufsichtsbehörde** ist dagegen das für die betreffende polizeiliche Aufgabe **fachlich zuständige Ministerium** (vgl. Randnr. 2 zu § 48). Das fachlich zuständige Ministerium ist nicht verpflichtet, das Innenministerium bei der Ausübung der Fachaufsicht zu beteiligen.

Im übrigen sind die Fachaufsichtsbehörden nach § 50 identisch mit den Dienstaufsichtsbehörden nach § 49. Dies erleichtert die Ausübung der Aufsicht und macht insoweit die oft mit Schwierigkeiten verbundene genaue Abgrenzung zwischen Dienstaufsicht und Fachaufsicht entbehrlich.

## § 51
### Weisungsrecht und Unterrichtungspflicht

**(1) Die zur Dienstaufsicht oder zur Fachaufsicht zuständigen Behörden können den allgemeinen Polizeibehörden im Rahmen ihrer Zuständigkeit unbeschränkt Weisungen erteilen. Die allgemeinen Polizeibehörden haben diesen Weisungen Folge zu leisten.**

## § 51 Weisungsrecht, Unterrichtungspflicht

(2) Leistet eine Polizeibehörde einer ihr erteilten Weisung keine Folge, so kann an Stelle der Polizeibehörde jede zur Fachaufsicht zuständige Behörde die erforderlichen Maßnahmen treffen.

(3) **Die allgemeinen Polizeibehörden sind verpflichtet, die weisungsbefugten Behörden von allen sachdienlichen Wahrnehmungen zu unterrichten.**

### Zu Absatz 1

1   Die zur **Dienstaufsicht** zuständigen Behörden sind in § 49, die zur **Fachaufsicht** zuständigen Behörden in § 50 bezeichnet. Jede Aufsichtsbehörde kann nur **im Rahmen ihrer Zuständigkeit** Weisungen erteilen, die Dienstaufsichtsbehörde also nur im Rahmen der Dienstaufsicht, die Fachaufsichtsbehörde im Rahmen der Fachaufsicht. Im übrigen ist das **Weisungsrecht unbeschränkt.**

2   **Weisungen** können allgemein, z. B. als allgemeine Verwaltungsvorschriften oder Richtlinien, oder in einzelnen Fällen erteilt werden. Eine bestimmte Form ist nicht vorgeschrieben. Weisungen können auch telefonisch oder mündlich erteilt werden. In diesen Fällen kann die angewiesene Behörde grundsätzlich verlangen, daß die Weisung schriftlich bestätigt wird, um spätere Zweifel über die Tatsache der Erteilung der Weisung oder über deren Inhalt auszuschließen. Trifft eine Polizeibehörde auf Weisung einer Aufsichtsbehörde eine Maßnahme, so bleibt diese, insbesondere hinsichtlich der Kosten und Rechtsbehelfe, eine Maßnahme der angewiesenen Polizeibehörde. Bei fehlerhaften Weisungen gegenüber kommunalen Polizeibehörden kann eine Ersatzpflicht nach § 129 Abs. 5 GemO bestehen.

3   Die Polizeibehörden haben den ihnen von den zuständigen Aufsichtsbehörden erteilten Weisungen **Folge zu leisten.** Dies gilt nicht, wenn durch die Ausführung der Weisung eine Straftat oder Ordnungswidrigkeit begangen würde und dies ohne weite-

# Weisungsrecht, Unterrichtungspflicht § 51

res erkennbar ist oder wenn die Menschenwürde verletzt würde (vgl. § 75 Abs. 2 Satz 3 Halbsatz 2 LBG). Bedenken gegen die Rechtmäßigkeit einer Weisung hat die angewiesene Behörde im Wege der **Gegenvorstellung** bei der anweisenden Behörde oder im Wege der **Aufsichtsbeschwerde** unter Einhaltung des Dienstweges bei der nächsthöheren Aufsichtsbehörde geltend zu machen. Förmliche Rechtsbehelfe (Widerspruch, Anfechtungsklage) sind gegen Weisungen der Aufsichtsbehörden nicht gegeben.

## Zu Absatz 2

Abs. 2 begründet ein **Eintrittsrecht** der zur Fachaufsicht zuständigen Behörden für den Fall, daß eine Polizeibehörde einer ihr erteilten Weisung nicht Folge leistet. Weigert sich z. B. eine Ortspolizeibehörde trotz einer Weisung der Kreispolizeibehörde, Maßnahmen zur Bekämpfung einer Seuche zu treffen, so kann die Kreispolizeibehörde die erforderlichen Einzelanordnungen selbst erlassen. Einer Fristsetzung bedarf es nicht. Eine nach Absatz 2 getroffene Maßnahme gilt, insbesondere hinsichtlich der Rechtsbehelfe, als Maßnahme der an sich zuständigen Behörde, die die erteilte Weisung nicht befolgt hat. Dies ergibt sich aus der Formulierung des Abs. 2 („an Stelle ..."). Daraus folgt, daß die Aufsichtsbehörde ermächtigt ist, mit Wirkung für die „ungehorsame" Behörde zu handeln. Auch Sinn und Zweck der Vorschrift sprechen für diese Auslegung. Denn die zuständige Behörde soll nicht die Möglichkeit haben, sich durch eine unberechtigte Weigerung den Konsequenzen einer notwendigen polizeilichen Maßnahme (z. B. Entschädigungspflicht gegenüber einem Nichtstörer gem. § 41) zu entziehen. Zur Klarstellung sollte die Aufsichtsbehörde bei Maßnahmen gegenüber Dritten ausdrücklich zum Ausdruck bringen, daß sie mit Wirkung für die an sich zuständige Behörde handelt. 4

Wird der Erlaß einer **Polizeiverordnung** verweigert, gilt die Sondervorschrift des § 14. 5

## Zu Absatz 3

6   Abs. 3 verpflichtet die allgemeinen Polizeibehörden, die weisungsbefugten Behörden **von allen sachdienlichen Wahrnehmungen zu unterrichten.** Sachdienlich sind alle Wahrnehmungen, die für die Entschließung der weisungsbefugten Behörden von Bedeutung sein können. Die Unterrichtung ist unaufgefordert, rechtzeitig und sachgemäß durchzuführen. Eine Behörde genügt ihrer Informationspflicht, wenn sie die ihr unmittelbar übergeordnete Aufsichtsbehörde unterrichtet. Diese hat darüber zu entscheiden, ob die Bedeutung einer Angelegenheit auch die Unterrichtung der nächsthöheren Aufsichtsbehörde erforderlich macht.

2. Unterabschnitt

Zuständigkeit

### § 52
### Allgemeine sachliche Zuständigkeit

**(1) Die sachliche Zuständigkeit der Polizeibehörden wird von dem fachlich zuständigen Ministerium im Einvernehmen mit dem Innenministerium bestimmt.**

**(2) Soweit nichts anderes bestimmt ist, sind die Ortspolizeibehörden sachlich zuständig.**

**(3) Das fachlich zuständige Ministerium kann im Einvernehmen mit dem Innenministerium bestimmen, daß Aufgaben der Ortspolizeibehörden durch Verwaltungsgemeinschaften erfüllt werden.**

**(4) § 13 bleibt unberührt.**

## Allgemeines

1   Die Vorschrift gilt für die **allgemeinen und die besonderen Polizeibehörden.** Die Bestimmung der sachlichen Zuständigkeit nach § 52 umfaßt nicht nur die Entscheidung, ob eine

# Allgemeine sachliche Zuständigkeit § 52

polizeiliche Aufgabe von den allgemeinen oder den besonderen Polizeibehörden wahrzunehmen ist (Ressortbestimmung), sondern auch die Entscheidung, auf welcher Verwaltungsstufe eine polizeiliche Aufgabe wahrzunehmen ist (Instanzbestimmung). § 52 gilt nur für die **sachliche Zuständigkeit.** Für die örtliche Zuständigkeit gelten die §§ 54 und 55.

## Zu Absatz 1

Die **Bestimmung der Zuständigkeit** obliegt dem **fachlich zuständigen Ministerium.** Fachlich zuständig ist das Ministerium, in dessen Geschäftsbereich die betreffende Materie fällt (vgl. Randnr. 2 zu § 48). Dieses hat jedoch das **Einvernehmen mit dem Innenministerium** herzustellen, um eine auch den allgemeinen polizeilichen Belangen entsprechende Zuständigkeitsregelung sicherzustellen. 2

Die Zuständigkeitsregelung nach Absatz 1 muß **durch Rechtsverordnung** erfolgen. Dies ist in Absatz 1 zwar nicht ausdrücklich bestimmt, ergibt sich aber aus dem Verfassungsgrundsatz der Rechtsstaatlichkeit (Vorbehalt des Gesetzes) und aus Art. 70 Abs. 1 Satz 1 LV, wonach die Zuständigkeiten der Landesverwaltung durch Gesetz (im materiellen Sinne) zu regeln sind. Bei der Zuständigkeitsregelung ist Art. 70 Abs. 1 Satz 2 LV zu beachten, wonach Aufgaben, die von nachgeordneten Verwaltungsbehörden zuverlässig und zweckmäßig erfüllt werden können, diesen zuzuweisen sind.

Von der Ermächtigung des Absatzes 1 zur Regelung der sachlichen Zuständigkeit kann hinsichtlich aller polizeilichen Aufgaben Gebrauch gemacht werden, für die weder eine spezialgesetzliche Zuständigkeitsregelung, noch eine Spezialermächtigung zur Zuständigkeitsregelung besteht. Voraussetzung ist jedoch, daß es sich um **materiell polizeiliche Aufgaben** handelt. Für Verwaltungsaufgaben nichtpolizeilicher Art kann eine Zuständigkeitsregelung nicht auf Absatz 1 gestützt werden. Hier kommt als allgemeine Ermächtigung zur Zuständigkeitsregelung **§ 5 Abs. 3 LVwG** in Betracht, der im polizeilichen Bereich im Hinblick auf die Spezialvorschrift des § 52 Abs. 1 PolG nicht anwendbar ist (vgl. auch § 38 LVwG).

**Beispiele für Zuständigkeitsverordnungen nach § 52 Abs. 1 PolG:**

a) Verordnung des IM über Zuständigkeiten nach der StVO usw. vom 2. 7. 1981 (GBl. S. 443), geändert durch Verordnung vom 12. 10. 1982 (GBl. S. 492);
b) Verordnung des IM über Zuständigkeiten nach der StVZO vom 4. 11. 1982 (GBl. S. 517);
c) Verordnung des IM über Zuständigkeiten nach dem Versammlungsgesetz vom 25. 5. 1977 (GBl. S. 196);
d) Verordnung des IM über die Zuständigkeit auf dem Gebiete des Vereinsrechts vom 9. 8. 1966 (GBl. S. 193), geändert durch Verordnung vom 3. 12. 1974 (GBl. S. 524).

**Zu Absatz 2**

3  Die Vorschrift legt den **Grundsatz der ortspolizeilichen Zuständigkeit fest.** Die Ortspolizeibehörden stehen der Erledigung der polizeilichen Aufgaben am nächsten, weil sie in der Regel die örtlichen Gegebenheiten kennen und die sachlichen Zusammenhänge überblicken können.

Aus § 52 Abs. 2 folgt eine **Zuständigkeitsvermutung für die Ortspolizeibehörden** bei der Wahrnehmung polizeibehördlicher Aufgaben. Andere (allgemeine oder besondere) Polizeibehörden sind nur zuständig, wenn ihnen bestimmte polizeiliche Aufgaben ausdrücklich übertragen worden sind. Fehlt eine solche Übertragung, so sind die Ortspolizeibehörden nach Absatz 2 für die Wahrnehmung der betreffenden polizeilichen Aufgaben sachlich zuständig.

> B e i s p i e l : Für die Lebensmittelüberwachung nach dem LMBG sind die Ortspolizeibehörden nach § 52 Abs. 2 PolG sachlich zuständig, weil hierfür keine besondere Zuständigkeitsregelung getroffen worden ist (vgl. Nr. 2.1.1.1 des Erlasses vom 14. 1. 1980, GABl. S. 57).

Allgemeine sachliche Zuständigkeit § 52

Die Zuständigkeit nach Absatz 2 setzt voraus, daß es sich um **materiell polizeiliche Aufgaben** handelt. Für Verwaltungsaufgaben anderer Art kann die Zuständigkeit nicht aus Absatz 2 hergeleitet werden. Insoweit gilt **§ 5 Abs. 2 LVwG**, wonach mangels einer Zuständigkeitsregelung die Ministerien zuständig sind mit der Maßgabe, daß sie ihre Zuständigkeit nach § 5 Abs. 3 LVwG auf nachgeordnete Behörden übertragen können. Während also für **Verwaltungsaufgaben nichtpolizeilicher Art** bei Fehlen einer Zuständigkeitsregelung die Ministerien zuständig sind, liegt die Zuständigkeit für die Erfüllung **polizeilicher Aufgaben** grundsätzlich bei der untersten Instanz. Damit hat der Gesetzgeber den Ortspolizeibehörden die Hauptverantwortung für die polizeiliche Gefahrenabwehr übertragen.

Aus der Rechtsprechung vgl. zu § 52 Abs. 2 VGH Bad.-Württ., ESVGH 22, 118, Leits. 4 und S. 123 f., wonach die Ortspolizeibehörde für das polizeiliche Einschreiten gegen eine Veranstaltung, die ohne die erforderliche Erlaubnis der Kreispolizeibehörde durchgeführt wird, zuständig ist.

**Zu Absatz 3**

Abs. 3 ermöglicht die Übertragung von Aufgaben der Ortspolizeibehörden auf Verwaltungsgemeinschaften **durch Rechtsverordnung.** Die Übertragung kann nur als **Erfüllungsaufgabe** (§ 61 Abs. 4 GemO), nicht als Erledigungsaufgabe (§ 61 Abs. 3 GemO) erfolgen. Die Übertragung setzt bestehende Verwaltungsgemeinschaften voraus. Ein Zwang zur Bildung neuer Verwaltungsgemeinschaften kann auf Grund von Absatz 3 nicht ausgeübt werden. Soweit von der Ermächtigung des Absatzes 3 kein Gebrauch gemacht wird, können die Mitgliedsgemeinden nach § 61 Abs. 5 GemO Aufgaben der Ortspolizeibehörden als Erledigungs- oder Erfüllungsaufgaben auf die Verwaltungsgemeinschaft übertragen.

4

**Zu Absatz 4**

§ 13 enthält eine von der grundsätzlichen Zuständigkeit der Ortspolizeibehörden **abweichende Regelung,** wonach für den

Erlaß von Polizeiverordnungen alle allgemeinen Polizeibehörden konkurrierend zuständig sind.

## § 53
### Besondere sachliche Zuständigkeit

(1) Erscheint bei Gefahr im Verzug ein rechtzeitiges Tätigwerden der zuständigen Polizeibehörde nicht erreichbar, so können deren Aufgaben von den in § 50 bezeichneten, zur Fachaufsicht zuständigen Behörden wahrgenommen werden.

(2) Unter den Voraussetzungen des Absatzes 1 kann jede Polizeibehörde innerhalb ihres Dienstbezirks die Aufgaben einer übergeordneten Polizeibehörde wahrnehmen.

(3) Die zuständige Polizeibehörde ist von den getroffenen Maßnahmen unverzüglich zu unterrichten.

(4) Diese Bestimmungen gelten nicht für Polizeiverordnungen.

**Allgemeines**

1 Durch § 53 wird eine **besondere sachliche Zuständigkeit** (Notzuständigkeit) **der Fachaufsichtsbehörden** bzw. der nachgeordneten Polizeibehörden an Stelle der an sich sachlich zuständigen Polizeibehörden bei **Gefahr im Verzug** (vgl. Randnr. 2) begründet. Es soll verhindert werden, daß eine notwendige polizeiliche Maßnahme unterbleibt, weil die sachlich zuständige Polizeibehörde nicht rechtzeitig tätig werden kann. Die Vorschrift beruht insoweit auf demselben Grundgedanken wie § 2 Abs. 1, § 46 Abs. 2 Nr. 2 und § 54 Abs. 2. Eine entsprechende Vorschrift für die Polizeidienststellen enthält § 1 Abs. 2 der 2. DVO PolG (Anhang 2).

Absatz 1 gilt, wie sich aus der Bezugnahme auf § 50 ergibt, nur für die allgemeinen Polizeibehörden. Die Absätze 2 bis 4 gelten dagegen auch für die besonderen Polizeibehörden.

# Besondere sachliche Zuständigkeit § 53

### Zu Absatz 1

Abs. 1 regelt die Notzuständigkeit **der zur Fachaufsicht zuständigen Behörden** (vgl. § 50) für Aufgaben der ihnen nachgeordneten allgemeinen Polizeibehörden.

Ein **rechtzeitiges Tätigwerden** der sachlich zuständigen Polizeibehörde ist in folgenden Fällen nicht erreichbar:
a) Die Dringlichkeit der Lage oder technische Gründe lassen eine Unterrichtung der zuständigen Polizeibehörde zunächst nicht zu;
b) die zuständige Polizeibehörde ist unterrichtet, kann aber nicht eingreifen;
c) es läßt sich nicht klären, ob die zuständige Polizeibehörde eingreifen wird;
d) die zuständige Polizeibehörde will nicht eingreifen.

Es kommt nicht darauf an, ob ein rechtzeitiges Tätigwerden objektiv unerreichbar ist, sondern ob es unerreichbar **erscheint,** ob also die handelnde Behörde bei pflichtgemäßer Prüfung der Umstände des konkreten Falles davon ausgehen kann, daß ein rechtzeitiges Tätigwerden der an sich zuständigen Polizeibehörde nicht möglich ist. Hierfür wird es in der Regel erforderlich sein, daß der Versuch unternommen wird, diese Behörde zu erreichen.

**Gefahr im Verzug** besteht, wenn ohne sofortiges Eingreifen mit Wahrscheinlichkeit ein Schaden eintreten und damit der Erfolg der erforderlichen Maßnahmen beeinträchtigt oder vereitelt würde.

Die Fachaufsichtsbehörde handelt in den Fällen des Abs. 1 kraft eigener (Not-) Zuständigkeit, nicht „an Stelle" der zuständigen Polizeibehörde wie in den Fällen des § 51 Abs. 2 (vgl. Randnr. 4 zu § 51).

### Zu Absatz 2

Abs. 2 regelt den umgekehrten Fall der Notzuständigkeit der **nachgeordneten** (allgemeinen oder besonderen) **Polizeibehör-**

**§ 54** Örtliche Zuständigkeit

**den** für Aufgaben der ihnen übergeordneten Polizeibehörden. Die Erläuterungen in Randnr. 2 gelten entsprechend. Entscheidet sich jedoch die übergeordnete Polizeibehörde bei voller Kenntnis der Sachlage dafür, nicht einzuschreiten, so ist dies für die nachgeordnete Polizeibehörde bindend.

### Zu Absatz 3

4   Die an sich sachlich zuständige Polizeibehörde ist in den Fällen der Abs. 1 und 2 von den getroffenen Maßnahmen **unverzüglich**, d. h. ohne schuldhaftes Zögern, **zu unterrichten.** Sie kann die von der anderen Behörde auf Grund ihrer Notzuständigkeit getroffenen Maßnahmen **ändern oder aufheben.** Dies gilt auch für die von einer Aufsichtsbehörde nach Abs. 1 getroffenen Maßnahmen, sofern die Aufsichtsbehörde keine gegenteilige Weisung erteilt. Sobald die zuständige Behörde über den Sachverhalt unterrichtet und handlungsfähig ist, trägt sie die Verantwortung für die weitere Behandlung der Angelegenheit.

### Zu Absatz 4

5   Die Absätze 1 bis 3 gelten **nicht für den Erlaß von Polizeiverordnungen,** da hierfür im Hinblick auf die Zuständigkeitsregelung in § 13 und das Eintrittsrecht nach § 14 kein Bedürfnis besteht.

### § 54
#### Örtliche Zuständigkeit

**(1) Die Zuständigkeit der Polizeibehörden beschränkt sich auf ihren Dienstbezirk. Örtlich zuständig ist die Polizeibehörde, in deren Dienstbezirk eine polizeiliche Aufgabe wahrzunehmen ist; durch Rechtsverordnung kann zum Zwecke der Verwaltungsvereinfachung etwas anderes bestimmt werden.**

# Örtliche Zuständigkeit § 54

(2) **Erscheint bei Gefahr im Verzug ein rechtzeitiges Tätigwerden der örtlich zuständigen Polizeibehörde nicht erreichbar, so kann auch die für einen benachbarten Dienstbezirk zuständige Polizeibehörde die erforderlichen Maßnahmen treffen. Die zuständige Polizeibehörde ist von den getroffenen Maßnahmen unverzüglich zu unterrichten.**

### Zu Absatz 1

Abs. 1 regelt die **allgemeine örtliche Zuständigkeit** der (allgemeinen und besonderen) Polizeibehörden. Diese Vorschrift geht als Spezialvorschrift dem § 3 LVwVfG vor. Die besondere örtliche Zuständigkeit der Polizeibehörden ergibt sich aus Abs. 2 und § 55. Für die **sachliche Zuständigkeit** der Polizeibehörden gelten die §§ 52 und 53. 1

Die Zuständigkeit der Polizeibehörden beschränkt sich auf ihren **Dienstbezirk**. Dienstbezirk der **obersten Landespolizeibehörden** (vgl. Randnr. 2 zu § 48) ist das ganze Landesgebiet, Dienstbezirk einer **Landespolizeibehörde** (vgl. Randnr. 3 zu § 48) der Regierungsbezirk. Dienstbezirk einer **Kreispolizeibehörde** (vgl. Randnr. 4 zu § 48) ist bei den Landratsämtern der Landkreis (ohne das Gebiet der Großen Kreisstädte, soweit diese selbst als Kreispolizeibehörden zuständig sind), bei den Stadtkreisen und den Großen Kreisstädten das Gemeindegebiet, bei den Verwaltungsgemeinschaften das Gebiet der Mitgliedsgemeinden. Dienstbezirk einer **Ortspolizeibehörde** (vgl. Randnr. 5 zu § 48) ist das Gemeindegebiet. 2

Die Dienstbezirke der besonderen Polizeibehörden ergeben sich aus den einschlägigen besonderen Vorschriften.

**Örtlich zuständig** ist die Polizeibehörde, in deren Dienstbezirk eine polizeiliche Aufgabe wahrzunehmen ist. Es kommt darauf an, ob die polizeilich zu schützenden Interessen innerhalb des Dienstbezirks gefährdet oder verletzt werden. Uner- 3 heblich ist, wo der Adressat der polizeilichen Anordnung seinen Wohnsitz oder Aufenthalt hat. So kommt es z. B. beim polizeilichen Einschreiten wegen einer von dem Zustand einer Sache ausgehenden Gefahr (Zustandshaftung gem. § 7) darauf an, in welchem Dienstbezirk sich die störende Sache befindet. Droht der Eintritt eines Schadens auch in dem benachbarten Dienstbezirk, so sind beide Polizeibehörden nebeneinander zuständig. Dann kommt eine Anordnung gemäß § 55 in Betracht.

**Zu Absatz 2**

4   Abs. 2 begründet eine **besondere örtliche Zuständigkeit** (Notzuständigkeit) für Maßnahmen im Nachbarbezirk innerhalb des Landes Baden-Württemberg, wenn bei Gefahr im Verzug ein rechtzeitiges Tätigwerden der an sich örtlich zuständigen Polizeibehörde nicht erreichbar erscheint.

Die Notzuständigkeit geht **nicht über die Landesgrenze hinaus.** Abs. 2 ermächtigt weder eine bad.-württ. Polizeibehörde zum Tätigwerden in einem anderen Bundesland oder im Ausland, noch eine entsprechende Behörde außerhalb von Baden-Württemberg zum Tätigwerden innerhalb des Landes.

Ein **rechtzeitiges Tätigwerden** der zuständigen Polizeibehörde ist in folgenden Fällen nicht erreichbar:

a) Die Dringlichkeit der Lage oder technische Gründe lassen eine Unterrichtung der zuständigen Polizeibehörde zunächst nicht zu;
b) die zuständige Polizeibehörde ist unterrichtet, kann aber nicht eingreifen;
c) es läßt sich nicht klären, ob die zuständige Polizeibehörde eingreifen wird.

Entscheidet sich die örtlich zuständige Behörde bei voller Kenntnis der Sachlage dafür, nicht einzuschreiten, so ist eine Notzuständigkeit der Nachbarbehörde nicht gegeben. Diese kann sich, wenn sie ein Einschreiten der örtlich zuständigen Behörde für erforderlich hält, an deren Aufsichtsbehörde wenden.

**Gefahr im Verzug** besteht, wenn ohne sofortiges Eingreifen mit Wahrscheinlichkeit ein Schaden eintreten und damit der Erfolg der erforderlichen Maßnahmen beeinträchtigt oder vereitelt würde.

Die an sich örtlich zuständige Polizeibehörde ist von den getroffenen Maßnahmen **unverzüglich,** d. h. ohne schuldhaftes Zögern **zu unterrichten.** Sie kann die von der anderen Behörde auf Grund ihrer Notzuständigkeit getroffenen Maßnahmen **ändern oder aufheben.** Sobald die zuständige Behörde über den Sachverhalt unterrichtet und handlungsfähig ist, trägt sie die Verantwortung für die weitere Behandlung der Angelegenheit. 6

## § 55
### Regelung der örtlichen Zuständigkeit für überörtliche polizeiliche Aufgaben

**Kann eine polizeiliche Aufgabe in mehreren Dienstbezirken zweckmäßig nur einheitlich wahrgenommen werden, so wird die Zuständigkeit von der Behörde geregelt, welche die Fachaufsicht über die beteiligten Polizeibehörden führt.**

Die Vorschrift ermöglicht eine **Sonderregelung der örtlichen** (nicht der sachlichen) **Zuständigkeit** der Polizeibehörden für einheitliche, aber bezirksübergreifende polizeiliche Maßnahmen. Sie soll eine **einheitliche Bearbeitung** polizeilicher Aufgaben ermöglichen, die sich über mehrere Dienstbezirke erstrecken. Die Sonderregelung kann für polizeiliche Aufgaben aller Art, z. B. auch für den Erlaß von Polizeiverordnungen, getroffen werden. 1

## § 55 Überörtliche Zuständigkeit

**2** Eine Zuständigkeitsregelung nach § 55 setzt voraus, daß eine **polizeiliche Aufgabe in mehreren Dienstbezirken zweckmäßig nur einheitlich wahrgenommen werden kann.** Das ist nicht schon dann der Fall, wenn in mehreren Dienstbezirken gleiche oder ähnliche Aufgaben anfallen, vielmehr muß als weitere Voraussetzung hinzutreten, daß eine zweckmäßige Wahrnehmung nur bei einheitlicher Bearbeitung durch ein und dieselbe Polizeibehörde möglich ist. Beispiele sind störende Betriebsanlagen, die sich über einen Dienstbezirk hinaus erstrecken, oder Veranstaltungen, die die Grenze des Dienstbezirkes überschreiten. Im Gegensatz zu § 54 Abs. 2 ist nicht erforderlich, daß es sich um benachbarte Dienstbezirke handelt.

**3** Die Zuständigkeitsregelung obliegt der **gemeinsamen Fachaufsichtsbehörde** der beteiligten Polizeibehörden, also z. B. dem fachlich zuständigen Ministerium, wenn es sich um Ortspolizeibehörden in verschiedenen Regierungsbezirken handelt. Haben die beteiligten Polizeibehörden mehrere gemeinsame Fachaufsichtsbehörden, so kann jede von diesen eine Zuständigkeitsregelung nach § 55 treffen. Handelt es sich z. B. um Ortspolizeibehörden in verschiedenen Landkreisen desselben Regierungsbezirks, so kann sowohl das Regierungspräsidium als auch das fachlich zuständige Ministerium die Regelung treffen.

**4** Die **Zuständigkeitsregelung** kann in der Weise getroffen werden, daß eine der beteiligten Polizeibehörden für ausschließlich zuständig erklärt wird, so daß die übrigen Polizeibehörden nicht mehr beteiligt sind, oder in der Weise, daß einer Polizeibehörde die federführende Bearbeitung übertragen wird und die anderen Polizeibehörden in näher zu bestimmender Weise weiterhin mitzuwirken haben. Da § 55 nur zu einer abweichenden Regelung der **örtlichen,** nicht aber der sachlichen Zuständigkeit ermächtigt, kann die Fachaufsichtsbehörde nicht sich selbst für zuständig erklären oder die Wahrnehmung der Aufgabe sonst auf eine andere Verwaltungsebene verlagern.

## 3. ABSCHNITT

### Der Polizeivollzugsdienst

**Literatur: Krüger,** Rechtsgrundlagen für die Aufgaben des Polizeivollzugsdienstes, Die Polizei 1976, 209; **Walther,** Gedanken zur Organisation der Kriminalpolizei, PolBlBW 1981, 50, 71.

1. Unterabschnitt
**Aufbau**

### § 56
### Polizeidienststellen als Landeseinrichtung

**Das Land unterhält für den Polizeivollzugsdienst folgende Polizeidienststellen:**

1. **das Landeskriminalamt,**
2. **die Bereitschaftspolizeidirektion und die ihr nachgeordneten Dienststellen der Bereitschaftspolizei,**
3. **die Wasserschutzpolizeidirektion und die ihr nachgeordneten Dienststellen der Wasserschutzpolizei,**
4. **die Landespolizeidirektionen und die ihnen nachgeordneten staatlichen Dienststellen.**

Nähere Regelungen über die Organisation des Polizeivollzugsdienstes enthalten die zweite Durchführungsverordnung zum Polizeigesetz (**2. DVO PolG,** Anhang 2), der Polizeiorganisationserlaß (**PolOrgErl.**) des Innenministeriums vom 5. 11. 1968 (GABl. S. 661), zuletzt geändert durch Erlaß vom 23. 8. 1979 (GABl. S. 990), Teil A: „Gliederung und Verwaltung des Polizeivollzugsdienstes" und die Verwaltungsvorschriften des Innenministeriums über die Änderung der Organisation des Polizeivollzugsdienstes vom 19. 12. 1980 (GABl. 1981, S. 21), vom 24. 11. 1981 (GABl. 1982, S. 22) und vom 2. 11. 1982 (GABl. S. 924).

## § 56 Polizeidienststellen

**Allgemeines**

1 § 56 regelt die **allgemeine Gliederung des Polizeivollzugsdienstes.** Er verwendet für die Untergliederungen des Polizeivollzugsdienstes den Begriff der **Polizeidienststelle,** um eine klare Unterscheidung von den (allgemeinen und besonderen) **Polizeibehörden** (§§ 47 und 48) zu ermöglichen. Inwieweit die Polizeidienststellen als **Behörden** im Sinne anderer gesetzlicher Vorschriften anzusehen sind, ist jeweils aus dem Sinn und dem Zusammenhang der betreffenden Vorschriften zu ermitteln. So sind die Polizeidienststellen z. B. als Behörden i. S. des § 29 BZRG (Erteilung von Führungszeugnissen an Behörden) und des § 273 Abs. 2 Nr. 2 ZPO (Erteilung amtlicher Auskünfte durch Behörden) anzusehen. Auch im Sinne des LVwVfG, des LVwVG und des LGebG sind die Polizeidienststellen „Behörden". Nach § 1 Abs. 2 LVwVfG ist unter einer Behörde **jede Stelle** zu verstehen, **die Aufgaben der öffentlichen Verwaltung wahrnimmt.**

2 Die **Gliederung des Polizeivollzugsdienstes** in Landeskriminalamt, Bereitschaftspolizei, Wasserschutzpolizei und Landespolizei beruht auf praktischen Erwägungen. Für sie ist zum Teil die Eigenart der polizeilichen Funktion, zum Teil die Beschaffenheit des Dienstbezirks maßgebend. Der erste Gesichtspunkt bestimmt die Aufgaben der **Bereitschaftspolizei:** sie dient der Ausbildung des gesamten polizeilichen Nachwuchses und unterstützt zugleich die Polizeikräfte des Einzeldienstes in besonderen Fällen; ihre typische Verwendungsform ist der geschlossene Einsatz. Der zweite Gesichtspunkt ist insbesondere für die Einrichtung der **Wasserschutzpolizei** maßgebend. Ihr Dienstbezirk umfaßt – ohne Rücksicht auf die Gliederung der allgemeinen Verwaltung – die schiffbaren Gewässer samt Nebenanlagen (§ 64 Abs. 3). Beide Gesichtspunkte sind für das Landeskriminalamt und die Landespolizei maßgebend. Dem **Landeskriminalamt** obliegt die überörtliche und spezialisierte Verbrechensbekämpfung, so daß sein Dienstbezirk das gesamte

## Polizeidienststellen § 56

Landesgebiet umfassen muß, während der **Landespolizei** die allgemeinen polizeilichen Vollzugsaufgaben obliegen. Ihre Dienstbezirke richten sich nach der allgemeinen Verwaltungsgliederung des Landes Baden-Württemberg.

In Anlehnung an die gesetzliche Unterscheidung zwischen allgemeinen und besonderen Polizeibehörden kann man zwischen **allgemeinen Polizeidienststellen** (Dienststellen der Landespolizei) und **besonderen Polizeidienststellen** (alle anderen Dienststellen) unterscheiden.

**Einzelerläuterungen:**

Zum Polizeivollzugsdienst gehören:

**Das Landeskriminalamt** (Nr. 1)    3

**Zentrale Dienststellen der Kriminalpolizei** sind vor allem zur Bekämpfung der überörtlichen Kriminalität unentbehrlich. Durch das BKAG wurde daher das Bundeskriminalamt (vgl. Randnr. 6 zu § 45) errichtet. Nach § 3 dieses Gesetzes sind die Länder verpflichtet, zur Sicherung der Zusammenarbeit des Bundes und der Länder in der Kriminalpolizei für ihren Bereich zentrale Dienststellen der Kriminalpolizei zu unterhalten. Dieser Vorschrift entsprach das Land Baden-Württemberg mit der Einrichtung des Landeskriminalamts.

Die **Aufgaben des Landeskriminalamts** im einzelnen sind auf    4
Grund des § 57 Abs. 1 PolG in den §§ 3 bis 6 der 2. DVO PolG (Anhang 2) und in Teil A Abschnitt IV. des PolOrgErl. bestimmt. Es handelt sich dabei vor allem um
a) die fachliche Leitung und Beaufsichtigung der gesamten kriminalpolizeilichen Tätigkeit auf dem Gebiet der vorbeugenden Verbrechensbekämpfung und der Strafverfolgung (§ 3 Abs. 1 der 2. DVO);
b) die Sammlung und Auswertung kriminalpolizeilicher Nachrichten und Unterlagen (§ 4 Nr. 1 der 2. DVO);

## § 56 Polizeidienststellen

    c) die Verfolgung bestimmter Straftaten und Ordnungswidrigkeiten. Hierbei handelt es sich insbesondere um politische Straftaten, Bildung terroristischer Vereinigungen, ungesetzlichen Handel mit Betäubungsmitteln und Falschgeldherstellung (§ 5 Abs. 1 der 2. DVO) und um Straftaten und Ordnungswidrigkeiten, deren Verfolgung besondere technische Hilfsmittel oder besondere Fachkenntnisse voraussetzt (vgl. § 5 Abs. 3 und 4 der 2. DVO);

    d) die Mitwirkung bei der Bekämpfung auf Grund Verfassungsrechts verbotener Handlungen (vgl. § 5 Abs. 5 der 2. DVO), insbesondere bei der Auflösung von Vereinigungen, deren Zwecke oder deren Tätigkeit den Strafgesetzen zuwiderlaufen oder die sich gegen die verfassungsmäßige Ordnung oder gegen den Gedanken der Völkerverständigung richten (Art. 9 Abs. 2 GG).

Im Gegensatz zu einer Reihe anderer Bundesländer hat das Landeskriminalamt in Baden-Württemberg keinen eigenen organisatorischen Unterbau; die anderen Dienststellen der Kriminalpolizei sind den Landespolizeidirektionen nachgeordnet, unterliegen jedoch dem fachlichen Weisungsrecht des LKA gem. § 59 Abs. 2 PolG und § 3 Abs. 2 der 2. DVO.

### 5  Die Bereitschaftspolizei (Nr. 2)

Die **Aufgaben der Bereitschaftspolizei** sind in § 8 der 2. DVO (Anhang 2) und Teil A Abschnitt III des PolOrgErl. bestimmt. Es handelt sich dabei um die **Ausbildung** des Ersatzes für den polizeilichen Einzeldienst, die auf der Landes-Polizeischule und der Fachhochschule für Polizei ihre Fortsetzung findet, und die **Unterstützung** der Polizeikräfte des Einzeldienstes, vor allem bei größeren polizeilichen Einsätzen. Für die **Anordnung des Einsatzes** im einzelnen gilt § 11 der 2. DVO. Hiernach werden in der Regel **ganze Einheiten** der Bereitschaftspolizei eingesetzt. Das Innenministerium kann jedoch nach § 11 Abs. 3 der 2. DVO auch **einzelne Beamte** der Bereitschaftspolizei anderen Polizei-

Polizeidienststellen § 56

dienststellen unterstellen. Es liegt im Ermessen der den Einsatz anordnenden Stelle, ob sie gleichzeitig die beamtenrechtliche **Abordnung** (§ 32 LBG) der Beamten der Bereitschaftspolizei zu denjenigen Dienststellen ausspricht, zu deren Unterstützung sie tätig werden.

Die **Gliederung** der Bereitschaftspolizei in die Bereitschaftspolizeidirektion, Abteilungen und Hundertschaften ist in § 9 der 2. DVO festgelegt.

Die Bereitschaftspolizei ist nicht befugt, polizeiliche Vollzugsaufgaben des Einzeldienstes in eigener Zuständigkeit wahrzunehmen, da sie lediglich zur Unterstützung tätig wird. Sie wirkt unter der Verantwortung der jeweils unterstützten Polizeidienststelle bei der Erfüllung der dieser obliegenden Aufgaben mit.

**Die Wasserschutzpolizei** (Nr. 3) 6

Die Einrichtung **besonderer Polizeidienststellen für die Wasserstraßen** ist für eine reibungslose Abwicklung des Binnenschiffahrtsverkehrs sowie für eine einheitliche und wirksame Wahrnehmung der polizeilichen Aufgaben auf den schiffbaren Gewässern, insbesondere für den polizeilichen Fahndungsdienst und die Koordination mit den zuständigen Polizeidienststellen anderer Bundesländer und des Auslandes erforderlich. In allen deutschen Bundesländern bestehen daher besondere, von den übrigen Polizeikräften organisatorisch getrennte Wasserschutzpolizeien.

Die **Aufgaben der Wasserschutzpolizei** sind in § 12 der 2. DVO 7 (Anhang 2) und in Teil A Abschnitt II des PolOrgErl. bestimmt. Ihr obliegen innerhalb ihres Dienstbezirks alle polizeilichen Vollzugsaufgaben, soweit nicht andere Stellen zuständig sind. **Andere Stellen** sind insbesondere das Landeskriminalamt und die anderen Dienststellen der Kriminalpolizei, denen die Wahrnehmung ihrer speziellen Aufgaben (vgl. §§ 5 und 21 Abs. 1 der

§ 56          Polizeidienststellen

2. DVO) auch im Dienstbezirk der Wasserschutzpolizei obliegt, der Bundesgrenzschutz (vgl. Randnr. 8 zu § 45) und die zuständigen Organe der Wasser- und Schiffahrtsverwaltung des Bundes. Die **Gliederung** der Wasserschutzpolizei in Wasserschutzpolizeidirektion, Abschnitte (Rhein, Neckar und Bodensee), Reviere und Stationen ergibt sich aus § 13 der 2. DVO. Wegen des Dienstbezirks der Wasserschutzpolizei vgl. Randnr. 3 zu § 64.

**8**    **Die Landespolizei** (Nr. 4)

In der Landespolizei sind **alle Polizeidienststellen** zusammengefaßt, die nicht unter § 56 Nr. 1 bis 3 fallen.

**Der Landespolizei obliegen** nach § 16 der 2. DVO (Anhang 2) und Teil A Abschnitt I des PolOrgErl. **alle polizeilichen Vollzugsaufgaben des Einzeldienstes,** soweit diese nicht vom Landeskriminalamt oder der Wasserschutzpolizei wahrgenommen werden. Damit hat die Landespolizei innerhalb des Polizeivollzugsdienstes eine **„Auffangzuständigkeit".** Sie ist für alle polizeilichen Vollzugsaufgaben zuständig, die nicht ausdrücklich einem anderen Zweig des Polizeivollzugsdienstes zugewiesen sind. Die Aufgabenverteilung innerhalb der Landespolizei zwischen Schutzpolizei und Kriminalpolizei richtet sich nach den §§ 20 und 21 der 2. DVO, die allerdings noch von selbständigen Dienststellen der Schutzpolizei und der Kriminalpolizei ausgehen, obwohl in den Polizeidirektionen die **Integration der Schutz- und Kriminalpolizei** bereits im ganzen Land durchgeführt ist.

**9**    Die **Gliederung der Landespolizei** ergibt sich aus § 17 der 2. DVO (Anhang 2), der allerdings insoweit überholt ist, als er noch die (nicht mehr bestehenden) Kommissariate erwähnt. Sie umfaßt die Landespolizeidirektionen und die ihnen nachgeordneten Polizeidienststellen.

**10**    In jedem Regierungsbezirk und für den Bereich der Stadt Stuttgart besteht eine **Landespolizeidirektion,** die dem Regie-

Polizeidienststellen § 56

rungspräsidium nachgeordnet ist. Eine für das ganze Landesgebiet zuständige zentrale Dienststelle der Landespolizei, also eine der Wasserschutzpolizeidirektion oder der Bereitschaftspolizeidirektion entsprechende Dienststelle, besteht nicht.

Die **Aufgaben der Landespolizeidirektionen** ergeben sich aus § 18 der 2. DVO (Anhang 2). Die Landespolizeidirektionen führen nicht nur die Dienstaufsicht über die nachgeordneten Polizeidienststellen, sondern haben darüber hinaus auf eine planmäßige Zusammenarbeit aller Polizeidienststellen ihres Dienstbezirks hinzuwirken. 11

Jeder Landespolizeidirektion steht ein **Polizeipräsident** vor. Dieser leitet gleichzeitig das Referat 11 „Öffentliche Sicherheit" im Regierungspräsidium (PolOrgErl. Teil A I. Nr. 3) und nimmt insoweit die Befugnisse der Landespolizeibehörde (vgl. Randnr. 3 zu § 48) wahr. Dem Polizeipräsidenten steht deshalb sowohl gegenüber den Kreis- und Ortspolizeibehörden (§ 47 Abs. 1 Nr. 3 und 4 und § 48 Abs. 3 und 4) als auch gegenüber den der Landespolizeidirektion nachgeordneten Dienststellen (vgl. Randnrn. 13 und 14) das **Weisungsrecht** nach § 61 Abs. 1 zu, das sich aus der Dienstaufsicht (§ 49 Abs. 1 Nr. 2 und 3 und § 58 Nr. 3 und 4) und aus der Fachaufsicht (§ 50 Nr. 2 und 3 und § 59 Abs. 1 Nr. 2 und 3) ergibt. 12

**Den Landespolizeidirektionen unmittelbar nachgeordnet** sind die Polizeipräsidien, Polizeidirektionen (in Stuttgart Schutzpolizeiinspektionen und Kriminalpolizeiinspektionen), Autobahnpolizeidirektionen und Verkehrspolizeiinspektionen. Die Polizeipräsidien (Mannheim und Karlsruhe) und die 35 Polizeidirektionen nehmen die Aufgaben der Schutzpolizei und der Kriminalpolizei in ihrem Dienstbezirk wahr. Die **Aufgaben** der den Landespolizeidirektionen nachgeordneten Dienststellen im 13

Bereich der Schutzpolizei und der Kriminalpolizei regeln die §§ 20 und 21 der 2. DVO PolG (Anhang 2). Wegen der **Dienstaufsicht** über die den Landespolizeidirektionen nachgeordneten Dienststellen vgl. § 58 Nr. 4, wegen der **Fachaufsicht** § 59 Abs. 1 Nr. 3.

Die organisatorische Zusammenfassung (Integration) der Schutzpolizei und der Kriminalpolizei auf der Ebene der Polizeidirektionen (Polizeipräsidien) ist im Jahre 1983 abgeschlossen worden. Die Aufgaben der früheren Polizei- und Kriminalkommissariate werden jetzt von den Abteilungen I bzw. II der Polizeidirektionen wahrgenommen.

**14** Innerhalb der **Schutzpolizei** bestehen als **besondere Dienstzweige** Streifendienst, Verkehrsdienst, Bezirksdienst und Wirtschaftskontrolldienst (siehe dazu Nr. 5 des nicht veröffentlichten Schutzpolizeierlasses des IM vom 15. 10. 1969). Eine nähere Regelung der Aufgaben des **Wirtschaftskontrolldienstes** enthält der WKD-Aufgabenerlaß vom 14. 8. 1980 (GABl. S. 943).

**15** Die **zentrale Führungsstelle** des Polizeivollzugsdienstes ist das **Landespolizeipräsidium** im Innenministerium. Dieses ist jedoch – trotz seiner Bezeichnung – keine Polizeidienststelle im Sinne des PolG. Das IM ist zwar oberste Dienstaufsichtsbehörde (§ 58) und – im Rahmen seiner Ressortzuständigkeit – auch oberste Fachaufsichtsbehörde (§ 59) für den gesamten Polizeivollzugsdienst, jedoch selbst **keine Polizeidienststelle.** Es kann daher allen Polizeidienststellen in Baden-Württemberg im Rahmen der Dienstaufsicht und – soweit seine fachliche Zuständigkeit reicht – auch im Rahmen der Fachaufsicht unbeschränkt Weisungen erteilen, nicht jedoch selbst nach außen als Polizeidienststelle tätig werden (s. jedoch Randnr. 1 zu § 73 für den Fall des „Notstandes").

**16** **Einrichtungen für die Polizei,** aber keine Polizeidienststellen sind die Fachhochschule für Polizei, die Landes-Polizeischule

Aufgaben und Gliederung der Polizeidienststellen **§ 57**

und die Landesbeschaffungsstelle für die Polizei. Sie gehören daher nicht zur Polizei im Sinne des PolG.

## § 57
## Aufgaben und Gliederung der Polizeidienststellen

(1) **Aufgaben und Gliederung der Polizeidienststellen im einzelnen werden vom Innenministerium durch Verordnung bestimmt.**

(2) **Die Gliederung der den Landespolizeidirektionen nachgeordneten Dienststellen der uniformierten Polizei und der Kriminalpolizei kann mit Ermächtigung des Innenministeriums von dem zuständigen Regierungspräsidium bestimmt werden.**

### Zu Absatz 1

Die Vorschrift **ermächtigt und verpflichtet das Innenministerium,** Aufgaben und Gliederung der Polizeidienststellen im einzelnen innerhalb des durch § 56 gezogenen Rahmens **durch Rechtsverordnung** zu regeln. Unter „**Aufgaben**" der Polizeidienststellen sind lediglich polizeiliche Aufgaben mit **Außenwirkung,** nicht aber interne Hilfsaufgaben zu verstehen (z. B. Personalwesen, Wirtschaftsverwaltung). Unter „**Gliederung**" ist nur die Einteilung des Polizeivollzugsdienstes in **selbständige Polizeidienststellen,** nicht aber die interne Gliederung der Dienststellen zu verstehen.

Von der Ermächtigung des Abs. 1 hat das Innenministerium mit der 2. DVO PolG (Anhang 2) Gebrauch gemacht. Da Abs. 1 für die Regelung ausdrücklich eine Rechtsverordnung vorschreibt, sind (abgesehen von den Fällen des Abs. 2) Regelungen über Aufgaben und Gliederung der Polizeidienststellen **in anderer Rechtsform** (z. B. durch allgemeine Verwaltungsvorschrift oder durch Einzelerlaß) **nicht zulässig.**

## § 58 Dienstaufsicht über Polizeidienststellen

Abs. 1 ermächtigt lediglich dazu, für polizeiliche **Aufgaben, die** nach § 46 Abs. 2 **dem Polizeivollzugsdienst obliegen,** die zuständigen Polizeidienststellen zu bestimmen. Die Zuständigkeitsabgrenzung zwischen Polizeibehörden und Polizeivollzugsdienst in § 46 kann auf Grund des Abs. 1 nicht modifiziert werden. Insbesondere ist es nicht zulässig, auf Grund des Abs. 1 den Polizeidienststellen Aufgaben zu übertragen, für die nach § 46 oder nach anderen Rechtsvorschriften die Polizeibehörden zuständig sind.

### Zu Absatz 2

2   Nach Abs. 2 kann das Innenministerium seinerseits **die Regierungspräsidien ermächtigen,** die Gliederung der unteren Dienststellen der Landespolizei in eigener Zuständigkeit zu bestimmen. Im Gegensatz zu Abs. 1 bezieht sich Abs. 2 nur auf die **Gliederung,** nicht auf die Aufgaben der unteren Polizeidienststellen; die Bestimmung der Aufgaben bleibt dem Innenministerium vorbehalten. Weder die Ermächtigung durch das IM noch die Regelung durch das RP bedarf der Form einer Rechtsverordnung.

## § 58
### Dienstaufsicht über die Wasserschutzpolizei und die Landespolizei

Es führen die Dienstaufsicht über

1. **die Wasserschutzpolizeidirektion: das Innenministerium,**

2. **die der Wasserschutzpolizeidirektion nachgeordneten Polizeidienststellen: die Wasserschutzpolizeidirektion und das Innenministerium,**

3. **die Landespolizeidirektionen: die Regierungspräsidien und das Innenministerium,**

**4. die den Landespolizeidirektionen nachgeordneten Polizeidienststellen: die Landespolizeidirektionen, die Regierungspräsidien und das Innenministerium.**

**Literatur: Flath,** Die Dienstaufsicht – Wesen und Inhalt, Die Polizei 1980, 154.

§ 58 regelt die **Dienstaufsicht** über die Dienststellen der Wasserschutzpolizei und der Landespolizei. Wegen der **Fachaufsicht** vgl. § 59. Die beiden Vorschriften entsprechen den §§ 49 und 50, die sich mit der Dienstaufsicht und der Fachaufsicht über die Polizeibehörden befassen. Die Dienstaufsicht nach § 58 und § 60 erstreckt sich auf die gesamte Tätigkeit der Polizeidienststellen, also auch auf dem Gebiet der Strafverfolgung. Die Staatsanwaltschaften haben gegenüber den Polizeidienststellen bei der Strafverfolgung keine dienstaufsichtlichen Befugnisse, sondern nur fachliche Weisungsrechte (vgl. Randnrn. 5 und 7 zu § 59 und Randnr. 2 zu § 60).

Nach § 58 führen bestimmte vorgesetzte Polizeidienststellen und das IM als oberste Dienstaufsichtsbehörde die Dienstaufsicht. Die Polizeibehörden und die fachlich zuständigen Ministerien sind nicht zur Dienstaufsicht über den Polizeivollzugsdienst befugt.

Wie bei den Polizeibehörden gilt auch für die Polizeidienststellen der Grundsatz der „**Parallelaufsicht**" (vgl. Randnr. 1 zu § 49), wonach **alle im Instanzenzug übergeordneten Stellen nebeneinander zur Aufsicht befugt sind.** Das Innenministerium und die Regierungspräsidien führen z. B. die Dienstaufsicht nicht nur über die Landespolizeidirektionen (§ 58 Nr. 3), sondern zugleich auch über die Polizeipräsidien, Polizeidirektionen, Polizeikommissariate, Kriminalkommissariate und sonstige nachgeordnete Dienststellen (§ 58 Nr. 4). Sie können diesen somit unmittelbar Weisungen erteilen. Das LPP im IM kann z. B. einem Polizeiposten unmittelbar Weisungen erteilen, wobei die „übergangenen" Dienststellen zu unterrichten sind (vgl. Nr. 15 Abs. 1 DO). In der Regel wird jedoch die Einschaltung der Zwischeninstanzen zweckmäßig sein.

3  Der Begriff der **Dienstaufsicht** ist derselbe wie in § 49. Sie erstreckt sich auf die Besetzung, Geschäftsführung und Einrichtung der Polizeidienststellen sowie auf die **Art und Weise** der Durchführung der polizeilichen Maßnahmen. Die Dienstaufsichtsbehörden können in diesem Rahmen an Ort und Stelle besichtigen, Berichte und Akten anfordern.

4  **Zur Dienstaufsicht gehört die Entscheidung über die Dienstaufsichtsbeschwerden,** die sich gegen die Art und Weise der vollzugspolizeilichen Maßnahmen (z. B. verletzendes oder unsachliches Verhalten eines Polizeibeamten), gegen die personelle Besetzung oder Ausrüstung der Polizeidienststellen richten. Wegen fachlicher Beschwerden vgl. Randnr. 2 zu § 59.

5  **Ergänzende Vorschriften** über die Dienstaufsicht enthalten § 15 Abs. 1 und 2, § 18 Abs. 1, § 20 Abs. 2 und § 21 Abs. 3 der 2. DVO PolG. Die Rechtsgrundlage für diese Vorschriften ist jedoch zweifelhaft, da § 58 PolG eine **abschließende Regelung der Dienstaufsicht** über die dort genannten Polizeidienststellen enthalten dürfte.

## § 59
### Fachaufsicht über die Wasserschutzpolizei und die Landespolizei

**(1) Es führen die Fachaufsicht über**

1. **die Wasserschutzpolizeidirektion: die zuständigen Ministerien,**
2. **die Landespolizeidirektionen: die Regierungspräsidien und die zuständigen Ministerien,**

# Fachaufsicht über Polizeidienststellen § 59

3. die den Landespolizeidirektionen und der Wasserschutzpolizeidirektion nachgeordneten Polizeidienststellen: die Bürgermeister, soweit sie Kreispolizeibehörden sind, die Landratsämter, die Regierungspräsidien und die zuständigen Ministerien.

(2) Die Fachaufsicht über die kriminalpolizeiliche Tätigkeit der Polizeidienststellen wird, unbeschadet der Befugnisse der übrigen zur Fachaufsicht zuständigen Stellen, vom Landeskriminalamt geführt.

Literatur: **Händel**, Staatsanwaltschaft und Polizei, PolBlBW 1966, 113; **Keppler**, Polizei und Staatsanwaltschaft, PolBlBW 1966, 119; **Ulrich**, Das Verhältnis Staatsanwaltschaft–Polizei, ZRP 1977, 158.

## Zu Absatz 1

Der Begriff der **Fachaufsicht** ist derselbe wie in § 50. Wegen der **Dienstaufsicht** vgl. § 58. Die Fachaufsicht besteht in der Aufsicht über die **Rechtmäßigkeit und Zweckmäßigkeit** vollzugspolizeilicher Maßnahmen, dagegen nicht in der Aufsicht über die Art und Weise der Durchführung; diese gehört zur Dienstaufsicht. Zur Fachaufsicht gehört z. B. die Anweisung, einen Umzug aufzulösen, die Fortsetzung ungenehmigten Bauens zu verhindern oder einen verbotenen Gewerbebetrieb zu schließen. Zur Dienstaufsicht gehört dagegen z. B. die Regelung, welche Kräfte zur Auflösung des Umzugs eingesetzt werden, in welche Richtung die Teilnehmer des Umzugs abzudrängen und welche Hilfsmittel der körperlichen Gewalt gegebenenfalls anzuwenden sind, ob die Fortsetzung ungenehmigten Bauens im Rahmen des üblichen Streifendienstes oder durch besondere Streifen verhindert wird.

Zur Fachaufsicht gehört ferner die **Entscheidung über Widersprüche** gegen Verwaltungsakte von Polizeidienststellen (vgl.

§ 6 AGVwGO) und über (formlose) **Aufsichtsbeschwerden,** die sich gegen die Ergreifung und den materiellen Inhalt vollzugspolizeilicher Maßnahmen richten („Fachaufsichtsbeschwerden"). Somit haben die nach § 59 zuständigen Behörden zu entscheiden, wenn in einer Beschwerde z. B. geltend gemacht wird, ein Polizeibeamter habe eine Person wegen Trunkenheit in Gewahrsam genommen, obwohl sie nicht betrunken gewesen sei, oder die in einer Versammlung anwesenden Polizeibeamten hätten diese aufgelöst, obwohl die Voraussetzungen des § 13 Abs. 1 VersG nicht vorgelegen hätten. Richtet sich die Aufsichtsbeschwerde jedoch gegen die Art und Weise der Durchführung einer Vollzugsmaßnahme, so obliegt die Entscheidung den zur Dienstaufsicht zuständigen Stellen (vgl. § 58).

3  Zur Fachaufsicht **zuständig** sind **die allgemeinen Polizeibehörden.** Für die Bürgermeister gilt dies jedoch nur, soweit sie Kreispolizeibehörden (vgl. Randnr. 4 zu § 48) sind. Diese Einschränkung hat eine doppelte Bedeutung. Einmal schließt sie diejenigen Bürgermeister, die nicht Kreispolizeibehörden sind, von der Fachaufsicht (vgl. Randnrn. 1 und 2) generell aus; die für sie erforderliche Einflußnahme auf den Polizeivollzugsdienst ist durch das fachliche Weisungsrecht gewährleistet, das ihnen nach § 62 zusteht. Zum anderen bedeutet sie, daß die Bürgermeister, die Kreispolizeibehörden sind, die Fachaufsicht nur im Rahmen ihrer Eigenschaft als untere Verwaltungsbehörden (vgl. Randnr. 4 zu § 48) führen. So führt der Oberbürgermeister einer Großen Kreisstadt die Fachaufsicht nicht in denjenigen Angelegenheiten, die nach § 16 LVwG von der Zuständigkeit der Großen Kreisstädte als untere Verwaltungsbehörden ausgeschlossen sind.

4  Nach § 59 wird die Fachaufsicht über die Dienststellen der Wasserschutzpolizei und der Landespolizei ausschließlich von den allgemeinen Polizeibehörden geführt. **Die Wasserschutzpolizeidirektion und die Landespolizeidirektionen sind** nach geltendem Recht **nicht dazu befugt, die Fachaufsicht** über die

# Fachaufsicht über Polizeidienststellen § 59

ihnen nachgeordneten Polizeidienststellen **auszuüben.** Lediglich das Landeskriminalamt und die Bereitschaftspolizeidirektion führen nach § 59 Abs. 2 und § 60 Nr. 2 die Fachaufsicht über andere Polizeidienststellen. Im übrigen ist die **Fachaufsicht über die Polizeidienststellen den allgemeinen Polizeibehörden vorbehalten.** Diese Regelung entspricht nicht den Bedürfnissen der polizeilichen Praxis. Die vorgesetzten Polizeidienststellen müssen die Möglichkeit haben, den ihnen nachgeordneten Polizeidienststellen in vollem Umfang Weisungen dienstlicher und fachlicher Art zu erteilen. Gegenwärtig dürften die vorgesetzten Polizeidienststellen den ihnen nachgeordneten Polizeidienststellen streng genommen nur Weisungen im Rahmen der Dienstaufsicht, nicht aber fachliche Weisungen erteilen. Hinzu kommt, daß die genaue Abgrenzung zwischen Dienst- und Fachaufsicht erhebliche Schwierigkeiten bereitet. Die einheitliche und wirksame Führung des Polizeivollzugsdienstes setzt jedoch ein umfassendes Weisungsrecht innerhalb des Polizeivollzugsdienstes voraus. Deshalb sollte § 59 möglichst bald entsprechend geändert werden.

## Zu Absatz 2

Die **Fachaufsicht über die kriminalpolizeiliche Tätigkeit** 5
aller Polizeidienststellen obliegt neben den anderen Fachaufsichtsbehörden auch dem Landeskriminalamt. Dies gilt sowohl für die vorbeugende Verbrechensbekämpfung als auch für die Strafverfolgung. Wegen der Beschränkung des fachlichen Weisungsrechts bei der Strafverfolgung s. Randnr. 1 zu § 61.

Das **Landeskriminalamt** hat gemäß § 3 Abs. 2 der 2. DVO 6
(Anhang 2) auch ein **besonderes fachliches Weisungsrecht** gegenüber den Polizeidienststellen. Die kriminalpolizeiliche Tätigkeit umfaßt nicht nur die in § 21 der 2. DVO bezeichneten kriminalpolizeilichen Aufgaben im engeren Sinne, sondern die gesamte vollzugspolizeiliche Tätigkeit auf den Gebieten der Strafverfolgung und der Verhütung von Straftaten. Dabei ist

**§ 60**  Aufsicht über LKA und Bereitschaftspolizei

unerheblich, ob diese Tätigkeit von der Schutzpolizei oder von der Kriminalpolizei ausgeübt wird.

**7** Die **fachlichen Aufsichtsbefugnisse der Staatsanwaltschaft** („Sachaufsicht") auf dem Gebiet der **Strafverfolgung**, insbesondere ihr Recht, die Ermittlungen zu leiten und ihren Hilfsbeamten (vgl. § 152 Abs. 2 GVG) Weisungen zu erteilen (vgl. § 161 StPO), werden durch das PolG nicht berührt (vgl. § 2 der 2. DVO).

Entsprechendes gilt für die Befugnisse der für die Verfolgung und Ahndung von **Ordnungswidrigkeiten** zuständigen Verwaltungsbehörden **(Bußgeldbehörden)** gem. §§ 46 und 53 OWiG i. V. mit § 161 StPO. Die Polizei hat im Bußgeldverfahren die Stellung eines **Ermittlungsorganes** der Bußgeldbehörde.

Wegen der Anwendung des unmittelbaren Zwangs durch Polizeibeamte auf Anordnung des Staatsanwalts vgl. Randnr. 3 zu § 34 und Anhang 5.

## § 60
### Aufsicht über das Landeskriminalamt und die Bereitschaftspolizei

**Es führen die Dienstaufsicht und die Fachaufsicht über**

1. **das Landeskriminalamt und die Bereitschaftspolizeidirektion: das Innenministerium,**
2. **die der Bereitschaftspolizeidirektion nachgeordneten Polizeidienststellen: die Bereitschaftspolizeidirektion und das Innenministerium.**

**1** Wegen des Begriffs der **Dienstaufsicht** und der **Fachaufsicht** vgl. Randnrn. 1, 3 und 4 zu § 58 und Randnrn. 1 und 2 zu § 59.

**2** Das **Landeskriminalamt** untersteht ausschließlich der **Dienst- und Fachaufsicht des Innenministeriums.** Die übrigen Ministerien sind ihm gegenüber – im Gegensatz zu den unteren Dienststellen der Kriminalpolizei (§ 59 Abs. 1 Nr. 3) – nicht zu fachlichen Weisungen befugt. Soweit das Landeskriminalamt präventivpolizeiliche Aufgaben auf einem Gebiet wahrnimmt, das nicht zum Geschäftsbereich des Innenministeriums gehört (z. B. die vorbeugende Bekämpfung von Wirtschaftsstraftaten, die in den Bereich des Wirtschaftsministeriums fällt), hat das sachlich zuständige Ministerium beim Innenministerium die erforderlichen fachlichen Weisungen zu erwirken. Die auf Bundesrecht (§ 152 GVG, §§ 161, 163 StPO) beruhende **Sachaufsicht der Staatsanwaltschaft** über die Durchführung von Ermittlungsverfahren wegen bestimmter Straftaten bleibt unberührt. Die Staatsanwaltschaft kann das Landeskriminalamt insbesondere ersuchen, die Verfolgung einzelner Straftaten zu übernehmen oder an andere Polizeidienststellen abzugeben (§ 7 Abs. 1 der 2. DVO, Anhang 2).

Die **Bereitschaftspolizei** untersteht ausschließlich der **Dienst- und Fachaufsicht des Innenministeriums,** da sie keine Aufgaben wahrnimmt, die in die Geschäftsbereiche anderer Ministerien fallen (vgl. § 8 der 2. DVO, Anhang 2, und Randnr. 5 zu § 56). 3

## § 61
### Weisungsrecht und Unterrichtungspflicht

**(1) Die zur Dienstaufsicht oder zur Fachaufsicht zuständigen Stellen können den Polizeidienststellen im Rahmen ihrer Zuständigkeit Weisungen erteilen. Die Polizeidienststellen haben diesen Weisungen Folge zu leisten.**

**(2) Die Polizeidienststellen sind verpflichtet, die weisungsbefugten Stellen von allen sachdienlichen Wahrnehmungen zu unterrichten.**

Literatur: **Trippel,** Zusammenarbeit zwischen Polizeibehörde und Polizeivollzugsdienst im Landkreis, PolBlBW 1963, 65.

Siehe hierzu den Polizeiorganisationserlaß (**PolOrgErl.**) des Innenministeriums vom 5. 11. 1968 (GABl. S. 661), zuletzt geän-

**§ 61**     Weisungsrecht und Unterrichtungspflicht

dert durch Erlaß vom 23. 8. 1979 (GABl. S. 990), Teil B: „Zusammenarbeit zwischen den Kreis- und Ortspolizeibehörden und den Polizeidienststellen".

**Allgemeines**

1     Die Vorschrift regelt das **Weisungsrecht** der zur Dienstaufsicht oder zur Fachaufsicht zuständigen Stellen und die **Unterrichtungspflicht** der Polizeidienststellen gegenüber den Aufsichtsbehörden. Sie bezweckt eine einheitliche und wirksame Wahrnehmung der polizeilichen Aufgaben.

Die **besonderen Polizeibehörden,** denen nach dem PolG weder die Dienstaufsicht noch die Fachaufsicht über den Polizeivollzugsdienst zusteht, sind gegenüber den Polizeidienststellen nur zu Weisungen befugt, soweit dies in den einschlägigen Gesetzen vorgesehen ist. Im übrigen ist ihren praktischen Bedürfnissen dadurch hinreichend Rechnung getragen, daß sie nach allgemeinen Grundsätzen die Amtshilfe des Polizeivollzugsdienstes in Anspruch nehmen können. Die **Weisungsbefugnisse der Staatsanwaltschaften** im Rahmen der Strafverfolgung (vgl. §§ 161, 163 StPO und § 152 GVG) bleiben unberührt. Für die Durchführung eines **Ermittlungsverfahrens wegen einer bestimmten Straftat** kann **nur die Staatsanwaltschaft,** nicht aber die Fachaufsichtsbehörde der zuständigen Polizeidienststelle fachliche Weisungen erteilen. Dagegen können die Fachaufsichtsbehörden (§ 59 Abs. 1 und § 60) und das LKA (§ 59 Abs. 2) den Polizeidienststellen **allgemeine Weisungen** über das Vorgehen bei der Strafverfolgung erteilen.

**Zu Absatz 1**

2     Die zur **Dienstaufsicht oder Fachaufsicht zuständigen Stellen** sind in den §§ 58 bis 60 bezeichnet. Oberste Dienstaufsichtsbehörde für den gesamten Polizeivollzugsdienst ist hiernach das Innenministerium, oberste Fachaufsichtsbehörden sind die

**Weisungsrecht und Unterrichtungspflicht** **§ 61**

fachlich zuständigen Ministerien. Dem Ministerpräsidenten steht kein unmittelbares Weisungsrecht gegenüber den Polizeidienststellen zu.

Die zuständigen Stellen sind **nur im Rahmen ihrer sachlichen Zuständigkeit** weisungsbefugt. Die Dienstaufsichtsbehörden können also nur im Rahmen ihrer Dienstaufsicht, die Fachaufsichtsbehörden nur im Rahmen ihrer Fachaufsicht Weisungen erteilen; auf die Erläuterungen zu §§ 58 und 59 wird Bezug genommen. Die Kreispolizeibehörden sind hiernach nicht zu Weisungen befugt, die sich auf den inneren Dienstbetrieb, die Organisation und den Einsatz des Polizeivollzugsdienstes beziehen. Andererseits sind die Landespolizeidirektionen nicht zu Weisungen fachlicher Art befugt, z. B. zu der Weisung, einen Umzug zu verhindern, ein Fahrzeug sicherzustellen oder staatsfeindliches Propagandamaterial zu beschlagnahmen. Der Leiter einer Landespolizeidirektion ist im Hinblick auf seine Doppelfunktion (vgl. Randnr. 12 zu § 56) sowohl zu dienstlichen als auch zu fachlichen Weisungen befugt.

**Die Weisungen sind den zuständigen Polizeidienststellen zu erteilen.** Weisungen an einzelne Beamte sind nur bei Gefahr im Verzug zulässig. Die fachlichen Weisungen der Kreis- und Ortspolizeibehörden sind gemäß Teil B I. 1. des PolOrgErl. an die für ihren Bereich zuständigen Polizeidienststellen zu richten. 3

Da der **Polizeivollzugsdienst** ein selbständiges Glied in der Organisation der Polizei ist (§ 45), kommt er den Weisungen der zur Fachaufsicht zuständigen Stellen **nach eigener Beurteilung** über die Art und Weise der Durchführung nach (vgl. Randnr. 4 zu § 46). Die nur zur Fachaufsicht zuständige Polizeibehörde kann deshalb dem Polizeivollzugsdienst keine Weisungen über die Art und Weise des Einsatzes erteilen, etwa welche Kräfte er für die Durchführung ihrer Weisung heranziehen muß, unter welchen taktischen Gesichtspunkten er diese Kräfte einzusetzen hat und wann er unmittelbaren Zwang anzuwenden hat. Weisungen deser Art bleiben den zur Dienstaufsicht über den 4

### § 61 Weisungsrecht und Unterrichtungspflicht

Polizeivollzugsdienst zuständigen Stellen (§ 58) vorbehalten. **Bedenken** gegen die Art und Weise, mit der eine von ihr angeordnete Maßnahme vom Polizeivollzugsdienst durchgeführt wird, kann die nur zur Fachaufsicht befugte Polizeibehörde mittelbar dadurch beheben, daß sie ihre Weisung ändert, einschränkt oder gänzlich aufhebt. Sie kann sich ferner an die zur Dienstaufsicht zuständige Stelle wenden.

5     Die Polizeidienststellen sind verpflichtet, die von den zuständigen Stellen erteilten **Weisungen zu befolgen.** Die anweisende Stelle ist für die Rechtmäßigkeit ihrer Weisung verantwortlich. Wegen rechtswidriger Weisungen vgl. Randnr. 3 zu § 51.

**Zu Absatz 2**

6     Die in Abs. 2 festgelegte **Pflicht der Polizeidienststellen, die weisungsbefugten Stellen** von allen sachdienlichen Wahrnehmungen **zu unterrichten,** ist ein Ausfluß des allgemeinen Gedankens, daß alle Polizeiorgane zu einer engen und verständnisvollen Zusammenarbeit verpflichtet sind. Die Berichte der Polizeidienststellen sind erforderlich, um die Polizeibehörden rasch und zuverlässig über die jeweiligen polizeilichen Verhältnisse zu unterrichten und ihnen die für ihre Anordnungen notwendigen Unterlagen zu beschaffen (vgl. auch Teil B II des PolOrgErl.). Eine Polizeidienststelle genügt ihrer Informationspflicht, wenn sie die ihr unmittelbar übergeordnete weisungsbefugte Stelle unterrichtet. Diese hat darüber zu entscheiden, ob die Bedeutung einer Angelegenheit auch die Unterrichtung der nächsthöheren Stelle erforderlich macht.

**Sachdienlich** sind alle Wahrnehmungen, die für die Entschließungen der weisungsbefugten Stellen von Bedeutung sein können. Dies gilt insbesondere für begangene schwere oder besonders häufige Straftaten und sonstige bevorstehende oder eingetretene Störungen der öffentlichen Sicherheit oder Ordnung, die den weisungsbefugten Stellen Anlaß zum Eingreifen geben können, z. B. besondere Verkehrsgefahren, Verunreinigung öffentlicher Gewässer oder Tierseuchen.

Eine entsprechende Vorschrift über die **Zusammenarbeit und** die gegenseitige **Informationspflicht zwischen den Polizeidienststellen** entfällt § 1 Abs. 1 der 2. DVO PolG (Anhang 2). 7

Durch die Verwaltungsvorschriften können den Polizeidienststellen **weitergehende Informationspflichten** auferlegt und Art und Weise der Unterrichtung näher geregelt werden.

## § 62
### Weisungsrecht der Ortspolizeibehörden und Unterrichtungspflicht der Polizeidienststellen

**(1) Die Ortspolizeibehörden können den Polizeidienststellen im Rahmen ihrer Zuständigkeit fachliche Weisungen erteilen. Die Polizeidienststellen haben diesen Weisungen Folge zu leisten.**

**(2) Die Polizeidienststellen sind verpflichtet, die Ortspolizeibehörden von allen sachdienlichen Wahrnehmungen zu unterrichten.**

## Zu Absatz 1

Die Bestimmung regelt das fachliche **Weisungsrecht der Ortspolizeibehörden** (§ 48 Abs. 4) gegenüber **den Polizeidienststellen**. Die Vorschrift ergänzt § 61, indem sie auch denjenigen Bürgermeistern, die nach § 59 Abs. 1 Nr. 3 nicht zur Fachaufsicht zuständig und daher nach § 61 nicht zu Weisungen befugt sind, den erforderlichen Einfluß auf den Polizeivollzugsdienst gibt und damit die funktionelle Einheit der Polizei auch im örtlichen Bereich sichert. 1

Die Ortspolizeibehörden sind nur **im Rahmen ihrer sachlichen Zuständigkeit** (vgl. Randnr. 3 zu § 52) weisungsbefugt. Sie können nur **fachliche Weisungen** erteilen, nicht aber Weisun- 2 gen, die in den Bereich der Dienstaufsicht fallen. Die Polizeidienststellen können z. B. angewiesen werden, einen Betrunkenen in Gewahrsam zu nehmen (§ 22 Abs. 1 Nr. 1), bei Gefahr im Verzug und Nichterreichbarkeit der Baurechtsbehörde die Fortsetzung unerlaubten Bauens zu verhindern (§ 63 LBO), einen bösartigen Hund zu töten oder die Einhaltung der Sperrzeit zu überwachen (§ 18 GastG und die hierauf gestützten Vorschriften).

Die Weisungen sind **den Polizeidienststellen,** nicht einzelnen Beamten zu erteilen. Randnr. 3 zu § 61 gilt entsprechend.

Die Ortspolizeibehörde trägt die Verantwortung für die Rechtmäßigkeit ihrer Weisung. Die Weisung ist für die Polizeidienststelle **verbindlich.** In der Praxis wird oft zweifelhaft sein, ob es sich bei einer Äußerung der Ortspolizeibehörde um eine verbindliche Weisung oder um einen unverbindlichen Vorschlag, eine Empfehlung oder eine Bitte handelt. Es empfiehlt sich deshalb, dies durch entsprechende Formulierungen (und durch Bezugnahme auf § 62 PolG) klarzustellen.

Bedenken gegen eine erteilte Weisung kann die Polizeidienststelle bei der Ortspolizeibehörde oder bei einer vorgesetzten Stelle vorbringen. Wegen rechtswidriger Weisungen vgl. Randnr. 3 zu § 51.

**Zu Absatz 2**

3    Randnr. 6 zu § 61 gilt entsprechend.

2. Unterabschnitt

Zuständigkeit

§ 63

Örtliche Zuständigkeit

(1) Die staatlichen Polizeidienststellen sind im ganzen Landesgebiet zuständig, soweit in Absatz 2 nichts anderes bestimmt ist; sie sollen in der Regel jedoch nur in ihrem Dienstbezirk tätig werden.

# Örtliche Zuständigkeit § 63

*(2) Im Dienstbezirk einer städtischen Polizeidienststelle (§ 69) sind die in § 56 Nr. 3 und 4 bezeichneten Polizeidienststellen nur zuständig*
1. *zur Verfolgung einer mit Strafe oder Geldbuße bedrohten Handlung im ersten Zugriff,*
2. *zur unmittelbaren Verhinderung einer mit Strafe oder Geldbuße bedrohten Handlung,*
3. *zur Verfolgung und Wiederergreifung Entwichener,*
4. *bei einer Tätigkeit auf Weisung, auf Ersuchen oder mit Zustimmung einer zuständigen Stelle.*

*Die zuständige städtische Polizeidienststelle ist von den getroffenen Maßnahmen unverzüglich zu unterrichten.*

**(3) Im Gebiet eines anderen Bundeslandes können die Polizeidienststellen Amtshandlungen nur vornehmen, wenn dies durch ein dort geltendes Gesetz gestattet oder von der zuständigen Behörde eines Bundeslandes zugelassen ist.**

## Zu Absatz 1

Alle Polizeidienststellen des Landes Baden-Württemberg sind im **ganzen Landesgebiet** örtlich zuständig, doch werden sie **in der Regel nur in ihrem Dienstbezirk** (§ 64) tätig. Nehmen sie ausnahmsweise im Dienstbezirk einer anderen Polizeidienststelle Amtshandlungen vor, so befinden sie sich trotzdem in rechtmäßiger Amtsausübung. Das gilt z. B., wenn ein Beamter bei einem Verkehrsunfall außerhalb seines Dienstbezirks tätig werden muß.

Absatz 1 erstreckt nur die **örtliche** Zuständigkeit auf das gesamte Landesgebiet, ändert jedoch nichts an der **sachlichen** Zuständigkeit. Eine Polizeidienststelle darf daher nach Absatz 1 im Dienstbezirk einer anderen Polizeidienststelle nur solche polizeilichen Aufgaben wahrnehmen, für die sie sachlich zuständig ist. Ein Tätigwerden außerhalb der eigenen sachlichen Zuständigkeit ist nur unter den Voraussetzungen des § 1 Abs. 2 und des § 20 Abs. 1 Satz 2 der 2. DVO PolG (Anhang 2) zulässig.

## § 63 Örtliche Zuständigkeit

**Zu Absatz 2**

2   Abs. 2 ist **gegenstandslos** geworden, da es keine städtischen Polizeidienststellen mehr gibt (vgl. die Vorbemerkung vor § 69).

**Zu Absatz 3**

3   Entsprechend dem föderativen Aufbau der Bundesrepublik ist die Polizei grundsätzlich Ländersache. Die Polizeigewalt eines Landes endet an der Landesgrenze. **Außerhalb des Landes** haben deshalb die Polizeibeamten grundsätzlich nur diejenigen Befugnisse, die kraft Gesetzes jedermann zustehen (sog. Jedermann-Rechte), z. B. das Recht der vorläufigen Festnahme nach § 127 Abs. 1 StPO. Hierbei werden sie nicht als Amtsträger, sondern als Privatpersonen tätig. Zu einem amtlichen Tätigwerden außerhalb des Landesgebiets sind sie nur in den in Randnr. 4 bezeichneten Fällen befugt.

4   **Ausnahmsweise** können die Polizeibeamten des Landes Baden-Württemberg im Gebiet anderer Bundesländer der Bundesrepublik Amtshandlungen vornehmen, wenn dies

a) **durch ein dort geltendes Gesetz gestattet ist.** Gesetzliche Bestimmungen dieser Art sind Art. 35 Abs. 2 Satz 2 und Abs. 3 und Art. 91 GG, wonach bei Naturkatastrophen oder besonders schweren Unglücksfällen oder zur Abwehr einer drohenden Gefahr für die freiheitliche demokratische Grundordnung Polizeikräfte eines Landes in einem anderen Land auf dessen Anforderung oder auf Weisung der Bundesregierung eingesetzt werden können. Auch § 167 GVG läßt ein Handeln außerhalb der Landesgrenzen zu. Nach dieser Bestimmung können Polizeibeamte eine im Landesgebiet begonnene Verfolgung eines Flüchtigen auf dem Gebiet eines anderen Bundeslandes fortsetzen und ihn dort ergreifen. Der Ergriffene ist unverzüglich an das nächste Gericht oder die nächste Polizeibehörde (Polizeidienststelle i. S. des bad.-württ. PolG) des Landes, in dem er ergriffen wurde,

Örtliche Zuständigkeit § 63

abzuführen. Weiter kommen hier Polizeigesetze anderer Bundesländer in Betracht, wenn sie im Grenzbereich bei Gefahr im Verzug ein Tätigwerden von Polizeibeamten anderer Bundesländer zulassen, wie das entsprechend auch in § 65 geregelt ist.

b) **von der zuständigen Behörde eines anderen Bundeslandes zugelassen ist.** Die Zulassung kann allgemein oder im Einzelfall erfolgen. Eine allgemeine Zulassung enthält das **Abkommen über die erweiterte Zuständigkeit der Polizei der Bundesländer bei der Strafverfolgung** vom 6. 11. 1969 (GABl. 1970 S. 269). Danach sind bei der Verfolgung von Straftaten die Polizeivollzugsbeamten jedes Bundeslandes berechtigt, Amtshandlungen auch in den anderen Bundesländern vorzunehmen, wenn einheitliche Ermittlungen insbesondere wegen der räumlichen Ausdehnung der Tat oder der in der Person des Täters oder in der Tatausführung liegenden Umstände notwendig erscheinen. Derartige Amtshandlungen sollen, außer bei Gefahr im Verzug, grundsätzlich nur im Benehmen mit der zuständigen Polizeidienststelle vorgenommen werden. Welche Stelle des anderen Bundeslandes für die Zulassung zuständig ist, richtet sich nach den dort geltenden Vorschriften. Eine Polizeidienststelle des Landes Baden-Württemberg kann in der Regel ohne eigene Nachprüfung davon ausgehen, daß diejenige auswärtige Stelle, die ihr das Tätigwerden in ihrem Bereich gestattet, hierfür auch zuständig ist. 5

Werden Polizeibeamte des Landes Baden-Württemberg in einem anderen Bundesland hoheitlich tätig, so unterliegen sie den **dort geltenden Rechtsvorschriften.** Sie haben grundsätzlich dieselben Befugnisse wie die Polizeibeamten des betreffenden Bundeslandes (vgl. Art. 2 des in Randnr. 4 Buchst. b genannten Abkommens). Rechtsgrundlage für polizeiliche Eingriffsakte ist in diesen Fällen nicht das bad.-württ. PolG, sondern das Polizeigesetz des Einsatzlandes. 6

## § 64
### Dienstbezirke

(1) Dienstbezirk des Landeskriminalamts und der Bereitschaftspolizeidirektion ist das Landesgebiet.

(2) Dienstbezirke der Landespolizeidirektionen sind
1. für die Landespolizeidirektion Stuttgart I der Regierungsbezirk Stuttgart ohne das Gebiet der Stadt Stuttgart,
2. für die Landespolizeidirektion Stuttgart II das Gebiet der Stadt Stuttgart,
3. für die Landespolizeidirektion Karlsruhe der Regierungsbezirk Karlsruhe,
4. für die Landespolizeidirektion Freiburg der Regierungsbezirk Freiburg,
5. für die Landespolizeidirektion Tübingen der Regierungsbezirk Tübingen.

Für die Wahrnehmung verkehrspolizeilicher Vollzugsaufgaben auf Bundesautobahnen kann das Innenministerium die Dienstbezirke der Landespolizeidirektionen abweichend von Satz 1 nach verkehrspolizeilichen Bedürfnissen bestimmen.

(3) Dienstbezirk der Wasserschutzpolizeidirektion sind die schiffbaren Wasserstraßen und die sonstigen schiffbaren Gewässer einschließlich der Nebenanlagen, der Häfen und der Werftanlagen im Landesgebiet.

(4) Die Dienstbezirke der übrigen Polizeidienststellen sowie die Dienstsitze der Polizeidienststellen werden nach den polizeilichen Bedürfnissen vom Innenministerium oder mit dessen Ermächtigung von dem zuständigen Regierungspräsidium bestimmt.

Dienstbezirke **§ 64**

### Zu Absatz 1

**Dienstbezirk des Landeskriminalamts** (vgl. § 56 Randnrn. 3 und 4) **und der Bereitschaftspolizei** (vgl. § 56 Randnr. 5) ist das ganze Landesgebiet, da es sich um zentrale Polizeidienststellen handelt. Ihr Verhältnis zu den örtlichen Polizeidienststellen ist unterschiedlich geregelt. Für die Beamten des Landeskriminalamts ist vorgeschrieben, daß sie zu ihren Ermittlungen Beamte der örtlich zuständigen Polizeidienststellen hinzuziehen sollen; vgl. § 6 Abs. 4 der 2. DVO (Anhang 2). Die Bereitschaftspolizei muß in jedem Falle mit den örtlichen Polizeidienststellen zusammenwirken, da sie lediglich Unterstützungsfunktion hat (vgl. Randnr. 5 zu § 56). Die örtliche Dienststelle entscheidet auch über den Einsatz der ihr zugewiesenen Kräfte der Bereitschaftspolizei, wobei allerdings unmittelbare Weisungen an Einheiten der Bereitschaftspolizei nach § 11 Abs. 2 der 2. DVO (Anhang 2) nur von deren Vorgesetzten erteilt werden dürfen.

1

### Zu Absatz 2

**Dienstbezirk einer Landespolizeidirektion** (vgl. § 56 Randnrn. 10 und 11) ist der jeweilige Regierungsbezirk. Nur für den Bereich der Stadt Stuttgart besteht seit dem 1. 1. 1973 eine besondere Landespolizeidirektion (Stuttgart II).

2

Sonderregelungen ermöglicht Abs. 2 Satz 2 für die Wahrnehmung **verkehrspolizeilicher** (nicht sonstiger polizeilicher) **Vollzugsaufgaben auf Bundesautobahnen** (nicht auf sonstigen Straßen). Dadurch soll es ermöglicht werden, der überörtlichen Verkehrsbedeutung der Bundesautobahnen Rechnung zu tragen und für durchgehende Autobahnabschnitte ohne Rücksicht auf den Verlauf der Regierungsbezirksgrenzen einheitliche Zuständigkeiten zu begründen. Die Sonderregelungen können durch **Verwaltungsvorschrift** erfolgen. Eine Rechtsverordnung ist nicht erforderlich. Mit der Änderung der Dienstbezirke der Landespolizeidirektionen ändern sich automatisch auch die Dienstbezirke der zuständigen nachgeordneten Polizeidienst-

**§ 65** Amtshandlungen von Dienststellen anderer Länder

stellen. Eine Zusammenfassung der bisher getroffenen Sonderregelungen nach Absatz 2 Satz 2 enthält Abschnitt I des Erlasses des IM über die Wahrnehmung verkehrspolizeilicher Vollzugsaufgaben auf Bundesautobahnen vom 18. 7. 1980 (GABl. S. 1010).

**Zu Absatz 3**

3    **Dienstbezirk der Wasserschutzpolizeidirektion** (vgl. § 56 Randnrn. 6 und 7) sind die schiffbaren Wasserstraßen und Gewässer einschließlich der Nebenanlagen, der Häfen und der Werftanlagen im Landesgebiet. **Schiffbare Gewässer** sind alle öffentlichen Gewässer (§ 2 Abs. 2 WG), die für die Schiffahrt bestimmt sind und deshalb von jedermann hierzu benutzt werden dürfen (§ 30 Abs. 1 WG).

**Zu Absatz 4**

4    Die **Dienstbezirke** der übrigen Polizeidienststellen und die **Dienstsitze** aller Polizeidienststellen bestimmt das Innenministerium. Die Bestimmung kann durch **Verwaltungsvorschrift** erfolgen. Eine Rechtsverordnung ist nicht erforderlich. Die Befugnisse des IM sind zum Teil auf die Regierungspräsidien übertragen worden (Teil A. I. 1. des PolOrgErl.).

### § 65
### Amtshandlungen von Polizeidienststellen anderer Bundesländer und des Bundes im Landesgebiet

(1) Polizeidienststellen anderer Bundesländer können, soweit gesetzlich nichts anderes bestimmt ist, im Landesgebiet Amtshandlungen nur vornehmen

1. **im Grenzbereich, wenn bei Gefahr im Verzug ein rechtzeitiges Tätigwerden von Polizeidienststellen des Landes**

## Amtshandlungen von Dienststellen anderer Länder § 65

nicht erreichbar erscheint oder wenn das Land die Wahrnehmung bestimmter Aufgaben dem benachbarten Bundesland durch Verwaltungsabkommen übertragen hat,

2. bei einer Tätigkeit auf Ersuchen oder mit Zustimmung einer zuständigen Stelle,

3. zur Abwehr einer drohenden Gefahr für den Bestand oder die freiheitliche demokratische Grundordnung des Bundes oder des Landes, wenn das Land Polizeikräfte eines anderen Bundeslandes angefordert oder die Bundesregierung diese ihren Weisungen unterstellt hat,

4. zur Durchführung polizeilicher Maßnahmen beim Gefangenentransport,

5. bei der Verfolgung von Straftaten oder Ordnungswidrigkeiten in den durch Verwaltungsabkommen mit anderen Bundesländern geregelten Fällen.

(2) Diese Bestimmung gilt entsprechend für Polizeidienststellen des Bundes.

**Literatur: Riegel,** Notzuständigkeiten und Zusammenarbeit der Vollzugspolizeien des Bundes und der Länder, Die Polizei 1980, 89.

### Zu Absatz 1

Die Bestimmung läßt für Ausnahmefälle ein **Tätigwerden von Polizeidienststellen anderer Bundesländer im Zuständigkeitsbereich des Landes zu.** Die Vorschrift beruht wie § 63 Abs. 3 auf dem Grundsatz, daß die Polizeihoheit eines Landes an der Landesgrenze endet. In Baden-Württemberg können also grundsätzlich nur Polizeibeamte des Landes tätig werden. Aus rechtlichen und praktischen Gründen läßt das Gesetz jedoch **Ausnahmen in fünf bestimmt umschriebenen Fällen** zu (Absatz 1 Nr. 1 bis 5).

1

## § 65  Amtshandlungen von Dienststellen anderer Länder

2  Absatz 1 erweitert nur die **örtliche Zuständigkeit** der auswärtigen Polizeidienststellen. Ihr Tätigwerden setzt voraus, daß sie für die betreffenden polizeilichen Aufgaben nach den für sie geltenden Vorschriften sachlich zuständig sind.

3  **Verwaltungsabkommen** nach Abs. 1 **Nr. 1 sind** z. B. über die Wahrnehmung verkehrspolizeilicher Aufgaben auf einzelnen Autobahnabschnitten in Grenzbereichen abgeschlossen worden (siehe dazu Abschnitt II des Erlasses des IM über die Wahrnehmung verkehrspolizeilicher Vollzugsaufgaben auf Bundesautobahnen vom 18. 7. 1980, GABl. S. 1010). **Zuständige Stelle** im Sinne von Abs. 1 **Nr. 2** ist das IM oder die von ihm bestimmte Stelle. Nr. 2 ist auf **Einzelfälle** beschränkt. Eine generelle Regelung ist nur nach Nr. 1 oder 5 durch Verwaltungsabkommen möglich.

**Zu Absatz 2**

4  Abs. 2 erweitert die Regelungen des Abs. 1 auf die **Polizeidienststellen des Bundes.** Abs. 2 gilt nur für die Tätigkeit von Polizeidienststellen des Bundes in Bereichen, für die **an sich die Polizei des Landes zuständig** wäre. Die Vorschrift gilt nicht, soweit eine Polizeidienststelle des Bundes **im Rahmen ihrer eigenen Zuständigkeit** kraft Bundesrechts tätig wird (z. B. Bahnpolizei, Bundesgrenzschutz, Bundeskriminalamt). Sie gilt z. B. nicht für die Tätigkeit der **Bahnpolizei** in ihrem eigenen sachlichen und örtlichen Zuständigkeitsbereich (§§ 55 und 56 EBO). Dagegen ist die Vorschrift anzuwenden, wenn die Bahnpolizei außerhalb dieses Bereiches tätig werden soll. So kann etwa die Bahnpolizei durch Verwaltungsabkommen nach § 65 Abs. 2 i. V. mit § 65 Abs. 1 Nr. 5 ermächtigt werden, Verkehrsordnungswidrigkeiten außerhalb ihres Zuständigkeitsbereichs zu verfolgen. Eine entsprechende Regelung enthält das **Verwaltungsabkommen zwischen dem Land Baden-Württemberg und der Deutschen Bundesbahn** über die Verfolgung von Verkehrsordnungswidrigkeiten durch die Bahnpolizei vom 5. 5. 1981 (GABl. S. 548).

## Befugnisse von Dienststellen anderer Länder § 66

§ 65 gilt nur für Polizeidienststellen anderer Bundesländer 5
und des Bundes. Polizeikräfte des **Auslandes** und der **DDR**
dürfen nach § 65 nicht im Land Baden-Württemberg tätig werden. Hierzu bedarf es einer völkerrechtlichen bzw. zwischenstaatlichen Vereinbarung. Die Polizeibehörden und Polizeidienststellen des Landes Baden-Württemberg sind mangels einer gesetzlichen Ermächtigung nicht befugt, Polizeidienststellen eines ausländischen Staates oder der DDR ein Tätigwerden im Landesgebiet zu gestatten. Sie können jedoch einzelne Beamte zu ihrer Unterstützung hinzuziehen, sofern diese sich auf eine interne Mitwirkung beschränken und nicht selbst hoheitlich tätig werden (z. B. bei technischer Hilfeleistung).

### § 66
### Befugnisse der in § 65 bezeichneten Polizeidienststellen

**In den Fällen des § 65 haben die Polizeidienststellen anderer Bundesländer und die Polizeidienststellen des Bundes die gleichen Befugnisse wie die Polizeidienststellen des Landes.**

Die nach § 65 im Landesgebiet tätigen Polizeidienststellen 1
haben **die gleichen Befugnisse** wie die Polizeidienststellen des
Landes. Sie werden nicht nach ihrem Landesrecht bzw. nach
Bundesrecht, sondern **nach dem in Baden-Württemberg geltenden Recht** tätig. Dies gilt nicht, wenn die Bundesregierung
im Notstandsfall Polizeikräfte der Länder gemäß Art. 91 Abs. 2
GG ihren Weisungen unterstellt hat. In diesem Fall richtet sich
gemäß § 66 BGSG die Rechtsstellung der unterstellten Polizeikräfte nach den für den Bundesgrenzschutz geltenden Vorschriften.

Gegen Maßnahmen der nach § 65 im Landesgebiet tätigen 2
fremden Polizeidienststellen sind dieselben **Rechtsbehelfe**
zulässig wie gegen Maßnahmen von Polizeidienststellen des
Landes (vgl. vor § 20 Randnrn. 6–12). Die Rechtsbehelfe sind
gegen den Rechtsträger der fremden Polizeidienststelle zu rich-

ten. Diese wird nicht etwa im Wege der Organleihe als Organ des Landes Baden-Württemberg tätig, sondern als Organ des Hoheitsträgers, dem sie angehört.

*ZWEITES KAPITEL*

*Organisation der Polizei in den Großstädten*

*1. ABSCHNITT*

*Staatlicher Polizeivollzugsdienst*

*§§ 67 und 68*
*(aufgehoben)*

*2. ABSCHNITT*

*Städtischer Polizeivollzugsdienst*

**Vorbemerkung**

Mit Ausnahme des § 73 (Notstand) sind die **Bestimmungen des 2. Abschnitts gegenstandslos** geworden, nachdem zum 1. 1. 1973 der Polizeivollzugsdienst der Stadt Stuttgart als letzte kommunale Vollzugspolizei des Landes auf Antrag der Stadt Stuttgart vom Land übernommen und in die Landespolizei eingegliedert worden ist. Doch läßt das Polizeigesetz für alle Gemeinden mit mehr als 250 000 Einwohnern zumindest theoretisch weiterhin die Möglichkeit offen, einen kommunalen Vollzugsdienst einzurichten (vgl. §§ 69 und 89). Für diesen Fall gewährleistet das Polizeigesetz dem Land einen gewissen Einfluß auf die Stärke und Ausrüstung des städtischen Polizeivollzugsdienstes, sowie auf die Besetzung der leitenden Stellen (§§ 74 und 75) und ermöglicht für den Fall eines Notstandes einen gemeinsamen Einsatz aller Polizeikräfte des Landes und der Gemeinden (§ 73).

## 1. Unterabschnitt

## Allgemeines

### § 69
### Zusammenfassung von Polizeibehörde und Polizeivollzugsdienst

(1) In Gemeinden mit mehr als 250 000 Einwohnern hat das Innenministerium auf Antrag der Gemeinde zu bestimmen, daß der Gemeinde die Aufgaben des Polizeivollzugsdienstes, ausgenommen die verkehrspolizeilichen Vollzugsaufgaben auf der Bundesautobahn, übertragen und mit den orts- und kreispolizeilichen Aufgaben durch eine städtische Polizeidienststelle (Polizeipräsidium) wahrgenommen werden.

(2) Die Zuständigkeit der in § 56 Nr. 1 bis 3 bezeichneten Polizeidienststellen bleibt unberührt.

(3) Die Vorschriften über die allgemeinen Polizeibehörden finden entsprechende Anwendung.

(4) Der städtische Polizeivollzugsdienst umfaßt die uniformierte Polizei (Schutzpolizei) und die Kriminalpolizei.

### § 70
### Örtliche Zuständigkeit der Polizeibeamten

(1) Die Polizeibeamten sind nur im Gemeindegebiet zuständig, soweit in Absatz 2 nichts anderes bestimmt ist.

(2) Außerhalb des Gemeindegebiets sind die Polizeibeamten nur in den in § 63 Abs. 2 Satz 1 bezeichneten Fällen zuständig. Die Vorschrift des § 63 Abs. 2 Satz 2 und Abs. 3 gilt entsprechend.

### § 71
### Aufsicht

(1) Die Fachaufsicht über die kriminalpolizeiliche Tätigkeit der städtischen Polizeidienststellen wird von dem Landeskriminalamt geführt.

(2) Die Befugnisse der übrigen zur Aufsicht zuständigen Behörden bleiben unberührt.

## § 72
### Gemeinsamer Einsatz staatlicher und städtischer Polizei

Wird eine vollzugspolizeiliche Aufgabe von staatlicher und städtischer Polizei gemeinsam wahrgenommen, so kann das Innenministerium eine gemeinsame Einsatzleitung bestimmen.

## § 73
### Notstand

(1) Ist eine Polizeidienststelle nicht in der Lage oder nicht bereit, die vollzugspolizeilichen Aufgaben wahrzunehmen, so kann sich das Innenministerium vorübergehend die Polizeikräfte des Landes *und der Gemeinden* unmittelbar unterstellen und sie nach den polizeilichen Bedürfnissen einsetzen.

(2) Erscheint bei Gefahr im Verzug ein rechtzeitiges Tätigwerden des Innenministeriums nicht erreichbar, so können auch die Regierungspräsidien Maßnahmen nach Absatz 1 treffen. Das Innenministerium ist unverzüglich zu unterrichten.

(3) Kosten werden nicht erstattet.

### Allgemeines

1   Die Vorschrift hat, trotz ihrer Einordnung in den Abschnitt „Städtischer Polizeivollzugsdienst", **ihre Bedeutung** auch nach dessen Wegfall **behalten**, da sie nicht auf den gemeinsamen Einsatz von staatlicher und städtischer Polizei beschränkt ist. Ihre praktische Bedeutung liegt darin, daß sie das IM dazu ermächtigt, sich alle Polizeikräfte **unmittelbar zu unterstellen** und sie **selbst einzusetzen,** also nicht nur Weisungen für ihren Einsatz zu erteilen. Im Falle des § 73 kann das IM, obwohl es keine Polizeidienststelle ist (vgl. Randnr. 15 zu § 56), selbst nach außen vollzugspolizeilich tätig werden.

**Polizeikräfte** im Sinne des Absatzes 1 sind nur die Kräfte des Polizeivollzugsdienstes, nicht die Bediensteten der Polizeibehörden.

Notstand §73

**Zu Absatz 1**

Ein **Notstand im Sinne des § 73** liegt vor, wenn eine Polizeidienststelle (vgl. § 56) in besonderen Situationen (z. B. bei (Naturkatastrophen, Seuchen, Unruhen) zur Wahrnehmung der vollzugspolizeilichen Aufgaben **nicht in der Lage** ist, d. h. die ihr zur Verfügung stehenden Kräfte und Mittel nicht ausreichen, oder wenn sie dazu **nicht bereit** ist, also aus subjektiven Gründen an dem polizeilichen Schutz der öffentlichen Sicherheit und Ordnung nicht mitwirkt, obwohl sie dazu in der Lage wäre.

Im Notstand kann sich das Innenministerium über das Weisungsrecht in § 61 hinausgehend **vorübergehend die Polizeikräfte unmittelbar unterstellen und sie nach den polizeilichen Bedürfnissen einsetzen.** Es wird von dieser Möglichkeit nur Gebrauch machen, wenn weniger weitgreifende Maßnahmen, z. B. der Einsatz der Bereitschaftspolizei oder von Alarmeinheiten der Polizei, nicht ausreichen.

**Vom Notstand im Sinn des § 73 sind zu unterscheiden**
a) der **innere Notstand** (drohende Gefahr für den Bestand oder die freiheitliche demokratische Grundordnung des Bundes oder eines Landes) nach Art. 91 und 87a Abs. 4 GG,
b) der sogenannte **polizeiliche Notstand,** in dem die Polizei gemäß § 9 Abs. 1 PolG Maßnahmen gegenüber Unbeteiligten treffen kann, weil auf andere Weise eine unmittelbar bevorstehende oder bereits eingetretene Störung der öffentlichen Sicherheit oder Ordnung nicht beseitigt werden kann (vgl. Randnr. 1 zu § 9)

**Zu Absatz 2**

Durch Abs. 2 werden **die Regierungspräsidien ermächtigt,** die in Abs. 1 bezeichneten Notstandsmaßnahmen zu treffen, wenn bei Gefahr im Verzug ein rechtzeitiges Tätigwerden des Innenministeriums nicht erreichbar erscheint. Die Vorschrift beruht auf dem allgemeinen, bereits in § 53 zum Ausdruck gebrachten Grundsatz, daß eine notwendige polizeiliche Maßnahme nicht unterbleiben darf, weil die in erster Linie zuständige Stelle nicht rechtzeitig tätig werden kann.

**Zu Absatz 3**

6   Abs. 3 hatte nur für das Verhältnis zwischen Land und Kommunen praktische Bedeutung. Mit dem Wegfall des städtischen Polizeivollzugsdienstes ist die Vorschrift gegenstandslos geworden.

2. Unterabschnitt

*Besondere Vorschriften
für die städtischen Polizeidienststellen*

§ 74

*Polizeivollzugsdienst*

*(1) Zahl, Ausbildung, Ausrüstung und Bewaffnung der Polizeibeamten der städtischen Polizeidienststellen werden nach den polizeilichen Bedürfnissen durch Verordnung des Innenministeriums bestimmt.*

*(2) Das Innenministerium kann sich über die Durchführung der nach Absatz 1 erlassenen Vorschriften unterrichten.*

§ 75

*Bestellung der leitenden Beamten*

*(1) Die Stellen des Leiters einer städtischen Polizeidienststelle und seines Stellvertreters sind öffentlich auszuschreiben.*

*(2) Das Innenministerium und der Bürgermeister benennen gemeinsam mindestens zwei geeignete Bewerber, aus denen der Gemeinderat den Leiter der städtischen Polizeidienststelle oder seinen Stellvertreter bestellt. Können Innenministerium und Bürgermeister keine zwei Bewerber benennen, ist die Stelle erneut auszuschreiben.*

*(3) Im Einvernehmen mit dem Innenministerium kann eine Ausschreibung unterbleiben.*

## DRITTES KAPITEL

## Besondere Vollzugsbeamte

### § 76
### Gemeindliche Vollzugsbeamte

(1) Die Ortspolizeibehörden können sich zur Wahrnehmung bestimmter auf den Gemeindebereich beschränkter polizeilicher Aufgaben gemeindlicher Vollzugsbeamter bedienen.

(2) Die gemeindlichen Vollzugsbeamten haben bei der Erledigung ihrer polizeilichen Dienstverrichtungen die Stellung von Polizeibeamten im Sinn dieses Gesetzes.

Literatur: **Krüger,** Gemeindliche Vollzugsbeamte in Baden-Württemberg, BWVPr. 1980, 7.

## Zu Absatz 1

Die Befugnis, gemeindliche Vollzugsbeamte zu bestellen, steht **allen Ortspolizeibehörden** zu. Die Bestellung erfolgt durch internen Akt. Nach § 7 der 1. DVO PolG ist lediglich die allgemeine Übertragung bestimmter polizeilicher Vollzugsaufgaben auf gemeindliche Vollzugsbeamte und deren Widerruf, nicht aber die Beauftragung und Entpflichtung einzelner Personen öffentlich bekanntzumachen. 1

Die **Aufgaben der gemeindlichen Vollzugsbeamten** beschränken sich auf den Gemeindebereich. Einen detaillierten Katalog derjenigen polizeilichen Vollzugsaufgaben, die die Ortspolizeibehörde von sich aus auf gemeindliche Vollzugsbeamte übertragen kann, enthält **§ 6 Abs. 1 der DVO** (Anhang 1). Es bleibt den Ortspolizeibehörden überlassen, ob sie die von ihnen bestellten gemeindlichen Vollzugsbeamten mit allen oder nur mit einzelnen Aufgaben dieses Katalogs beauftragen und wie sie die Aufgaben unter mehreren Vollzugsbeamten aufteilen. Andere als 2

**§ 76**                                                       Gemeindliche Vollzugsbeamte

die in § 6 Abs. 1 der 1. DVO aufgezählten polizeilichen Vollzugsaufgaben dürfen den gemeindlichen Vollzugsbeamten mit **Zustimmung des** zuständigen **Regierungspräsidiums** übertragen werden (§ 6 Abs. 2 der 1. DVO). Die von Krüger (aaO, S. 8) geäußerten Bedenken gegen § 6 Abs. 2 der 1. DVO sind nicht begründet.

3    Soweit die Gemeinden **Bußgeldbehörden** sind, können sie die gemeindlichen Vollzugsbeamten zugleich als **Außenbeamte der Bußgeldbehörde** einsetzen. In dieser Eigenschaft sind sie befugt, die Befugnisse der Bußgeldbehörde im Außendienst wahrzunehmen (vgl. § 57 Abs. 1 OWiG), haben jedoch nicht die Rechtsstellung von Polizeibeamten nach § 76 Abs. 2 PolG.

Ferner können die Gemeinden ihre Vollzugsbeamten i. S. des § 76 auch bei der Erfüllung der ihnen als **Ortspolizeibehörden** obliegenden Aufgaben heranziehen. An den Aufgabenkatalog des § 6 der 1. DVO PolG (Anhang 1) sind sie dabei nicht gebunden, da dieser nur für die Übertragung polizeilicher Vollzugsaufgaben, nicht aber für die Übertragung polizeibehördlicher Aufgaben gilt.

**Zu Absatz 2**

4    Die gemeindlichen Vollzugsbeamten haben bei der Erledigung ihrer polizeilichen Vollzugsaufgaben die volle **Rechtsstellung von Polizeibeamten** im Sinne des PolG. Ihre **örtliche Zuständigkeit** beschränkt sich auf den Gemeindebereich. Außerhalb des Gemeindebereichs können sie keine Amtshandlungen vornehmen, sondern nur diejenigen Befugnisse ausüben, die kraft Gesetzes jedermann zustehen (sog. Jedermann-Rechte, vgl. Randnr. 3 zu § 63).

5    Die gemeindlichen Vollzugsbeamten haben **im Rahmen ihrer sachlichen Zuständigkeit** (vgl. Randnr. 2) auch die **Rechte und Pflichten von Polizeibeamten auf Grund anderer Gesetze,** sofern das betreffende Gesetz die polizeilichen Befugnisse nicht

# Gemeindliche Vollzugsbeamte § 76

auf „echte" Polizeibeamte beschränkt. Sie haben also nicht nur alle Befugnisse, die den Polizeibeamten auf Grund des Polizeigesetzes zustehen, sondern auch die Rechte und Pflichten der Polizeibeamten **nach der StPO**. Im Rahmen ihrer Befugnisse sind sie **Hilfsbeamte der Staatsanwaltschaft** (§ 2 Nr. 1 der VO der Landesregierung über die Hilfsbeamten der Staatsanwaltschaft vom 1. 6. 1976, GBl. S. 458). Sie haben im Rahmen ihrer Zuständigkeit auch die Befugnisse nach der **StVO**, z. B. das **Anhalterecht** nach § 36 Abs. 5 StVO, sofern die Wahrnehmung der ihnen übertragenen Aufgaben das Anhalten von Kraftfahrzeugen erforderlich macht. Sie gehören zum „Vollzugsdienst der Polizei" im Sinne des § 52 Abs. 3 Nr. 1 StVZO, soweit ihnen verkehrspolizeiliche Vollzugsaufgaben übertragen sind. Dienstfahrzeuge, die der Erfüllung solcher Aufgaben dienen, dürfen deshalb mit blauem Blinklicht und Einsatzhorn ausgerüstet sein.

Bei ihrer Tätigkeit unterstehen sie als Teil der Ortspolizeibehörde der gleichen Dienst- und Fachaufsicht wie diese selbst. Der Bürgermeister ist nach § 44 Abs. 4 GemO ihr Vorgesetzter und Dienstvorgesetzter. Soweit den gemeindlichen Vollzugsbeamten nichtpolizeiliche Aufgaben übertragen sind, haben sie bei deren Erledigung keine polizeilichen Befugnisse. Gegen die Maßnahmen der gemeindlichen Vollzugsbeamten sind dieselben **Rechtsbehelfe** zulässig wie gegen die Maßnahmen der staatlichen Polizeibeamten (vgl. vor § 20 Randnrn. 6–12).

6 Über **Ausbildung, Dienstkleidung, Bewaffnung, Ausrüstung und Dienstbezeichnungen** der gemeindlichen Vollzugsbeamten trifft das Gesetz keine näheren Bestimmungen. Die Gemeinden sind jedoch nach § 56 Abs. 1 GemO verpflichtet, auch bei der Einstellung gemeindlicher Vollzugsbeamten auf die erforderliche **fachliche und persönliche Eignung** zu achten. Dabei ist im Hinblick darauf, daß die gemeindlichen Vollzugsbeamten bei der Erfüllung ihrer polizeilichen Vollzugsaufgaben die volle Rechtsstellung von Polizeibeamten im Sinne des PolG haben, ein **strenger Maßstab** anzulegen. Deshalb sind eine gründliche

Einführung der gemeindlichen Vollzugsbeamten in ihre Aufgaben und eine regelmäßige Fortbildung erforderlich. Die Gemeinden können ihre Vollzugsbeamten nur nach Maßgabe der waffenrechtlichen Vorschriften mit Waffen ausstatten. Sie können ihnen besondere Dienstbezeichnungen verleihen. Diese dürfen nicht den Eindruck erwecken, daß es sich um Beamte des (staatlichen) Polizeivollzugsdienstes handelt.

7  Die **Kosten** der gemeindlichen Vollzugsbeamten sind von den Gemeinden zu tragen, denen nach § 82 auch die mit deren Tätigkeit verbundenen Einnahmen zufließen. Die Gemeinden können vom Land auch dann keinen Kostenersatz beanspruchen, wenn die Bestellung gemeindlicher Vollzugsbeamter zu einer Entlastung des (staatlichen) Polizeivollzugsdienstes führt.

## § 77
### Hilfsbeamte der Staatsanwaltschaft

**(1) Das Innenministerium kann auf Antrag der zuständigen Stelle anordnen, daß Hilfsbeamte der Staatsanwaltschaft, die mit der Wahrnehmung bestimmter polizeilicher Aufgaben betraut sind, ohne einer Polizeibehörde oder einer Polizeidienststelle anzugehören, die Stellung von Polizeibeamten im Sinn dieses Gesetzes haben.**

**(2) Anordnungen nach Absatz 1 sind amtlich bekanntzugeben.**

### Zu Absatz 1

1  Die Bestimmung ermächtigt das Innenministerium, **Hilfsbeamten der Staatsanwaltschaft,** die mit der Wahrnehmung bestimmter polizeilicher Aufgaben betraut sind, **ohne einer Polizeibehörde oder einer Polizeidienststelle anzugehören,** die

# Hilfsbeamte der Staatsanwaltschaft § 77

Stellung von Polizeibeamten zu verleihen. Sie trägt dem Umstand Rechnung, daß nach § 152 Abs. 2 GVG nicht nur Polizeibeamte, sondern auch Angehörige besonders bezeichneter Beamtengruppen und bestimmte Verwaltungsangestellte Hilfsbeamte der Staatsanwaltschaft sein können (siehe hierzu die VO der Landesregierung über die Hilfsbeamten der Staatsanwaltschaft vom 1. 6. 1976, GBl. S. 458).

Das Innenministerium hat von der Möglichkeit des § 77 dadurch Gebrauch gemacht, daß es in § 8 der 1. DVO PolG (Anhang 1) bestimmt hat, daß die **Angehörigen des Bundesbahnfahndungsdienstes** die Stellung von Polizeibeamten haben. Während die uniformierte Bahnpolizei ihre Befugnisse aus den §§ 55 und 56 EBO herleitet, besteht für die Befugnisse des Fahndungsdienstes keine bundesrechtliche Grundlage; seine Angehörigen haben nur insoweit polizeiliche Befugnisse, als diese ihnen durch die Länder übertragen werden. 2

**Zu Absatz 2**

Die **öffentliche Bekanntmachung** einer Anordnung nach Abs. 1 ist erforderlich, weil die Allgemeinheit darüber unterrichtet werden muß, welche öffentlichen Bediensteten, die weder einer Polizeibehörde noch einer Polizeidienststelle angehören, die Stellung von Polizeibeamten haben. 3

§ 78 Begriff der Kosten

DRITTER TEIL

**Die Kosten der Polizei**

**§ 78**

**Begriff der Kosten**

**Kosten im Sinn der §§ 79 bis 81 sind die unmittelbaren oder mittelbaren persönlichen und sächlichen Ausgaben für die allgemeinen Polizeibehörden und die Polizeidienststellen.**

1 Der **Begriff der Kosten** umfaßt nicht nur die Kosten für den Polizeivollzugsdienst, sondern auch die Kosten für die allgemeinen Polizeibehörden (§ 47 Abs. 1). Wegen der Kosten für die besonderen Polizeibehörden (§ 47 Abs. 2) verbleibt es bei den einschlägigen besonderen Vorschriften.

**Im einzelnen** gehören zu den Kosten im Sinn der §§ 79 bis 81:

2 a) die **unmittelbaren Ausgaben für die Polizei,** d. h. Ausgaben, die durch die Einrichtung und Unterhaltung der Polizeibehörden und Polizeidienststellen entstehen, z. B. Ausgaben für Ausbildung, Bezüge (Gehälter, Vergütungen, Ruhegehälter und sonstige Versorgungsbezüge), Trennungsentschädigungen, Beihilfen, ärztliche Betreuung **(unmittelbare persönliche Ausgaben),** ferner Ausgaben für Mieten, Geschäftsbedürfnisse, Reise- und Umzugskosten, Dienstkraftfahrzeuge, Fernmeldemittel, Bekleidung, Bewaffnung und Ausrüstung **(unmittelbare sächliche Ausgaben);**

3 b) die **mittelbaren Ausgaben für die Polizei,** d. h. Ausgaben, die durch die Tätigkeit der Polizei in der Außenwelt bei der Herstellung polizeimäßiger Zustände etwa auf Grund der unmittelbaren Ausführung einer Maßnahme (§ 8) oder einer Ersatzvornahme (§ 25 LVwVG) entstehen. Solche Ausgaben sind z. B. auch Ausgaben zur Entlohnung vertraglich heran-

## Kosten der allgemeinen Polizeibehörden § 79

gezogener Dritter (Sachverständige, Handwerker), für Entschädigung von Dritten (§§ 9, 41) und Erfüllung von Amtshaftungsansprüchen **(mittelbare persönliche Ausgaben)**, ferner Ausgaben für Ankauf von Lebensmittelproben, Tötung bissiger Hunde, Blutentnahme und Blutuntersuchungen bei trunkenheitsverdächtigen Kraftfahrern, Transport Kranker, Hilfloser und Betrunkener, Abschiebung von Ausländern **(mittelbare sächliche Ausgaben)**.

### § 79
### Kosten für die allgemeinen Polizeibehörden

**(1) Die Kosten für die Ortspolizeibehörden sowie in den Stadtkreisen und in den Großen Kreisstädten für die Kreispolizeibehörden,** *einschließlich der Kosten für die städtischen Polizeidienststellen,* **werden von den Gemeinden getragen. Die Kosten für die Kreispolizeibehörden werden in den Verwaltungsgemeinschaften nach § 14 des Landesverwaltungsgesetzes von diesen getragen.**

**(2) Die Kosten für die übrigen allgemeinen Polizeibehörden werden vom Land getragen.**

**(3) Die Vorschriften über die Kosten für die Beschaffung, Aufstellung und Unterhaltung von Verkehrszeichen, Verkehrseinrichtungen und -anlagen aller Art, die der Sicherheit und Leichtigkeit des Straßenverkehrs dienen, bleiben unberührt.**

### Zu Absatz 1

Abs. 1 regelt die Kosten für die **kommunalen allgemeinen Polizeibehörden.** Eine ins einzelne gehende Berechnung dieser Kosten läßt sich praktisch nicht durchführen, insbesondere weil die polizeibehördlichen Aufgaben in den kleineren und mittleren Gemeinden vielfach von Bediensteten wahrgenommen werden, die daneben mit anderen Dienstaufgaben betraut sind. Im

## § 79 Kosten der allgemeinen Polizeibehörden

Interesse einer einfachen Handhabung ist bestimmt, daß diese Kosten den Gemeinden, den Gemeindeverbänden oder den Verwaltungsgemeinschaften als Trägern der allgemeinen Polizeibehörden zur Last fallen. Die diesen entstehenden Aufwendungen werden durch die Zuweisungen nach dem Finanzausgleichsgesetz abgegolten.

### Zu Absatz 2

2   Nach Abs. 2 werden die Kosten für die **staatlichen allgemeinen Polizeibehörden** (Regierungspräsidien, Ministerien) vom Land getragen. Für die **Landratsämter** als Kreispolizeibehörden gilt die Sondervorschrift des § 52 LKrO über die personelle Ausstattung und den Sachaufwand. Nach § 52 Abs. 2 Satz 1 LKrO trägt der Landkreis die unmittelbaren und mittelbaren sächlichen Kosten des Landratsamts als untere Verwaltungsbehörde. Ausgenommen hiervon sind nach § 52 Abs. 2 Satz 2 LKrO bestimmte mittelbare sächliche Kosten (z. B. Kosten der Ersatzvornahme oder der unmittelbaren Ausführung von Maßnahmen zur Abwehr oder Beseitigung gesetzwidriger Zustände), die das Land zu tragen hat. Die Rechtsprechung über die Kostentragung für Maßnahmen der Landratsämter als Kreispolizeibehörden (vgl. ESVGH 15, 147 und 23, 155) ist durch die Neufassung des früheren § 45 LKrO überholt.

3   Für die **Kosten der besonderen Polizeibehörden** müssen deren Träger aufkommen, soweit nicht durch Gesetz oder Vereinbarung anderes bestimmt ist.

### Zu Absatz 3

4   Zur **Beschaffung, Aufstellung und Unterhaltung der Verkehrszeichen und -einrichtungen** sind nach § 5 b Abs. 1 und 2 StVG grundsätzlich die Träger der Straßenbaulast für diejenige Straße verpflichtet, in deren Verlauf die Verkehrszeichen angebracht werden. Wer jeweils Träger der Straßenbaulast ist, ergibt sich aus § 5 des Bundesfernstraßengesetzes und den §§ 45 und 46 des Straßengesetzes für Baden-Württemberg.

## § 80
### Kosten für die staatlichen Polizeidienststellen

**Die Kosten für die staatlichen Polizeidienststellen werden vom Land getragen.**

Das Land trägt als Träger des Polizeivollzugsdienstes **sämtliche Kosten** der Polizeidienststellen. Zu den vom Land zu tragenden Kosten für die staatlichen Polizeidienststellen gehören 1

a) die **unmittelbaren Kosten** des Polizeivollzugsdienstes, also z. B. die Ausgaben für Dienstbezüge, Dienstgrundstücke, Dienstkraftfahrzeuge, Ausrüstung, Fernmeldegerät und Bewaffnung (vgl. Randnr. 2 zu § 78);

b) die **mittelbaren Kosten** des Polizeivollzugsdienstes, also die durch dessen Tätigkeit in der Außenwelt entstehenden Kosten (vgl. Randnr. 3 zu § 78). Dazu gehören auch die Ausgaben, die durch die Ausführung der Weisungen von Kreis- oder Ortspolizeibehörden (§ 61 Abs. 1, § 62 Abs. 1) entstehen.

Eine **Sonderregelung** gilt für die Bereitschaftspolizei, deren Ausstattungskosten nach einem Verwaltungsabkommen vom Bund getragen werden. 2

## § 81
### Ersatz

**(1) Für die Kosten polizeilicher Maßnahmen kann Ersatz verlangt werden, wenn dies durch Rechtsvorschrift vorgesehen ist.**

**(2) Für die Kosten polizeilicher Maßnahmen bei privaten Veranstaltungen kann von dem Veranstalter Ersatz verlangt werden, soweit sie dadurch entstehen, daß weitere als die im üblichen örtlichen Dienst eingesetzten Polizeibeamten heran-**

gezogen werden müssen. Der Veranstalter ist auf Verlangen der zur Dienstaufsicht über die eingesetzten Polizeibeamten zuständigen Behörde verpflichtet, diese Polizeibeamten gegen Todesfall und Körperschäden zu versichern, die bei der Veranstaltung für sie entstehen können.

(3) Soweit gesetzlich nichts anderes bestimmt ist, kann der Ersatz im Verwaltungszwangsverfahren beigetrieben werden.

Literatur: **Altenmüller,** Schranken gebührenrechtlicher Verordnungsermächtigungen, BWVPr. 1977, 220; **v. Brünneck,** Die Kostenerhebung der Polizei bei Demonstrationen, NVwZ 1984, 273; **Götz,** Kostenrecht der Polizei und Ordnungsverwaltung, DVBl. 1984, 14; **Kilian,** Bad.-Württ. Vollstreckungskostenordnung und Polizeikostenersatz bei Räumung blockierter Straßen, VBlBW 1984, 52; **Kühling,** Kosten für den Einsatz der Polizei, DVBl. 1981, 315.

### Zu Absatz 1

1   Für die Kosten polizeilicher Maßnahmen kann Ersatz verlangt werden, wenn dies **durch Rechtsvorschrift vorgesehen** ist. Dabei kann es sich um **allgemeine gebührenrechtliche Vorschriften** wie das Landesgebührengesetz, das Kommunalabgabengesetz und § 31 LVwVG in Verb. mit der Vollstreckungskostenordnung (Anhang 8) oder um **spezielle polizeikostenrechtliche Vorschriften** wie z. B. § 8 Abs. 2, § 28 Abs. 4, § 43, § 81 Abs. 2 PolG, Nr. 58 des Gebührenverzeichnisses (Anhang 6) und § 44 StrG handeln. Die Auffassung, das LGebG gelte nicht für die Polizei, da § 81 Abs. 1 den Rückgriff auf das allgemeine Gebührenrecht verwehre (so Altenmüller, aaO, S. 221, und Sommer, BWVBl. 1969, 84), ist nicht zutreffend. Das LGebG gilt für alle staatlichen Behörden. Dazu gehören auch die Polizeidienststellen (vgl. Randnr. 1 zu § 56). Hätte das LGebG, das später als das PolG erlassen worden ist, den weiten Bereich der Polizei (allgemeine und besondere Polizeibehörden, Polizeivollzugsdienst) von seinem Geltungsbereich ausnehmen wollen, so hätte es dies ausdrücklich bestimmt.

Kostenersatz **§ 81**

**Zu Absatz 2**

**Verwaltungsvorschriften** zu Abs. 2 enthält der Erlaß des IM zur Durchführung des § 81 Abs. 2 des Polizeigesetzes vom 11. 6. 1976, GABl. S. 1013 (Anhang 7). 2

Nach Abs. 2 kann bei privaten Veranstaltungen **Kostenersatz von dem Veranstalter** verlangt werden. Die Regelung beruht auf der Erwägung, daß derjenige, der durch eine besondere, ganz oder teilweise auf die Erzielung von Gewinn gerichtete oder doch mit Einnahmen verbundene Veranstaltung der Polizei zu einem mit außergewöhnlichen Kosten verbundenen Einsatz Anlaß gibt, diese Kosten billigerweise ganz oder zum Teil zu tragen hat. Das Gesetz folgt also hier dem **Veranlasserprinzip,** nicht dem sonst für das Polizeirecht maßgebenden Störerprinzip. Verfassungsrechtliche Bedenken hiergegen bestehen nicht (vgl. VGH Bad.-Württ., Die Justiz 1979, 412).

**Ersatz** kann nur für diejenigen zusätzlichen Kosten verlangt werden, die durch die Heranziehung weiterer als der im üblichen örtlichen Dienst eingesetzten Polizeibeamten entstehen. Als im örtlichen Dienst eingesetzt gelten in einem Land- oder Stadtkreis die Beamten der dort zuständigen Polizeidienststellen. Die Kosten für Angehörige des Freiwilligen Polizeidienstes fallen nicht unter Absatz 2 (VGH Bad.-Württ., VBlBW 1981, 182, 184), da Abs. 2 auf Polizeibeamte beschränkt ist. Die **Anforderung des Kostenersatzes** obliegt der Behörde oder Polizeidienststelle, der die zu erstattenden Kosten entstanden sind. 3

Als **Kosten** sind die **Mehraufwendungen** anzusehen, die durch die Heranziehung von **auswärtigen Polizeikräften** entstehen, insbesondere z. B. 4

a) die Kosten für die von den auswärtigen Polizeikräften benutzten Kraftfahrzeuge,
b) die Reisekosten und die Mehrarbeitsentschädigung für die auswärtigen Beamten,

## § 81 Kostenersatz

c) die Einsatzabfindung (einschließlich Verpflegungskosten für die Beamten der Bereitschaftspolizei).

Wegen der Kostenberechnung im einzelnen s. VGH Bad.-Württ., aaO. Ersatz kann immer nur für solche Kosten verlangt werden, die mit dem auswärtigen Einsatz in **ursächlichem Zusammenhang** stehen, die also ohne diesen Einsatz nicht entstanden wären.

5 **Versicherung** gegen Todesfall und Körperschäden kann nicht nur für die auswärtigen, sondern für alle eingesetzten Polizeibeamten verlangt werden. Zuständig für die Forderung nach Abschluß der Versicherung ist die zur Dienstaufsicht über die eingesetzten Polizeibeamten zuständige Behörde oder Polizeidienststelle. Die Ansprüche aus der Versicherung stehen nicht den Beamten, sondern dem Land als Dienstherrn zu.

6 Die Entscheidung, ob der Veranstalter zum Ersatz herangezogen wird, steht im **Ermessen** der zuständigen Stelle (VGH Bad.-Württ., aaO, S. 185). Der Veranstalter hat einen Anspruch auf fehlerfreien Ermessensgebrauch unter Beachtung des Gleichbehandlungsgebots des Art. 3 Abs. 1 GG.

7 Die **Pflicht der Polizei,** die zum Schutz der öffentlichen Sicherheit und Ordnung erforderlichen Maßnahmen zu treffen, wird durch § 81 Abs. 2 nicht berührt. Die Polizei kann also ihre Mitwirkung nicht davon abhängig machen, daß sich der Veranstalter zur Leistung von Kostenersatz verpflichtet oder die verlangte Versicherung abschließt, oder die Veranstaltung verbieten, bloß weil ihrem Verlangen nicht entsprochen wird. Vielmehr hat sie nach den allgemeinen Vorschriften, insbesondere nach den §§ 1 und 3, tätig zu werden.

### Zu Absatz 3

8 Die Beitreibung nach dem LVwVG setzt den vorherigen Erlaß eines **Leistungsbescheids** voraus, der die Grundlage der Beitreibung bildet.

## § 82
### Einnahmen

**Sind mit der Tätigkeit der Polizei Einnahmen verbunden, so fließen diese dem Kostenträger zu.**

§ 82 gilt für alle Einnahmen der (allgemeinen und besonderen) **Polizeibehörden** und des **Polizeivollzugsdienstes**. **Einnahmen** i. S. von § 82 sind nicht nur eingenommene Geldbeträge (z. B. Gebühren, Auslagenersatz, Zwangsgelder, Kostenersatz), sondern auch sonstige vermögenswerte Gegenstände, z. B. beschlagnahmte oder sichergestellte Sachen, deren Eigentümer nicht ermittelt werden kann. 1

**Kostenträger** sind für die staatlichen Polizeibehörden und Polizeidienststellen das Land (§ 79 Abs. 2, § 80), für die Ortspolizeibehörden und die Kreispolizeibehörden in den Stadtkreisen und den Großen Kreisstädten die Gemeinden (§ 79 Abs. 1). Die Einnahmen für die Kreispolizeibehörden fließen in den Verwaltungsgemeinschaften nach § 14 LVwG diesen zu (vgl. § 79 Abs. 1 Satz 2). 2

Für **Geldbußen und Verwarnungsgelder** im Sinne des OWiG gilt die Spezialvorschrift des § 2 **LOWiG**. Sie fließen nach § 2 Abs. 1 LOWiG jeweils dem Rechtsträger zu, dessen Behörde, Organ oder Stelle die Geldbuße festgesetzt bzw. das Verwarnungsgeld erhoben hat. Hiernach fließen z. B. die von Beamten des Polizeivollzugsdienstes erhobenen Verwarnungsgelder dem Land, die von gemeindlichen Vollzugsbeamten im Sinne des § 76 erhobenen Verwarnungsgelder den Gemeinden zu. Nach § 2 Abs. 2 LOWiG fließen die von den Landratsämtern als unteren Verwaltungsbehörden festgesetzten Geldbußen und Verwarnungsgelder dem Landkreis zu. 3

## VIERTER TEIL

### Übergangs- und Schlußbestimmungen

#### Vorbemerkung

Die §§ 83–89 enthalten Übergangsvorschriften, die inzwischen **gegenstandslos** geworden sind.

### § 83
*Aufhebung der bisherigen Polizeidirektionen in Freiburg i. Br. und in Baden-Baden*

*(1) Die bisherigen Polizeidirektionen in Freiburg i. Br. und in Baden-Baden werden aufgehoben.*

*(2) Ihre Bediensteten werden in den Dienst der Gemeinden übernommen. Die Vorschrift des § 23 Abs. 1, 3 und 4 des Gesetzes zur Änderung von Vorschriften auf dem Gebiet des allgemeinen Beamten-, des Besoldungs- und des Versorgungsrechts vom 30. Juni 1933 (RGBl. I S. 433) mit den sich aus dem Deutschen Beamtengesetz ergebenden Änderungen ist anzuwenden.*

### § 84
*Übertritt und Übernahme von Bediensteten*

*(1) Die Polizeibeamten der Gemeinden, deren Polizeivollzugsdienst auf das Land übergeht, gelten mit dem Zeitpunkt des Inkrafttretens dieses Gesetzes als zu den ihren bisherigen Dienststellen nach diesem Gesetz entsprechenden Polizeidienststellen abgeordnet. Sie treten unter Beibehaltung ihrer bisherigen Rechtsstellung bis spätestens 30. September 1956 in den Dienst des Landes über; den Zeitpunkt des Übertritts bestimmt das Innenministerium.*

*(2) Absatz 1 gilt nicht für Polizeibeamte, die außerhalb des Rahmens der für das Rechnungsjahr 1955 für die Gemeindepolizeien maßgeblichen Stellenpläne in den Polizeivollzugsdienst übernommen, befördert oder in eine höhere Besoldungsgruppe eingestuft worden sind.*

## Übergangs- und Schlußbestimmungen  § 85

*(3) Im übrigen werden Bedienstete der in Absatz 1 genannten Gemeinden, die bei Inkrafttreten dieses Gesetzes ganz oder überwiegend für Zwecke des Polizeivollzugsdienstes verwendet sind, in den Dienst des Landes übernommen.*

*(4) Die Absätze 1 bis 3 gelten entsprechend für Bedienstete des Staates, soweit der Polizeivollzugsdienst nach diesem Gesetz auf eine Gemeinde übergeht.*

### § 85
#### Versorgung ehemaliger Bediensteter der Polizei

*(1) Die Versorgungsausgaben für die ehemaligen Bediensteten der Polizei sind von dem Dienstherrn zu tragen, der nach diesem Gesetz die polizeilichen Aufgaben wahrnimmt, mit denen der Bedienstete zuletzt überwiegend betraut war. Bei planmäßigen Beamten bestimmen sich die maßgeblichen Aufgaben nach der letzten Planstelle. Bei ehemaligen Bediensteten, die am 8. Mai 1945 bei einer staatlichen Polizeiverwaltung in Baden-Württemberg in einem Dienstverhältnis standen, trägt das Land die Versorgungsausgaben, wenn der Versorgungsfall vor dem 1. April 1949 eingetreten ist.*

*(2) § 63 Abs. 1 Satz 1 des Gesetzes zur Regelung der Rechtsverhältnisse der unter Art. 131 des Grundgesetzes fallenden Personen in der Fassung vom 1. September 1953 (BGBl. I S. 1287) findet hinsichtlich des § 62 Abs. 4 a. a. O. keine Anwendung bei Beamten, die am 8. Mai 1945 einer staatlichen Polizeiverwaltung in Baden-Württemberg angehört haben und vom Land übernommen worden sind.*

*(3) Absatz 2 gilt entsprechend für Beamte, die am 8. Mai 1945 einer auf das Land übergegangenen Polizeidienststelle angehört haben und von einer Gemeinde in Baden-Württemberg übernommen worden sind.*

## § 86

### Vorschriften für Beamte, die nicht in den Dienst des Landes oder einer Gemeinde übertreten

(1) Sofern gemeindliche Beamte, die nicht in den Dienst des Landes übertreten (§ 84 Abs. 2), nicht von der Gemeinde weiterbeschäftigt werden können, erstattet das Land der Gemeinde

a) bei Beamten auf Widerruf die Hälfte des Gehalts bis zu dem Zeitpunkt, auf den die gesetzliche Zahlungspflicht der Gemeinde frühestens beendet werden kann, und die Hälfte des dem Beamten zustehenden Übergangsgeldes und

b) bei Beamten auf Lebenszeit die Hälfte des Wartegeldes, das der Beamte erhalten würde, wenn er bei Inkrafttreten des Gesetzes in den Wartestand versetzt würde, jedoch nicht über den Zeitpunkt hinaus, in dem der Beamte frühestens in den Ruhestand versetzt oder die Gewährung von Wartegeld aus anderen Gründen eingestellt werden kann.

(2) Absatz 1 gilt entsprechend für staatliche Beamte, die nicht in den Dienst einer Gemeinde übertreten (§ 84 Abs. 4).

## § 87

### Vermögensrechtliche Verhältnisse

(1) Das Land tritt vermögensrechtlich in die Rechte und Pflichten der Gemeinden ein, soweit deren Aufgaben auf Grund dieses Gesetzes auf das Land übergehen.

(2) Grundstücke der Gemeinden, die am 1. Januar 1955 ganz oder überwiegend und nicht nur vorübergehend für Zwecke des gemeindlichen Polizeivollzugsdienstes verwendet waren, sind dem Land für die Dauer von 15 Jahren unentgeltlich zum Gebrauch zu überlassen. Das Land ist befugt, die laufende Gebäudeunterhaltung und die mit den Grundstücken verbundenen Steuern und Lasten zu tragen, soweit es die Grundstücke für Zwecke des Polizeivollzugsdienstes benutzt Das Land ist im

## Übergangs- und Schlußbestimmungen §§ 88, 89

Einvernehmen mit der Gemeinde befugt, zweckdienliche Änderungen an den Grundstücken vorzunehmen, soweit deren Wert hierdurch nicht oder nicht erheblich beeinträchtigt wird. Über die Rechtsverhältnisse an den früheren reichseigenen Polizeigrundstücken wird eine besondere Regelung ergehen.

(3) Bewegliche Sachen und Einrichtungen der Gemeinden, die am 1. Januar 1955 ganz oder überwiegend für Zwecke des Polizeivollzugsdienstes verwendet waren, gehen unentgeltlich in das Eigentum des Landes über.

(4) Die Absätze 1 bis 3 gelten entsprechend, soweit Aufgaben, die bisher von staatlichen Stellen wahrgenommen wurden, auf Grund dieses Gesetzes auf eine Gemeinde übergehen.

### § 88

§ 69 Abs. 1 gilt auch für Stadtkreise mit weniger als 75 000 Einwohnern, die bei Verkündung dieses Gesetzes einen städtischen Polizeivollzugsdienst haben.

### § 89

(1) Erstmalige Anträge von Gemeinden auf Einrichtung eines städtischen Polizeivollzugsdienstes sind bis 1. April 1956 zulässig.

(2) Erreicht eine Gemeinde erst nach dem Inkrafttreten dieses Gesetzes eine Einwohnerzahl von mehr als 250 000, so ist der Antrag nach Absatz 1 zulässig bis zum Ablauf einer Frist von sechs Monaten nach der maßgebenden Fortschreibung der Bevölkerungszahl durch das Statistische Landesamt.

(3) Künftige Anträge von Gemeinden auf Einrichtung eines städtischen Polizeivollzugsdienstes sind frühestens zehn Jahre, Anträge auf Übernahme des Polizeivollzugsdienstes auf das

*Land frühestens drei Jahre nach dem 1. April 1956 bzw. nach der letzten Änderung zulässig.*

*(4) In den Fällen der Absätze 2 und 3 finden die §§ 84 bis 87 entsprechende Anwendung.*

## § 90
### (aufgehoben)

**Anmerkung**

Der frühere § 90 (Hafteinrichtungen der Ortspolizeibehörden) wurde durch Art. 3 Nr. 1 des Gesetzes zur Änderung des Gesetzes über den kommunalen Finanzausgleich und anderer Gesetze vom 11. 12. 1979 (GBl. S. 545) mit Wirkung vom 1. 1. 1980 ersatzlos gestrichen. Die Schaffung und Unterhaltung der erforderlichen Hafteinrichtungen ist daher jetzt Sache des Landes als Träger des Polizeivollzugsdienstes. Art. 3 Nr. 2 des genannten Gesetzes enthält eine Übergangsvorschrift, die folgenden Wortlaut hat: „Die Gemeinden sind auf Verlangen des Regierungspräsidiums verpflichtet, dem Land die weitere Benutzung der bisher von den Ortspolizeibehörden unterhaltenen Hafteinrichtungen gegen angemessenes Entgelt bis spätestens 31. Dezember 1989 zu gestatten."

## § 91
### Durchführungsvorschriften

**Das Innenministerium erläßt, soweit erforderlich im Benehmen mit dem fachlich zuständigen Ministerium, die zur Durchführung dieses Gesetzes erforderlichen Verwaltungsvorschriften sowie die Rechtsverordnungen zur Regelung**

1. *(aufgehoben)*

2. **der Durchführung des Gewahrsams (§ 22),**

3. **der Durchführung von Durchsuchungen (§ 25),**

Aufhebung von Rechtsvorschriften § 92

4. der Verwahrung und Notveräußerung sichergestellter und beschlagnahmter Sachen (§ 26 Abs. 3 und § 27 Abs. 2 Satz 3),

5. des Verfahrens bei der Durchführung erkennungsdienstlicher Maßnahmen (§ 30),

6. *(aufgehoben)*

7. *(aufgehoben)*

8. der Aufgaben der gemeindlichen Vollzugsbeamten (§ 76),

9. der Durchführung des § 77 Abs. 1.

Die Erste Verordnung des Innenministeriums zur Durchführung des Polizeigesetzes (**1. DVO PolG,** Anhang 1) enthält die Regelungen zu den in Nrn. 2 bis 5, 8 und 9 aufgeführten Bestimmungen des Polizeigesetzes. Zu Nr. 5 ist der Erlaß des Innenministeriums über erkennungsdienstliche Maßnahmen und über die Anwendung unmittelbaren Zwangs (**UZwErl.,** Anhang 4) ergangen.

Nr. 1 (Form der amtlichen Bekanntmachung von Polizeiverordnungen) ist durch § 17 Nr. 2 des Verkündungsgesetzes vom 11. 4. 1983 (GBl. S. 131) aufgehoben worden. Nrn. 6 und 7 (Erteilung von Verwarnungen und Durchführung unmittelbaren Zwanges) sind durch Art. 7 Nr. 2 des Gesetzes vom 18. 7. 1983 (GBl. S. 369) aufgehoben worden.

§ 92
Aufhebung von Rechtsvorschriften

(1) Vorschriften, die diesem Gesetz entsprechen oder widersprechen, werden in ihrem jeweiligen Geltungsbereich innerhalb des Landes Baden-Württemberg aufgehoben. Insbesondere werden aufgehoben

1. die §§ 22 bis 30 des Polizeistrafgesetzbuchs für Baden vom 31. Oktober 1863 (RegBl. S. 439),

§ 92 Aufhebung von Rechtsvorschriften

2. die Art. 50 a bis 56 des württ. Gesetzes, betreffend Änderungen des Polizeistrafrechts bei Einführung des Strafgesetzbuches für das Deutsche Reich, vom 27. Dezember 1871 (RegBl. S. 391) in der Fassung des Gesetzes, betreffend Änderungen des Polizeistrafrechts, vom 12. August 1919 (RegBl. S. 222), des Art. 17 Nr. 3 und 4 des Württ. Polizeiverwaltungsgesetzes in dessen Fassung vom 24. August 1927 (RegBl. S. 269) und des Art. 16 der Dritten Notverordnung des Württ. Staatsministeriums zur Sicherung der Haushalte von Staat und Gemeinden vom 4. Dezember 1931 (RegBl. S. 431),

3. Art. 9 Abs. 3 des württ. Gesetzes, betreffend Änderungen des Landespolizeistrafgesetzes vom 27. Dezember 1871 und das Verfahren bei Erlassung polizeilicher Strafverfügungen (Polizeistrafverfügungsgesetz), vom 12. August 1879 (RegBl. S. 153) in der Fassung von Art. 1 des Gesetzes zur Einführung der gebührenpflichtigen polizeilichen Verwarnung vom 1. Juli 1936 (RegBl. S. 63),

4. das badische Gesetz über die Polizeiverwaltung, das Polizeistrafgesetzbuch und das Polizeistrafverfahren (Polizeigesetz) vom 31. Januar 1923 (GVBl. S. 29) in der Fassung des Gesetzes zur Änderung des Polizeigesetzes vom 28. Juli 1925 (GVBl. S. 189), des Art. III des badischen Polizeibeamtengesetzes vom 12. Juli 1927 (GVBl. S. 141), des Art. 4 der Dritten Haushaltsnotverordnung vom 25. August 1932 (GVBl. S. 193) und des Gesetzes zur Änderung des Polizeigesetzes vom 29. Januar 1934 (GVBl. S. 18),

5. das preußische Polizeiverwaltungsgesetz vom 1. Juni 1931 (Ges.-Sammlung S. 77),

6. das Reichspolizeikostengesetz vom 29. April 1940 (RGBl. I S. 688) nebst Durchführungsverordnung vom 23. September 1940 (RGBl. I S. 1260),

7. die Rechtsanordnung über die Einrichtung einer Landespolizei in dem französisch besetzten Gebiet Württembergs und Hohenzollerns vom 18. Januar 1946 (Amtsbl. des Staatssekretariats S. 2),
8. das württ.-bad. Gesetz Nr. 23 über die Neuordnung des Polizeiverordnungsrechts vom 7. Februar 1946 (RegBl. S. 40) in der Fassung des württ.-bad. Gesetzes Nr. 3020 zur Ergänzung des Gesetzes Nr. 23 über die Neuordnung des Polizeiverordnungsrechts vom 2. August 1951 (RegBl. S. 63).

(2) Rechtsvorschriften, in denen Zuständigkeiten zu polizeilichen Einzelanordnungen begründet sind, gelten weiter, bis auf Grund dieses Gesetzes entsprechende Vorschriften erlassen sind.

Die in Abs. 1 Nr. 1 bis 3 genannten Gesetze sind durch das Gesetz zur Ablösung des Polizeistrafrechts vom 2. Juli 1974 (GBl. S. 210) auch im übrigen aufgehoben worden.

## § 93
### Außerkrafttreten von Polizeiverordnungen

(1) Für Polizeiverordnungen, die vor Inkrafttreten dieses Gesetzes erlassen worden sind, gilt § 18 Abs. 1 mit der Maßgabe, daß sie nicht vor dem 1. Januar 1958 außer Kraft treten.

(2) Den obersten Landespolizeibehörden stehen bei Anwendung des § 18 Abs. 2 Behörden, die vor Bildung des Landes Baden-Württemberg Aufgaben oberster Landesbehörden wahrgenommen haben, und die Landesbezirksverwaltung Baden gleich.

## § 94
### *Beschlagnahme von Räumen*

*Für die Geltungsdauer des Wohnraumbewirtschaftungsgesetzes vom 31. März 1953 (BGBl. I S. 97) ist zur Unterbringung obdachloser Personen in beschlagnahmten Räumen eine angemessene Überschreitung der Frist des § 27 Abs. 3 Satz 3 zulässig, soweit und solange die Ortspolizeibehörde nach Prüfung der örtlichen Wohnungslage und der Verhältnisse der Beteiligten eine wiederholte Einweisung in den beschlagnahmten Wohnraum für unvermeidlich hält.*

Die Vorschrift ist **gegenstandslos,** da das Wohnraumbewirtschaftungsgesetz nicht mehr in Geltung ist. Die Frist des § 27 Abs. 3 Satz 3 darf deshalb **nicht mehr überschritten werden** (vgl. Nr. 4.3.2.3 der Bekanntmachung des Ministeriums für Arbeit, Gesundheit und Sozialordnung über Empfehlungen für das Obdachlosenwesen vom 10. Juni 1976, GABl. S. 1042).

## § 95

### Inkrafttreten

**Dieses Gesetz tritt am 1. April 1956 in Kraft mit Ausnahme von § 37 Abs. 2, § 57, § 74 Abs. 1 und § 91, die mit der Verkündigung dieses Gesetzes in Kraft treten.**

Diese Bestimmung bezieht sich auf das Polizeigesetz in seiner ersten Fassung vom 21. November 1955 (GBl. S. 249). Die späteren Änderungen sind nach Maßgabe der Änderungsgesetze in Kraft getreten.

# *Anhang*

## Vorbemerkung zu Anhang 1 und 2

Zum PolG sind bisher insgesamt 15 Durchführungsverordnungen erlassen worden (zuletzt die Verordnung vom 27. 3. 1981, GBl. S. 238). Bei diesen Verordnungen handelt es sich fast durchweg um Änderungsverordnungen zur 1. und zur 2. DVO. Lediglich die 3. und die 5. DVO hatten selbständige Bedeutung. Die 3. DVO enthielt nur Übergangsvorschriften. Sie ist durch § 1 der 1. Rechtsbereinigungsverordnung vom 4. 3. 1980 (GBl. S. 137) aufgehoben worden, da sie nicht in der Anlage zu dieser Verordnung aufgeführt ist (vgl. Nr. 2050). Die 5. DVO ist durch die 7. DVO vom 8. 10. 1968 (GBl. S. 437) aufgehoben worden. Deshalb gelten gegenwärtig nur die 1. DVO PolG und die 2. DVO PolG in der nachstehenden Fassung.

# 1

## Erste Verordnung des Innenministeriums zur Durchführung des Polizeigesetzes (1. DVO PolG)

in der Fassung vom 13. Mai 1969 (GBl. S. 94), geändert durch Verordnungen vom 12. Mai 1977 (GBl. S. 165), vom 9. Juni 1978 (GBl. S. 344) und vom 6. Dezember 1979 (GBl. 1980 S. 25) sowie durch Gesetz vom 11. April 1983 (GBl. S. 131)

Auf Grund von § 91 des Polizeigesetzes (PolG) in der Fassung der Bekanntmachung vom 16. Januar 1968 (GBl. S. 61) wird im Benehmen mit dem Justizministerium, dem Finanzministerium und dem Wirtschaftsministerium verordnet:

§ 1
*(aufgehoben)*

**Anmerkung**

Der frühere § 1 (Bekanntmachung von Polizeiverordnungen) ist durch § 7 Nr. 11 des Verkündungsgesetzes vom 11. 4. 1983 (GBl. S. 131) aufgehoben worden. Polizeiverordnungen sind jetzt wie sonstige Rechtsverordnungen nach Maßgabe des Verkündungsgesetzes zu verkünden. Rechtsverordnungen der Ministerien und der Regierungspräsidien werden nach § 2 VerkG im Gesetzblatt verkündet, Rechtsverordnungen der Gemeinden und der Landratsämter nach §§ 5 und 6 VerkG in der für Satzungen der Gemeinden bzw. Landkreise bestimmten Form. Für Pläne, Karten und andere zeichnerische Darstellungen, die Bestandteile einer Rechtsverordnung sind, läßt § 3

VerkG die Ersatzverkündung durch öffentliche Anlegung zu. Die Notverkündung ist in § 4 VerkG geregelt. Zum neuen Verkündungsgesetz vgl. Belz, VBlBW 1983, 393.

## § 2
### Durchführung des Gewahrsams

(1) Der in Gewahrsam Genommene soll von anderen festgehaltenen Personen, insbesondere Untersuchungs- und Strafgefangenen getrennt verwahrt werden. Männer und Frauen sind getrennt unterzubringen; Geisteskranke und Personen, die an einer ansteckenden Krankheit leiden oder Krankheitskeime ausscheiden, sowie Jugendliche und Erwachsene sollen gesondert untergebracht werden.

(2) Dem in Gewahrsam Genommenen ist unverzüglich Gelegenheit zu geben, einen Angehörigen oder eine Person seines Vertrauens zu benachrichtigen, wenn der Zweck des Gewahrsams dadurch nicht gefährdet wird. Außerdem ist ihm Gelegenheit zur Beiziehung eines Bevollmächtigten zu geben.

(3) Dem in Gewahrsam Genommenen dürfen nur Beschränkungen auferlegt werden, die zur Sicherung des Zwecks des Gewahrsams oder zur Aufrechterhaltung der Ordnung im Gewahrsam erforderlich sind.

## § 3
### Durchführung von Durchsuchungen

(1) Über die Durchsuchung ist eine Niederschrift aufzunehmen. Sie muß enthalten:

1. die Angabe von Grund, Zeit und Ort der Durchsuchung,

2. die Bezeichnung der Polizeibehörde oder der Polizeidienststelle, welche die Durchsuchung veranlaßt hat,

3. die Angabe der bei der Durchsuchung anwesenden Polizeibeamten und der sonst anwesenden Personen,

4. die Bezeichnung der anläßlich der Durchsuchung sichergestellten oder beschlagnahmten Sachen,

5. die Bestätigung, daß dem Wohnungsinhaber oder seinem Vertreter der Grund der Durchsuchung und die gegen sie zulässigen Rechtsbehelfe bekanntgemacht worden sind, und die Angabe eines etwa gegen die Durchsuchung eingelegten Rechtsbehelfs.

Die Niederschrift ist von den beteiligten Polizeibeamten und von dem Wohnungsinhaber oder seinem Vertreter zu unterzeichnen. Verweigert der Wohnungsinhaber oder sein Vertreter die Unterschrift, so ist hierüber ein Vermerk in die Niederschrift aufzunehmen.

(2) Dem Wohnungsinhaber oder seinem Vertreter ist auf Verlangen eine Abschrift der Niederschrift auszuhändigen.

§ 4
### Verwahrung und Notveräußerung sichergestellter und beschlagnahmter Sachen

(1) Sichergestellte Sachen sind so zu verwahren, daß sie der Einwirkung Unbefugter entzogen sind; Wertminderungen ist nach Möglichkeit vorzubeugen. Ist eine amtliche Verwahrung nicht möglich oder nicht zweckmäßig, so ist die sichergestellte Sache einem Dritten zur Verwahrung zu übergeben. Macht die Polizei zum Zweck der Verwahrung Aufwendungen, so ist der Eigentümer oder der rechtmäßige Inhaber der tatsächlichen Gewalt zum Ersatz verpflichtet.

(2) Sichergestellte Sachen können verwertet werden, wenn ihr Verderb oder eine wesentliche Minderung ihres Wertes droht oder ihre Aufbewahrung, Pflege oder Erhaltung mit unverhältnismäßigen Kosten oder Schwierigkeiten verbunden ist. Für die Verwertung gilt § 28 Abs. 2 und 4 PolG entsprechend. Ist der Eigentümer oder der rechtmäßige Inhaber der tatsächlichen Gewalt bekannt und erreichbar, so soll er vor der Veräußerung gehört werden.

(3) Die Absätze 1 und 2 gelten entsprechend für beschlagnahmte Sachen.

## § 5
### Erkennungsdienstliche Maßnahmen

(1) Bei erkennungsdienstlichen Maßnahmen ist die Würde der Person zu achten.

(2) Als erkennungsdienstliche Maßnahmen sind zulässig:
1. Abnahme von Finger- und Handflächenabdrücken;
2. Aufnahme von Lichtbildern einschließlich Filmen;
3. Feststellung äußerlicher körperlicher Merkmale;
4. Messungen und ähnliche Maßnahmen.

## § 6
### Aufgaben der gemeindlichen Vollzugsbeamten

(1) Sind gemeindliche Vollzugsbeamte bestellt, kann ihnen die Ortspolizeibehörde polizeiliche Vollzugsaufgaben übertragen
1. beim Vollzug von Satzungen, Orts- und Kreispolizeiverordnungen,
2. beim Vollzug der Vorschriften über den Schutz der Sonn- und Feiertage,
3. beim Vollzug der Vorschriften über das Ausweis- und Meldewesen,

4. auf dem Gebiet des Gesundheitsschutzes,
5. beim Vollzug der Vorschriften über die Beseitigung von Abfällen,
6. auf dem Gebiet des Brandschutzes,
7. beim Vollzug der Vorschriften über die Zulässigkeit von Anschlägen und sonstigen Werbeanlagen,
8. beim Vollzug der Vorschriften zum Schutz der Jugend in der Öffentlichkeit,
9. auf dem Gebiet des Sammlungswesens,
10. beim Schutz öffentlicher Grünanlagen, Erholungseinrichtungen, Kinderspielplätze und anderer dem öffentlichen Nutzen dienenden Anlagen, Einrichtungen und Gegenstände gegen Beschädigung, Verunreinigung und mißbräuchliche Benutzung,
11. beim Vollzug der Vorschriften über unzulässigen Lärm, Belästigung der Allgemeinheit, Halten gefährlicher Tiere (§§ 117, 118 und 121 des Gesetzes über Ordnungswidrigkeiten), Verhütung von Unfällen und unbefugtes Parken auf Privatgrundstücken (§§ 9 und 12 des Landesgesetzes über Ordnungswidrigkeiten),
12. beim Vollzug der Vorschriften über das Reisegewerbe und das Marktwesen,
13. beim Vollzug der Vorschriften über die Sperrzeit und den Ladenschluß,
14. beim Vollzug der Vorschriften über den Schutz der Gewässer und über Gemeingebrauch und Sondernutzungen an Gewässern,
15. bei der Bekämpfung tierischer und pflanzlicher Schädlinge,
16. beim Vollzug der Vorschriften über den Feldschutz und die Pflicht zur Bewirtschaftung und Pflege von Grundstücken,
17. beim Vollzug der Vorschriften über den Schutz öffentlicher Straßen, über Sondernutzungen an öffentlichen Straßen und über das Reinigen, Räumen und Bestreuen öffentlicher Straßen,
18. bei der Überwachung des ruhenden Straßenverkehrs.

Die Zuständigkeit des Polizeivollzugsdienstes bleibt unberührt.

(2) Mit Zustimmung des Regierungspräsidiums kann die Ortspolizeibehörde den gemeindlichen Vollzugsbeamten weitere polizeiliche Vollzugsaufgaben übertragen.

### § 7
### Öffentliche Bekanntmachung

Die Ortspolizeibehörde macht die Übertragung von polizeilichen Vollzugsaufgaben nach § 6 und deren Widerruf öffentlich bekannt.

### § 8
### Hilfsbeamte der Staatsanwaltschaft

Die Angehörigen des Bundesbahnfahndungsdienstes haben die Stellung von Polizeibeamten im Sinne des Polizeigesetzes.

### § 9
### aufgehoben

### § 10
### Außerkrafttreten von Vorschriften

Es treten außer Kraft
1. die Verfügung des württ. Ministeriums des Innern, betreffend die Verkündigung orts- und bezirkspolizeilicher Vorschriften, vom 9. Januar 1872 (RegBl. S. 16),
2. die Vollzugsverordnung des badischen Ministeriums des Innern, die Verkündigung der bezirks- und ortspolizeilichen Vorschriften betreffend, vom 15. September 1864 (RegBl. S. 633) in der Fassung der Verordnung vom 23. Juli 1919 (GVBl. S. 420).

### § 11*
### Inkrafttreten

Diese Verordnung tritt am 1. April 1956 in Kraft.

---

\* Die Vorschrift betrifft das Inkrafttreten der Verordnung in ihrer ursprünglichen Fassung vom 27. März 1956 (GBl. S. 79). Das Inkrafttreten der Änderungen ist aus den einzelnen Änderungsverordnungen ersichtlich.

## 2

## Zweite Verordnung des Innenministeriums zur Durchführung des Polizeigesetzes (2. DVO PolG)

in der Fassung vom 8. Oktober 1968 (GBl. S. 440), geändert durch Verordnungen vom 17. Dezember 1971 (GBl. 1972 S. 24), vom 27. Dezember 1972 (GBl. S. 642), vom 12. Mai 1977 (GBl. S. 165), vom 15. Juni 1979 (GBl. S. 260) und vom 27. März 1981 (GBl. S. 238)

Auf Grund von § 57 Abs. 1 und § 74 Abs. 1 des Polizeigesetzes in der Fassung der Bekanntmachung vom 16. Januar 1968 (GBl. S. 61) wird verordnet:

### ERSTER TEIL
#### Allgemeines
##### § 1
#### Zusammenarbeit der Polizeidienststellen

(1) Die Polizeidienststellen sind zur Zusammenarbeit und zur gegenseitigen Unterstützung verpflichtet. Sie haben sich gegenseitig von allen sachdienlichen Wahrnehmungen zu unterrichten.

(2) Erscheint bei Gefahr im Verzug ein rechtzeitiges Tätigwerden der sachlich zuständigen Polizeidienststelle nicht erreichbar, so kann jede andere Polizeidienststelle die erforderlichen Maßnahmen treffen. Die zuständige Polizeidienststelle ist unverzüglich zu unterrrichten.

##### § 2
#### Befugnisse der Staatsanwaltschaft

Die der Staatsanwaltschaft im Rahmen der Strafverfolgung zustehenden Befugnisse, insbesondere ihr Recht, die Ermittlung zu leiten und ihren Hilfsbeamten Weisungen zu erteilen, werden durch die nachfolgenden Bestimmungen nicht berührt.

## ZWEITER TEIL

## Aufgaben und Gliederung der Polizeidienststellen

1. Abschnitt

**Landeskriminalamt**

### § 3
### Allgemeines

(1) Dem Landeskriminalamt obliegt die fachliche Leitung und Beaufsichtigung der polizeilichen Verbrechensbekämpfung. Es hat auf die planmäßige Zusammenarbeit aller Polizeidienststellen bei der vorbeugenden Verbrechensbekämpfung und der Strafverfolgung hinzuwirken.

(2) Das Landeskriminalamt kann die zur Durchführung seiner Aufgaben erforderlichen fachlichen Weisungen erteilen. Allgemeine Weisungen grundsätzlicher Art bedürfen der Zustimmung des Innenministeriums.

### § 4
### Einzelne Aufgaben

Das Landeskriminalamt hat insbesondere

1. Nachrichten und Unterlagen für die vorbeugende Verbrechensbekämpfung und die Strafverfolgung zu sammeln und auszuwerten, die Polizeidienststellen über die Ergebnisse der Auswertung und über Zusammenhänge von Straftaten zu unterrichten,
2. ein polizeiliches Informations- und Auskunftssystem zu betreiben,
3. praxisbezogene Forschung in besonderen Bereichen der polizeilichen Verbrechensbekämpfung zu betreiben,

## 2. DVO PolG  Anhang 2

4. kriminaltechnische, kriminalwissenschaftliche und erkennungsdienstliche Einrichtungen zu unterhalten, Untersuchungen durchzuführen und Gutachten zu erstatten,
5. ein Landeskriminalblatt herauszugeben,
6. eine Vorschriftensammlung für die polizeiliche Verbrechensbekämpfung herauszugeben,
7. eine Kriminalstatistik zu führen,
8. Personenfeststellungsverfahren durchzuführen, soweit seine Einrichtungen hierzu erforderlich sind oder die Mitwirkung des Bundeskriminalamtes, eines anderen Landeskriminalamtes oder einer ausländischen Polizeidienststelle erforderlich ist,
9. einheitliche Formulare für die polizeiliche Verbrechensbekämpfung zu entwickeln und ihre Verwendung bei den Polizeidienststellen zu regeln,
10. spezialfachliche Fortbildung für die in der polizeilichen Verbrechensbekämpfung tätigen Beamten zu betreiben,
11. Nachrichten über Vermißte und unbekannte Tote zu sammeln und auszuwerten,
12. über Mittel und Maßnahmen zum Schutz vor Straftätern zu beraten,
13. die nach dem Atomgesetz zuständigen Genehmigungs- und Aufsichtsbehörden sowie die Betreiber kerntechnischer Anlagen und die Beförderer von Kernbrennstoffen hinsichtlich der erforderlichen technischen Schutzmaßnahmen gegen Störmaßnahmen und sonstige Einwirkungen Dritter zu beraten,
14. den Rechtshilfeverkehr mit dem Ausland für die Polizeidienststellen des Landes abzuwickeln,
15. dem Bundeskriminalamt die zur Erfüllung seiner Aufgaben erforderlichen Nachrichten und Unterlagen zu übermitteln,
16. weiträumige Fahndungsmaßnahmen zu steuern.

## § 5
## Verfolgungszuständigkeit

(1) Das Landeskriminalamt ist zuständig für die polizeilichen Aufgaben auf dem Gebiet der Strafverfolgung in den Fällen
1. des Friedensverrats, des Hochverrats, der Gefährdung des demokratischen Rechtsstaates, des Landesverrates und der Gefährdung der äußeren Sicherheit (§§ 80 bis 101 a des Strafgesetzbuches, Artikel 7 des Vierten Strafrechtsänderungsgesetzes),
2. der Bildung terroristischer Vereinigungen (§ 129 a des Strafgesetzbuches) und der damit zusammenhängenden, in § 129 a Abs. 1 Nr. 1 bis 3 des Strafgesetzbuches genannten Straftaten,
3. der unbefugten Gewinnung, Herstellung und Verarbeitung von Betäubungsmitteln sowie des überörtlichen unbefugten Handels mit Betäubungsmitteln,
4. der Geld- und Wertzeichenfälschung (§§ 146 und 148 bis 152 des Strafgesetzbuches) und des überörtlichen Inverkehrbringens von Falschgeld (§ 147 des Strafgesetzbuches),
5. der Kernenergie-, Explosions- und Strahlungsverbrechen (§§ 310 b, 311, 311 a, 311 b, 311 d, 311 e des Strafgesetzbuches), der Straftaten gegen die Umwelt im Zusammenhang mit radioaktiven Stoffen oder ionisierenden Strahlen (§§ 326, 327, 328, 330, 330 a des Strafgesetzbuches) und der Straftaten nach § 40 des Sprengstoffgesetzes und § 16 des Gesetzes über die Kontrolle von Kriegswaffen,
6. des überörtlichen unbefugten Handels mit Schußwaffen und Munition, wenn weitreichende Ermittlungen erforderlich sind.

(2) Das Landeskriminalamt kann seine Zuständigkeit nach Absatz 1 im Einzelfall einer anderen Polizeidienststelle übertragen, soweit eine wirksame Strafverfolgung sichergestellt ist. Das Landeskriminalamt unterrichtet die zuständige Landespolizeidirektion von der Übertragung.

## 2. DVO PolG                                    Anhang 2

(3) Andere Straftaten und Ordnungswidrigkeiten verfolgt das Landeskriminalamt, wenn
1. dies im Einzelfall vom Innenministerium angeordnet wird oder
2. das Bundeskriminalamt gemäß § 7 des Gesetzes über die Einrichtung eines Bundeskriminalpolizeiamtes (Bundeskriminalamtes) dem Land die polizeilichen Aufgaben auf dem Gebiet der Strafverfolgung zuweist und das Innenministerium keine andere Polizeidienststelle für zuständig erklärt.

(4) Das Landeskriminalamt kann die Verfolgung von Straftaten und Ordnungswidrigkeiten übernehmen, wenn

1. zur Aufnahme und Sicherung des Tatbestandes die Verwendung besonderer technischer Hilfsmittel erforderlich ist,
2. die Durchführung weitreichender Ermittlungen in Betracht kommt, insbesondere weil Zusammenhänge mit Straftaten oder Ordnungswidrigkeiten, die in Bezirken verschiedener Polizeidienststellen begangen wurden, erkennbar sind und die einheitliche Verfolgung zweckmäßig erscheint,
3. es sich um Straftaten oder Ordnungswidrigkeiten auf besonderen Sachgebieten handelt, zu deren Bearbeitung die Kenntnis und Verwertung von Nachrichten, die in den Sammlungen des Landeskriminalamtes enthalten sind, oder besondere Erfahrungen oder Kenntnisse erforderlich sind,
4. sie im Zusammenhang mit einer der in Absatz 1 genannten Straftaten stehen oder
5. eine Landespolizeidirektion oder die Wasserschutzpolizeidirektion darum nachsucht.

Das Landeskriminalamt unterrichtet unverzüglich die zuständige Polizeidienststelle und die Landespolizeidirektion von der Übernahme.

(5) Das Landeskriminalamt wirkt bei der Ermittlung, Verhinderung und Unterbindung von Handlungen mit, die auf Grund Verfassungsrechts verboten sind.

### § 6
### Zusammenarbeit des Landeskriminalamts mit anderen Polizeidienststellen

(1) Die Polizeidienststellen übermitteln dem Landeskriminalamt alle zur Erfüllung seiner Aufgaben erforderlichen Nachrichten und Unterlagen. Sie unterrichten das Landeskriminalamt insbesondere unverzüglich von allen Fällen, in denen es nach § 5 zur Verfolgung zuständig ist oder die Verfolgung übernehmen kann oder in denen eine Zuweisung nach Absatz 2 in Betracht kommt.

(2) Das Landeskriminalamt kann die polizeiliche Verfolgung einer Straftat oder mehrerer zusammenhängender Straftaten einer Polizeidienststelle zuweisen, in deren Bezirk ein Gerichtsstand begründet ist, wenn Polizeidienststellen in den Dienstbezirken mehrerer Landespolizeidirektionen zuständig sind und die einheitliche Strafverfolgung zweckmäßig erscheint. Das Landeskriminalamt unterrichtet unverzüglich die zuständigen Polizeidienststellen und die beteiligten Landespolizeidirektionen von der Zuweisung.

(3) Die örtlich zuständigen Polizeidienststellen haben den Ermittlungsersuchen des Landeskriminalamts zu entsprechen und dessen Beamten die erforderliche Unterstützung zu gewähren.

(4) Die Beamten des Landeskriminalamts sollen zu ihren Ermittlungen Beamte der örtlich zuständigen Polizeidienststellen hinzuziehen.

### § 7
### Weisungsbefugnis der Staatsanwaltschaft

(1) Die Staatsanwaltschaft kann das Landeskriminalamt ersuchen, die Verfolgung einzelner Straftaten zu übernehmen oder an andere Polizeidienststellen abzugeben.

(2) Hat die Staatsanwaltschaft dem Landeskriminalamt die Verfolgung einer Straftat übertragen, so kann das Landeskriminalamt die Verfolgung dieser Tat nur mit Zustimmung der Staatsanwaltschaft einer anderen Polizeidienststelle übertragen.

2. Abschnitt

**Bereitschaftspolizei**

### § 8
### Allgemeines

Die Bereitschaftspolizei dient der Ausbildung des Ersatzes für den polizeilichen Einzeldienst. Sie hat die Polizeikräfte des Einzeldienstes bei Bedrohung oder Störung der öffentlichen Sicherheit oder Ordnung zu unterstützen; sie hat insbesondere bei der Hilfe bei Naturkatastrophen und besonders schweren Unglücksfällen und bei der Abwehr drohender Gefahren für den Bestand oder die freiheitliche demokratische Grundordnung des Bundes oder eines Landes nach Maßgabe des Art. 35 Abs. 2 Satz 2 und Abs. 3 und des Art. 91 des Grundgesetzes mitzuwirken.

### § 9
### Gliederung

Die Bereitschaftspolizei ist in die Bereitschaftspolizeidirektion, Abteilungen und Hundertschaften gegliedert.

### § 10
### Aufgaben der Bereitschaftspolizeidirektion

Die Bereitschaftspolizeidirektion leitet die Bereitschaftspolizei, insbesondere deren Ausbildung und Einsatz.

## § 11
### Einsatz

(1) Einheiten der Bereitschaftspolizei dürfen nur eingesetzt werden
a) vom Innenministerium,
b) von den Regierungspräsidien, in deren Bereich sich ihre Dienstorte befinden, wenn Gefahr im Verzug und eine Weisung des Innenministeriums nicht rechtzeitig zu erlangen ist,
c) von ihren Vorgesetzten, wenn bei Katastrophen, Unglücksfällen oder sonstigen Gefahren größeren Ausmaßes ein sofortiger Einsatz notwendig ist.

(2) Im Einsatz führen die Einheiten der Bereitschaftspolizei ihre Aufgaben im Rahmen der ihnen erteilten Aufträge nur nach den Weisungen ihrer Vorgesetzten durch. Dies gilt auch, soweit Einheiten der Bereitschaftspolizei neben anderen Kräften eingesetzt sind.

(3) Einzelne Beamte der Bereitschaftspolizei kann nur das Innenministerium anderen Polizeidienststellen zur Wahrnehmung bestimmter Aufgaben unterstellen.

(4) Der Einsatz außerhalb des Landes regelt sich nach Art. 35 Abs. 2 Satz 2 und Abs. 3 und Art. 91 des Grundgesetzes.

### 3. Abschnitt

**Wasserschutzpolizei**

## § 12
### Allgemeines

Der Wasserschutzpolizei obliegen die polizeilichen Vollzugsaufgaben auf den schiffbaren Wasserstraßen und den sonstigen schiffbaren Gewässern einschließlich der Nebenanlagen, der Häfen und der Werftanlagen, soweit hierfür nicht andere Stellen zuständig sind.

## § 13
### Gliederung

Die Wasserschutzpolizei ist in die Wasserschutzpolizeidirektion, Abschnitte, Reviere und Stationen gegliedert.

## § 14
### Aufgaben der Wasserschutzpolizeidirektion

Die Wasserschutzpolizeidirektion führt die Dienstaufsicht über die Wasserschutzpolizei. Sie leitet deren Einsatz, regelt Art und Weise der Durchführung der Vollzugsmaßnahmen, Ausbildung und inneren Dienstbetrieb und wirkt auf eine sachdienliche Zusammenarbeit der Dienststellen der Wasserschutzpolizei mit anderen Polizeidienststellen, den allgemeinen Verwaltungsbehörden, den Wasser- und Schiffahrtsbehörden sowie dem Grenzschutzeinzeldienst und den Grenzaufsichtsstellen der Bundesfinanzbehörden hin.

## § 15
### Aufgaben der Abschnitte, Reviere und Stationen

(1) Die Abschnitte führen die Dienstaufsicht über die ihnen nachgeordneten Reviere und Stationen; sie leiten deren Einsatz.

(2) Die Reviere führen die Dienstaufsicht über die ihnen nachgeordneten Stationen; sie leiten deren Einsatz.

(3) Den Revieren und Stationen obliegt der örtliche wasserschutzpolizeiliche Vollzugsdienst.

### 4. Abschnitt

**Landespolizei**

## § 16
### Allgemeines

Der Landespolizei obliegen die polizeilichen Vollzugsaufgaben des Einzeldienstes, soweit nicht das Landeskriminalamt oder die Wasserschutzpolizei zuständig ist.

## § 17 *
### Gliederung

(1) Die Landespolizei ist in die Landespolizeidirektionen und die ihnen nachgeordneten Dienststellen der Schutzpolizei und der Kriminalpolizei gegliedert.

(2) Die den Landespolizeidirektionen Stuttgart I, Karlsruhe, Freiburg und Tübingen unmittelbar nachgeordneten Dienststellen sind in Polizeidirektionen – bei der Landespolizeidirektion Karlsruhe in Polizeipräsidien und Polizeidirektionen –, in *Polizeikommissariate,* Autobahnpolizeidirektionen, *Verkehrskommissariate,* Verkehrspolizeiinspektionen und *Kriminalkommissariate* gegliedert. Die der Landespolizeidirektion Stuttgart II unmittelbar nachgeordneten Dienststellen sind in Schutzpolizeiinspektionen, Kriminalpolizeiinspektionen und eine Verkehrspolizeiinspektion gegliedert.

(3) Den Polizeipräsidien und den Polizeidirektionen sind als Dienststellen der Schutzpolizei Polizeireviere und Polizeiposten nachgeordnet. Als Dienststellen der Kriminalpolizei können Kriminalaußenstellen gebildet werden.

(4) Den *Polizeikommissariaten* und Schutzpolizeiinspektionen sind Polizeireviere und Polizeiposten nachgeordnet. Den Autobahnpolizeidirektionen, *Verkehrskommissariaten* und Verkehrspolizeiinspektionen sind, mit Ausnahme der Verkehrspolizeiinspektion der Landespolizeidirektion Stuttgart II, Verkehrszüge und Technische Züge nachgeordnet. Bei den *Kriminalkommissariaten* und Kriminalpolizeiinspektionen können Kriminalaußenstellen gebildet werden.

## § 18
### Aufgaben der Landespolizeidirektionen

(1) Die Landespolizeidirektionen führen die Dienstaufsicht über die ihnen nachgeordneten Polizeidienststellen. Im Rah-

---

*) Polizei-, Kriminal- und Verkehrskommissariate bestehen nicht mehr. Sie sind in die Polizeidirektionen integriert bzw. in Autobahnpolizeidirektion oder Verkehrspolizeiinspektion umbenannt worden.

men dieser Dienstaufsicht können sie in besonderen Fällen die Leitung von Einsätzen selbst übernehmen, Einsatzleiter bestimmen und Weisungen erteilen. Die Landespolizeidirektionen können Art und Weise von Vollzugsmaßnahmen, der Ausbildung und des inneren Dienstbetriebs regeln; sie wirken auf eine planmäßige Zusammenarbeit aller Polizeidienststellen ihres Dienstbezirks hin.

(2) Die Landespolizeidirektionen leiten und beaufsichtigen die polizeiliche Verbrechensbekämpfung in ihrem Dienstbezirk. Sie übernehmen die Verfolgung von Straftaten und Ordnungswidrigkeiten, soweit diese von nachgeordneten Polizeidienststellen nicht wirksam verfolgt werden können.

§ 19
(aufgehoben)

§ 20
**Aufgaben der den Landespolizeidirektionen nachgeordneten Dienststellen der Schutzpolizei**

(1) Die den Landespolizeidirektionen nachgeordneten Dienststellen der Schutzpolizei nehmen die in § 16 bezeichneten Vollzugsaufgaben wahr, soweit diese nicht nach § 21 Dienststellen der Kriminalpolizei obliegen. Erscheint deren Tätigwerden nicht rechtzeitig erreichbar, so hat die Schutzpolizei die unaufschiebbaren Ermittlungsmaßnahmen zu treffen; die Kriminalpolizei ist unverzüglich zu unterrichten.

(2) Die Polizeipräsidien, Polizeidirektionen, *Polizeikommissariate\**, Schutzpolizeiinspektionen und Polizeireviere führen die Dienstaufsicht über die ihnen nachgeordneten Dienststellen; sie leiten deren Einsatz.

---

\*) Polizeikommissariate bestehen nicht mehr. Sie sind in den Polizeidirektionen aufgegangen, die in 3 Abteilungen (Schutzpolizei, Kriminalpolizei, Personalwesen und Wirtschaftsverwaltung) gegliedert sind.

(3) Der polizeiliche Vollzugsdienst obliegt, soweit nichts anderes bestimmt ist, den untersten örtlich zuständigen Polizeidienststellen.

(4) Die Autobahnpolizeidirektionen, *Verkehrskommissariate*\*) und Verkehrspolizeiinspektionen versehen mit den ihnen nachgeordneten Zügen den überörtlichen Verkehrsdienst im Dienstbezirk der Landespolizeidirektionen; sie leiten den Einsatz der Züge. Im Dienstbezirk der Landespolizeidirektion Stuttgart II wird der Verkehrsdienst von der Verkehrspolizeiinspektion versehen.

### § 21
### Aufgaben der den Landespolizeidirektionen nachgeordneten Dienststellen der Kriminalpolizei

(1) Die den Landespolizeidirektionen nachgeordneten Dienststellen der Kriminalpolizei nehmen die polizeilichen Vollzugsaufgaben wahr, soweit es sich handelt um
1. Straftaten, durch welche die Rechtsordnung in besonderem Maße verletzt wird (schwere Kriminalität),
2. Straftaten oder Ordnungwidrigkeiten, deren Verfolgung das Landeskriminalamt nach § 5 Abs. 4 Nr. 1 bis 3 übernehmen kann,
3. die Bekämpfung der Jugendkriminalität, der Jugendverwahrlosung und der Jugendgefährdung, außer Fällen, deren Aufklärung nicht schwierig und ohne die Einrichtungen der Kriminalpolizei möglich ist,
4. nichtnatürliche Todesfälle, außer
    a) tödlichen Verkehrsunfällen innerhalb und außerhalb des öffentlichen Verkehrsraumes,
    b) tödlichen Betriebsunfällen im Zusammenhang mit dem Betrieb von Fahrzeugen,

---
\*) Verkehrskommissariate bestehen nicht mehr. Sie sind in Autobahnpolizeidirektion bzw. Verkehrspolizeiinspektion umbenannt worden.

c) tödlichen Unfällen im Schiffs- und Bootsbetrieb im Dienstbezirk der Wasserschutzpolizeidirektion,
5. die Auffindung von Leichen unbekannter Personen.

(2) § 5 bleibt unberührt.

(3) Die *Kriminalkommissariate*\* und Kriminalpolizeiinspektionen führen die Dienstaufsicht über die ihnen nachgeordneten Dienststellen; sie leiten deren Einsatz.

DRITTER TEIL

### Schlußvorschriften

### § 22
### Außerkrafttreten von Verordnungen der vorläufigen Regierung

Es treten außer Kraft die Verordnungen der vorläufigen Regierung über
1. die Errichtung eines Landeskriminalamts vom 20. Oktober 1952 (GBl. S. 41),
2. die Bereitschaftspolizei vom 19. Januar 1953 (GBl. S. 6),
3. die Wasserschutzpolizei vom 6. Juli 1953 (GBl. S. 93),
4. die Wahrnehmung von Aufgaben auf dem Gebiet der öffentlichen Sicherheit und Ordnung in den Regierungsbezirken vom 13. Juli 1953 (GBl. S. 111).

### § 23\*\*
### Inkrafttreten

Diese Verordnung tritt am 1. April 1956 in Kraft.

---
\*) Kriminalkommissariate bestehen nicht mehr. Sie sind in den Polizeidirektionen aufgegangen (Abteilung II - Kriminalpolizei).

\*\*) Die Vorschrift betrifft das Inkrafttreten der Verordnung in ihrer ursprünglichen Fassung vom 27. März 1956 (GBl. S. 81). Das Inkrafttreten der Änderungen ist aus den einzelnen Änderungsverordnungen ersichtlich.

## 3

## Verwaltungsvollstreckungsgesetz für Baden-Württemberg (Landesverwaltungsvollstreckungsgesetz – LVwVG –)

vom 12. März 1974 (GBl. S. 93), zuletzt geändert durch Gesetz vom 18. Juli 1983 (GBl. S. 369).

### ERSTER TEIL

#### Gemeinsame Vorschriften

##### § 1

##### Geltungsbereich

(1) Dieses Gesetz gilt für die Vollstreckung von Verwaltungsakten der Behörden des Landes und der unter der Aufsicht des Landes stehenden Körperschaften, Anstalten und Stiftungen des öffentlichen Rechts, die zu einer Geldleistung, einer sonstigen Handlung, einer Duldung oder einer Unterlassung verpflichten.

(2) *(aufgehoben)*

(3) Dieses Gesetz gilt nicht, soweit die Vollstreckung durch Bundesrecht geregelt oder für die Vollstreckung Bundesrecht durch Landesrecht für anwendbar erklärt ist.

##### § 2

##### Allgemeine Voraussetzungen der Vollstreckung

Verwaltungsakte können vollstreckt werden,
1. wenn sie unanfechtbar geworden sind oder
2. wenn die aufschiebende Wirkung eines Rechtsbehelfs entfällt.

## § 3
### Vollstreckung gegen den Rechtsnachfolger

Gegen den Rechtsnachfolger kann die Vollstreckung eingeleitet oder fortgesetzt werden, soweit der Rechtsnachfolger durch den Verwaltungsakt verpflichtet wird und wenn die Voraussetzungen der Vollstreckung für seine Person vorliegen. Die Vollstreckung, die beim Tode des Pflichtigen eingeleitet war, kann in den Nachlaß fortgesetzt werden, auch wenn die Voraussetzungen der Vollstreckung für den Rechtsnachfolger nicht vorliegen.

## § 4
### Vollstreckungsbehörde

(1) Vollstreckungsbehörde ist die Behörde, die den Verwaltungsakt erlassen hat.

(2) Das Innenministerium kann im Einvernehmen mit dem fachlich zuständigen Ministerium durch Rechtsverordnung\*) eine andere Behörde als Vollstreckungsbehörde bestimmen.

## § 5
### Vollstreckungsauftrag

Der mit der Vollstreckung beauftragte Bedienstete (Vollstreckungsbeamter) wird dem Pflichtigen und Dritten gegenüber durch schriftlichen Auftrag der Vollstreckungsbehörde zur Vollstreckung ermächtigt. Der Vollstreckungsauftrag ist auf Verlangen vorzuzeigen.

## § 6
### Betreten und Durchsuchen

(1) Der Vollstreckungsbeamte ist befugt, das Besitztum des Pflichtigen zu betreten und zu durchsuchen, soweit der Zweck

---

\*) Vgl. die Verordnung des Innenministeriums vom 16. 7. 1974 (GBl. S. 282) über die Bestimmung der für die Vollstreckung nach dem LVwVG zuständigen Vollstreckungsbehörden, in der die Kassen zu Vollstreckungsbehörden für Geldleistungen bestimmt worden sind.

der Vollstreckung dies erfordert. Er kann dabei verschlossene Räume und Behältnisse öffnen oder öffnen lassen.

(2) Wohnungen, Betriebsräume und sonstiges befriedetes Besitztum kann er gegen den Willen des Pflichtigen nur auf Anordnung des Verwaltungsgerichts durchsuchen. Eine Anordnung des Verwaltungsgerichts ist nicht erforderlich, wenn die dadurch eintretende Verzögerung den Zweck der Vollstreckung gefährden würde.

### § 7
#### Widerstand gegen Vollstreckungshandlungen

Der Vollstreckungsbeamte ist bei Widerstand gegen eine Vollstreckungshandlung befugt, Gewalt anzuwenden. Er kann zu diesem Zweck um die Unterstützung des Polizeivollzugsdienstes nachsuchen.

### § 8
#### Zuziehung von Zeugen

Wird bei einer Vollstreckungshandlung Widerstand geleistet oder ist bei einer Vollstreckungshandlung in den Räumen des Pflichtigen weder dieser noch eine zu seinem Haushalt oder Geschäftsbetrieb gehörende erwachsene Person anwesend, so hat der Vollstreckungsbeamte, der nicht Polizeibeamter im Sinne des Polizeigesetzes ist, eine erwachsene Person als Zeugen zuzuziehen.

### § 9
#### Vollstreckung zur Nachtzeit und an Sonntagen und gesetzlichen Feiertagen

(1) Zur Nachtzeit sowie an Sonntagen und gesetzlichen Feiertagen darf der Vollstreckungsbeamte nur mit schriftlicher Erlaubnis der Vollstreckungsbehörde vollstrecken. Die Erlaub-

nis darf nur erteilt werden, soweit dies der Zweck der Vollstreckung erfordert. Sie ist auf Verlangen vorzuzeigen.

(2) Die Nachtzeit umfaßt in dem Zeitraum vom 1. April bis 30. September die Stunden von 21 Uhr bis 4 Uhr und in dem Zeitraum vom 1. Oktober bis 31. März die Stunden von 21 Uhr bis 6 Uhr.

### § 10
#### Niederschrift

(1) Der Vollstreckungsbeamte hat über jede Vollstreckungshandlung, die nicht schriftlich vorgenommen wird, eine Niederschrift aufzunehmen.

(2) Die Niederschrift soll enthalten

1. Ort und Zeit der Aufnahme,
2. die Vollstreckungshandlung,
3. die Namen der Personen, mit denen verhandelt wurde,
4. die Namen der als Zeugen zugezogenen Personen,
5. eine kurze Darstellung der wesentlichen Vorgänge,
6. die Unterschrift des Vollstreckungsbeamten.

(3) War der Pflichtige bei der Vollstreckungshandlung nicht anwesend, so soll ihm die Vollstreckungsbehörde eine Abschrift der Niederschrift zusenden.

### § 11
#### Einstellung der Vollstreckung

Wenn der Zweck der Vollstreckung erreicht ist oder wenn sich zeigt, daß er durch die Anwendung von Vollstreckungsmitteln nicht erreicht werden kann, ist die Vollstreckung einzustellen.

## § 12
### Wegfall der aufschiebenden Wirkung von Widerspruch und Anfechtungsklage

Widerspruch und Anfechtungsklage haben keine aufschiebende Wirkung, soweit sie sich gegen Maßnahmen richten, die in der Verwaltungsvollstreckung getroffen werden. § 80 Abs. 4 bis 7 der Verwaltungsgerichtsordnung gelten entsprechend.

## ZWEITER TEIL
### Vollstreckung von Verwaltungsakten, die zu einer Geldleistung verpflichten

## § 13
### Art und Weise der Vollstreckung

(1) Verwaltungsakte, die zu einer Geldleistung verpflichten, werden durch Beitreibung vollstreckt.

(2) Kosten der Vollstreckung können mit der Hauptforderung beigetrieben werden, Nebenforderungen (Zinsen und Säumniszuschläge) dann, wenn der Pflichtige zuvor schriftlich auf die Verpflichtung zur Leistung der Nebenforderungen hingewiesen worden ist.

## § 14
### Mahnung

(1) Vor der Beitreibung ist der Pflichtige zu mahnen. Schriftliche Mahnungen sind verschlossen auszuhändigen oder zuzusenden.

(2) An die Zahlung regelmäßig wiederkehrender Geldleistungen kann durch ortsübliche Bekanntmachung gemahnt werden.

(3) Mit der Mahnung ist für die Zahlung eine Frist von mindestens einer Woche zu bestimmen.

(4) Einer Mahnung bedarf es nicht, wenn dadurch der Zweck der Vollstreckung gefährdet würde oder wenn Zwangsgeld, Kosten der Vollstreckung sowie Nebenforderungen beigetrieben werden sollen.

### § 15

#### Beitreibung

(1) Mit der Beitreibung sind die §§ 258, 260, 262 bis 264, 266, 267, 281 bis 283, § 285 Abs. 1, §§ 286, 292 bis 314, § 315 Abs. 1 und Abs. 2 Satz 1, § 316 Abs. 1, Abs. 2 Satz 1 und 2 und Abs. 3 und §§ 317 bis 327 der Abgabenordnung sinngemäß mit der Maßgabe anzuwenden, daß an die Stelle des Vollziehungsbeamten der Vollstreckungsbeamte tritt.

(2) Um die Beitreibung können auch die Gerichtsvollzieher ersucht werden. Wird die Beitreibung durch Gerichtsvollzieher durchgeführt, finden die Vorschriften des Achten Buches der Zivilprozeßordnung Anwendung. An die Stelle der vollstreckbaren Ausfertigung des Schuldtitels tritt das schriftliche Vollstreckungsersuchen der Vollstreckungsbehörde.

(3) Das Vollstreckungsersuchen nach Absatz 2 muß mindestens enthalten:

1. Die Bezeichnung und das Dienstsiegel der Vollstreckungsbehörde sowie die Unterschrift des Behördenleiters oder seines Beauftragten,
2. die Bezeichnung des zu vollstreckenden Verwaltungsaktes unter Angabe der erlassenden Behörde, des Datums und des Aktenzeichens,
3. die Angabe des Grundes und der Höhe der Geldforderung,
4. die Angabe, daß der Verwaltungsakt unanfechtbar geworden ist, oder die aufschiebende Wirkung eines Rechtsbehelfs entfällt,

5. die Bezeichnung der Person, gegen die sich die Vollstreckung richten soll,
6. die Angabe, wann der Pflichtige gemahnt worden ist oder aus welchem Grund die Mahnung unterblieben ist.

Bei einem Vollstreckungsersuchen, das mit Hilfe automatischer Einrichtungen erstellt wird, können Dienstsiegel und Unterschrift fehlen.

## § 16
### Eidesstattliche Versicherung

(1) Hat die Zwangsvollstreckung in das bewegliche Vermögen des Pflichtigen nicht zu einer vollständigen Befriedigung geführt oder ist anzunehmen, daß eine vollständige Befriedigung nicht zu erlangen sein wird, so hat der Pflichtige der Vollstreckungsbehörde auf Verlangen ein Verzeichnis seines Vermögens vorzulegen und für seine Forderungen den Grund und die Beweismittel zu bezeichnen. Aus dem Vermögensverzeichnis müssen auch ersichtlich sein

1. die im letzten Jahr vor dem ersten zur Abgabe der eidesstattlichen Versicherung anberaumten Termin vorgenommenen entgeltlichen Veräußerungen des Pflichtigen an seinen Ehegatten, vor oder während der Ehe, an seine oder seines Ehegatten Verwandte in auf- oder absteigender Linie, an seine oder seines Ehegatten voll- oder halbbürtige Geschwister oder an den Ehegatten einer dieser Personen;
2. die im letzten Jahre vor dem ersten zur Abgabe der eidesstattlichen Versicherung anberaumten Termin von dem Pflichtigen vorgenommenen unentgeltlichen Verfügungen, wenn sie nicht gebräuchliche Gelegenheitsgeschenke zum Gegenstand hatten;
3. die in den letzten zwei Jahren vor dem ersten zur Abgabe der eidesstattlichen Versicherung anberaumten Termin von dem

Pflichtigen vorgenommenen unentgeltlichen Verfügungen zugunsten seines Ehegatten.

(2) Auf Verlangen der Vollstreckungsbehörde hat der Pflichtige zu Protokoll an Eides Statt zu versichern, daß er die von ihm verlangten Angaben nach bestem Wissen und Gewissen richtig und vollständig gemacht habe.

(3) Die eidesstattliche Versicherung wird auf Antrag der Vollstreckungsbehörde vom Amtsgericht abgenommen. Für das Verfahren sind die §§ 899 bis 910, 913 bis 915 der Zivilprozeßordnung sinngemäß anzuwenden.

(4) Lehnt das Amtsgericht den Antrag der Vollstreckungsbehörde ab, die eidesstattliche Versicherung abzunehmen oder die Haft anzuordnen, so ist die sofortige Beschwerde nach der Zivilprozeßordnung gegeben.

## § 17
**Vollstreckung gegen juristische Personen des öffentlichen Rechts**

(1) Gegen unter der Aufsicht des Landes stehende Körperschaften, Anstalten und Stiftungen des öffentlichen Rechts kann nur vollstreckt werden, soweit diese durch die Beitreibung nicht in der Erfüllung ihrer Aufgaben wesentlich beeinträchtigt werden. Mit der Beitreibung darf erst begonnen werden, wenn sie die Rechtsaufsichtsbehörde zugelassen hat. In der Zulassungsverfügung sind der Zeitpunkt der Beitreibung und die Vermögensgegenstände, in die vollstreckt werden darf, zu bestimmen.

(2) Für öffentlich-rechtliche Kreditinstitute gelten die Beschränkungen des Absatzes 1 nicht.

DRITTER TEIL

## Vollstreckung von Verwaltungsakten, die zu einer sonstigen Handlung, einer Duldung oder einer Unterlassung verpflichten

1. Abschnitt

**Allgemeine Vorschriften**

### § 18

**Art und Weise der Vollstreckung**

Verwaltungsakte, die zu einer Handlung, ausgenommen einer Geldleistung, einer Duldung oder einer Unterlassung verpflichten, werden mit Zwangsmitteln vollstreckt.

### § 19

**Zwangsmittel**

(1) Zwangsmittel sind
1. Zwangsgeld und Zwangshaft,
2. Ersatzvornahme,
3. unmittelbarer Zwang.

(2) Kommen mehrere Zwangsmittel in Betracht, so hat die Vollstreckungsbehörde dasjenige Zwangsmittel anzuwenden, das den Pflichtigen und die Allgemeinheit voraussichtlich am wenigsten beeinträchtigt.

(3) Durch die Anwendung eines Zwangsmittels darf kein Nachteil herbeigeführt werden, der erkennbar außer Verhältnis zum Zweck der Vollstreckung steht.

(4) Zwangsmittel dürfen wiederholt und solange angewandt werden, bis der Verwaltungsakt vollzogen oder auf andere Weise erledigt ist.

## § 20

### Androhung

(1) Zwangsmittel sind vor ihrer Anwendung von der Vollstreckungsbehörde schriftlich anzudrohen. Dem Pflichtigen ist in der Androhung zur Erfüllung der Verpflichtung eine angemessene Frist zu bestimmen; eine Frist braucht nicht bestimmt zu werden, wenn eine Duldung oder Unterlassung erzwungen werden soll.

(2) Die Androhung kann mit dem Verwaltungsakt, der vollstreckt werden soll, verbunden werden.

(3) Die Androhung muß sich auf bestimmte Zwangsmittel beziehen. Werden mehrere Zwangsmittel angedroht, ist anzugeben, in welcher Reihenfolge sie angewandt werden sollen.

(4) Das Zwangsgeld ist in bestimmter Höhe anzudrohen.

(5) Wird Ersatzvornahme angedroht, so sollen in der Androhung die voraussichtlichen Kosten angegeben werden.

## § 21

### Vollstreckung bei Gefahr im Verzug

Von § 2 Nr. 1, §§ 3, 5, 8, 9 und § 20 Abs. 1 kann abgewichen werden, soweit die Abwehr einer Gefahr, durch die die öffentliche Sicherheit oder Ordnung bedroht oder gestört wird, dies erfordert.

## § 22

### Vollstreckung gegen Behörden und juristische Personen des öffentlichen Rechts

Gegen Behörden und juristische Personen des öffentlichen Rechts kann nur vollstreckt werden, soweit dies durch Rechtsvorschriften ausdrücklich gestattet ist.

## 2. Abschnitt

**Die einzelnen Zwangsmittel**

### § 23
### Zwangsgeld

Das Zwangsgeld wird auf mindestens zehn und höchstens fünfzigtausend Deutsche Mark schriftlich festgesetzt.

### § 24
### Zwangshaft

(1) Ist das Zwangsgeld uneinbringlich, so kann das Verwaltungsgericht auf Antrag der Vollstreckungsbehörde nach Anhörung des Pflichtigen die Zwangshaft anordnen, wenn bei der Androhung des Zwangsgeldes auf die Zulässigkeit der Zwangshaft hingewiesen worden ist.

(2) Die Zwangshaft beträgt mindestens einen Tag und höchstens zwei Wochen.

(3) Die Zwangshaft ist auf Antrag der Vollstreckungsbehörde von der Justizverwaltung zu vollstrecken. Die §§ 904 bis 910 der Zivilprozeßordnung sind sinngemäß anzuwenden.

### § 25
### Ersatzvornahme

Ersatzvornahme ist die Ausführung einer vertretbaren Handlung, zu welcher der Verwaltungsakt verpflichtet, durch die Vollstreckungsbehörde oder einen von ihr beauftragten Dritten auf Kosten des Pflichtigen.

### § 26
### Unmittelbarer Zwang

(1) Unmittelbarer Zwang ist jede Einwirkung auf Personen oder Sachen durch einfache körperliche Gewalt, Hilfsmittel der

körperlichen Gewalt oder Waffengebrauch. Waffengebrauch ist nur zulässig, soweit dies durch Gesetz ausdrücklich gestattet ist.

(2) Unmittelbarer Zwang darf nur angewandt werden, wenn Zwangsgeld und Ersatzvornahme nicht zum Erfolg geführt haben oder deren Anwendung untunlich ist.

(3) Gegenüber Personen darf unmittelbarer Zwang nur angewandt werden, wenn der Zweck der Vollstreckung durch unmittelbaren Zwang gegen Sachen nicht erreichbar erscheint. Das angewandte Mittel muß nach Art und Maß dem Alter und dem Zustand des Betroffenen angemessen sein.

3. Abschnitt

**Besondere Fälle der Anwendung des unmittelbaren Zwangs**

### § 27

### Zwangsräumung

(1) Hat der Pflichtige eine unbewegliche Sache, einen Raum oder ein eingetragenes Schiff zu räumen, zu überlassen oder herauszugeben, so können er und die Personen, die zu seinem Haushalt oder Geschäftsbetrieb gehören, aus dem Besitz gesetzt werden. Der Zeitpunkt der Zwangsräumung soll dem Pflichtigen angemessene Zeit vorher mitgeteilt werden.

(2) Bewegliche Sachen, die nicht Gegenstand der Vollstreckung sind, werden dem Pflichtigen oder, wenn dieser nicht anwesend ist, seinem Vertreter oder einer zu seinem Haushalt oder Geschäftsbetrieb gehörenden erwachsenen Person übergeben.

(3) Weigert sich der Empfangsberechtigte nach Absatz 2, die Sachen in Empfang zu nehmen, sind sie zu verwahren. Der Pflichtige ist aufzufordern, die Sache binnen einer bestimmten Frist abzuholen. Kommt der Pflichtige der Aufforderung nicht

nach, so kann die Vollstreckungsbehörde die Sachen nach den Vorschriften dieses Gesetzes über die Verwertung gepfändeter Sachen verkaufen und den Erlös verwahren.

## § 28
### Wegnahme

(1) Hat der Pflichtige eine bewegliche Sache herauszugeben oder vorzulegen, so kann der Vollstreckungsbeamte sie ihm wegnehmen.

(2) Wird die Sache beim Pflichtigen nicht vorgefunden, so hat er auf Antrag der Vollstreckungsbehörde vor dem Amtsgericht zu Protokoll an Eides Statt zu versichern, daß er nicht wisse, wo die Sache sich befinde. Das Gericht kann eine der Sachlage entsprechende Änderung der eidesstattlichen Versicherung beschließen.

(3) Dem Antrag der Vollstreckungsbehörde ist eine beglaubigte Abschrift des Verwaltungsaktes beizufügen. Für das Verfahren vor dem Amtsgericht gelten § 899, § 900 Abs. 3 und 5, §§ 901, 902, 904 bis 910 und 913 der Zivilprozeßordnung sinngemäß.

## VIERTER TEIL
### Schlußvorschriften

## § 29
### Einschränkung von Grundrechten

Durch Maßnahmen auf Grund dieses Gesetzes können eingeschränkt werden das Recht auf körperliche Unversehrtheit (Art. 2 Abs. 2 Satz 1 des Grundgesetzes), die Freiheit der Person (Art. 2 Abs. 2 Satz 2 des Grundgesetzes) und die Unverletzlichkeit der Wohnung (Art. 13 des Grundgesetzes).

## § 30
### Weiterführung eingeleiteter Verfahren

Vor Inkrafttreten dieses Gesetzes eingeleitete Vollstreckungsverfahren sind nach den bisherigen Vorschriften weiterzuführen.

## § 31
### Kosten

(1) Für Amtshandlungen nach diesem Gesetz werden Kosten (Gebühren und Auslagen) erhoben.

(2) Kostenschuldner ist der Pflichtige.

(3) Das Innenministerium wird ermächtigt, im Einvernehmen mit dem Finanzministerium durch Rechtsverordnung*) die gebührenpflichtigen Tatbestände und den Umfang der zu erstattenden Auslagen näher zu bestimmen. Dabei sind für die Gebühren feste Sätze oder Rahmensätze vorzusehen. Die Gebührensätze sind nach dem Verwaltungsaufwand und der Bedeutung der Amtshandlung für den Pflichtigen zu bemessen. Für die Erstattung von Auslagen können Pauschbeträge bestimmt werden.

(4) Bei der Ersatzvornahme kann die Vollstreckungsbehörde vom Pflichtigen Vorauszahlung der Kosten in der voraussichtlich entstehenden Höhe verlangen.

(5) Auf die Kosten sind im übrigen § 4 Abs. 2, §§ 6, 8 bis 10, 12 bis 15, 20 und 21 des Landesgebührengesetzes sinngemäß anzuwenden, soweit für die Vollstreckungsbehörde keine anderen Kostenvorschriften gelten.

---

*) Vgl. die Vollstreckungskostenordnung (Anhang 8).

(6) Soweit nach diesem Gesetz ordentliche Gerichte tätig werden, gelten die Bestimmungen des Gerichtskostengesetzes. Für die Tätigkeit des Gerichtsvollziehers werden Kosten nach dem Gesetz über die Kosten der Gerichtsvollzieher erhoben.

### § 32
### Verwaltungsvorschriften

Das Innenministerium erläßt die zur Durchführung dieses Gesetzes erforderlichen Verwaltungsvorschriften.

### § 33
### Änderung von Rechtsvorschriften

*(nicht abgedruckt)*

### § 34
### Aufhebung von Rechtsvorschriften

*(nicht abgedruckt)*

### § 35
### Inkrafttreten

Dieses Gesetz tritt am 1. Juli 1974 in Kraft.

## 4

### Erlaß des Innenministeriums über erkennungsdienstliche Maßnahmen und über die Anwendung unmittelbaren Zwangs (UZwErl.)

vom 13. Mai 1969 (GABl. S. 350), zuletzt geändert durch Erlaß vom 28. November 1977 (GABl. 1978 S. 25)

Zur Durchführung des Polizeigesetzes wird folgendes bestimmt:

1. **Zu § 30 PolG (§ 5 der 1. DVO PolG)**
   a) Die Vorschrift über die Zulässigkeit der Abnahme von Handflächenabdrücken nach § 5 Abs. 2 Nr. 1 der Ersten DVO zum PolG bezieht sich nur auf erkennungsdienstliche Maßnahmen nach § 30 PolG, nicht jedoch auf erkennungsdienstliche Maßnahmen, die der vorbeugenden Bekämpfung von Verbrechen und Vergehen nach § 81 b StPO dienen.
   b) Erkennungsdienstliche Unterlagen, die auf Grund von Maßnahmen nach § 30 PolG gewonnen wurden, sind auf Antrag des Betroffenen zu vernichten, wenn die Voraussetzungen für diese Maßnahmen entfallen sind. Das gleiche gilt für erkennungsdienstliche Unterlagen, die zur vorbeugenden Bekämpfung von Verbrechen und Vergehen angefertigt wurden, wenn keine Anhaltspunkte dafür vorliegen, daß die erkennungsdienstlich behandelte Person künftig mit Handlungen, die als Verbrechen oder Vergehen mit Strafe bedroht sind, in Erscheinung treten wird, und daß die angefertigten Unterlagen hierbei die Ermittlungen fördern könnten.

2. **Zu § 33 Abs. 2 PolG**
   Hilfsmittel der körperlichen Gewalt im Sinne des § 33 Abs. 2 sind: Fesseln, Wasserwerfer, Sperrgeräte, Nagelgurte zum

zwangsweisen Anhalten von Fahrzeugen, Diensthunde, Dienstpferde, Dienstfahrzeuge, Reiz- und Nebelstoffe, Sprengmittel.
Waffen im Sinne des § 33 Abs. 2 sind: Hiebwaffe, Tränengassprühpistole, Tränengasgewehr, Pistole, Revolver, Gewehr und Karabiner, Maschinenpistole, Maschinengewehr, Handgranate.*)

3. **Zu § 34 PolG**
Unmittelbarer Zwang darf nur in rechtmäßiger Ausübung des Dienstes angeordnet und auf Anordnung oder aus eigenem Entschluß des Polizeibeamten angewandt werden. Die Anordnung eines Vorgesetzten, unmittelbaren Zwang anzuwenden, darf nicht befolgt werden, wenn dadurch ein Verbrechen oder Vergehen begangen würde. Befolgt der Polizeibeamte die Anordnung trotzdem, so trägt er die Verantwortung für sein Handeln nur, wenn er erkennt oder wenn es für ihn ohne weiteres erkennbar ist, daß durch die Befolgung der Anordnung ein Verbrechen oder Vergehen begangen wird. Bedenken gegen die Rechtmäßigkeit der Anordnung hat der Polizeibeamte unverzüglich seinem Vorgesetzten gegenüber vorzubringen, soweit das nach den Umständen möglich ist (vgl. *§ 69 Abs. 4* des Landesbeamtengesetzes **).

4. **Zu § 35 Abs. 1 PolG**
   a) Bei der Anwendung unmittelbaren Zwangs ist eine Gefährdung unbeteiligter Personen nach Möglichkeit zu vermeiden; dies gilt insbesondere bei Zwangsmaßnahmen in belebten Straßen und geschlossenen Räumen.
   b) Eine Person darf nur gefesselt werden,
      1. wenn sie gefährlich oder widersetzlich ist,

---

* Der Einsatz von Maschinengewehren und Handgranaten bedarf nach einem nichtveröffentlichten Erlaß der Zustimmung des Innenministeriums.

**) Jetzt § 75 Abs. 4 LBG.

2. wenn sie fluchtverdächtig ist,
3. wenn Selbstmordgefahr besteht oder
4. wenn es beim Transport in Verwahrung genommener Personen wegen besonderer Umstände erforderlich ist.

5. **Zu § 35 Abs. 2 PolG**
Soweit die Anwendung unmittelbaren Zwangs nicht zulässig ist, darf sie nicht angedroht werden. Der Gebrauch von Schußwaffen ist durch Anruf (z. B. „Hier Polizei! Halt oder ich schieße!" oder „Hier Polizei! Waffe weg oder ich schieße!") anzudrohen; er kann durch Warnschüsse angedroht werden, wenn ein Anruf ohne Gefährdung des Polizeibeamten nicht möglich ist oder keinen Erfolg verspricht.

6. **Zu § 39 PolG**
Gegenüber Kindern sowie gebrechlichen und hilflosen Personen ist der Schußwaffengebrauch nur in Notwehr oder Notstand zulässig.

7. **Zu § 66 PolG**
Hat die Bundesregierung nach Art. 91 Abs. 2 des Grundgesetzes Polizeikräfte des Landes ihren Weisungen unterstellt, so gelten die Abschnitte III bis V und VII bis XV der Allgemeinen Verwaltungsvorschrift des Bundesministeriums des Innern zum Gesetz über den unmittelbaren Zwang bei Ausübung öffentlicher Gewalt durch Vollzugsbeamte des Bundes (VwVUZwG – BMI) in der Fassung vom 24. Januar 1969 (GMBl. S. 59) auch für die unterstellten Polizeikräfte des Landes.

8. Der Zweite Erlaß des Innenministeriums zur Durchführung des Polizeigesetzes vom 19. Juni 1956 (GABl. S. 392) und die als Anlage zu diesem Erlaß ergangene Dienstanweisung über die Anwendung unmittelbaren Zwangs durch die Polizeibeamten werden aufgehoben.

**Anhang 5    Unm. Zwang auf Anordn. d. Staatsanwalts**

## 5
## Bekanntmachung des Innenministeriums über die Gemeinsamen Richtlinien der Justizminister/-senatoren und der Innenminister/-senatoren des Bundes und der Länder über die Anwendung unmittelbaren Zwanges durch Polizeibeamte auf Anordnung des Staatsanwalts

Vom 7. Oktober 1974 (GABl. S. 1060)

Bei der Anwendung unmittelbaren Zwanges durch Polizeibeamte auf Anordnung des Staatsanwalts gelten die als Anlage abgedruckten Gemeinsamen Richtlinien, die von den Justizministern/-senatoren und den Innenministern/-senatoren des Bundes und der Länder beschlossen worden sind.

Das Innenministerium hat diese Richtlinien durch nicht veröffentlichten Erlaß vom 15. Dezember 1973 Nr. III 1675/98 bekanntgegeben und im Einvernehmen mit dem Justizministerium gebeten, vom 1. Januar 1974 an hiernach zu verfahren.

**Anlage**

**Gemeinsame Richtlinien der Justizminister/-senatoren und der Innenminister/-senatoren des Bundes und der Länder über die Anwendung unmittelbaren Zwanges durch Polizeibeamte auf Anordnung des Staatsanwalts**

**A.**

Im Hinblick auf die Verantwortung der Staatsanwaltschaft für das Ermittlungsverfahren und damit auch für die Vollständigkeit der Ermittlungen und ihre Rechtmäßigkeit umfaßt die Leitungs- und Weisungsbefugnis des Staatsanwalts gegenüber der Polizei auch Anordnungen zur Anwendung unmittelbaren Zwanges.

Die Gefahrenabwehr ist Aufgabe der Polizei. In diesem Bereich besteht kein Raum für Anordnungen des Staatsanwalts.

## B.

Für die Ausübung des Weisungsrechts zur Anwendung unmittelbaren Zwanges ergehen – unbeschadet der Vorschriften der §§ 161 StPO, 152 GVG – folgende Richtlinien:

## I.

Der Staatsanwalt richtet, solange nicht ein bestimmter Beamter mit der Bearbeitung des konkreten Falles befaßt ist, Weisungen grundsätzlich an die zuständige Polizeidienststelle.

Sind in einem konkreten Fall mehrere Polizeibeamte unter einem weisungsbefugten Beamten eingesetzt (z. B. Einsatzleitung, Sonderkommission), richtet der Staatsanwalt Weisungen grundsätzlich an den weisungsbefugten Beamten. Dieser gibt – unabhängig davon, ob er selbst zu dem Kreis der nach § 152 GVG bezeichneten Beamten gehört – die Weisung an die ihm unterstellten Bediensteten weiter und veranlaßt ihre Durchführung.

Ist eine polizeiliche Einsatzleitung gebildet, begibt sich der Staatsanwalt, der auf die Anwendung unmittelbaren Zwanges Einfluß nehmen will, grundsätzlich zur Einsatzleitung. Seine Weisungen soll er an den mit der Gesamtverantwortung betrauten Einsatzleiter richten. Besteht eine mehrstufige Einsatzleitung, hält sich der Staatsanwalt grundsätzlich bei der Gesamtleitung auf. Befindet er sich bei einem nachgeordneten Einsatzleiter, so wird er Weisungen nur im Rahmen der Befehlsgebung der übergeordneten Einsatzleitung und des Ermessensspielraums geben, der dem nachgeordneten Einsatzleiter eingeräumt ist.

## II.

Zur Art und Weise der Ausübung des unmittelbaren Zwanges soll der Staatsanwalt nur allgemeine Weisungen erteilen und deren Ausführung der Polizei überlassen. Konkrete Einzelwei-

sungen zur Art und Weise der Ausübung unmittelbaren Zwanges soll der Staatsanwalt nur erteilen, wenn
1. die Polizei darum nachsucht,
2. es aus Rechtsgründen unerläßlich ist oder
3. die Ausübung des unmittelbaren Zwanges Auswirkungen auf das weitere Ermittlungsverfahren hat.

Ob die Voraussetzungen zu Nr. 2 oder 3 gegeben sind, entscheidet der Staatsanwalt.

Die Erteilung konkreter Einzelweisungen setzt die genaue Kenntnis der jeweiligen Situation und der bestehenden Möglichkeiten für die Ausübung unmittelbaren Zwanges voraus. Dies bedingt in der Regel die Anwesenheit am Ort des Einsatzes oder der Einsatzleitung. Für konkrete Einzelweisungen zum Gebrauch von Schußwaffen ist die Anwesenheit am Ort des Einsatzes unerläßlich.

Bei konkreten Einzelweisungen soll der Staatsanwalt die besondere Sachkunde der Polizei berücksichtigen.

### III.

Ergeben sich bei einem einheitlichen Lebenssachverhalt gleichzeitig und unmittelbar Aufgaben der Strafverfolgung und der Gefahrenabwehr, so sind die Staatsanwaltschaft und die Polizei zuständig, die zur Erfüllung ihrer Aufgaben notwendigen Maßnahmen zu treffen.

In einem solchen Falle ist eine enge und vertrauensvolle Zusammenarbeit zwischen Staatsanwalt und Polizei in ganz besonderem Maße erforderlich. Die partnerschaftliche Zusammenarbeit gebietet es, daß jede Stelle bei der Wahrnehmung ihrer Aufgaben auch die Belange der übrigen sich aus dem Lebenssachverhalt stellenden Aufgaben berücksichtigt. Schaltet sich die Staatsanwaltschaft ein, so werden der Staatsanwalt und die Polizei möglichst im Einvernehmen handeln.

Das gilt auch dann, wenn die Situation die gleichzeitige angemessene Wahrnehmung beider Aufgaben nicht zuläßt. In diesem Falle ist nach dem Grundsatz der Güter- und Pflichtenabwägung jeweils für die konkrete Lage zu entscheiden, ob die Strafverfolgung oder die Gefahrenabwehr das höherwertige Rechtsgut ist.

Erfordert die Lage unverzüglich eine Entscheidung über die Anwendung unmittelbaren Zwanges und ist ein Einvernehmen darüber, welche Aufgabe in der konkreten Lage vorrangig ist – gegebenenfalls auch nach Einschaltung der vorgesetzten Dienststellen – nicht herzustellen, so entscheidet hierüber die Polizei.

# 6
## Gebührenverzeichnis (GebVerz.)
(Auszug)[1]
Anlage zu § 1 der Verordnung der Landesregierung über die Festsetzung der Gebührensätze für Amtshandlungen der staatlichen Behörden vom 17. Februar 1981 (GBl. S. 105), geändert durch Verordnungen vom 12. Dezember 1981 (GBl. S. 610), vom 6. Dezember 1982 (GBl. S. 531 mit Berichtigung GBl. 1983 S. 39) und vom 18. Juni 1984 (GBl. S. 371)

| Nr. | Gegenstand | Gebühr DM |
|---|---|---|
| 58 | **Polizeivollzugsdienst** (§ 81 des Polizeigesetzes – PolG – in der Fassung des Gesetzes vom 16. Januar 1968 – GBl. S. 61) | |
| 58.1 | Polizeiliche Begleitung von Schwer- und Großraumtransporten, gefährlichen Transporten und gefährdeten Transporten[2] | |
| 58.1.1 | auf Straßen für jeden angefangenen Begleitkilometer je Begleitfahrzeug .......................... | 3,30, mindestens 35 je Transport |
| 58.1.2 | auf Wasserstraßen für jede angefangene Betriebsstunde je Begleitboot.......................... | 200 |

---

[1] Es sind nur diejenigen Vorschriften abgedruckt, die Amtshandlungen des Polizeivollzugsdienstes betreffen. Die Polizeidienststellen sind staatliche Behörden im Sinne des Gebührenrechts.
[2] Vgl. dazu die VwV des IM über die Erhebung von Gebühren für die polizeiliche Begleitung von Transporten vom 19. 5. 1981 (GABl. S. 610).

GebVerz. Anhang 6

| Nr. | Gegenstand | Gebühr DM |
|---|---|---|
| 58.2 | Ingewahrsamnahme Betrunkener oder unter der Einwirkung anderer berauschender Mittel stehender Personen | |
| 58.2.1 | Transport mit Polizeifahrzeug .................. | 30 |
| 58.2.2 | Aufenthalt in Gewahrsamseinrichtung je angefangene 24 Stunden ...................... In der Gebühr sind die Verpflegungskosten und der allgemeine Aufwand für die Benutzung der Gewahrsamseinrichtung eingeschlossen. | 20 |
| 58.2.3 | Reinigung von Räumen, Fahrzeugen, Bekleidungsstücken oder sonstigen Gegenständen bei von Verwahrten verursachter Verschmutzung ........... | 10–100 |
| 58.2.4 | Bei ärztlicher Untersuchung auf Haftfähigkeit sind die Kosten als Auslagen zu erstatten. | |
| 58.3 | Transport von Sachen mit Polizeifahrzeug ........ | 20–500 |
| 58.4 | Verwahrung sichergestellter oder beschlagnahmter Fahrzeuge oder anderer größerer Gegenstände | |
| 58.4.1 | Grundgebühr ................................ Mit der Grundgebühr sind alle Amtshandlungen, die mit der Verwahrung in engerem Zusammenhang stehen (insbesondere die Aufforderung, die Sache abzuholen und die Herausgabe der Sache), abgegolten. Zuzüglich Tagesgebühr | 15 |
| 58.4.2 | Verwahrung von Fahrzeugen im Freien je Fahrrad (auch mit Hilfsmotor, Moped) ........ je Kraftrad .................................... je Pkw und Lkw mit einem zulässigen Gesamtgewicht bis zu 2,5 t, Zugmaschine und andere Fahrzeuge (einschließlich Boote) entsprechender Größe je Lkw mit einem zulässigen Gesamtgewicht über 2,5 t, Anhänger und andere Fahrzeuge (einschließlich Boote) entsprechender Größe ............... | 0,50 1 2 4 |

| Nr. | Gegenstand | Gebühr DM |
|---|---|---|
| 58.4.3 | Verwahrung von Fahrzeugen im geschlossenen Raum: Die Gebühr beträgt das Doppelte der bei Nr. 58.4.2 genannten Sätze. | |
| 58.4.4 | Verwahrung anderer Sachen je nach Größe ....... | 1–10 |
| 58.4.5 | Für die Verwahrung einer gestohlenen oder sonst abhanden gekommenen Sache ist eine Tagesgebühr nur zu entrichten<br>– bis zur Verlustanzeige bei einer Polizeidienststelle,<br>– ab dem fünften Tag nach Absenden der Aufforderung zur Abholung. | |
| 58.4.6 | Bei Verwahrung durch Dritte sind die Kosten als Auslagen zu erstatten. | |
| 58.5 | Bergung von Wasserfahrzeugen aus vom Bootsführer leichtfertig herbeigeführter Seenot | |
| 58.5.1 | Bergung einer Jolle oder eines vergleichbaren Bootes ................................................. | 50 |
| 58.5.2 | Bergung eines Motorbootes oder einer Segeljacht . | 100 |
| 58.6 | Einsatz von Polizeikräften auf Grund mißbräuchlicher Alarmierung | |
| 58.6.1 | je eingesetztes Polizeifahrzeug (mit Beamten) ..... | 75 |
| 58.6.2 | ohne Einsatz eines Polizeifahrzeugs je Polizeibeamter ................................................. | 30 |
| 58.7 | Einsatz von Polizeikräften auf Grund einer Alarmierung durch eine Alarmanlage, es sei denn, es sind, abgesehen von der Alarmgebung der Anlage, Anhaltspunkte für einen Einbruch oder Überfall vorhanden, oder der Alarm wurde durch Einrichtungen im Bereich der Deutschen Bundespost ausgelöst ................................................. | 100 |

**DErl. zu § 81 Abs. 2**

## 7
## Erlaß des Innenministeriums zur Durchführung des § 81 Abs. 2 des Polizeigesetzes
Vom 11. Juni 1976 (GABl. S. 1013)

### I.
Zur Durchführung des § 81 Abs. 2 des Polizeigesetzes (PolG) wird bestimmt:

1. Als „im üblichen örtlichen Dienst eingesetzt" gelten die Polizeibeamten des Polizeipräsidiums, der Polizeidirektion, des *Polizeikommissariats*\*) oder des Wasserschutzpolizei-Reviers sowie die Angehörigen des Freiwilligen Polizeidienstes dieser Dienststellen. Für die Kosten polizeilicher Maßnahmen bei privaten Veranstaltungen kann daher der Veranstalter nur dann zum Ersatz herangezogen werden, wenn bei der Veranstaltung über die obengenannten Beamten hinaus weitere Polizeikräfte eingesetzt werden müssen.
2. Die Frage, ob und inwieweit bei einer Veranstaltung weitere als die im üblichen örtlichen Dienst eingesetzten Polizeibeamten herangezogen werden müssen, ist nach den §§ 1 und 3 PolG zu entscheiden.
3. Als Kosten im Sinne des § 81 Abs. 2 PolG sind die Aufwendungen anzusehen, die durch die Heranziehung von Polizeikräften auswärtiger Dienststellen entstehen, insbesondere
    a) die Kosten für die von den auswärtigen Polizeikräften benützten Kraftfahrzeuge; die Berechnung erfolgt nach den in den Kraftfahrzeugbestimmungen für den öffentlichen Dienst des Landes Baden-Württemberg (KfzBöD) enthaltenen Kilometerentgeltsätzen, bei Wasserfahrzeugen sind die Kosten für den durchschnittlichen Betriebsstoffverbrauch anzusetzen,
    b) die Reisekosten,

---
\*) Polizeikommissariate bestehen nicht mehr. Sie sind in den Polizeidirektionen aufgegangen.

# Anhang 7          DErl. zu § 81 Abs. 2

    c) die Einsatzabfindung (einschließlich Verpflegungskosten),
    d) die Mehrarbeitsvergütung.
4. Während Kostenersatz nach § 81 Abs. 2 Satz 1 PolG nur für die auswärtigen Polizeikräfte gefordert werden kann, kann der Abschluß einer Versicherung nach § 81 Abs. 2 Satz 2 PolG für alle eingesetzten Polizeibeamten verlangt werden. Der Abschluß einer Versicherung ist zu fordern, wenn die eingesetzten Polizeibeamten besonders gefährdet sind. Dies wird z. B. bei motorsportlichen Veranstaltungen in der Regel für diejenigen Polizeibeamten zutreffen, die unmittelbar an der Rennstrecke eingesetzt sind. Die Versicherung ist für den einzelnen Beamten mindestens in Höhe folgender Versicherungssummen abzuschließen:
20 000 DM für den Todesfall,
50 000 DM für den Invaliditätsfall (Kapitalzahlung).
Es muß sichergestellt sein, daß diese Beträge der Unfallversicherung im Schadensfall ohne Berücksichtigung der Haftungsfrage an die Geschädigten gezahlt werden.
Die etwaige Einbeziehung der Polizeibeamten in die vom Veranstalter abzuschließende Haftpflichtversicherung bleibt unberührt.
5. Bei Veranstaltungen religiöser, wissenschaftlicher, erzieherischer oder politischer Art ist davon abzusehen, den Veranstalter zum Ersatz der Kosten und zum Abschluß einer Versicherung zu verpflichten. Bei sonstigen kulturellen Veranstaltungen gilt dies nur, wenn sie förderungswürdig sind und wenn die aus der Veranstaltung erzielten Einnahmen die Unkosten – ohne die Kosten, die bei der Anwendung des § 81 Abs. 2 PolG entstehen würden – höchstens decken oder nur geringfügig überschreiten.
6. Entstehen bei einer Veranstaltung sowohl der Landespolizei als auch der Bereitschaftspolizei oder der Wasserschutzpolizei erstattungsfähige Kosten, so ist die Entscheidung über den Kostenersatz im gegenseitigen Benehmen zu treffen.
7. Es ist zweckmäßig, die Veranstalter möglichst frühzeitig auf

**DErl. zu § 81 Abs. 2** Anhang 7

die Vorschriften des § 81 Abs. 2 PolG hinzuweisen. Durch die in § 81 Abs. 2 PolG festgelegten Pflichten des Veranstalters wird jedoch die Aufgabe der Polizei, die zum Schutze der öffentlichen Sicherheit und Ordnung erforderlichen Maßnahmen zu treffen, nicht berührt. Ein erforderlicher Einsatz von Polizeikräften darf daher nicht davon abhängig gemacht werden, ob der Veranstalter seinen Verpflichtungen aus § 81 Abs. 2 PolG nachzukommen bereit ist.
8. Bei einer Weigerung des Veranstalters, Kostenersatz nach § 81 Abs. 2 Satz 1 PolG zu leisten, sind die Kosten auf Grund eines Leistungsbescheides im Verwaltungszwangsverfahren nach dem Landesverwaltungsvollstreckungsgesetz beizutreiben. Kommt der Veranstalter dem Verlangen nach § 81 Abs. 2 Satz 2 PolG nicht nach, so hat die Aufsichtsbehörde die Versicherung abzuschließen und die Prämien gegebenenfalls im Wege des Verwaltungszwangs beizutreiben.

II.

Der Erlaß des Innenministeriums vom 17. Juli 1957 (GABl. S. 372) und der nicht veröffentlichte Erlaß vom 2. August 1965 Nr. III 6060/16 werden aufgehoben.

# 8
**Verordnung des Innenministeriums über die Erhebung von Kosten der Vollstreckung nach dem Verwaltungsvollstreckungsgesetz für Baden-Württemberg (Vollstreckungskostenordnung – LVwVGKO)**

vom 2. Juli 1974 (GBl. S. 229), geändert durch Verordnungen vom 21. Dezember 1976 (GBl. 1977 S. 31), vom 29. November 1982 (GBl. S. 518) und vom 27. Juli 1984 (GBl. S. 537)

Auf Grund von § 31 Abs. 3 des Verwaltungsvollstreckungsgesetzes für Baden-Württemberg (Landesverwaltungsvollstreckungsgesetz – LVwVG) vom 12. März 1974 (Ges. Bl. S. 93)* wird im Einvernehmen mit dem Finanzministerium verordnet:

## § 1
### Mahngebühr

(1) Für die Mahnung nach § 14 Abs. 1 des Landesverwaltungsvollstreckungsgesetzes (LVwVG) wird eine Mahngebühr erhoben. Sie beträgt ein halbes vom Hundert des Mahnbetrages, mindestens jedoch zwei Deutsche Mark und höchstens hundert Deutsche Mark.

(2) Für die Mahnung durch ortsübliche Bekanntmachung nach § 14 Abs. 2 LVwVG wird keine Gebühr erhoben.

## § 2
### Pfändungsgebühr

(1) Die Pfändungsgebühr wird erhoben
1. für die Pfändung von beweglichen Sachen, von Früchten, die vom Boden noch nicht getrennt sind, von Forderungen aus Wechseln oder anderen Papieren, die durch Indossament übertragen werden können, und von Postspareinlagen,

---
*) s. Anhang 3.

2. für die Pfändung von Forderungen, die nicht unter Nummer 1 fallen, und von anderen Vermögensrechten.

(2) Die Gebühr bemißt sich nach der Summe der zu vollstreckenden Beträge. Die durch die Pfändung entstehenden Kosten sind nicht mitzurechnen. Bei der Vollziehung des Arrests bemißt sich die Pfändungsgebühr nach der Hinterlegungssumme.

(3) Die Höhe der Gebühr ergibt sich in den Fällen des Absatzes 1 Nr. 1 und 2 aus den Tabellen der Anlagen 1 und 2 dieser Verordnung*).

(4) Die halbe Gebühr wird erhoben, wenn
1. ein Pfändungsversuch erfolglos geblieben ist, weil pfändbare Gegenstände nicht vorgefunden wurden,
2. die Pfändung in den Fällen des § 281 Abs. 3 der Abgabenordnung, des § 812 und des § 851b Abs. 1 der Zivilprozeßordnung unterbleibt.

(5) Wird die Pfändung abgewendet, wird die volle Gebühr erhoben, wenn an den Vollstreckungsbeamten gezahlt wird, nachdem dieser sich an Ort und Stelle begeben hat. Die Hälfte der Gebühr wird erhoben, wenn auf andere Weise Zahlung geleistet wird, nachdem sich der Vollstreckungsbeamte bereits an Ort und Stelle begeben hat. Wird gezahlt, bevor sich der Vollstreckungsbeamte an Ort und Stelle begeben hat, oder wird die Pfändung in anderer Weise als durch Zahlung abgewendet, wird keine Gebühr erhoben.

(6) Werden wegen desselben Anspruchs mehrere Forderungen, die nicht unter Absatz 1 Nr. 1 fallen, oder andere Vermögensrechte gepfändet, wird die Gebühr nur einmal erhoben.

## § 3

**Wegnahmegebühr**

(1) Für die Wegnahme von Urkunden in den Fällen des § 310 Abs. 1 Satz 2 und des § 321 Abs. 6 der Abgabenordnung wird

---

*) Nicht abgedruckt.

eine Wegnahmegebühr erhoben. Sie wird auch dann erhoben, wenn der Pflichtige an den zur Vollstreckung erschienenen Vollstreckungsbeamten freiwillig leistet.

(2) Die Gebühr beträgt zwanzig Deutsche Mark.

(3) Die halbe Gebühr wird erhoben, wenn ein Wegnahmeversuch erfolglos geblieben ist, weil die in Absatz 1 bezeichneten Gegenstände nicht vorgefunden wurden.

## § 4

### Verwertungsgebühr

(1) Die Verwertungsgebühr wird für die Versteigerung und andere Verwertung von Gegenständen erhoben.

(2) Die Gebühr bemißt sich nach dem Erlös. Übersteigt der Erlös die Summe der zu vollstreckenden Beträge, so ist diese maßgebend.

(3) Die Höhe der Gebühr ergibt sich aus der Tabelle der Anlage 3 dieser Verordnung.*)

(4) Wird die Verwertung abgewendet, so ist § 2 Abs. 5 sinngemäß anzuwenden; im Falle des § 2 Abs. 5 Satz 1 wird jedoch nur ein Viertel der vollen Gebühr, höchstens sechzig Deutsche Mark erhoben. Dabei bemißt sich die Gebühr nach dem Betrag, der bei einer Verwertung der Gegenstände voraussichtlich als Erlös zu erzielen wäre (Schätzwert).

## § 5

### Gebühr für die Androhung

(1) Für die Androhung von Zwangsmitteln nach § 20 LVwVG wird eine Gebühr erhoben, wenn die Androhung nicht mit dem Verwaltungsakt, der vollstreckt werden soll, verbunden ist.

(2) Die Gebühr beträgt zwanzig Deutsche Mark.

---

*) Nicht abgedruckt.

## § 6

### Gebühr für die Ersatzvornahme

(1) Führt die Vollstreckungsbehörde die Ersatzvornahme nach § 25 LVwVG selbst aus, wird eine Gebühr erhoben. Die Gebühr wird auch erhoben, wenn der Pflichtige die ihm durch den Verwaltungsakt auferlegte Pflicht erfüllt, nachdem die Bediensteten sich zur Ausführung der Ersatzvornahme an Ort und Stelle begeben haben.

(2) Die Gebühr beträgt 38 Deutsche Mark für jeden bei der Ausführung der Ersatzvornahme eingesetzten Bediensteten je angefangene Stunde.

## § 7*)

### Gebühr für die Anwendung unmittelbaren Zwangs

(1) Für die Anwendung unmittelbaren Zwangs nach §§ 26 bis 28 LVwVG und in den Fällen des § 35 Abs. 4 des Polizeigesetzes wird eine Gebühr erhoben. Die Gebühr wird auch erhoben, wenn der Pflichtige die ihm durch den Verwaltungsakt auferlegte Pflicht erfüllt, nachdem die Bediensteten sich zur Anwendung unmittelbaren Zwangs an Ort und Stelle begeben haben.

(2) Die Gebühr beträgt 38 Deutsche Mark für jeden bei der Anwendung unmittelbaren Zwangs eingesetzten Bediensteten je angefangene Stunde.

## § 8

### Auslagen

(1) Als Auslagen werden erhoben
1. Fernsprechgebühren im Fernverkehr, Telegrafen- und Fernschreibgebühren,

---

*) Der jetzige § 7 wurde durch die VO vom 29. 11. 1982 (GBl. S. 518) eingefügt. Bis dahin konnte nur für die Zwangsräumung nach § 27 Abs. 1 LVwVG, nicht aber für sonstige Fälle der Anwendung unmittelbaren Zwangs zur Vollstreckung von Verwaltungsakten eine Gebühr erhoben werden.

2. Schreibauslagen für nicht von Amts wegen zu erteilende Abschriften; die Schreibauslagen betragen für jede Seite unabhängig von der Art der Herstellung eine Deutsche Mark,
2a. Postgebühren für Zustellungen durch die Post und für Nachnahmen; wird durch die Behörden zugestellt (§ 5 des Verwaltungszustellungsgesetzes), werden die für die Zustellungen durch die Post mit Zustellungsurkunde entsprechenden Postgebühren erhoben,
3. Kosten, die durch öffentliche Bekanntmachung entstehen,
4. Kosten der Beförderung, Verwahrung und Beaufsichtigung gepfändeter Sachen, Kosten der Aberntung gepfändeter Früchte und Kosten der Verwahrung, Fütterung und Pflege gepfändeter Tiere,
5. Sächliche Kosten, die durch den Einsatz von Kraftfahrzeugen und technischen Hilfsmitteln bei der Vollstreckung entstehen,
6. Reisekosten der bei der Vollstreckung eingesetzten Bediensteten,
7. die Beträge, die anderen in- und ausländischen Behörden, öffentlichen Einrichtungen oder Beamten zustehen, und zwar auch dann, wenn aus Gründen der Gegenseitigkeit, der Verwaltungsvereinfachung und dergleichen an die Behörden, Einrichtungen oder Beamten keine Zahlungen zu leisten sind,
8. andere Beträge, die auf Grund von Vollstreckungsmaßnahmen an Dritte zu zahlen sind.

(2) Auslagen für die Mahnung nach § 14 Abs. 1 und 2 LVwVG und andere als in Absatz 1 Nr. 1 und 2a aufgeführte Postgebühren werden nicht erhoben.

## § 9

### Mehrheit von Pflichtigen

(1) Wird gegen mehrere Pflichtige, die nicht Gesamtschuldner sind, bei derselben Gelegenheit vollstreckt, so werden die Gebühren

1 in den Fällen der §§ 2 bis 4 von jedem Pflichtigen erhoben,

2. in den Fällen der §§ 6 und 7 auf die beteiligten Pflichtigen angemessen verteilt.

(2) In den Fällen des Absatzes 1 werden die Auslagen angemessen auf die beteiligten Pflichtigen verteilt.

## § 10

### Inkrafttreten

Diese Verordnung tritt am Tage nach der Verkündung in Kraft.

# Sachregister

**Die fetten Zahlen bezeichnen die §§ des Gesetzes,
die mageren Zahlen die Randnummern.
Anh. = Anhang / vor = Vorbemerkung vor**

**Abgeordnete,** Sondervorschriften **6**/14; **22**/18
**Abschiebung,** Eingriff in die Freiheit der Person **4**/8
**Abschließende Regelungen** in Spezialgesetzen **3**/7; **10**/4; **11**/2
**Absonderung** bei ansteckungsfähigen Krankheiten **4**/8
**Abstrakte Gefahr 1**/1, 10; **10**/6
**Alarmschüsse,** kein Schußwaffengebrauch **39**/2
**Allgemeine Polizeibehörden,** s. Polizeibehörden
**Allgemeinverfügungen,** Anordnungen gegen konkret bestimmbaren Personenkreis **10**/9; **vor 20**/1
**Amt für öffentliche Ordnung** als Polizeibehörde **48**/5
**Amtshaftung,** Anspruch aus A. **3**/1; **vor 20**/8; **41**/3
**Amtshandlungen**
— von Polizeidienststellen anderer Bundesländer im Landesgebiet **65**/1—3; **66**
— von Polizeidienststellen des Bundes im Landesgebiet **65**/4; **66**
— von Polizeibeamten außerhalb ihres Dienstbezirks **63**/3, 4
**Amtshilfe** der Polizei
— Begriff **1**/26
— Verpflichtung zur A. **1**/27
**Andere Stellen 2**/3

**Androhung**
— des unmittelbaren Zwangs **35**/6—9
— von Zwangsmitteln **32**/14—16
— Gebühr **Anh. 8**/5
**Anfechtungsklage** als Rechtsbehelf gegen polizeiliche Einzelanordnung **vor 20**/6
**Anhörung** des Betroffenen **3**/8
**Anscheinsgefahr 1**/12
**Anspruch** auf polizeiliches Einschreiten **3**/1
**Anstaltsunterbringung,** Eingriff in die Freiheit der Person **4**/8
**Anstand,** Verstoß gegen den äußeren A. als Ordnungsverletzung **1**/19
**Antragsdelikte** und polizeiliches Einschreiten **2**/16
**Antragserfordernis** bei polizeilichem Einschreiten zum Schutz privater Rechte **2**/12
**Anwesenheitsrecht** bei Wohnungsdurchsuchung **25**/17
**Arbeitskampf,** Maßnahmen der Polizei im A. **3**/4
**Aufgaben der Polizei**
— gesetzliche Umschreibung der A. **1**/1; **3**/1
— Wahrnehmung der A. durch die Polizeibehörden **46**/3
— dgl.; durch den Polizeivollzugsdienst **46**/4—7

375

## Sachregister

**Aufschiebende Wirkung** von Rechtsbehelfen **vor 20**/9
**Aufsichtsbeschwerde**
— Begriff **vor 20**/13
— Zulässigkeit **vor 20**/14
— s. auch Dienst- und Fachaufsichtsbeschwerde
**Auftraggeber,** Polizeipflicht für Verrichtungsgehilfen **6**/11–13
**Ausfertigung** von Polizeiverordnungen **17**/2
**Ausländische Polizeidienststellen,** Voraussetzungen für Tätigwerden im Inland **65**/5
**Austauschmittel 5**/4
**Auswahl**
— zwischen mehreren Störern **5**/3; **6**/6; **7**/11
— zwischen mehreren Nichtstörern **9**/4

**Bahnpolizei 45**/7; **65**/4
**Baurechtsbehörden** als Polizeibehörden **2**/4
**Bedrohung**
— der öffentlichen Sicherheit **1**/14
— der öffentlichen Ordnung **1**/18
**Befristung** von Polizeiverordnungen **18**
**Begründung** von Einzelanordnungen **vor 20**/4
**Belästigung** keine polizeiliche Gefahr **1**/13
**Behörde**
— Begriff **32**/3; **56**/1
— s. auch Polizeibehörden
**Bekanntgabe** von Verwaltungsakten **vor 20**/3
**Bekanntmachung** von Polizeiverordnungen s. Verkündung

**Benachrichtigungspflicht**
— bei subsidiärem Tätigwerden für andere Stellen **2**/8
— bei unmittelbarer Ausführung einer Maßnahme **8**/6
**Berechtigungsscheine,** Kontrolle **20**/17
**Bereitschaftspolizei**
— Aufgaben und Gliederung **56**/2, 5; **Anh. 2**/8–10
— Dienstbezirk **64**/1
— Unterstützungsfunktion **56**/5; **64**/1
**Bergbehörde** als besondere Polizeibehörde **47**/4
**Berufswahl,** polizeilich nicht einschränkbares Grundrecht **4**/13
**Beschlagnahme 27**
— Begriff **27**/1
— bei unbeteiligten Dritten **27**/5
— durch Polizeidienststelle in eigener Zuständigkeit **27**/10
— Dauer der Beschlagnahme **27**/9–11
— Durchführung **27**/8; **Anh. 1**/4
— Entschädigung des Betroffenen **27**/12
— im Landtag **27**/14
— Rechtsbehelfe gegen **27**/7
— von Presseerzeugnissen **27**/13
— Voraussetzungen **27**/4, 6
— zum Zwecke der Strafverfolgung **27**/2
**Bestätigung**
— der Beschlagnahme durch Polizeibehörde **27**/10
— mündlicher Verwaltungsakte **vor 20**/4

# Sachregister

**Bestimmtheit**
— von Einzelanordnungen **vor** 20/3
— von Polizeiverordnungen 10/8

**Betreten von Wohnungen**
s. Wohnung

**Briefgeheimnis**, polizeilich nicht einschränkbares Grundrecht 4/13

**Bund**
— Polizeibehörden des B. 45/6
— Polizeivollzugsbeamte des B. 45/7, 8

**Bundesautobahnen**, abweichende Regelung der Dienstbezirke der Polizeidienststellen 64/2

**Bundesbahn**, Beamte mit bahnpolizeilichen Vollzugsbefugnissen 45/7; 65/4

**Bundesbahnfahndungsdienst** 77/2; Anh. 1/8

**Bundesgrenzschutz** 45/8

**Bundeskriminalamt** 45/8

**Bundespolizei** 45/7, 8

**Bundeswehr**, 2/3; 45/9

**Bürgermeister** als Ortspolizeibehörde 48/5; 52/3

**Bußgeldbehörden**, Weisungsbefugnisse gegenüber Polizeivollzugsdienst 59/7

**Dienstaufsicht**
— Begriff 49/2, 3
— über die Bereitschaftspolizei 60
— über das Landeskriminalamt 60
— über die Landespolizei 58
— über Polizeibehörden 49
— über die Wasserschutzpolizei 58

**Dienstaufsichtsbeschwerden**, Begriff 49/3; 58/4

**Dienstbezirke**
— der Polizeibehörden 54/2
— der Polizeidienststellen 64

**Dienstherr**, Polizeipflicht für Verrichtungsgehilfen 6/11–13

**Dienstvergehen**, keine Verletzung der öffentlichen Sicherheit 1/15

**Dienstzweige** der Schutzpolizei 56/14

**Diplomaten**, Sondervorschriften 6/15; 22/19

**Doppelfunktion** des Leiters einer Landespolizeidirektion 56/12; 61/2

**Duldung**
— polizeiliche Forderung nach D. 9/7
— polizeiwidriger Zustände 3/13

**Durchführungsverordnungen** zum PolG Vorb. **vor Anh. 1**

**Durchführungsvorschriften**, Ermächtigungsnorm 91

**Durchsuchung**
— Begriff 23/1; 25/5
— Durchführung **Anh. 1/3**
— von Personen 23
— von Sachen 24
— von Wohnungen 25

**Eichämter** als besondere Polizeibehörden 47/4

**Eigensicherung**
— Durchsuchung von Personen zur E. 23/2, 7

**Eigentum**, polizeilich einschränkbares Grundrecht 4/11

**Eigentümer**, Polizeipflicht 7/1, 4, 7–11

377

**Eigentumsaufgabe,** Weiterbestehen der Polizeipflicht bei E. **7**/4, 9

**Eingriff**
- Entschädigung bei schuldhaft rechtswidrigem E. **41**/3
- Entschädigung bei schuldlos rechtswidrigem E. **41**/2
- Grundsatz des geringstmöglichen E. **5**/1–4

**Einnahmen** der Polizei **82**

**Einrichtungen** für die Polizei **56**/16

**Eintrittsrecht** der Aufsichtsbehörden **14**; **51**/4; **53**/1, 2

**Einzelmaßnahmen**
- Begriff **vor 20**/1
- Begründungspflicht **vor 20**/4
- Generalklausel als Ermächtigung für E. **1**/3
- Inhalt **vor 20**/3
- Rechtsbehelfe **vor 20**/6–14

**Einzelner,** Begriff **1**/6

**Einzelpersonen** mit polizeilichen Befugnissen **45**/10

**Einziehung 28**
- Versteigerung eingezogener Sachen **28**/6, 7
- Vernichtung eingezogener Sachen **28**/8
- Verwertung eingezogener Sachen **28**/6
- Voraussetzungen für die E. **28**/4
- zum Zwecke der Strafverfolgung **28**/2
- Zuständigkeit **28**/3

**Entführung,** Wohnungsdurchsuchung bei E. **25**/12, 13

**Entschädigung**
- Entschädigungsberechtigter **41**/4
- Entschädigungspflichtiger **42**
- keine E. für Störer **7**/10
- des Geladenen **21**/8
- Rechtsweg **44**

**Erforderlichkeit** polizeilicher Maßnahmen **3**/11

**Erkennungsdienstliche Maßnahmen 30**
- Aufbewahrung der Unterlagen **30**/8
- Erzwingung der erkennungsdienstlichen Behandlung **30**/7
- Rechtsmittel gegen erkennungsdienstliche Maßnahmen **30**/9
- Vernichtung der Unterlagen **30**/8
- Zulässige Maßnahmen **30**/4; **Anh. 1**/5; **Anh. 4**/1

**Erlaubnisvorbehalt,** polizeiliches Verbot mit E. in Polizeiverordnungen **10**/7

**Ermächtigung**
- der allgemeinen Polizeibehörden zum Erlaß von Polizeiverordnungen **10**/1
- der Polizei zum Erlaß von Einzelanordnungen **1**/3
- s. auch Generalermächtigung

**Ermessen**
- Begriff **3**/1
- fehlerfreie Ausübung **3**/12
- gerichtliche Nachprüfung des E. **3**/2, 14
- pflichtmäßiges E. **3**/12, 13

**Ersatz**
- für Kosten bei unmittelbarer

Ausführung einer Maßnahme 8/8–11
— für Kosten polizeilicher Maßnahmen 81/1
— Heranziehung des Veranstalters zum Kostenersatz 81/2–6

**Ersatzvornahme**
— Androhung 32/14
— Angabe der Kosten 32/25
— Gebühren **Anh.** 8/6
— Unterschied von der unmittelbaren Ausführung einer Maßnahme 8/2; 32/26
— Voraussetzungen 32/24

**Erscheinen,** Pflicht zum E. nach besonderen Vorschriften 21/9

**Fachaufsicht**
— Begriff 50
— über die Bereitschaftspolizei 60
— über das Landeskriminalamt 60
— über die Landespolizei 59
— über Polizeibehörden 50
— über die Wasserschutzpolizei 59

**Fachaufsichtsbehörden**
— Eintritt der F. beim Erlaß von Polizeiverordnungen 14
— Maßnahmen der F. bei Gefahr im Verzug 53/1, 2

**Fachaufsichtsbeschwerden,** Begriff 50/2; 59/2

**Fachhochschule** für Polizei 56/16

**Feldjäger** 45/9

**Fernmeldegeheimnis,** polizeilich nicht einschränkbares Grundrecht 4/13

**Fesselung,** Voraussetzungen 22/12; **Anh.** 4/4

**Feuerwehr,** subsidiäres polizeiliches Einschreiten für F. 2/3

**Fingerabdrücke,** Abnahme von F. 30/4

**Fischereiaufseher** 45/10

**Fleischbeschauer,** beschränkte polizeiliche Zuständigkeit 45/10

**Folgenbeseitigung,** Anspruch auf F. 9/9

**Formerfordernisse** für Polizeiverordnungen 12

**Forschung und Lehre,** polizeilich nicht einschränkbares Grundrecht 4/13

**Forstaufsicht,** Forstschutz 45/10

**Freie Meinungsäußerung,** polizeilich nicht einschränkbares Grundrecht 4/12

**Freiheit der Person**
— polizeilich einschränkbares Grundrecht 4/5
— polizeiliche Eingriffe in die F. nach der StPO 4/8

**Freiheitsbeschränkung** 4/7

**Freiheitsentziehung**
— Begriff 4/6
— besonders geregelte Fälle 22/2
— Gewahrsam 22

**Freiwilliger Polizeidienst,** Teil des Polizeivollzugsdienstes 45/4

**Freizügigkeit,** polizeilich nicht einschränkbares Grundrecht 4/9

**Fundbehörden,** Gemeinden als F. 26/10

**Fundsachen**
— Behandlung durch Polizei 26/9, 10
— Sicherstellung 26/11

## Sachregister

**Gebot** in PolVO 10/7
**Gebühren**
— für Amtshandlungen der Polizei **81**/1; **Anh. 6**
— für Vollstreckungsmaßnahmen **Anh. 8**
**Gebührenverzeichnis** (Auszug) **Anh. 6**
**Gefahr**
— Anscheinsgefahr **1**/12
— abstrakte **1**/1, 10; **10**/16
— allgemeiner Begriff **1**/7, 9
— dringende **1**/9; **25**/7
— drohende **1**/8; **22**/6
— erhebliche **22**/5
— gemeine **1**/9; **25**/8
— im Verzug **1**/9; **2**/7; **25**/15; **46**/7; **53**/1, 2; **54**/4
— konkrete **1**/10
— latente **1**/11
— Lebensgefahr **1**/9; **25**/9
— Putativgefahr **1**/12
— unmittelbar bevorstehende **1**/8; **27**/4
— unterschiedliche Begriffe **1**/9
**Gefahrenabwehr 1**/1–3
**Gefahrerforschungseingriff 1**/12
**Gegenvorstellung** gegen polizeiliche Einzelanordnungen **vor 20**/13
**Gehör**, rechtliches **3**/8
**Geisteskranke** oder Geistesschwache als Störer **6**/9
**Geldbuße** bei Verstößen gegen Polizeiverordnungen **18 a**/1–3
**Gemeinderäte**
— Mitwirkung in polizeilichen Angelegenheiten **48**/6
— Zustimmung zu PolVO **15**/2–4

**Gemeindliche Vollzugsbeamte 76**
— als Außenbeamte der Bußgeldbehörden **76**/3
— Aufgaben **76**/2; **Anh. 1**/6
— Ausbildung **76**/6
— Bestellung durch Ortspolizeibehörde **76**/1
— Rechtsstellung von Polizeibeamten **76**/4
**Gemeinwesen**, Begriff **1**/6
**Generalermächtigung**
— Begriff **1**/2; **3**/1
— zum Erlaß von Einzelmaßnahmen **1**/3
— Zum Erlaß von Polizeiverordnungen **1**/3; **10**/1
**Gerichtliche Nachprüfung**
— des polizeilichen Ermessens **3**/2, 14
— der Tatbestandsmerkmale des § 1 **1**/22
**Geringstmöglicher Eingriff**
— bei Anwendung von Zwangsmitteln **35**/1
— Grundsatz des g. E. **5**/1, 3
**Geschäftsbereiche** der **Ministerien 13**/2; **48**/2
**Geschäftsführung ohne Auftrag**, entsprechende Anwendung bei Rückgriff gegen Störer **43**/1
**Gesetzesvorbehalt** für Übertragung von Aufgaben auf die Polizei **1**/23
**Gesundheit**
— Einschreiten bei schwerer Gefährdung der G. im öffentlichen Interesse **1**/20
— Gefährdung oder Schädigung **1**/15
**Gesundheitsämter** als besondere Polizeibehörden **47**/4

**Gewahrsam 22**
— Aufhebung 22/13
— Begriff 22/1
— Durchführung 22/12; **Anh. 1**/2
— gegenüber Abgeordneten 22/18
— gegenüber Diplomaten 22/19
— gegenüber Stationierungsstreitkräften 22/20
— zur Identitätsfeststellung 22/10
— Rechtsbehelfe 22/11
— richterliche Entscheidung über die Zulässigkeit 22/14—16
— des Selbstmordwilligen 22/9
— Schutzgewahrsam 22/6—9
— Voraussetzungen 22/4—10

**Gewalttaten** als Voraussetzung für Schußwaffengebrauch gegen Menschenmenge 40/15

**Gewässer,** Polizeipflicht des Trägers der Unterhaltslast für G. 7/8

**Gewerbeaufsichtsämter** als besondere Polizeibehörden 47/4

**Glaubens- und Bekenntnisfreiheit,** polizeilich nicht einschränkbares Grundrecht 4/13

**Gleichheitsgrundsatz,** Beachtung bei Ermessensausübung 3/13

**Gliederung** der Polizeidienststellen **57**

**Große Kreisstädte** als Kreispolizeibehörden 48/4

**Grundrechte**
— als Bestandteil der Landesverfassung 4/1
— polizeilich beschränkbar 4/4—12
— polizeilich nicht beschränkbar 4/13
— als rechtliche Schranken 3/4; 4/1, 2; **11**/1
— Teil der verfassungsmäßigen Ordnung 1/16

**Hafenbehörden** als besondere Polizeibehörden 47/4

**Hafteinrichtungen,** Weiterbenutzung *90*

**Haftung**
— Amtshaftung 3/1; **vor 20**/8; **41**/3
— für den Verrichtungsgehilfen 6/11—13
— Verursachungshaftung 6/1
— Zustandshaftung 7/1

**Handgranate,** Anwendung der H. 39/3; **Anh. 4,** 2

**Hiebwaffe,** Gebrauch der H. 39/3

**Hilfsbeamte der Staatsanwaltschaft** 1/24; **77**

**Hilfsmittel** der körperlichen Gewalt 33/3; **Anh. 4**/2

**Hilfspflichten** 9/2

**Hilfspolizeibeamte,** Unzulässigkeit der Bestellung 1/4

**Hilfstätigkeiten,** keine Verpflichtung der Polizei zu H. 1/27; 46/4

**Hoheitsträger**
— kein Eingriff der Polizei in Zuständigkeiten anderer H. 2/9
— subsidiäres Tätigwerden der Polizei 2/3–9


**Identität,** Feststellung der I. s. Personenfeststellung

**Identitätsgewahrsam** 22/10

**Informationsfreiheit,** polizeilich einschränkbares Grundrecht 4/12

**Inhaber der tatsächlichen Gewalt**
— Begriff 7/5
— Polizeipflicht **7**
— Sicherstellung von Sachen zugunsten des I. 26/4

## Sachregister

**Innenministerium**
— als oberste Dienstaufsichtsbehörde 49/4; 56/15; 58/1
— als oberste Landespolizeibehörde 48/2
**Integration** von Schutz- u. Kriminalpolizei 56/8, 13
**Interesse** s. öffentliches Interesse

**Jagdaufseher,** polizeiliche Befugnisse 1/4; 45/10
**„Jedermann-Rechte"**
— Ausübung durch Polizeibeamte 40/16
— Ausübung durch gemeindliche Vollzugsbeamte 76/4
— außerhalb des Landesgebiets 63/3
**Jugendliche**
— Entfernung von gefährdenden Orten 4/8
— unter 16 Jahren als Störer 6/8–10
**Jugendwohlfahrtsbehörden** 2/3

**Katastrophenschutzbehörden** als Polizeibehörden 2/4
**Konkrete Gefahr** 1/1, 10
**Konvention des Europarats** zum Schutze der Menschenrechte und Grundfreiheiten 4/3
**Körperliche Untersuchung** 23/1
**Körperliche Unversehrtheit** als polizeilich einschränkbares Grundrecht 4/4
**Kontrollstellen** 20/9–13
**Kontrollbereiche** 20/14
**Kosten** s. Polizeikosten
**Kraftfahrzeuge,** Veranstaltungen außerhalb öffentlicher Straßen 1/10; 10/2, 7

**Kreispolizeibehörden**
— Dienstaufsicht über die K. 49
— Fachaufsicht über die K. 50
— Untere Verwaltungsbehörden als K. 48/4
**Kreistag**
— Mitwirkung in polizeilichen Angelegenheiten 48/6
— Zustimmung zu Polizeiverordnungen 15/2, 3
**Kriminalpolizei,** Aufgaben und Gliederung 56/3, 4, 13; 60/2; 64/1; **Anh.** 2/21
**Kunst,** Freiheit der K. polizeilich nicht einschränkbares Grundrecht 4/13

**Ladung** 21
— Begriff 21/1
— Entschädigung des Geladenen 21/8
— keine Verpflichtung des Geladenen 21/1, 5
— keine zwangsweise Durchsetzung der L. 21/9
— zum Verkehrsunterricht 21/2
— Voraussetzungen 21/3,4
**Landesbergamt** als besondere Polizeibehörde 47/4
**Landesgebührengesetz,** Geltung für Polizei 81/1
**Landeskriminalamt**
— Dienstbezirk 64
— Dienst- und Fachaufsicht des Innenministeriums über das LKA 60
— Einrichtung und Aufgaben 56/3, 4; **Anh.** 2, 3–5
— Fachaufsicht über kriminalpolizeiliche Tätigkeit der Polizei-

382

dienststellen **59**/5
— örtliche Zuständigkeit **63**

**Landespolizei**
— Dienstaufsicht über die L. **58**
— Einrichtung und Aufgaben **56**/2, 8—13
— Fachaufsicht über die L. **59**
— -gliederung **56**/9, 10; **Anh. 2**/17
— örtliche Zuständigkeit **63**

**Landespolizeibehörden**
— Dienstaufsicht über die L. **49**
— Fachaufsicht über die L. **50**
— örtliche Zuständigkeit **54**; **55**
— Regierungspräsidien als L. **48**/3
— sachliche Zuständigkeit **52**; **53**

**Landespolizeidirektionen**
— Aufgaben **56**/11; **Anh. 2**/18
— Dienstbezirk **56**/10

**Landespolizeipräsidium** im Innenministerium **56**/15

**Landes-Polizeischule 56**/16

**Landesverwaltungsvollstreckungsgesetz Anh. 3**

**Landratsämter** als Kreispolizeibehörden **48**/4; **79**/2

**Landtagspräsident**, Wahrnehmung der Polizeigewalt im Landtag **27**/14; **47**/5

**Lebensmittelüberwachung**, Zuständigkeit der Ortspolizeibehörden **52**/3

**Legalitätsprinzip** im Bereich der Strafverfolgung **3**/1

**Leistungs- und Duldungspflichten** nach besonderen Vorschriften **9**/2

**Maßnahmen**
— Art der M. **5**/3
— Ausführung, unmittelbare **8**
— Begriff **3**/10; **vor 20**/1
— gegen Eigentümer oder Inhaber der tatsächlichen Gewalt **7**
— Eignung **3**/11
— Einzelmaßnahmen **vor 20**/1
— Erforderlichkeit **3**/11; **32**/12
— erkennungsdienstliche M. **30**; **Anh. 1**/5, **Anh. 4**/1
— Inhalt **5**/3
— Nachteile **5**/7
— Nebenwirkungen **5**/6
— polizeiliche M. **3**/10
— rechtliche Schranken für polizeiliche M. **3**/3—7
— Richtung der M. **5**/3
— Übermaß **5**/5—7
— gegenüber unbeteiligten Personen **9**
— Verhältnismäßigkeit **5**/1; **32**/10
— gegenüber dem Verursacher **6**

**Menschenansammlung**
— Begriff **35**/5
— Schußwaffengebrauch gegen eine M. **39**/7; **40**/15

**Menschenrechtskonvention 4**/3

**Menschenwürde**
— Achtung der M. als Bestandteil der verfassungsmäßigen Ordnung **1**/16
— polizeilich nicht einschränkbares Grundrecht **4**/13
— Rücksicht auf die M. bei Vernehmungen **29**/1
— dgl.; bei erkennungsdienstlichen Maßnahmen **30**/6

**Militärmissionen**, Vorrechte **6**/15

**Mindesteingriff**, Grundsatz **5**/1; **32**/10

## Sachregister

**Ministerien**
— als oberste Landespolizeibehörden **48**/2
— Ressortzuständigkeit für polizeiliche Aufgaben **48**/2
— Zuständigkeit für den Erlaß von Polizeiverordnungen **13**/3

**Ministerpräsident,** kein unmittelbares Weisungsrecht gegenüber Polizei **61**/2

**Nacheile** als polizeiliche Amtshandlung außerhalb des Landes **63**/4

**Nachtzeit,** Durchsuchung bei N. **25**/10, 14

**Nebenwirkungen** von Maßnahmen **5**/6

**Nichtigkeit** von PolVO **11**/4; **12**/1, 2; **15**/2; **16**/7

**Nichtstörer**
— Entschädigung bei rechtmäßigen polizeilichen Maßnahmen **41**/1
— Maßnahmen gegen N. **9**

**Niederschrift**
— bei Wohnungsdurchsuchung **25**/17

**Normenkontrollverfahren** gegen Polizeiverordnungen **10**/11; **14**/4

**Notstand**
— innerer Notstand **73**/4
— kräftemäßiger Notstand der Polizei **73**
— polizeilicher **9**; **73**/4

**Notzuständigkeit**
— der Fachaufsichtsbehörden **53**/1, 2
— der Nachbarbehörden **54**/4

— der nachgeordneten Behörden **53**/3

**Obdachlosigkeit**
— Heranziehung unbeteiligter Personen zur Verhinderung einer O. **9**/4, 8, 9
— eine Ordnungsverletzung **1**/19

**Oberste Landespolizeibehörden**
— Begriff **48**/2
— Fachaufsicht der Ministerien als O. L. **50**
— Geschäftsbereiche **48**/2
— örtliche Zuständigkeit **54**
— sachliche Zuständigkeit **52**

**Objektsicherung**
— Durchsuchung von Personen zur O. **23**/6
— Durchsuchung von Sachen zur O. **24**/6
— Identitätsfeststellung zur O. **20**/8

**Öffentliches Interesse**
— Begriff **1**/20, 21
— als gerichtlich nachprüfbarer Rechtsbegriff **1**/22

**Öffentliche Ordnung**
— Begriff **1**/14, 18
— Störungen der ö. O. **1**/19

**Öffentliche Sicherheit**
Begriff **1**/14, 15

**Opportunitätsprinzip**
Begriff **3**/1

**Ordnung,** s. Öffentliche Ordnung und Verfassungsmäßige Ordnung

**Ordnungsverletzung**
— im Bereich des äußeren Anstands **1**/19

384

Sachregister

- im Bereich des geordneten sozialen Zusammenlebens 1/19
- im Bereich des religiösen und sittlichen Empfindens 1/19
- drohende 1/8

**Ordnungswidrigkeiten**
- Opportunitätsprinzip bei der Verfolgung von O. 3/1
- Verfolgung von O. durch die Polizei 1/24
- Verhinderung von O. als Gefahrenabwehr 1/15
- Verstöße gegen eine PolVO als O. **18 a**

**Organisation** der Polizei 1/5 und 45 ff.

**Organisationshoheit** der Gemeinden 48/5

**Ortspolizeibehörden**
- Begriff und Aufgaben 48/5
- Dienstaufsicht über die O. 49
- Fachaufsicht über die O. 50
- örtliche Zuständigkeit 54
- sachliche Zuständigkeit 52/3
- Weisungsrecht der O. 62
- Zuständigkeitsvermutung für O. 52/3


**Parallelaufsicht** 49/1; 58/2
**Personen,** Begriff 6/3
**Personenfeststellung** 20
- an Kontrollstellen 20/9
- Begriff 20/2
- bei Razzien 20/7
- einzelne Maßnahmen 20/15
- Gewahrsamnahme zum Zweck der P. 22/10
- in Kontrollbereichen 20/14
- Verbringen zur Dienststelle 20/16

- weitere Rechtsgrundlagen 20/3
- zum Schutz privater Rechte 2/13, 15
- zum Zwecke der Strafverfolgung 20/1
- zur Objektsicherung 20/8

**Persönlichkeit,** freie Entfaltung der P. polizeilich einschränkbares Grundrecht 4/2, 13

**Petitionsrecht vor** 20/14

**Pflichtmäßiges Ermessen,** Begriff 3/1, 12

**Polizeibeamte,** Begriff 45/5

**Polizeibegriff**
- des Bundesgesetzgebers 1/5
- formeller 1/1, 5
- materieller 1/1, 2, 5

**Polizeibehörden**
- allgemeine P. 47/1, 2; **48**
- Arten 47
- Begriff 45/2
- besondere P. 47/3, 4
- des Bundes 45/6
- Dienstaufsicht über die P. 49
- Fachaufsicht über die P. 50
- funktionelle Zuständigkeit 46/1, 3
- örtliche Zuständigkeit 54; 55
- sachliche Zuständigkeit 52; 53
- Zuständigkeit der P. für den Erlaß von PolVO 13

**Polizeidienststellen**
- Aufbau und Gliederung der P. 56; 57
- Aufgaben 46/2, 4–8; 57
- des Bundes, Amtshandlungen im Landesgebiet 65, 66
- anderer Bundesländer, Amtshandlungen im Landesgebiet 65; 66

385

## Sachregister

- Dienstbezirke der P. **64**
- örtliche Zuständigkeit der P. **63; 64**

**Polizeikosten**
- Begriff **78**/1–3
- der Ersatzvornahme **32**/25
- Kosten für die allgemeinen Polizeibehörden **79**
- Kostenersatz von Dritten **81**
- für die staatlichen Polizeidienststellen **80**
- der unmittelbaren Ausführung einer Maßnahme **8**/8–11
- für Verkehrszeichen, -einrichtungen und -anlagen **79**/4
- Vollstreckungskosten **Anh. 8**

**Polizeipflicht**
- von Abgeordneten **6**/14
- Begriff **6**/1
- von Diplomaten **6**/15
- des Eigentümers oder Inhabers der tatsächlichen Gewalt **7**
- des Geschäftsherrn **6**/11–13
- von Stationierungsstreitkräften **6**/16
- keine Übertragung auf Dritte **1**/4; **7**/9
- des Verursachers **6**/1

**Polizeipräsident**
- als Leiter einer Landespolizeidirektion **56**/12
- als Referatsleiter im Regierungspräsidium **56**/12

**Polizeischutz,** Rechtsanspruch auf P. **3**/1

**Polizeistrafrecht,** Ablösung des P. **1**/1, 14; **10**/1; **18**/4

**Polizeiverordnungen**
- Adressaten **10**/10
- Angabe der Rechtsgrundlage **12**/2
- Aufhebung durch die Fachaufsichtsbehörde **16**/6
- Außerkrafttreten **18**
- besondere Art von Rechtsverordnungen **10**/1
- Bezeichnung der erlassenden Behörde **12**/3
- Erlaß einer P. durch die Fachaufsichtsbehörde **14**
- Ermächtigung zum Erlaß von P. **10**
- Feststellung der Nichtigkeit **16**/7
- Formerfordernisse **12**
- Geltungsbereich der P. **13**/3
- Geltungsbereich der Vorschriften über P. **10**/12
- Inhalt **10**/5–8
- Inkrafttreten **12**/8
- Prüfung durch die Fachaufsichtsbehörde **16**
- Richterliche Überprüfung einer P. **10**/11
- Überschrift **12**/6
- Verkündung von P. *17*; **Anh. 1**/*1*
- Vorrang des Gesetzes **11**/1, 2
- Vorrang von Rechtsverordnungen übergeordneter Behörden **11**/3
- Zuständigkeit der Ministerien **13**/2
- Zuständigkeit für den Erlaß **10**/3; **13**
- Zustimmung des Kreistags, des Gemeinderats oder der Verbandsversammlung **15**

# Sachregister

- Zuwiderhandlungen gegen P. **18 a**

**Polizeivollzugsdienst**
- Aufbau **56**
- Aufgaben und Gliederung **57**
- Zuständigkeit **46**/2, 4–8

**Polizeizwang**
- Rechtsbehelfe **32**/28
- Unterscheidung der Anwendung des P. von der unmittelbaren Ausführung einer Maßnahme **8**/2
- s. auch Verwaltungsvollstreckung und Zwangsmittel

**Postgeheimnis,** polizeilich nicht einschränkbares Grundrecht **4**/13

**Presseerzeugnisse**
- Beschlagnahme nur durch den Richter **27**/13
- keine Beschlagnahme auf Grund des PolG **27**/13

**Pressefreiheit 4**/2,12

**Private Rechte,** Schutz durch die Polizei **2**/2, 10–15

**Putativgefahr 1**/12

**Razzia 20**/7

**Rechte**
- polizeilicher Schutz privater R. **2**/2, 10–15
- ungehinderte Ausübung staatsbürgerlicher R. **1**/17
- Wahrnehmung ausdrücklich eingeräumter R. keine Störung **6**/5

**Rechtliches Gehör,** Anspruch auf rechtliches G. **3**/8

**Rechtsanspruch** auf polizeiliches Einschreiten **3**/1

**Rechtsbehelfe,** keine aufschiebende Wirkung bei unaufschiebbaren polizeilichen Maßnahmen **vor 20**/9

**Rechtsbehelfe, Rechtsmittel** gegen
- Aufhebung oder Feststellung der Nichtigkeit einer PolVO **16**/8
- das Betreten und Durchsuchen von Wohnungen **25**/19
- Beschlagnahmen **27**/7
- erkennungsdienstliche Behandlung **30**/9
- Erlaß einer PolVO durch die Fachaufsichtsbehörden **14**/4
- polizeiliche Einzelmaßnahmen **vor 20**/6–14
- Polizeiverordnungen **10**/11
- Polizeizwang **32**/28
- unmittelbare Ausführung **8**/3

**Rechtsgrundlage,** Angabe in Polizeiverordnungen **12**/2

**Rechtsschutz,** Anspruch auf R. **3**/9

**Recht und Ordnung 1**/1

**Rechtzeitiges Tätigwerden** anderer Stellen **2**/5

**Regierungspräsidien** als Landespolizeibehörden **48**/3

**Regierungsveterinärräte** s. Veterinärämter

**Reizstoffe 39**/3

**Rettungsschuß** mit tödlicher Wirkung **40**/2

**Richterliche Entscheidung**
- bei Gewahrsam **22**/14–17
- bei Wohnungsdurchsuchung **25**/15
- bei Zwangshaft **32**/21

**Sachen**
— Begriff 7/2; 24/1
— Durchsuchung von S. 24
— tatsächliche Gewalt über S. 7/5
— Zustand von S. 7/3

**Schaden**
— Begriff 1/7
— s. auch Entschädigung

**Schußwaffe,** Begriff 39/1

**Schußwaffengebrauch**
— zum Anhalten von Straftätern 40/7
— zur Fluchtvereitelung oder zur Wiederergreifung entwichener Personen 40/10
— gegen eine Menschenmenge 40/13-15
— in Notwehr oder Notstand 40/16
— gegenüber Personen 40
— zur Verhinderung einer Gefangenenbefreiung 40/12
— zur Verhinderung von Straftaten 40/3-6
— Voraussetzungen 39/4-7
— s. auch Waffengebrauch

**Schutzgewahrsam** 22/6-9

**Schutzpolizei,** Aufgaben und Gliederung 56/13

**Selbstgefährdung,** Recht zur S. 1/21

**Selbstmord**
— Gewahrsam des Selbstmordwilligen 22/9
— Verhinderung im öffentlichen Interesse 1/21

**Sicherheit,** s. öffentliche Sicherheit

**Sicherstellung 26**
— Begriff 26/1
— Begründung eines öffentlichrechtlichen Verwahrungsverhältnisses 26/7
— gefundener Sachen 26/9-11

**Signalschüsse,** kein Schußwaffengebrauch 39/2

**Sistierung** 20/16

**Soldaten der Bundeswehr,** Rechte nach dem UZwGBW 45/9

**Spezialermächtigungen** 1/2, 3; 10/4

**Staatsanwaltschaft**
— Anordnung unmittelbaren Zwanges zu Strafverfolgungszwecken 34/3; **Anh. 5**
— fachliche Aufsichtsbefugnisse über Polizeidienststellen bei der Strafverfolgung 59/7, 61/1
— Polizeibeamte als Hilfsbeamte der StA 1/24
— Weisungsbefugnisse gegenüber Polizeidienststellen **Anh. 2**/2, 7

**Staatsbürgerliche Rechte,** Schutz der ungehinderten Ausübung 1/17

**Staatshaftungsgesetz,** Nichtigkeit **vor 41**

**Standardmaßnahmen** 1/3; 3/6; **vor 20**/1

**Stationierungsstreitkräfte**
— Gewahrsam von Mitgliedern der S. 22/20
— Polizeipflicht von Mitgliedern der S. 6/16

**Störer**
— Auswahl zwischen mehreren Störern 5/3; 6/6; 7/11
— Entmündigte als Störer 6/9
— unter 16 Jahren 6/10

- unter vorläufiger Vormundschaft stehende Personen als Störer 6/9
**Störung**
- der öffentlichen Ordnung 1/19
- der öffentlichen Sicherheit 1/14
- unmittelbar bevorstehende St. 9/5; 22/5; 27/4
- durch das Verhalten von Personen 6/2–6
- Verursachung der St. 6/4
- durch den Zustand einer Sache 7/3–6

**Straftaten,** Verhinderung von St. als Gefahrenabwehr 1/15

**Strafverfolgung** durch die Polizei 1/15, 24; 3/1

**Straßenanlieger,** Reinigungs-, Räum- und Streupflicht der St. 7/8

**Straßenbaulastträger** Polizeipflicht 7/8

**Straßenverkehrsbehörden** als Polizeibehörden 1/5; 2/4; 47/3

**Straßenverkehrs-Ordnung,** Durchführung der StVO als polizeiliche Aufgabe 1/5

**Straßenverkehrsrecht** als spezielles Polizeirecht 1/5

**Streik,** Maßnahmen der Polizei bei St. 3/4

**Streupflicht** 7/8

**Subsidiäres Tätigwerden** für andere Stellen 2/1, 3

**Subsidiäre Zuständigkeit**
- im Bereich anderer Hoheitsträger 2/9
- für Feuerwehr 2/3
- für Jugendwohlfahrtsbehörden 2/3
- zum Schutz privater Rechte 2/10–15

**Subsidiarität**
- der Ermächtigung zum Erlaß von Polizeiverordnungen 10/4
- der polizeilichen Generalermächtigung 1/2
- polizeilichen Einschreitens 2/1, 3, 16

**Tatsächliche Gewalt** als Grund für Polizeipflicht 7/1, 5

**Todesschuß** s. Rettungsschuß

**Übermaßverbot** 5/1

**Unbeteiligte Personen**
- Begriff 9/3
- Entschädigung 41 ff.
- Verbot der Heranziehung bei Möglichkeit der unmittelbaren Ausführung 8/7
- Voraussetzungen für Maßnahmen gegen unbeteiligte P. 9/6, 7

**Unmittelbare Ausführung** einer Maßnahme
- Begriff 8/2, 3
- Heranziehung zu den Kosten 8/8–11
- Unterschied zum Polizeizwang 8/2; 32/2
- Zulässigkeit 8/4

**Unmittelbarer Zwang**
- Androhung 35/6–9
- Begriff 33/2, 3
- Gebühren **Anh.** 8/7
- Hiebwaffengebrauch 39/3
- Hilfsmittel der körperlichen Gewalt 33/3, 4; **Anh.** 4/2
- gegenüber einer Menschenansammlung 35/5; 40/15

## Sachregister

- Mittel **33**/2, 3
- Voraussetzungen seiner Anwendung gegen Personen **35**/3–5
- zur Vollstreckung von Verwaltungsakten **35**/11–13

**Unmöglichkeit** als Grenze der Polizeipflicht **6**/7; **7**/7

**Untätigkeit** der zuständigen Stelle **2**/5, 6

**Untere Verwaltungsbehörden** als Kreispolizeibehörden **48**/4

**Unterlassen,** Störung durch U. **6**/1, 2

**Unterrichtungspflicht**
- der Polizeibehörden **51**/6
- der Polizeidienststellen **61**/6; **62**/3

**Veranlasser 6**/4

**Veranstaltungen**
- Ersatzpflicht für Polizeikosten **81**/2–7
- Versicherung von Polizeibeamten bei V. **81**/5

**Verbandsversammlung**
- Mitwirkung in polizeilichen Angelegenheiten **48**/6
- Zustimmung zu PolVO **15**/2, 3

**Verbot**
- mit Erlaubnisvorbehalt **10**/7
- in PolVO **10**/7

**Verbrechen,** Begriff **40**/4

**Verbringen** zur Dienststelle, Sistierung **20**/16

**Verbringungsgewahrsam 22**/5

**Vereinbarungen** zwischen Polizei und einzelnen **1**/4

**Vereinigungsfreiheit,** polizeilich nicht einschränkbares Grundrecht **4**/13

**Verfassungsmäßige Ordnung**
- besonderes polizeiliches Schutzgut **1**/16
- verfassungsrechtliche Schranke **4**/2

**Verfassungsschutz,** strikte Trennung von der Polizei **45**/11

**Vergehen,** Begriff **40**/4

**Verhalten,** Begriff **6**/2

**Verhältnismäßigkeit**
- bei Anwendung von Polizeizwang **32**/11
- Grundsatz der V. **5**/1, 5–7

**Vernehmung 29**
- Begriff der polizeilichen V. **29**/2
- keine Anwendung von Zwang bei polizeilicher V. **29**/3–5

**Vernichtung**
- eingezogener Sachen **28**/8
- erkennungsdienstlicher Unterlagen **30**/8; **Anh. 4**/1 b

**Verkehrsunterricht,** Vorladung zum V. **21**/2

**Verkehrszeichen** als Allgemeinverfügungen **vor 20**/1

**Verkündung** von Polizeiverordnungen **17**; **Anh. 1**/*1*

**Verrichtungsgehilfe**
- Begriff **6**/12
- Haftung für den V. **6**/11–13

**Versammlungsfreiheit 4**/14

**Verursachung 6**/4

**Verursachungshaftung**
- Begriff **6**/1
- mehrerer Verursacher **6**/6
- unmittelbare Verursachung entscheidend für Polizeipflicht **6**/4
- Zusammentreffen mit Zustandshaftung **7**/11

## Sachregister

**Verwaltungsabkommen** zur Übertragung polizeilicher Befugnisse **65**/3, 4
**Verwaltungsakt**
— Begriff **vor 20**/1
— Einzelmaßnahmen als V. **vor 20**/1
— Voraussetzung für die Anwendung von Polizeizwang **32**/5
— Zwangsmittel als anfechtbarer V. **32**/28
**Veterinärämter** als besondere Polizeibehörden **47**/4
**Vollstreckung**
— bei Gefahr im Verzug **32**/17
— Gebühren und Auslagen **Anh. 8**
— nach dem Landesverwaltungsvollstreckungsgesetz **32**/7
— Vollstreckungsbeamte **32**/6
— Vollstreckungsbehörde **32**/6
— Vollstreckungsgrundlage **32**/5
**Vollstreckungskostenordnung Anh. 8**
**Vollzugsfremde Aufgaben 1**/27
**Vollzugshandlungen,** Begriff **46**/4
**Vollzugshilfe** der Polizei **1**/26
**Vollzugsorgane des Bundes 45**/7, 8
**Vorführung** als Freiheitsbeschränkung **4**/7, 8
**Vorladung** s. Ladung
**Vorläufige Maßnahmen** der Polizei für andere Stellen **2**/1, 8

**Waffengebrauch**
— als Mittel des unmittelbaren Zwangs **33**/3
— s. auch Schußwaffengebrauch
**Warnschuß**
— als Androhung des Schußwaffengebrauchs **35**/8, 9
— kein Schußwaffengebrauch **39**/2
**Wasserbehörden** als Polizeibehörden **2**/4
**Wasserschutzpolizei**
— Aufgaben **56**/6, 7; **Anh. 2**/12, 14
— Dienstaufsicht über die W. **58**
— Fachaufsicht über die W. **59**
— -gliederung **56**/7; **Anh. 2**/13
— Örtliche Zuständigkeit **63**; **64**/3
— Wasserschutzpolizeidirektion, Dienstbezirk **64**/3
**Wege,** Polizeipflicht des Wegeunterhaltspflichtigen **7**/8
**Weisungen**
— Bestätigung formloser W. **51**/2
— Ersatzpflicht bei fehlerhaften W. **51**/2
**Weisungsrecht**
— gegenüber Polizeibehörden **51**
— gegenüber Polizeidienststellen **61**
— der Ortspolizeibehörden **62**
**Widerspruch** als Rechtsbehelf gegen polizeiliche Einzelmaßnahmen **vor 20**/6
**Wirtschaftskontrolldienst** als Dienstzweig der Schutzpolizei **56**/14
**Wissenschaft,** Freiheit der W. polizeilich nicht einschränkbares Grundrecht **4**/13
**Wohnung**
— Begriff **25**/4
— Betreten **25**/3
— Durchsuchung **25**/11-14
— dgl.; zum Zwecke der Strafverfolgung **25**/1
— Eindringen in W. **25**/3

## Sachregister

— Inhaber **25**/5
— Rechtsbehelfe gegen Durchsuchung **25**/19
— richterliche Anordnung der Durchsuchung **25**/15
— Unverletzlichkeit der W. polizeilich einschränkbares Grundrecht **4**/10

**Würde** des Menschen **1**/16; **23**/8; **30**/6; **Anh. 1**/5

**Zumutbarkeit** bei Heranziehung eines Nichtstörers **9**/7

**Zusammenarbeit** der Polizeidienststellen **1**/28; **Anh. 2**/1

**Zusammenleben**, geordnetes soziales Z. als polizeiliches Schutzgut **1**/19

**Zusatzhaftung 6**/8

**Zustand einer Sache**
— Begriff **7**/3
— Zusammentreffen von Zustandshaftung und Verursachungshaftung **7**/11
— Zustandshaftung **7**

**Zuständigkeit**
— allgemeine sachliche Z. der Polizeibehörden **52**
— besondere sachliche Z. der Polizeibehörden **53**
— für die Einziehung **28**/3
— Grundsatz der ortspolizeilichen Z. **52**/3
— örtliche Z. der Polizeibehörden **54**
— örtliche Z. der Polizeidienststellen **63**
— der Polizeidienststellen außerhalb des Landesgebiets **63**/4
— der Polizeidienststellen anderer Bundesländer im Landesgebiet **65; 66**
— der Polizeidienststellen des Bundes im Landesgebiet **65; 66**
— zum Erlaß von Polizeiverordnungen **13**

**Zuständigkeitsvermutung**
— für die allgemeinen Polizeibehörden **47**/1
— für die Ortspolizeibehörden **52**/3

**Zustimmungsbedürftigkeit** von Polizeiverordnungen **15**

**Zwang**
— Begriff **29**/4
— Unzulässigkeit bei Ladungen **21**/9
— dgl. bei Vernehmungen **29**/5

**Zwangsgeld**
— Androhung **32**/14
— Festsetzung **32**/19, 20
— Höhe **32**/19
— Rechtsmittel gegen Z. **32**/28

**Zwangshaft**
— Anordnung nur durch Gericht **32**/21
— anstelle des Zwangsgeldes **32**/21–23
— Höchstdauer **32**/22
— Rechtsmittel gegen Z. **32**/28
— Vollstreckung durch Justiz **32**/23

**Zwangsmittel**
— Androhung **32**/14–16
— Anwendung nach dem LVwVG **32**/3
— Aufzählung **32**/9
— Begriff **32**/1, 2
— Bestimmtheit **32**/16
— Gebühren und Auslagen **Anh. 8**
— Rechtsmittel **32**/28

**Zweckveranlassung 6**/4